Digitalització aplicada als sectors productius (GS)

Ramón Ramírez Luz

Marcombo

Digitalització aplicada als sectors productius (GS)

Primera edició, setembre 2024

© 2024 Ramón Ramírez Luz

© 2024 MARCOMBO, S. L.
www.marcombo.com

Disseny de la coberta: cuantofalta.es

Maquetació: quimdiaz.net

Traducció: Anna Coll-Vinent Noguera

Correcció: Sònia Llena

Directora de producció: M.ª Rosa Castillo

ISBN: 978-84-267-3834-9

D.L.: B 14297-2024

Impressió: Andalusí

Printed in Spain

Llibre ecològic
Imprès amb paper procedent de boscos gestionats de manera eficient, lliure de clor

Presentació

La digitalització de la societat en general i del conjunt dels sistemes productius o de prestació de serveis en particular planteja nous reptes per a la formació professional. El conjunt d'ensenyaments professionals, tal com estableix el Reial decret 659/2023, de 18 de juliol, pel qual es desenvolupa l'ordenació del sistema de formació professional, incorpora i integra en la formació les transformacions fruit de la digitalització per donar resposta a les noves demandes del mercat laboral i als perfils professionals emergents.

Aquest llibre tracta d'assegurar una formació, en relació amb els objectius, els resultats d'aprenentatge i els criteris d'avaluació, tots ells aspectes bàsics del currículum, que constitueixen els ensenyaments mínims que figuren en el mòdul de digitalització aplicada als sectors productius, considerat de caràcter transversal en l'estructura dels cicles formatius de grau superior.

S'adreça fonamentalment als alumnes dels nous graus D del sistema de formació professional, corresponents als cicles formatius de formació professional de grau superior, en els quals, en la seva estructura modular, han de cursar el mòdul associat a les habilitats i capacitats transversals de digitalització aplicada als sectors productius, que tindrà com a finalitat el desenvolupament de coneixement i competències en digitalització en els diferents sectors productius o de prestació de serveis, amb la identificació de les principals característiques i aplicacions de les tecnologies habilitadores digitals en els sectors en els quals està emmarcat el títol.

També serveix a per facilitar la programació de la fase de formació en empresa o organisme equiparat, de manera que les unitats de treball es poden ajustar en funció dels resultats d'aprenentatge desenvolupats en aquest mòdul professional no associat a estàndards de competència, que contribueixen a la consecució de la maduresa professional i es consideren imprescindibles per a l'assoliment de les competències generals i professionals. Amb aquesta finalitat, incorpora aspectes vinculats a la digitalització i a l'exercici professional.

A la unitat 1, s'analitza el concepte de digitalització i la seva repercussió en els sectors productius, tenint en compte l'activitat de l'empresa i identificant entorns de tecnologia de la informació i de tecnologies d'operació característics.

A la unitat 2, es caracteritzen les tecnologies habilitadores digitals necessàries per a l'adequació/transformació de les empreses en entorns digitals, i se'n descriuen les característiques i aplicacions.

A la unitat 3, s'identifiquen sistemes basats en el núvol i la seva influència en el desenvolupament dels sistemes digitals.

A la unitat 4, es descriuen les aplicacions de la intel·ligència artificial en entorns del sector on s'emmarca el títol, i es descriuen les millores implícites en la seva implementació.

A la unitat 5, s'avalua la importància de les dades, així com de la seva protecció, en una economia digital globalitzada, i es defineixen sistemes de seguretat i ciberseguretat tant globals com pel que fa a l'equip/sistema.

A la unitat 6, es desenvolupa un projecte de transformació digital d'una empresa d'un sector relacionat amb el títol, tenint en compte els canvis que s'han de produir en funció dels objectius de l'empresa.

Accedeix a www.marcombo.info
per descarregar gratuïtament
el contingut addicional per a l'alumne,
complement imprescindible d'aquest llibre

Codi: MARCOMBO27

Índex

RA 1

RA 2

RA 3

RA 4

RA 5

RA 6

RESULTATS D'APRENENTATGE

RA 1	Analitza el concepte de digitalització i la seva repercussió als sectors productius, tenint en compte l'activitat de l'empresa i identificant-ne els entorns IT (tecnologia de la informació) i OT (tecnologia de l'operació) característics.
RA 2	Caracteritza les tecnologies habilitadores digitals necessàries per a l'adequació i transformació de les empreses en entorns digitals, descrivint-ne les característiques i aplicacions.
RA 3	Identifica sistemes al núvol i la seva influència en el desenvolupament dels sistemes digitals.
RA 4	Identifica aplicacions de la intel·ligència artificial en entorns del sector, on s'emmarca el títol, descrivint les millores implícites a la seva implementació.
RA 5	Avalua la importància de les dades, així com la seva protecció en una economia digital, globalitzada, definint sistemes de seguretat i ciberseguretat, tant a nivell d'equip i sistema com globals.
RA 6	Desenvolupa un projecte de transformació digital d'una empresa d'un sector relacionat amb el títol, tenint en compte els canvis que s'han de produir en funció dels objectius de l'empresa.

Digitalització en els sectors productius

En aquesta unitat estudiaràs:

- Cronologia de les revolucions industrials. Principals elements.

- Quarta revolució. Digitalització. Elements que la defineixen.

- Sistemes ciberfísics.

- Estructura de l'empresa. Digitalització de les seves unitats.

- Entorns IT (*information technology*: tecnologia de la informació) i OT (*operation technology*: tecnologies d'operació). Diferències i similituds.

- Relació entre entorns IT i OT. Tecnologies disruptives habilitadores (THD) en cada entorn.

- Evolució d'una empresa clàssica a una empresa digitalitzada. Avantatges que suposa.

Amb el seu estudi seràs capaç de:

- Descriure en què consisteix el concepte de digitalització.

- Relacionar la implantació de la tecnologia digital amb l'organització de les empreses.

- Establir les diferències i similituds entre els entorns IT i OT.

- Identificar els departaments típics de les empreses que poden constituir entorns IT.

- Seleccionar les tecnologies típiques de la digitalització en planta i en negoci.

- Analitzar la importància de la connexió entre entorns IT i OT.

- Analitzar els avantatges de digitalitzar una empresa industrial d'extrem a extrem.

1.1 Introducció

La crisi sanitària i econòmica provocada per la COVID-19 ha demostrat que la digitalització no és un procés sectorial o que afecta únicament alguns sectors. La digitalització és un procés transversal i multisectorial que afecta tots els sectors econòmics. D'aquí la seva transcendència, i d'aquí l'oportunitat d'extreure'n lliçons que ens preparin per a un futur que ens permeti superar situacions d'incertesa.

En aquesta unitat, s'analitzarà el concepte de digitalització i la seva repercussió en els sectors productius, tenint en compte l'activitat de l'empresa i identificant entorns IT (*Information Technology*: tecnologia de la informació) i OT (*Operation Technology*: tecnologies d'operació) característics.

1.2 Cronologia de les revolucions industrials. Elements principals

Al llarg de la història, podem distingir tres revolucions que han propiciat un salt qualitatiu molt significatiu entre el precedent i la immediatesa. I, actualment, estem assistint a un nou canvi de paradigma que implica una quarta revolució, i que queda englobada a l'anomenada **transformació digital**.

En cadascuna d'aquestes revolucions, van canviar les **fonts d'energia** bàsiques, el tipus d'**activitats industrials** més dinàmiques, la seva localització en el territori i els **mitjans de comunicació** disponibles per desplaçar mercaderies, persones i informació.

1.2.1 Primera revolució industrial. Indústria 1.0

La primera revolució industrial és el procés de **transformació econòmica**, **social** i **tecnològica** que va tenir lloc a l'Anglaterra de mitjan segle XVIII i la va convertir durant molt de temps en el primer productor de béns industrials del món;que es va estendre unes dècades més tard a països de gran part d'Europa occidental, com ara Bèlgica, França o Alemanya, així com a l'Amèrica anglosaxona, i que va concloure entre 1820 i 1840.

Aquest procés d'evolució condueix la societat des d'una economia agrícola tradicional fins a una altra caracteritzada per processos de producció mecanitzats. L'economia basada en el treball manual va ser reemplaçada per una altra dominada per la **indústria i la manufactura**.

En començar el segle XVIII, es van produir una sèrie de **descobriments tecnològics** que van propiciar el procés d'industrialització. Els tallers artesanals van començar a ser substituïts per fàbriques, que contractaven un gran nombre d'obrers que treballaven amb màquines. Aquests invents van produir el veritable canvi industrial amb noves matèries primeres, noves fonts d'energia, maquinària i transports.

L'aparició de les fàbriques va suposar un canvi transcendental en l'**organització del treball**. L'artesà realitzava la peça completa i tenia una certa capacitat de control sobre el seu ritme de treball, que normalment no estava subjecte a un horari fix. No obstant això, l'obrer de la fàbrica estava especialitzat en una única tasca, la qual cosa va fer que el treball fos més monòton i, a més, va haver d'adaptar-se al ritme de treball imposat per la nova maquinària, que no s'aturava fins que no era desconnectada.

L'any 1774, James Watt va construir la primera **màquina de vapor**. A partir de llavors, les màquines mogudes per l'energia del vapor es van utilitzar a la mineria o l'extracció i la **utilització de carbó**, la indústria tèxtil i el transport, amb la revolució del ferrocarril. Tots aquests canvis i avanços tecnològics van estalviar treball, van millorar la qualitat dels productes, **van augmentar la productivitat**, és a dir, el nombre de peces que realitzava cada obrer, i van abaratir els costos de producció.

ACTIVITAT PROPOSADA 1.1

Identifica les innovacions o els invents durant la revolució industrial mitjançant el visionament del documental sobre la industrialització emès pel Canal Historia *Los inicios de la Revolución Industrial.*

https://youtu.be/0Fu1krXJapw

Figura 1.1
Teler de llançadora de fusta i rodets de fil de lli.

Figura 1.2
Màquina filadora Spinning Jenny.

Figura 1.3
Màquina de vapor de Watt.

Figura 1.4
Targetes perforades en un teler de Jacquard.

1.2.2 Segona revolució industrial. Indústria 2.0

Els canvis interrelacionats que es van produir aproximadament entre els anys 1870 i 1914, quan s'inicia la Primera Guerra Mundial, corresponen a la segona revolució industrial. El procés d'industrialització va canviar la seva naturalesa i el creixement econòmic va variar de model. **Els canvis tècnics van continuar ocupant una posició central**, al costat de les innovacions tecnològiques, concentrades, essencialment, en noves fonts d'energia, com **el gas i l'electricita**t, nous materials, com **l'acer i el petroli**, i nous sistemes de transport (avió, automòbil i noves màquines de vapor) i comunicació (**telèfon i ràdio**), que van produir transformacions en cadena que van afectar el treball i el sistema educatiu i científic, la grandària i la gestió de les empreses, la forma d'organització del treball i el consum i, de retruc, també la política.

Aquest procés es va produir al marc de l'anomenada **primera globalització**, que va suposar una **progressiva internacionalització de l'economia**, i que funcionava de manera creixent a escala mundial per la revolució dels transports. Això va fer que s'estengués a més territoris que la primera revolució, limitada al principi a la Gran Bretanya i que acabaria arribant a gairebé tota l'Europa occidental, els Estats Units i, molt ràpidament, el Japó.

A mitjan segle XIX, durant la segona revolució industrial, la substitució de les fonts d'energia per **nous motors basats en petroli i gas**, juntament amb l'aparició de les **primeres centrals elèctriques** i l'arribada de la bombeta a les llars, van possibilitar la incorporació de nous sistemes de transport, com ara **l'automòbil de combustió interna** o els primers viatges en avió. Els mitjans de comunicació, com el cinema i la ràdio, van suposar un canvi de mentalitat sense precedents que va donar peu a produccions seriades, l'expansió comercial i la modificació de la forma de consum. De fet, podem dir que amb l'electromecànica i els transistors es va iniciar la globalització, i els moviments obrers i els seus sindicats van guanyar força amb el temps, encara que no van poder impedir reajustaments tan dràstics com les dues guerres mundials.

ACTIVITAT PROPOSADA 1.2

Identifica les innovacions o invents durant la segona revolució industrial mitjançant el visionament del documental emès per la 2 de TVE *La segunda revolución industrial: nuevas tecnologías, electricidad y acero*.

https://youtu.be/SF9YUSL61HE

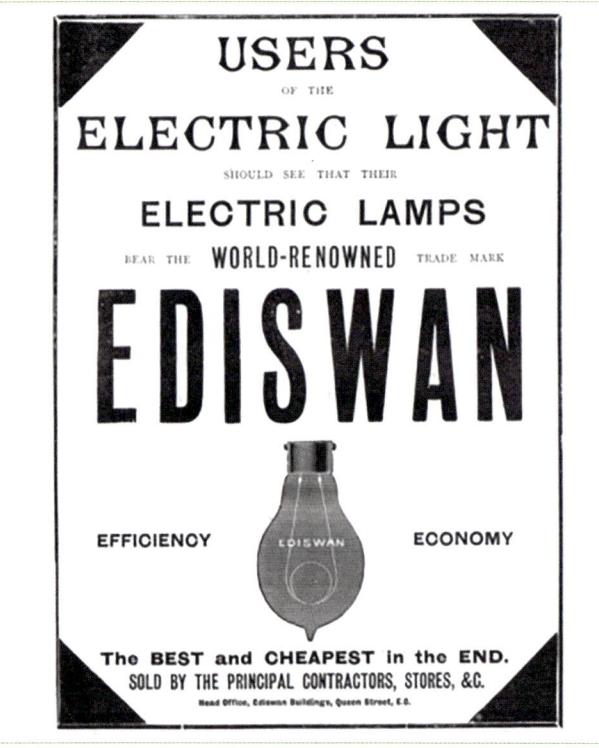

Figura 1.5
Llum incandescent d'Edison & Swan United Electric Light Company.

Figura 1.6
Alt forn històric abandonat de Carrie, part de les fàbriques d'acer de Carnegie, a Pittsburgh.

Figura 1.7
Línia de muntatge de la fàbrica d'automòbils Ford, a Detroit, 1913.

1.2.3 Tercera revolució industrial. Indústria 3.0

La tercera revolució industrial o societat de la informació sorgeix a mitjan anys 40, seguida d'una **gran onada de progressos i descobriments tecnològics i científics** durant les dècades dels 70 i 80. Va ser un procés liderat pels Estats Units, el Japó i la Unió Europea, on vam assistir a grans canvis en els sectors de **la comunicació i l'energia**, que van conduir a un creixent desequilibri de poder entre nacions, amb el risc que això comporta per a la societat.

Ja ben entrats al segle XX, la tercera revolució industrial va arribar amb **la televisió i els primers ordinadors personals**, que van canviar el model organitzatiu a les empreses, i el **treball basat en objectius**. Així mateix, **es van protocol·litzar els processos** i es va encoratjar la innovació com a diferenciació en el mercat. **Els processos de miniaturització i d'ajust de la producció a la demanda**; el primer autòmat programable (PLC) que s'utilitza en la fabricació, amb robots i màquines que reemplacen persones en la cadena de muntatge, i l'aparició d'Internet com a nou canal de comunicació i venda han impactat de manera important en la societat.

Podem destacar el començament de l'ús d'energies renovables, com ara **l'energia eòlica, la solar o la hidràulica**; les innovacions en els mitjans i processos d'emmagatzematge d'energia, com ara **les bateries recarregables o les piles d'hidrogen**; el desenvolupament de la **xarxa elèctrica intel·ligent** o xarxa de distribució d'energia elèctrica intel·ligent, que permet connectar-ho tot a un sol sistema de gestió, o el desenvolupament del transport, especialment amb **vehicles elèctrics i híbrids**, que utilitzen les energies renovables com a energia de propulsió.

Figura 1.8
Ús de les energies renovables.

Figura 1.9
Ús del transport basat en el vehicle elèctric.

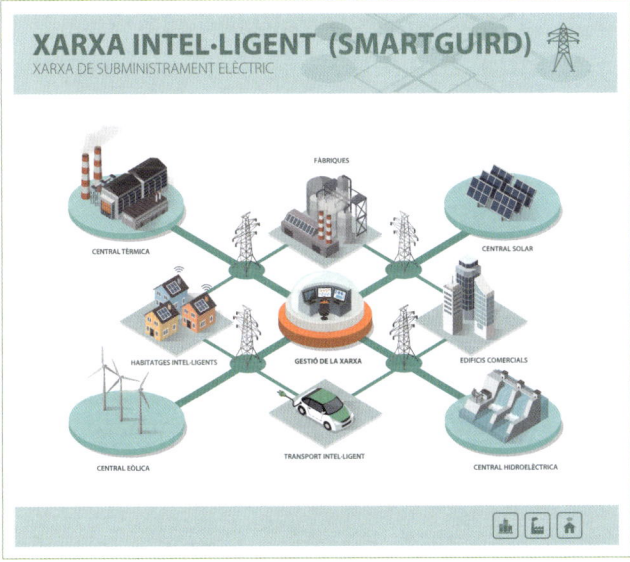

Figura 1.10
Xarxa elèctrica intel·ligent o *smart grid*.

1.2.4 Quarta revolució industrial. Indústria 4.0

La quarta revolució industrial o indústria 4.0 ha començat recentment i el seu desenvolupament està projectat cap a la tercera dècada del segle XXI. S'assenyala **la intel·ligència artificial** com l'element central d'aquesta transformació, íntimament relacionada amb **l'acumulació creixent de grans quantitats de dades (*big data*), l'ús d'algoritmes per a processar-les i la interconnexió massiva de sistemes i dispositius digitals**.

Aquesta quarta etapa correspon a una nova manera d'organitzar els mitjans de producció. L'objectiu que es pretén aconseguir és la posada en marxa d'un gran nombre de **fàbriques intel·ligents** o *smart* factories capaces d'una major adaptabilitat a les necessitats i als **processos de producció**, així com a una assignació més eficient dels recursos.

Les bases tecnològiques en què es recolza aquesta nova orientació, entre d'altres, són les següents: Internet de les coses, sistemes ciberfísics, cultura *maker* (cultura del fes-ho-tu-mateix), fàbrica 4.0... No obstant això, la indústria 4.0 és una creixent i adequada **digitalització** i coordinació cooperativa **en totes les unitats productives de l'economia**.

La indústria 4.0, també dita ciberfàbrica, indústria digital, fabricació avançada, *integrated industry, smart industries o intelligent manufacturing system*, és, doncs, una nova fita en el desenvolupament industrial que pot marcar importants canvis socials, fent un ús intensiu d'Internet i de les tecnologies punta, amb la finalitat primordial de desenvolupar plantes industrials i generadors d'energia

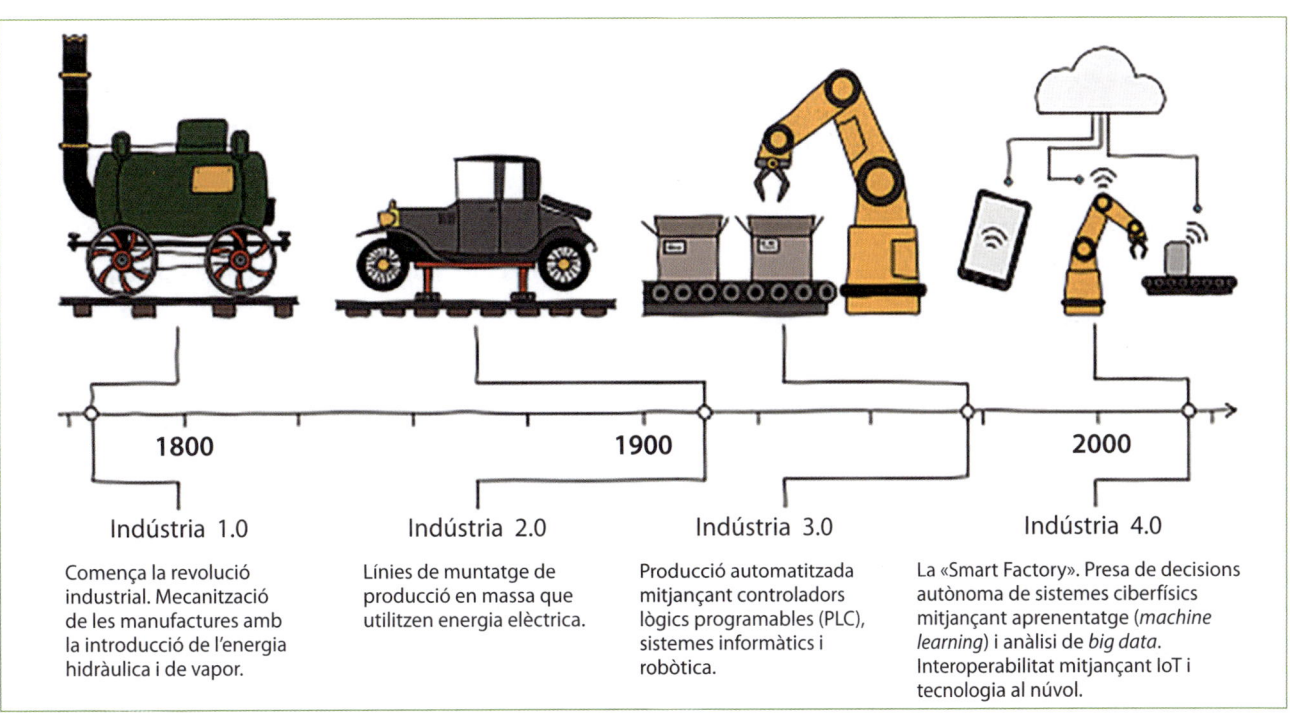

Figura 1.11
Les quatre revolucions en fabricació i enginyeria.

més intel·ligents i més respectuosos amb el medi ambient, i amb cadenes de producció molt més ben comunicades entre si i amb els mercats d'oferta i demanda.

Figura 1.12
Fita del desenvolupament de la quarta revolució industrial.

ACTIVITAT PROPOSADA 1.3

Identifica quin és l'objectiu de la quarta revolució industrial mitjançant el visionament del vídeo del Fòrum Econòmic Mundial *La Cuarta Revolución Industrial*. Lo esencial:

a) La creació de noves tecnologies

b) El benestar humà

c) El creixement de noves indústries

d) El desenvolupament de nous processos d'informació i comunicació

https://youtu.be/EeR2yTMW7Xg

APRÈN MÉS

Industria Conectada 4.0.

https://youtu.be/eUDEJpBqZhA?list=PLapjNZJlttkvS2G7j8el gmud3gXhsdM9z

1.2.5 Cinquena revolució industrial. Indústria 5.0

La indústria 5.0, o cinquena revolució industrial, es troba en una fase embrionària perquè encara estem immersos a millorar i optimitzar la indústria 4.0 gràcies a l'ús de les tecnologies que hi ha al mercat. Malgrat això, la finalitat és impulsar una indústria més resilient, sostenible i enfocada al factor humà.

Característiques de la indústria 5.0:

- **L'ésser humà al centre del model productiu,** s'assegura que l'ús de la tecnologia no atempti contra els drets fonamentals dels treballadors, com ara els drets a la privacitat, l'autonomia i la dignitat humana.

- **Interconnexió** de processos, sistemes i màquines per aconseguir objectius comercials a llarg termini.

- **Sostenibilitat.** Desenvolupar sistemes de producció basats en energies renovables és un dels requisits que fomenta la indústria 5.0 amb l'objectiu de reduir un 55 % les emissions de carboni per al 2030.

- **Economia circular.** Desenvolupar processos circulars que reutilitzin i reciclin els recursos naturals, redueixin les deixalles i minimitzin l'impacte ambiental.

- **Anàlisi de dades.** Manteniment predictiu, *machine learning*, *machine vision*, bessons virtuals, etc.

- **Manufactura personalitzada.** La indústria 5.0 impulsarà la creació de productes personalitzats. Actualment, es disposa d'un ventall gairebé infinit de productes, així que el següent pas és adaptar-los a les necessitats individuals.

- **Robots col·laboratius o cobots.** S'encarreguen de generar els productes. Així, els cíborgs seran beneficiosos per a la reducció de la càrrega de treball de l'operador, fins a la millora de la satisfacció laboral.

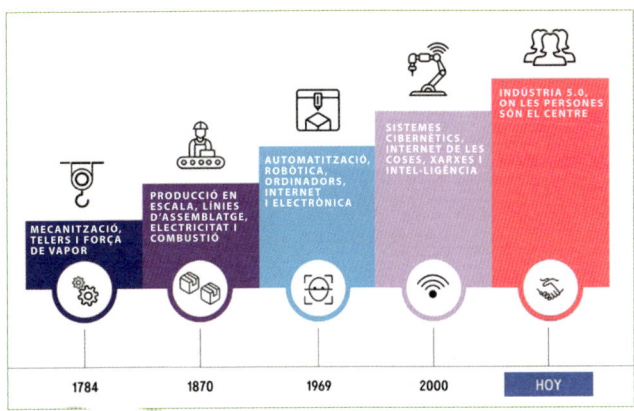

Figura 1.14
Pilars de les revolucions industrials.
Quarta revolució. Digitalització. Elements que la defineixen.

- L'**automatització** es farà càrrec de tasques monòtones i repetitives, deixant als empleats humans llibertat per exercir la seva creativitat, la qual cosa, al seu torn, millorarà la qualitat de la producció.

- Avanç en els processos de **digitalització** que proporciona la indústria 4.0.

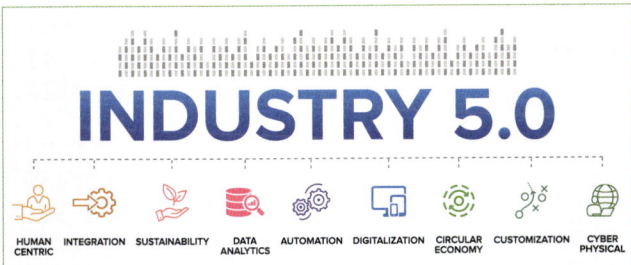

Figura 1.13
Indústria 5.0: Centrada en l'ésser humà, integració, sostenibilitat, automatització, digitalització, anàlisi de dades, personalització, economia circular, ciberfísica.

La indústria 5.0 ha arribat per refermar la indústria 4.0. Es tracta de la utilització correcta i més humana de tota la tecnologia disruptiva que aquesta va posar al nostre servei. En aquest cas, es parla de la humanització de les empreses i de la indústria: les persones al centre de tot.

1.3 Quarta revolució. Digitalització. Elements que la defineixen

La digitalització del sistema productiu a través dels conceptes associats a la indústria 4.0 suposa un salt qualitatiu en l'organització i la gestió de la cadena de valors, on les relacions comercials i productives comporten una connexió constant entre client, proveïdor, distribuïdor-logística i fabricant.

GLOSSARI

La digitalització és el procés pel qual les organitzacions poden disposar de tota la informació rellevant (dades) per al producte/procés/servei en un temps adequat, proporcionada per un entorn connectat en tota la cadena de valors.

La digitalització empresarial té en compte els aspectes següents:

- Un dels reptes més ambiciosos per als models de negoci.

- La innovació tecnològica ha d'anar acompanyada de la innovació en el model de negoci.

- Noves oportunitats de negoci gràcies a la gran quantitat d'informació que es genera al llarg del cicle de vida d'un producte.

- Desenvolupament de noves aplicacions d'anàlisi de comportaments de consumidors/clients o tendències, ús de productes i venda de productes personalitzats sota demanda.

També cal tenir en compte el risc de la resistència de les pimes al canvi per realitzar la seva transformació digital, i el fet que un procés de canvi no gestionat adequadament pot comportar una major bretxa digital entre les organitzacions que sí han emprès el procés i les que no l'han dut a terme.

En la indústria 4.0 es té en compte l'augment de la digitalització de les indústries manufactureres, on els objectes físics estan perfectament integrats a la xarxa d'informació (connectats a Internet), la qual cosa permet descentralitzar la producció i adaptar-la en temps real al futur.

Per a això, la indústria 4.0 està articulada per un conjunt d'habilitadors digitals (tecnologies que permeten la consecució dels reptes que planteja la nova revolució) que s'apliquen a diferents àmbits de l'empresa.

A partir d'aquestes tecnologies, les transformacions que venen suposaran l'inici d'un model d'organització dels processos de producció basat en la tecnologia i els dispositius de comunicació automàtica al llarg de la cadena de valors, un model basat en el que es coneix com la fàbrica intel·ligent del futur, on els ordinadors dirigeixen els processos físics (automatització), creen una imatge virtual del món material (bessó digital) i prenen decisions descentralitzades (sense la intervenció humana, per mitjà de la intel·ligència artificial) basades en mecanismes d'autoorganització.

Així doncs, l'objectiu de la indústria 4.0 és crear un marc coherent, per tal de guanyar competitivitat a partir de l'increment del valor lliurat als clients per la doble via de millora de prestacions i reducció de cost a partir d'una major eficiència en els processos. Addicionalment es busca la personalització massiva i, en definitiva, es planteja reorientar elements del model de negoci a partir de les possibilitats de la tecnologia, creant noves propostes de valor basades en el coneixement generat amb la informació recollida i obrint nous canals digitals de comunicació amb els clients o generant noves fonts d'ingressos a partir del valor de les dades.

Tot aquest potencial podria desenvolupar-se mitjançant el procés següent:

1. **Automatització**, sensorització i robotització dels processos, on persones i robots treballen junts en interacció (com en la tercera revolució industrial i ara, a l'actual quarta revolució industrial).

2. **Almmagzematge** de les dades obtingudes (*big data*) pels sensors del nostre procés, ja sigui internament o externament —*cloud computing*).

3. **Anàlisi de les dades** de manera massiva (*data analytics*) per mitjà de programari i intel·ligència artificial que permeti adoptar solucions de manera autònoma i possibiliti l'optimització del procés, obrint la possibilitat de comercialitzar les dades i/o contractar serveis a mida.

4. **Interconnexió autònoma dels sistemes** del procés fabril entre si (robòtica col·laborativa) i d'aquests amb els clients i proveïdors (Internet de les coses, IoT), emprant sistemes de realitat augmentada i permetent la *customització* (personalització de comandes pel que fa tant al proveïment de recursos com a la venda de productes)..

5. **Sensorització i/o implementació de programari en els productes** que oferim, perquè facilitin dades que en permetin el control i l'anàlisi (adaptació dels nostres productes a la nova era).

6. **Transformació cap a la prestació de serveis.** Addició a l'activitat fabril de serveis associats als productes fabricats per mitjà de les dades que aquests generen, recopilant totes les dades facilitades pels nostres productes i desenvolupant programaris d'anàlisi que ens permetrà:

   ○ Oferir als nostres clients serveis personalitzats d'optimització dels seus processos (personalització de processos).

   ○ Oferir als nostres clients productes ajustats a les seves necessitats (personalització dels productes).

   ○ Millorar el nostre producte mitjançant l'anàlisi de les dades obtingudes durant el seu ús per part dels clients (I+D+i).

   ○ Comercialitzar les dades.

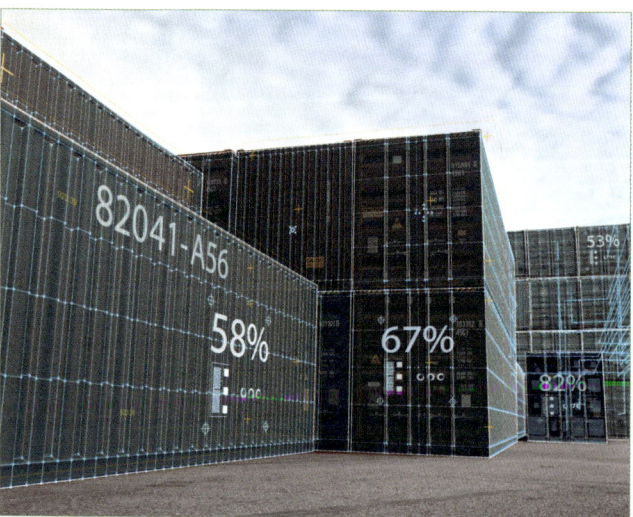

Figura 1.15
Connectivitat en línia de cada contenidor al centre logístic, amb el nivell de càrrega que tenen.

APRÈN MÉS

Industria conectada 4.0. Retos y oportunidades de la cuarta revolución industrial.

https://youtu.be/0fVvCgs8oQg?list=PLapjNZJIttkvS2G7j8el
gmud3gXhsdM9z

1.4 Sistemes ciberfísics

Un sistema ciberfísic integra **capacitat informàtica**, **emmagatzematge i comunicació**, juntament amb capacitats de **seguiment i/o control d'objectes en el món físic**. Aquests sistemes normalment estan connectats entre si i, al seu torn, amb el món virtual de les xarxes digitals globals..

GLOSSARI

La paraula *cyber* o *cíber* fa referència a tot allò relacionat amb els ordinadors o les xarxes d'ordinadors. Quan s'usa el terme *cyber-physical systems* (CPS) es fa referència a la unió entre un món de components físics capaços de ser autònoms i un món digital capaç de controlar el que passa al món físic.

Les característiques essencials d'aquests sistemes són la seva capacitat de relacionar-se amb els objectes físics per monitoritzar o controlar i la utilització de la informació disponible en el món virtual, en alguns casos amb capacitat d'aprendre i evolucionar.

El major repte que plantegen aquests sistemes és demostrar la seva fiabilitat, seguretat i solidesa en totes les situacions possibles, sobretot en entorns crítics i en què la resposta ha de ser en temps real.

Els exemples de CPS inclouen la xarxa elèctrica intel·ligent o *smart grid*, sistemes d'automòbil autònom, sistemes de monitorització mèdica, sistemes de control de processos, monitorització de processos de fabricació, monitorització d'infraestructures i carreteres, sistemes de robòtica, domòtica i pilots automàtics aeronàutics.

El CPS implica un enfocament multidisciplinari que fusiona la teoria cibernètica, la mecatrònica i la ciència de disseny i procés.

El control dels processos sovint deriva en sistemes integrats. En els sistemes integrats es tendeix a posar més èmfasi en els elements informàtics i menys en la relació entre els elements informàtics i els físics.

La construcció de CPS involucra diversos factors: un nivell físic format per maquinari, sensors i actuadors; una capa d'informació i comunicació que ha de ser altament fiable i eficient; dades i coneixement associats a tecnologies de la informació que puguin involucrar l'aprenentatge automàtic, i el programari, que ha de tenir en compte, sobretot, durant les etapes de disseny i desenvolupament, l'anàlisi de riscos que permetin als productes finals, com ara sistemes autònoms i segurs per als usuaris humans.

Figura 1.16
Cyber-Physical Systems o *CPS*,
sigles d'un sistema ciberfísic.

Mostra els avantatges dels CPS en alguna àrea d'aplicació.

Solució:

Taula 1.1 Avantatges de l'ús dels CPS.

Àrea d'aplicació	Avantatges	Il·lustració del camp d'aplicació
Transport i logística	Avions més ràpids i segurs. Millora del trànsit aeri. Automòbils més segurs i eficients.	
Salut i biomedicina	Increment d'usos efectius de cures a casa. Dispositius competents per a un fàcil diagnòstic. Desenvolupament de noves pròtesis internes i externes.	
Infraestructures	Xarxes elèctriques més fiables. Carreteres que permeten un trànsit més segur.	
Energia i automatització industrial	Eficiència energètica i més barat d'operar.	

1.5 Estructura de l'empresa. Digitalització de les seves unitats

La digitalització d'una empresa implica transformar les seves unitats i processos per cada línia de negoci i activitat de l'organització, si bé en casos excepcionals i justificats se'n podran excloure línies de negoci d'acord amb l'anàlisi de context realitzat i les oportunitats i els riscos detectats.

La implantació d'una indústria digital ve condicionada per:

1. Les seves necessitats i els seus objectius.

2. Els processos.

3. Els productes i serveis que ofereix.

4. L'organització (grandària, estructura) i els recursos humans que la conformen.

5. La infraestructura.

L'estructura d'una empresa digitalitzada pot variar segons la indústria a la qual pertanyi, la seva grandària i els seus objectius, però no es pot considerar indústria digital si se n'exclou algun dels eixos següents:

- Productes i serveis.

- Processos.

- Organització i persones.

- Infraestructures.

L'empresa ha de determinar les qüestions externes i internes pertinents en el context digital en el qual duu a terme les seves activitats i que afecten la seva capacitat per aconseguir els resultats previstos.

En l'àmbit de la seva digitalització, i com a part de l'estratègia de negoci i mercat, cal identificar el client i la resta d'aspectes pertinents per a l'empresa, així com els seus requisits digitals. Així mateix, cal identificar els canvis disruptius i l'impacte que poden tenir en el model de negoci.

A continuació, es descriu com ha de ser l'estructura d'una empresa i la digitalització de les seves unitats:

1. **Unitat de direcció i estratègia digital**

   ○ **Funció:** aquesta unitat és responsable d'establir la visió digital de l'empresa i desenvolupar una estratègia digital coherent.e.

   ○ **Digitalització:** la direcció ha de mostrar lideratge i compromís respecte a la digitalització de l'organització. Cal:

   – Assegurar que s'estableixin objectius digitals i que aquests siguin compatibles amb la direcció estratègica de l'organització.

   – Assegurar que els recursos necessaris per a la digitalització estiguin disponibles.

   – Assegurar que s'aconsegueixin els resultats previstos.

   – Assignar responsabilitats per a la gestió de la digitalització, que han de ser conegudes per totes les persones de l'organització.

   – Promoure la millora contínua com a conseqüència de la digitalització.

Figura 1.17
Unitat de direcció amb una estratègia digital coherent.

2. **Departament de tecnologia de la informació (TI)**

   ○ **Funció:** gestionar la infraestructura tecnològica, la seguretat de la informació i el desenvolupament de sistemes.

   ○ **Digitalització:** implementar i mantenir sistemes digitals, incloent-hi maquinari, programari, xarxes i serveis al núvol.

3. **Unitats de negoci o línies de producte**

   ○ **Funció:** executar les operacions quotidianes relacionades amb productes o serveis específics.

   ○ **Digitalització:** si bé és desitjable que cada organització digitalitzi tots els seus processos, ha de focalitzar-se en aquells que tinguin un impacte significatiu en els ingressos, els costos o l'experiència dels seus clients. Tot i que això dependrà de cada organització, a la fase de planificació cal tenir sempre en compte almenys els següents processos clau de negoci:

   – Disseny de productes/serveis.

   – Fabricació.

   – Logística y distribució.

   – Relació amb el client: màrqueting/comunicació, venda, postvenda i atenció al client.

4. **Recursos humans i desenvolupament de talento**

   ○ **Funció:** gestionar la contractació, la formació i el desenvolupament professional dels empleats.

○ **Digitalització:** l'empresa ha de comptar amb capital humà amb habilitats i competències suficients en l'àmbit digital per assegurar la digitalització dels seus processos i activitats i la seva evolució en el temps. Cal:

– Identificar les persones involucrades en els processos, especialment en els processos clau de negoci, i definir les competències i els rols digitals necessaris per a la realització de les activitats que es duen a terme en aquests processos.

– Identificar les activitats en què se subcontracta personal extern.

○ Assegurar que les persones posseeixen els perfils necessaris, incloent les competències digitals definides anteriorment, amb criteris basats en l'educació, la formació especialitzada o l'experiència apropiada, i assegurar també el manteniment i l'actualització dels coneixements necessaris per

Figura 1.18
Contractació, formació i desenvolupament dels empleats.

5. Vendes i màrqueting

○ **Funció:** generar vendes i promocionar productes o serveis.

○ **Digitalització:** el màrqueting digital ha d'estar contemplat en la planificació de l'organització. A manera de llista no exhaustiva, pot contenir els elements següents:

– Quadre de comandament digital.

– Omnicanalitat.

– Estratègia SEO/SEM.

– *Social media* i índex de reputació digital.

– Plataforma de comerç *online*.

– Nombre de contactes digitals.

– Recurrència de clients digitals.

– Nombre d'accessos al lloc web classificats per origen (xarxes socials, cercadors, directament o a través de promocions, etc.).

6. Atenció al client

○ **Funció:** oferir suport i assistència als clients.

○ **Digitalització:** implementar sistemes de gestió de relacions amb el client (CRM) i xatbots per oferir un servei més eficient i personalitzat. Es poden considerar, a manera de llista no exhaustiva, els elements següents:

– Coneixement del client.

– Canals de comunicació, venda i atenció digitals.

– Nous productes i serveis digitals on el client/proveïdor també participa (per exemple, cocreació, personalització, etc.).

– Nous models de negoci (per exemple, pagament per ús, períodes de prova, gratuïtat amb publicitat, etc.).

7. Producció i operacions

○ **Funció:** fabricar productes o prestar serveis.

○ **Digitalització:** integrar tecnologies d'automatització, IoT i anàlisi de dades per millorar l'eficiència i la qualitat.

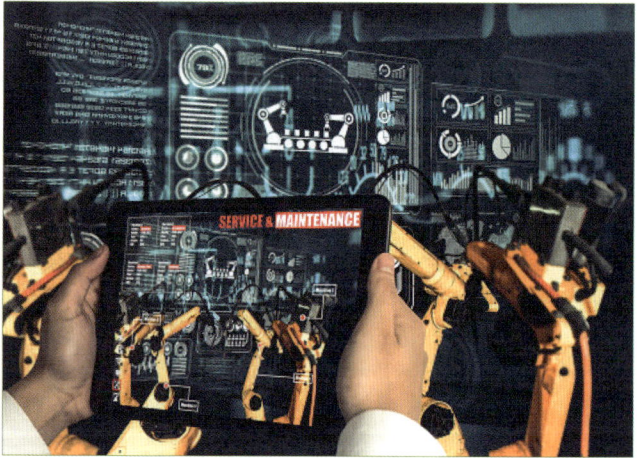

Figura 1.19
Un tècnic superior controla braços robòtics integrant la realitat augmentada a l'automatització.

8. Departament financer i comptabilitat

○ **Funció:** gestionar les finances, la comptabilitat i el compliment normatiu.

○ **Digitalització:** utilitzar programari de comptabilitat i sistemes de gestió financera per simplificar els processos i millorar la presa de decisions.

9. Gestió de projectes i desenvolupament de productes

○ **Funció:** dur a terme projectes i desenvolupar nous productes o serveis.

○ **Digitalización:** utilitzar eines de gestió de projectes, col·laboració en línia i desenvolupament de prototipus digitals.

Figura 1.20
Els dissenyadors industrials discuteixen l'holograma de realitat augmentada de l'automòbil elèctric.

10. **Unitat de compliment normatiu i seguretat cibernètica**

- ○ **Funció:** garantizar el cumplimiento normativo y proteger la empresa contra amenazas cibernéticas.

- ○ **Digitalització:** implementar estratègies de ciberseguretat i eines de compliment normatiu en l'àmbit digital.

La digitalització no és només responsabilitat d'una unitat específica sinó que més aviat ha d'estar integrada en tota l'empresa. La col·laboració i la comunicació efectiva entre aquestes unitats són essencials per aprofitar al màxim les tecnologies digitals. A més, l'alta direcció ha de liderar el procés de transformació digital i garantir que s'alineï amb els objectius estratègics de l'empresa.

Cada unitat ha d'avaluar els seus processos i les seves necessitats específiques per determinar com pot la digitalització millorar l'eficiència, la qualitat i la presa de decisions. El procés de digitalització és continu i requereix una adaptació constant a mesura que les tecnologies digitals evolucionen i canvien les demandes del mercat.

APRÈN MÉS

Procesos, productos y modelos de negocio. Triple impacto de la Industria 4.0.

https://youtu.be/Dk1OkK4BTDY

1.6 Entorns IT i OT. Diferències i similituds

Al sector industrial, hi ha dos conceptes que solen entendre's per separat: la tecnologia de la informació (IT, *information technology*) i la tecnologia de l'operació (OT, *operation technology*) són dos conceptes diferents, però poden combinar-se entre si.

GLOSSARI

La IT és l'aplicació d'ordinadors i d'equipaments de telecomunicacions per emmagatzemar, recuperar, transmetre i manipular dades o informació, sovint en el context d'un negoci o qualsevol empresa.

El terme s'utilitza com a sinònim per als ordinadors i les xarxes d'ordinadors, però també abasta altres tecnologies de distribució d'informació, com ara la televisió i els telèfons. Hi ha múltiples indústries associades amb les tecnologies de la informació: maquinari i programari d'ordinadors, electrònica, semiconductors, Internet, equips de telecomunicació, comerç electrònic i serveis informàtics.

Figura 1.21
La tecnologia de la informació.

La OT és maquinari i programari que detecta o provoca un canvi, a través de la supervisió i/o el control directe dels equips, actius, processos i esdeveniments industrials.

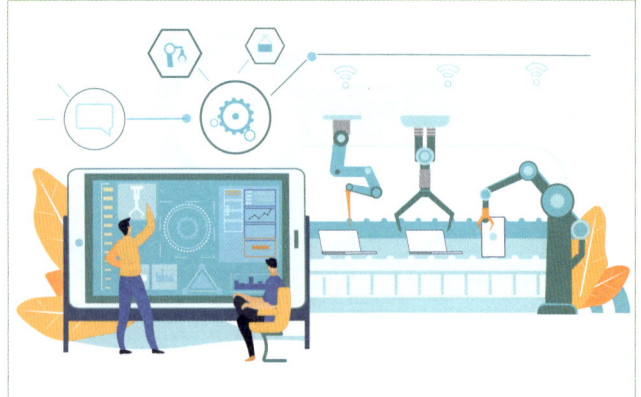

Figura 1.22
Tecnologia de l'operació.

Encara que totes dues tecnologies poden treballar conjuntament per a potenciar les seves funcionalitats, tenen utilitats molt diferents, i els entorns en els quals s'apliquen també són diferents. Conèixer les diferències entre IT i OT és important per tal d'assegurar una convergència responsable i funcional en el sector de la indústria 4.0.

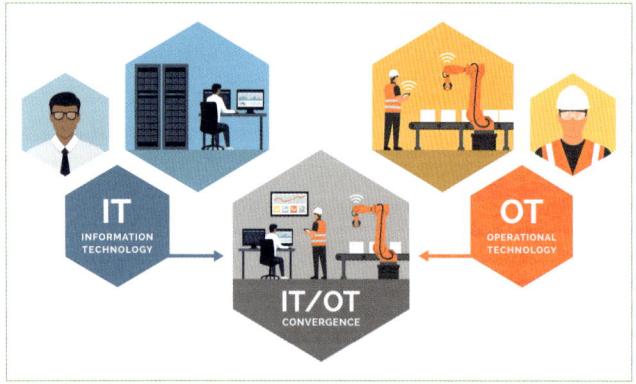

Figura 1.23
Convergència necessària entre IT i OT.

1.6.1 Diferències entre *Information Technology* y *Operation Technology*

La OT pretén detectar o canviar els processos físics a través del monitoratge i el control de dispositius també físics, com ara canonades o vàlvules, recursos que utilitza un negoci a l'hora de fabricar productes o serveis per vendre. En canvi, la IT es caracteritza per l'aplicació d'equips de telecomunicació, com ara ordinadors, per tractar dades i gestionar la producció, la venda i el suport d'aquests productes i serveis. Vegem en què es diferencien aquestes dues tecnologies:

Figura 1.24
Interacció OT i IT en empreses o negocis.

- **Diferències de tecnologia** predominant a cada entorn. Mentre que a l'entorn industrial es parla de sensors, controladors, actuadors, etc., al corporatiu es parla de bases de dades, gestor documental, etc. Per això, el coneixement tecnològic que posseeixen els perfils de cada entorn és totalment diferent i suposa un gran distanciament entre ells.

- No són comparables les necessitats que tenen uns respecte als altres. Al sector IT, ens trobem amb un entorn d'oficina on el nombre d'actius és similar al nombre de persones; en canvi, si parlem de l'entorn OT, la majoria de les vegades comptem amb multitud de dispositius repartits per un espai ampli i bastantes menys persones en proporció. A més, l'entorn OT posseeix unes condicions de funcionament bastant dures (temperatura, humitat, etc.), no comparables a les que es poden trobar en unes oficines d'IT.

- Associat a la tecnologia també hi ha l'argot utilitzat. Dins dels sistemes de control industrial existeix un llenguatge enriquit per la varietat de dispositius i processos que s'executen, i fins i tot es detecten diferències entre treballadors de diferents sectors, ja que poden fer servir tecnologies diferents dins dels seus respectius àmbits. Per contra, en IT el llenguatge utilitzat remet a coneixements generals i, encara que a vegades siguin una mica específics, gran part dels professionals que treballen en aquest sector o, fins i tot, en sectors diferents podrien entendre'ls.

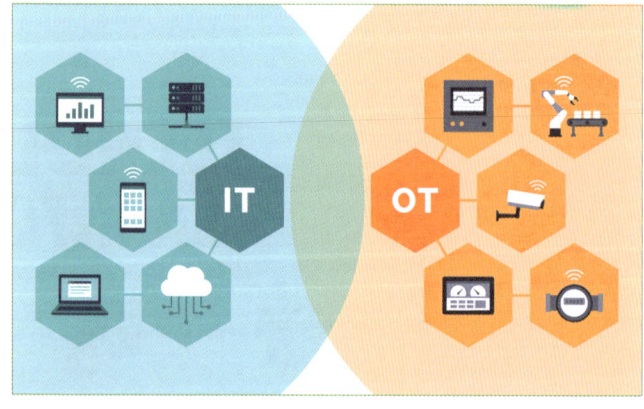

Figura 1.25
Necessitats tecnològiques de la IT i la OT.

- **Condicions de conservació** en què es troben. En el cas de les OT, els seus entorns solen ser molt més durs que els de les IT, ja que suporten altes temperatures, grans nivells d'humitat i episodis climàtics extrems en general. Les IT solen ser bastant més fràgils i han de rebre un manteniment constant. A més, normalment se situen en entorns controlats en els quals no hi solen haver canvis.

- **Enfocament de seguretat.** En OT es prioritza el treball amb màquines i dispositius, com ara sensors per a la Internet industrial de les coses (*IIoT, industrial Internet of things*). Això fa que sigui molt més habitual l'aparició de riscos de diferents tipus. Els sistemes de control industrial o OT posen per davant la disponibilitat de la seva tecnologia, ja que es tracta d'un sector més constants. En tractar-se d'entorns més dinàmics, és fàcil trobar errors i solucionar-los. D'altra banda, els sistemes OT s'han de mantenir en funcionament durant llargs períodes de temps, per la qual cosa no s'hi poden fer actualitzacions gaire sovint, ja que caldria reiniciar-los. Si aquests sistemes es desactivessin, s'aturarien tots els processos productius i es generarien pèrdues econòmiques. Per desgràcia, això fa que en OT sovint s'utilitzin sistemes obsolets. i que depèn en gran mesura de la funcionalitat de la seva maquinària. Després ve la integritat de la funcionalitat. La confidencialitat queda relegada.

Els sistemes IT prioritzen la confidencialitat i la seguretat de les dades. La integritat de la informació és secundària i la disponibilitat, terciària.

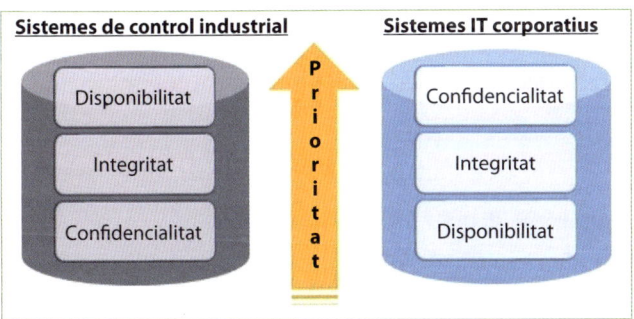

Figura 1.26
Principis de seguretat en OT i en IT.

- ○ La confidencialitat permet limitar l'accés a les dades, de manera que només les persones (o els recursos) autoritzades puguin accedir a la informació.

- ○ La integritat garanteix que la informació sigui correcta, sense errors, i que no pugui ser modificada sense permís.

- ○ La disponibilitat assegura que la informació és accessible en un moment precís i per a les persones que la necessiten.

- **Protocol i normativa.** En el cas del món OT, les normatives solen ser específiques de cada sector industrial, n'hi ha molt poques de caràcter generalista; en canvi, en IT és habitual que les regulacions siguin co-

munes i que no s'apliquin a un sol sector, sinó que puguin ser utilitzades independentment de l'àmbit relacionat amb l'empresa.

Per exemple, dins del sector OT no és el mateix parlar de la normativa que s'aplica a una central nuclear, que és bastant específica d'aquest sector i que depèn de les característiques associades a la central i a la regió on se situa, que la normativa o la regulació que s'aplica a una planta embotelladora.

En el sector IT, la regulació aplicada a una empresa dedicada a la banca s'aplica de la mateixa manera que una altra orientada cap a la comercialització de llum, tot i que l'activitat realitzada no sigui la mateixa.

En els organismes reguladors de cada entorn també hi ha diferències: si per a l'entorn IT gairebé sempre es parla d'organismes internacionals, per a l'entorn OT hi sol haver reguladors per sectors independents els uns dels altres.

EXEMPLE 2

Identifica els estàndards de seguretat IT i OT.

Solució:

La normativa de la seguretat IT segueix estàndards genèrics sobre seguretat de la informació (sèrie ISO/ IEC 27000) ─a diferència de la seguretat de les xarxes OT (estàndards ISA 99/IEC 62443)─, als quals cal afegir la normativa de seguretat industrial específica de cada sector.

Curiositat:

Per exemple, un sistema SCADA que controla la distribució de gas als EUA està regulat per l'AGA (American Gas Association), mentre que l'SCADA de distribució elèctrica està regulat per la NERC (North American Electric Reliability Corporation), malgrat que els equipaments i el concepte de SCADA siguin similars en tots dos casos.

A les comunicacions també hi ha grans diferències. Així, en sistemes de control industrial predominen diversos protocols industrials i, en els últims anys, alguns TCP/IP, mentre que en IT, per a les principals tasques que es realitzen en una oficina, hi ha protocols associats a la navegació web, és a dir, HTTP/HTTPS sobre TCP/IP.

- **Dades i processos.** Als sistemes IT, les vies comunicatives solen estar congestionades a causa de les grans quantitats d'informació enviades i rebudes. En canvi, en OT la infraestructura informativa és més aviat secundària i simple. De fet, en OT les organitzacions solen desplegar un conjunt reduït d'aplicacions de control per administrar i mantenir els sistemes. A més, aquest entorn roman relativament estàtic. Les prioritats són diferents, i és que en IT es busca analitzar dades per prendre decisions de manera òptima, mentre que l'objectiu en OT és assegurar la qualitat dels processos físics.

- **Freqüència d'actualització.** La tecnologia IT es més vulnerable i per això necessita actualitzacions constants. En tractar-se d'entorns més dinàmics, és fàcil trobar errors i solucionar-los. D'altra banda, els sistemes OT s'han de mantenir en funcionament durant llargs períodes de temps, per la qual cosa no s'hi poden fer actualitzacions gaire sovint, ja que caldria reiniciar-los. Si aquests sistemes es desactivessin, s'aturarien tots els processos productius i es generarien pèrdues econòmiques. Per desgràcia, això fa que en OT sovint s'utilitzin sistemes obsolets.

1.7 Relació entre entorns *Information Technology* i *Operation Technology*. Tecnologies disruptives habilitadores a cada entorn

La connexió entre entorns IT i OT és essencial per optimitzar l'eficiència i millorar la presa de decisions en una empresa. Aquests entorns tradicionalment han funcionat de manera separada, però la convergència entre IT i OT s'ha tornat fonamental amb la digitalització.

1.7.1 Importància de la connexió *Information Technology-Operation Technology*

- **Visió integral del negoci:** connectar IT i OT proporciona una visió integral del negoci, des de l'administració fins a la planta de producció. Això permet prendre decisions informades basades en dades en tots els nivells de l'organització.

- **Eficiència operativa:** la connexió entre IT i OT millora l'eficiència, ja que optimitza els processos de producció i permet una coordinació més estreta entre els sistemes d'informació corporatius i els sistemes de control de la planta.

- **Presa de decisions informada:** la integració de dades d'IT i OT proporciona informació en temps real, la qual cosa facilita la presa de decisions informada tant a nivell operatiu com estratègic.

- **Gestió de riscos:** la connexió entre aquests entorns millora la gestió de riscos, ja que permet un monitoratge més efectiu dels processos crítics i la identificació primerenca de problemes potencials.

- **Innovació:** la col·laboració entre IT i OT fomenta la innovació, ja que permet la implementació ràpida de tecnologies emergents en la producció i en els sistemes empresarials.

1.7.2 Relació entre entorns *Information Technology* i *Operation Technology*

Als entorns IT, hi ha el model teòric de referència OSI; als entorns OT, hi trobem la piràmide d'automatització industrial, també coneguda com a piràmide CIM (*computer integrated manufacturing*), que recull les tecnologies digitals habilitadores emprades en l'automatització i la

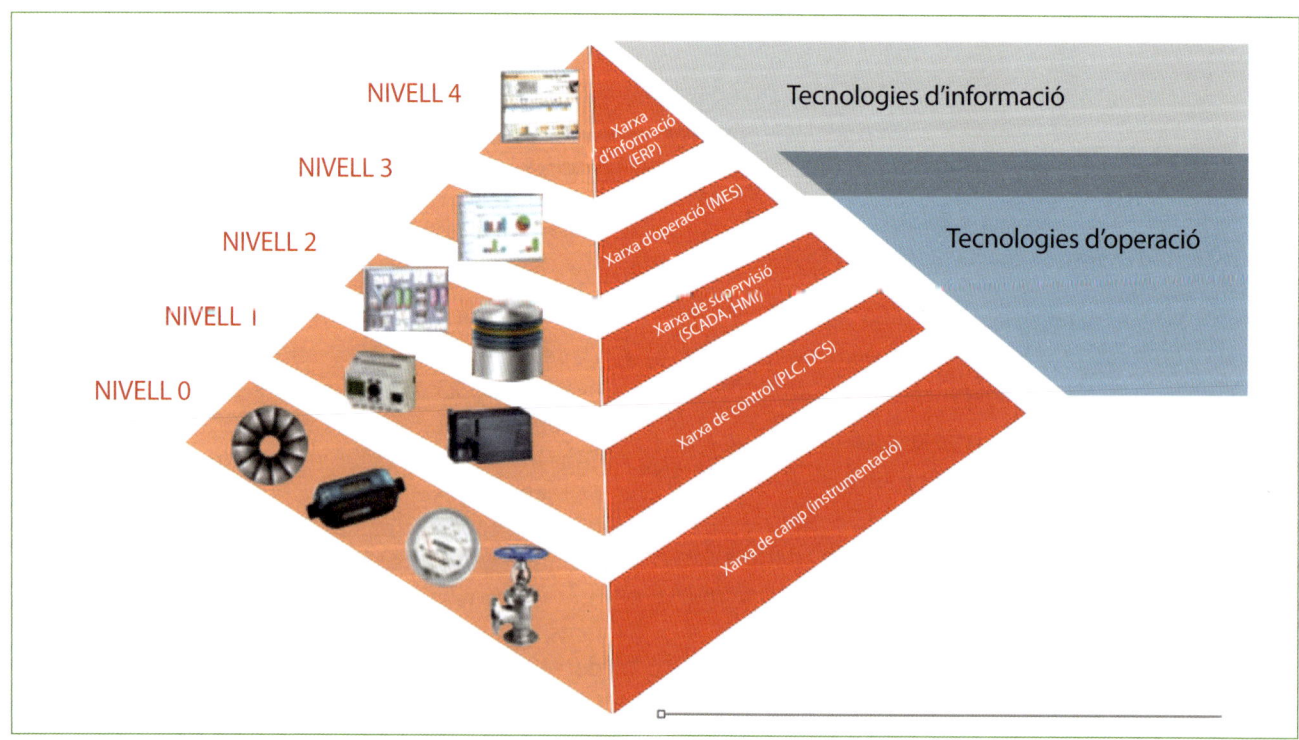

Figura 1.27
Piràmide d'automatització industrial.

gestió de processos productius i s'ordena en cinc nivells diferents dins de tres entorns o subxarxes.

Entorn OT o subxarxa OT: està destinada al control i automatització dels processos físics i a l'operació de la maquinària de producció, com ara PLC (controladors lògics programables), SCADA (supervisió, control i adquisició de dades), sistemes de control de processos i sistemes de gestió d'actius.

Entorn IT o subxarxa IT: és una xarxa corporativa de dades dissenyada per a entorns transaccionals, centrada en la gestió de la informació i els sistemes de l'empresa, incloent-hi àrees com ara ERP (planificació de recursos empresarials), CRM (gestió de relacions amb el client), sistemes de gestió financera i sistemes d'informació corporatius.

La relació o subxarxa DMZ industrial o zona industrial desmilitaritzada, intermèdia entre la subxarxa IT i la subxarxa OT, evita el trànsit directe entre totes dues per motius de seguretat i facilita l'intercanvi d'informació i l'ús d'aplicacions comunes a les dues xarxes per dur a terme la gestió i l'administració integrada de la producció. La connexió es realitza mitjançant la implementació de protocols de comunicació estàndard i la integració de sistemes que permeten l'intercanvi de dades entre tots dos entorns.

- **Nivell 0 o xarxa d'adquisició de dades de camp o instruments, nivell de procés:** es correspon amb els equips de camp englobats en el propi procés productiu, és a dir, connecta els sensors, instrumentació i actuadors de la planta, on el que importa és el mitjà o els dispositius de camp (motors elèctrics, actuadors hidràulics i pneumàtics per moure maquinària, interruptors de proximitat utilitzats per detectar moviment o certs materials, interruptors fotoelèctrics, etc.), i es transmeten senyals, que poden ser tant analògiques com digitals, amb les particularitats que això implica i que permeten controlar les màquines i els equips de producció.

Figura 1.28
Xarxa de camp (nivell 0) o nivell de procés. Exemple d'una fàbrica d'elaboració de formatges.

- **Nivell 1 o xarxa de control:** inclou els dispositius controladors, com ara ordenadors, PLC, unitats terminals remotes (UTR, *remote terminal unit*), sistemes de control distribuït (DCS, *distributed control systems*) i els controladors d'automatització programables més recents (PAC, *programmable automation controller*), etc. Com el seu nom indica, s'encarrega de controlar i supervisar les operacions realitzades a la part física (nivell 0 o nivell de camp), processant les dades dels sensors i prenent decisions per controlar les accions.

Aquestes tecnologies d'automatització permeten mantenir certes variables del procés dins de determinats valors, o assegurar que el procés evolucioni a estats desitjables, per a la qual cosa requereixen comunicar-se amb els dispositius del nivell de procés, ja sigui per mesurar les variables, per conèixer l'estat o per actuar sobre aquest aplicant algun tipus d'energia (elèctrica, pneumàtica, hidràulica, etc.).

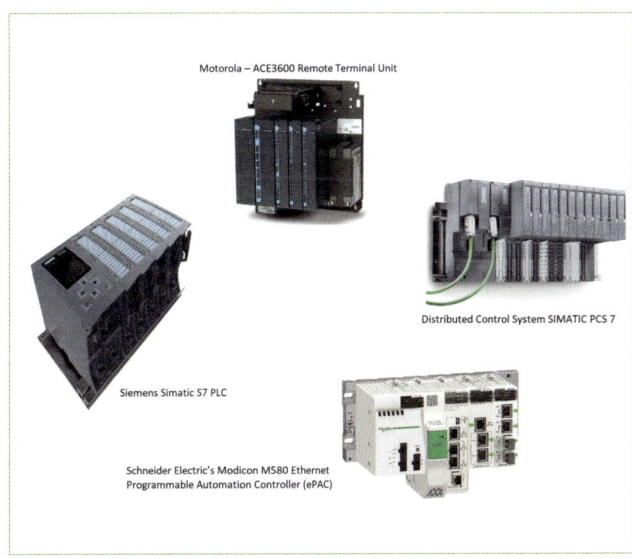

Motorola – ACE3600 Remote Terminal Unit

Distributed Control System SIMATIC PCS 7

Siemens Simatic S7 PLC

Schneider Electric's Modicon M580 Ethernet Programmable Automation Controller (ePAC)

Figura 1.29
Xarxa de control (nivell 1), dispositius de control.

- **Nivell 2 o xarxa de supervisió:** nivell de supervisió amb equips destinats a controlar la seqüència de processos de fabricació i/o producció i àrees d'una instal·lació industrial, com ara els sistemes de supervisió, control i adquisició de dades (SCADA, *supervisory control and data acquisition*), les interconnexions humà-màquina (HMI, *human-machine interface*) i les estacions d'operacions o servidors d'enginyeria, basats en plataformes en mans de pocs fabricants (General Electric, Rockwell, Schneider i Siemens, entre d'altres).

A més, generalment agrega una interfície gràfica d'usuari, o un HMI, per a controlar les funcions de manera remota. Les plantes d'aigua, per exemple, sovint empraran aquesta tecnologia per a controlar les bombes d'aigua remotes en els seus sistemes.

Figura 1.30
Xarxa de supervisió (nivell 2), interfícies gràfiques d'usuari.

- **Nivell 3 o xarxa/sistema d'operació de planta:** està formada per un sistema d'execució de producció en planta (MES, *manufacturing execution system*). Se centra en la planificació de tota la instal·lació industrial. Les dades recopilades dels nivells anteriors s'utilitzen per a la presa de decisions estratègiques, com ara la programació de la producció o el manteniment preventiu.

Figura 1.31
Sistema d'execució de producció.

- **Nivell 4 o xarxa d'informació o nivell de gestió.** Correspon a tecnologies en negoci (entorn IT). Aquest nivell utilitza el sistema de gestió integrat de les empreses, que es coneix com a planificació de recursos empresarials (ERP, *enterprise resource planning*). Aquí és on la direcció d'una empresa pot veure i controlar les seves operacions. Sol ser un conjunt d'aplicacions informàtiques diferents que poden controlar tot el que succeeix dins d'una empresa, com ara sistemes CRM que gestionen les relacions amb els clients, sistemes BI (*business intelligence*) que analitzen dades per a informes i presa de decisions, plataformes *cloud* que faciliten l'emmagatzematge i processament de grans quantitats de dades.

Aquests nivells es poden traslladar gairebé directament a nivells de xarxa, però s'han de tenir en compte dos nivells addicionals més:

- **La xarxa d'intercanvi de dades:** és una xarxa DMZ on se situaran, entre d'altres, les màquines de salt a través de les quals s'accedirà a la xarxa industrial des de la xarxa corporativa.

- **La xarxa externa:** inclou totes les comunicacions amb l'exterior i conforma l'última xarxa de la infraestructura.

La digitalització efectiva implica la integració harmoniosa d'aquestes tecnologies en planta i negoci. Això no sols millora l'eficiència operativa, sinó que també suposa un avantatge competitiu, ja que permet l'adaptació ràpida a canvis en el mercat i la implementació de noves tecnologies de manera eficient. La connexió IT-OT és un pas clau per aconseguir la transformació digital completa d'una empresa.

───── APRÈN MÉS ─────

SMC: "Smart Fexibility". Nuestro enfoque hacia la Industria 4.0.

https://youtu.be/j3GSN1PiIA4

───── APRÈN MÉS ─────

Digitalització de la gestió de l'aire comprimit amb l'Air Management System de SMC.

https://youtu.be/IrdveGAXbMQ

1.8 Evolució d'una empresa clàssica a una empresa digitalitzada. Avantatges

1.8.1 Avantatges de digitalitzar una empresa industrial d'extrem a extrem

La digitalització d'una empresa industrial d'extrem a extrem implica la integració i l'automatització de tots els processos, des de la producció i la logística fins a la gestió financera i les interaccions amb els clients. Aquest enfocament té diversos avantatges significatius:

1. **Eficiència operativa**

   - *Abans:* en una empresa clàssica, els processos poden ser manuals i propensos a errors. La comunicació entre departaments pot ser lenta.

   - *Després:* amb la digitalització, els processos s'automatitzen, reduint els temps de producció i minimitzant errors. La informació flueix de manera més ràpida i eficient entre les diferents àrees de l'empresa.

2. **Millora de la qualitat**

   - *Abans:* la qualitat pot veure's afectada per processos manuals i falta de visibilitat.

   - *Després:* el monitoratge en temps real i la recopilació de dades permeten un control de qualitat més efectiu. Els problemes es poden detectar i abordar immediatament.

3. **Major flexibilitat i adaptabilitat**

   - *Abans:* les empreses clàssiques poden tenir estructures rígides i processos inflexibles.

   - *Després:* la digitalització permet una major flexibilitat per adaptar-se a canvis en la demanda del mercat, introduir nous productes i respondre ràpidament a les oportunitats.

4. **Presa de decisions basada en dades**

   - *Abans: l*es decisions poden basar-se en informació limitada o no actualitzada.

   - *Després:* la digitalització proporciona dades en temps real i anàlisis avançades, i permet una presa de decisions més informada i estratègica.

5. **Experiència del client millorada**

   - *Abans:* la interacció amb els clients pot ser manual i estar subjecta a errors.

   - *Després:* els sistemes CRM (*customer relationship management)* i les solucions digitals permeten una gestió més efectiva de les relacions amb els clients, la personalització i la millora de l'experiència del client.

6. **Reducció de costos**

   - *Abans:* els costos operatius poden ser elevats a causa de la falta d'eficiència.

   - *Després:* l'automatització i l'eficiència operativa redueixen costos a llarg termini.

7. **Integració de la cadena de subministrament**

   - *Abans:* la cadena de subministrament pot estar fragmentada i no tenir visibilitat.

   - *Després:* la digitalització permet una integració completa de la cadena de subministrament, i millora la visibilitat, la coordinació i l'eficiència.

8. **Innovació contínua**

   - *Abans:* l'adopció de noves tecnologies pot ser lenta.

   - *Després:* l'empresa digitalitzada pot adoptar ràpidament noves tecnologies i models de negoci, i fomentar la innovació contínua.

9. **Major competitivitat**

   - *Abans:* les empreses clàssiques poden quedar endarrerides en un mercat que evoluciona ràpidament.

   - *Després:* la digitalització permet a l'empresa mantenir-se competitiva, en adoptar tecnologies emergents i respondre àgilment als canvis en les condicions del mercat.

10. **Millora en la seguretat**

    - *Abans:* la seguretat de dades i sistemes pot ser una preocupació.

    - *Després:* amb la digitalització, s'implementen mesures de seguretat avançades per a protegir les dades i garantir la continuïtat del negoci.

1.8.2 Evolució d'una empresa clàssica a una empresa digitalitzada

L'evolució d'una empresa clàssica a una empresa digitalitzada implica un canvi cultural, l'adopció de noves tecnologies i la capacitació del personal. No obstant això, els avantatges quant a eficiència, qualitat, presa de decisions i capacitat per adaptar-se a un entorn empresarial en constant canvi fan que la inversió en digitalització sigui estratègica i valuosa.

1. **Inici de consciència digital:** reconeixement de la importància de la digitalització en l'eficiència i competitivitat.

2. **Implementació de tecnologies bàsiques** introducció de tecnologies, com ara sistemes ERP i CRM.

3. **Automatització de processos clau:** automatització de processos clau, com ara la gestió d'inventari i la comptabilitat.

4. **Adopció de tecnologies emergents:** incorporació de tecnologies emergents, com ara IoT, *big data* i analítica.

5. **Integració de la cadena de valors:** integració de la cadena de valors des de la producció fins al lliurament i el servei postvenda.

6. **Canvi cultural i formació:** foment d'una cultura oorientada a la innovació i l'adaptabilitat. Formació contínua per a empleats sobre noves tecnologies.

7. **Enfocament en l'experiència del client:** desenvolupament de solucions digitals centrades en millorar l'experiència del client.

8. **Agilitat i flexibilitat empresarial**: adopció de metodologies àgils per permetre canvis ràpids i adaptació contínua.

9. **Gestió estratègica de dades:** enfocament estratègic en la gestió de dades per a la presa de decisions basada en dades.

10. **Models de negoci innovadors:** exploració de nous models de negoci habilitats per la digitalització.

1.8.3 Avantatges resultants

La digitalització integral d'una empresa industrial ofereix beneficis significatius, des de millores operatives fins a avantatges estratègics a llarg termini. És un procés continu que requereix una visió clara, una inversió en tecnologia i una cultura organitzativa que abraci la innovació i l'adaptació al canvi.

- **Major productivitat i rendibilitat:** optimització de processos i recursos per a una major productivitat i rendibilitat.

- **Resiliència empresarial:** capacitat per a resistir i adaptar-se a canvis en l'entorn empresarial.

- **Posicionament en el mercat:** millor posicionament en el mercat gràcies a la innovació i l'eficiència.

- **Satisfacció del client:** millora contínua en la satisfacció del client gràcies al lliurament eficient i a les experiències personalitzades.

- **Sostenibilitat empresarial:** pràctiques sostenibles que beneficien tant l'empresa com el medi ambient.

Figura 1.32
Anàlisi de la visió artificial de la IA i eficiència per a producció en una línia d'assemblatge automatitzada de braços robòtics per a la fabricació de vehicles.

APRÈN MÉS

La fábrica inteligente.

https://youtu.be/wVD39XT7Q-E

Digitalitzar una empresa mitjançant *design thinking*

Breu descripció

La finalitat d'aquest repte és experimentar el context de la transformació digital i la seva repercussió en els sectors productius tenint en compte l'activitat de l'empresa i identificant entorns IT i OT característics. Aplicant un procés de *design thinking*, podeu comprendre i dur a terme millor el repte d'adaptar tecnologies típiques de la digitalització en planta i en negoci.

El repte

En aquest repte, per equips, es tracta d'aplicar el *design thinking*, una eina àgil per a la gestió de la innovació, que permet aplicar el pensament de disseny a la formulació d'idees innovadores com a estratègia per a seleccionar les tecnologies típiques de la digitalització en planta i en negoci d'una empresa o organisme equiparat, relacionat amb el títol professional corresponent (que es pot identificar a l'apartat primer de l'Article 7 «Entorn professional» de cada reial decret pel qual s'estableix el títol). Entre els passos que segueix aquesta metodologia, per mostrar el prototip de la digitalització en planta i en negoci cal crear codis QR que portin a una pàgina web, textos, imatges o vídeos.

Per realitzar el repte professional, accedeix a www.marcombo.info i descarrega gratuïtament el contingut addicional.

Código: **MARCOMBO27**

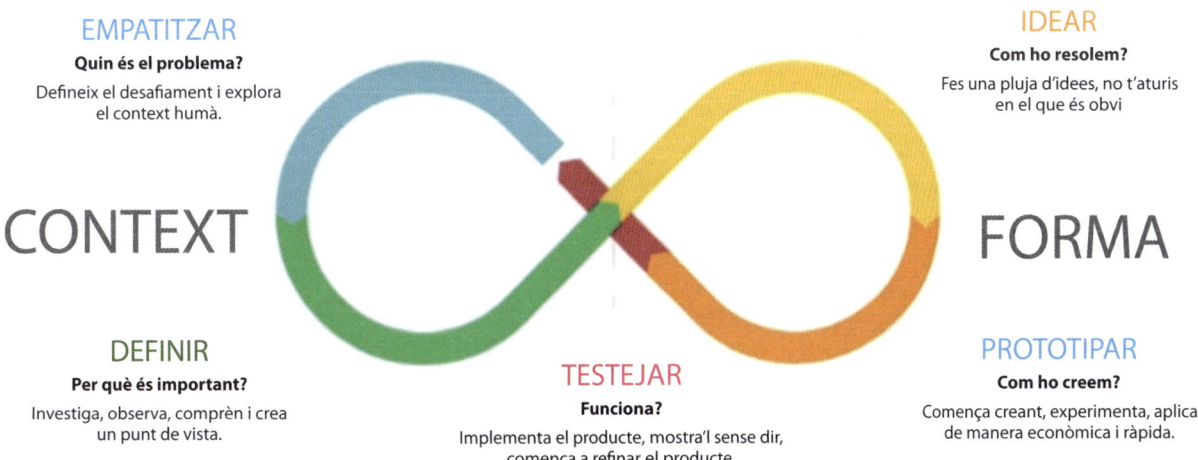

DESIGN THINKING
UN MARC PER INNOVAR EMPATITZAR

EMPATITZAR
Quin és el problema?
Defineix el desafiament i explora el context humà.

IDEAR
Com ho resolem?
Fes una pluja d'idees, no t'aturis en el que és obvi

CONTEXT

FORMA

DEFINIR
Per què és important?
Investiga, observa, comprèn i crea un punt de vista.

TESTEJAR
Funciona?
Implementa el producte, mostra'l sense dir, comença a refinar el producte.

PROTOTIPAR
Com ho creem?
Comença creant, experimenta, aplica de manera econòmica i ràpida.

Mapa conceptual

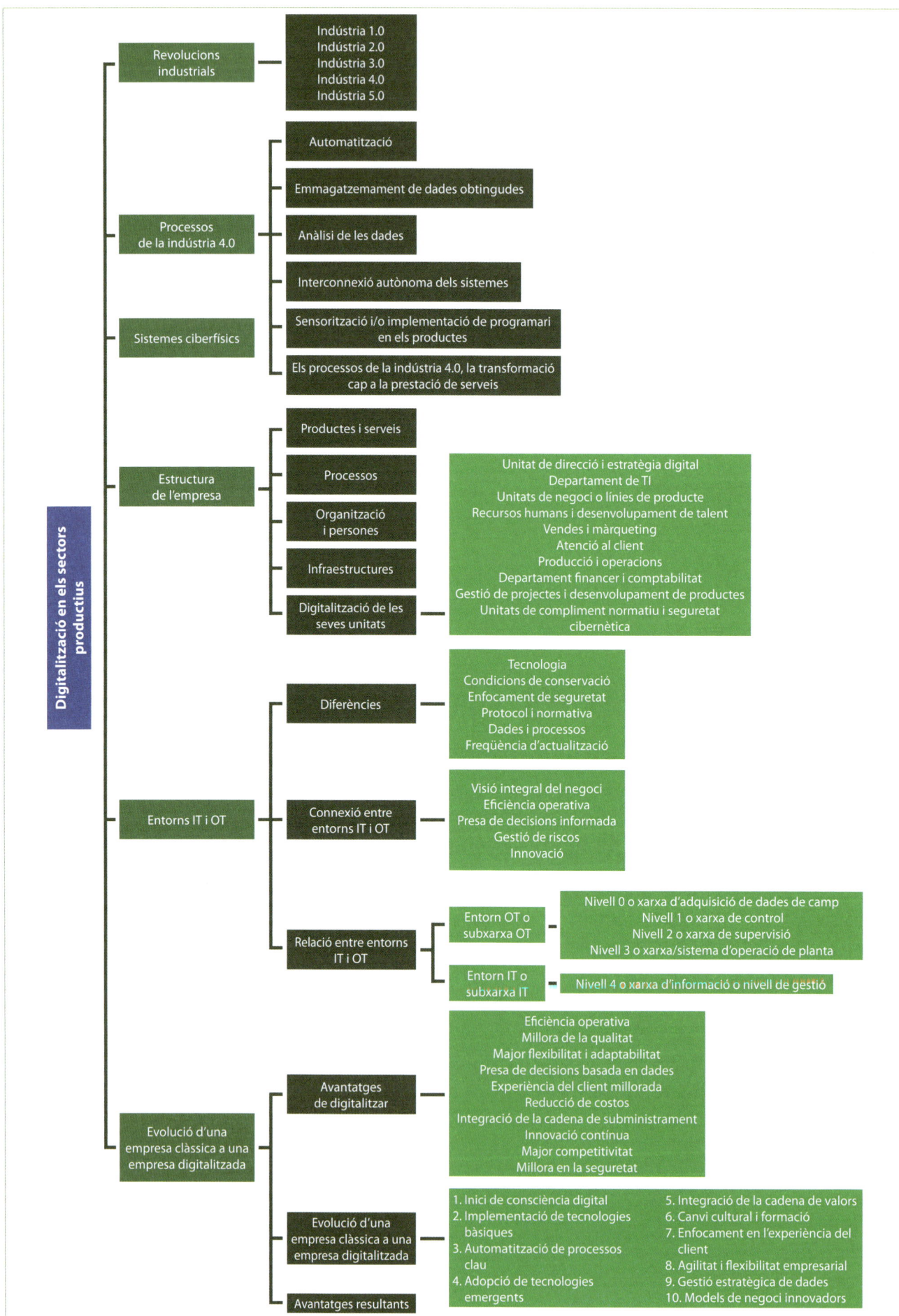

Figura 1.33 Mapa conceptual.

1. Quan va tenir lloc la primera revolució industrial?

a) Al segle XX.

b) Al segle XVII.

c) A finals del segle XVI.

d) A mitjan segle XVIII.

2. La segona revolució industrial es va caracteritzar per:

a) L'ús d'excedents de capital procedents de l'agricultura.

b) L'escàs desenvolupament industrial i la cerca de nous mercats.

c) L'ús de tres noves fonts d'energia: el gas, el petroli i l'electricitat.

d) L'ús del carbó i l'electricitat.

3. Què és la indústria 4.0?

a) L'automatització dels processos industrials utilitzant robots i sensors.

b) La implementació de tecnologia de realitat augmentada a les fàbriques.

c) La digitalització de les indústries manufactureres mitjançant la integració d'objectes físics en una xarxa d'informació.

d) El desenvolupament de programari d'anàlisi de dades massives.

4. Què és la digitalització empresarial?

a) El procés pel qual les organitzacions utilitzen només mitjans digitals.

b) El procés pel qual les organitzacions passen a ser electròniques.

c) El procés pel qual les organitzacions obtenen informació rellevant dels seus productes en un temps adequat.

d) El procés pel qual les organitzacions venen productes personalitzats.

5. Què s'entén per sistema ciberfísic?

a) Un sistema físic sense components electrònics.

b) Un sistema que no està connectat amb el món virtual.

c) Un sistema que només utilitza informació sobre el món físic.

d) Un sistema que té capacitats informàtiques, d'emmagatzematge i comunicació i de seguiment i/o control d'objectes en el món físic.

6. Quina és la unitat responsable d'establir la visió digital i l'estratègia coherent de l'empresa?

a) Unitats de negoci o línies de producte.

b) Departament de tecnologia de la informació (TI).

c) Unitat de compliment normatiu i seguretat cibernètica.

d) Unitat de direcció i estratègia digital.

7. Quina és la principal diferència tecnològica entre IT i OT?

a) L'entorn industrial utilitza sensors i controladors, mentre que l'entorn corporatiu empra bases de dades.

b) L'entorn industrial utilitza sensors i controladors, mentre que l'entorn corporatiu empra màquines virtuals.

c) L'entorn industrial utilitza bases de dades, mentre que l'entorn corporatiu empra sensors i controladors.

d) L'entorn industrial utilitza bases de dades, mentre que l'entorn corporatiu empra màquines virtuals.

8. La indústria 5.0 no ve per a substituir la indústria 4.0, sinó que apareix per a complementar el progrés aportat per les diferents tecnologies i potenciar la relació positiva entre els éssers humans i les màquines, amb algun dels següents eixos fonamentals:

a) Sostenibilitat.

b) Protagonisme de la persona.

c) Resiliència.

d) Totes les anteriors.

9. Què és el nivell 2 o xarxa de supervisió?

a) El nivell de supervisió amb equips destinats al disseny d'instal·lacions industrials.

b) El nivell de supervisió amb equips destinats a controlar la seqüència de processos de fabricació i/o producció i les àrees d'una instal·lació industrial.

c) El conjunt de sistemes de supervisió, control i adquisició de dades (SCADA.)

d) El conjunt d'interconnexions humà-màquina (HMI).

10. Quin nivell de xarxa s'encarrega de les comunicacions amb l'exterior en la infraestructura d'una empresa?

a) El sistema CRM.

b) El nivell de gestió.

c) La xarxa d'intercanvi de dades.

d) La xarxa externa.

Per a realitzar les activitats 3, 4 i 5, accedeix a www.marcombo.info i descarrega gratuïtament el contingut addicional, complement imprescindible d'aquest llibre.

Codi: **MARCOMBO27**

ACTIVITAT 1

La Unió Europea es proposa aconseguir la sobirania digital, donada la importància de la tecnologia i les capacitats digitals per al treball, l'estudi i la relació entre les persones. Consulta l'enllaç següent i respon les preguntes:

https://altertecnia.com/brujula-digital-2030-union-europea/

Què va crear per fixar i mesurar els objectius de la dècada digital? Quins punts clau treballa? Com està Espanya al procés de digitalització?

https://espanadigital.gob.es/actualidad/publicado-el-primer-informe-de-la-decada-digital-que-situa-espana-en-la-vanguardia

ACTIVITAT 2

Escolta la xerrada impartida per Olivier Scalabre, soci sènior i director gerent de Boston Consulting Group, al I Congrés Indústria Connectada 4.0: «L'impuls transformador de la indústria», o la TED *talk* que va fer al TED@BCG de París, i comenta com es relaciona la implantació de la tecnologia digital amb l'organització de les empreses.

- CIC 4.0 - 07 - *Olivier Scalabre: El futuro de la Industria 4.0* https://youtu.be/wj0iHL1E130
- *TED talk: La próxima revolución industrial está aquí* https://www.ted.com/talks/olivier_scalabre_the_next_manufacturing_revolution_is_here/transcript?language=es

ACTIVITAT 3

Llegeix l'article de Kimberly Cornwell, de Siemens, «La colaboración entre OT y IT es fundamental para la industria 4.0», que estableix la importància de la connexió entre entorns IT i OT, i respon les preguntes seqüents:

a) Quines infraestructures són crítiques en fàbrica?
b) Què passa quan els sistemes OT estan aïllats de la xarxa d'IT?
c) Quins riscos i vulnerabilitats pot tenir la integració de sistemes OT i IT?
d) Quina estratègia conjunta han d'utilitzar els equips d'IT i OT?

ACTIVITAT 4

Llegeix l'*e-book* de Siemens *Más productividad y sostenibilidad gracias a la integración en la planta de producción*, que estableix la importància de la connectivitat en entorns IT i OT, i respon les preguntes següents:

a) Quines són les tendències que impulsen la integració d'IT/OT a la indústria de fabricació?
b) Quines solucions d'IT/OT es poden aplicar amb l'ajuda d'un *partner* seguint un pla i disposant d'una comunicació estandarditzada?
c) Quines mesures va adoptar Vorwerk, un fabricant d'electrodomèstics, per incrementar la fiabilitat, l'eficàcia i la flexibilitat dels seus processos de fabricació?
d) Quines conclusions s'extreuen sobre la integració d'IT/OT?

ACTIVITAT 5

Llegeix el document de Siemens *Cómo construir una fábrica inteligente para pymes*, que estableix els avantatges de digitalitzar una empresa industrial d'extrem a extrem, i respon les preguntes següents:

a) Què és una fàbrica intel·ligent?
b) Quines són les THD de les fàbriques intel·ligents?
c) Per què és necessària una fàbrica intel·ligent?

ACTIVITAT 6

Fes una cerca d'informació a la videonotícia d'un cas real de sensorització avançada en una planta de pasta alimentària.

https://youtu.be/zQ0c2Bm8qmU

Identifica: Quin és l'objectiu de la sensorització de la planta de pasta? Quina plataforma de fàbrica intel·ligent incorpora i què interconnecta? Per què s'ha implantat la plataforma Smart Factory?

ACTIVITAT 7

Fes una cerca d'informació del projecte Astillero 4.0. a través de la notícia següent:

https://www.aec.es/nosotros/actualidad-aec/astillero-4-0/

També pots visionar el vídeo *NAVANTIA avanza hacia el Astillero 4.0*:

https://youtu.be/2SDb68NPUFA

Identifica: Quin és l'objectiu principal del projecte Astillero 4.0? Quines tecnologies de la industria 4.0 fa servir?

ACTIVITAT 8

Visiona el vídeo *Industria 4.0 ya es una realidad en el fabricante de componentes y máquinas Bosch*:

https://youtu.be/yxitQo7rn-I

Identifica: Què permet la tecnologia actual? Què permet la indústria 4.0 i la tecnologia que fa servir? Quin és el paper de l'ésser humà en l'automatització de dades de la producció?

U 2

Caracterització de les tecnologies habilitadores

En aquesta unitat estudiaràs:

- Món digital. Tecnologies habilitadores.

- Característiques de les THD: xarxes 5G, informàtica difusa i al núvol, tecnologies de processament massiu de dades i informació, ciberseguretat IT i OT, *blockchain*, DLT (*distributed ledger technology*). Similituds i diferències. Intel·ligència artificial. *Machine learning/deep learning*. Realitats immersives, robòtica col·laborativa (cobòtica), bessons digitals, d'altres.

- Influència de les tecnologies disruptives habilitadores (THD) en el desenvolupament de productes i la prestació de serveis. Exemples significatius. Nous mercats.

- THD típiques en planta i negoci.

- Millores amb la implantació de THD.

- Sistemes digitalitzats i dades.

Amb el seu estudi seràs capaç de:

- Identificar les principals tecnologies habilitadores digitals.

- Relacionar les THD amb el desenvolupament de productes i serveis.

- Relacionar la importància de les THD amb l'economia sostenible i eficient.

- Identificar nous mercats generats per les THD.

- Analitzar la implicació de les THD tant a la part de negoci com a la part de planta.

- Identificar les millores produïdes a causa de la implantació de les tecnologies habilitadores en relació amb els entorns IT i OT.

- Aprendre a elaborar un informe que relacioni les tecnologies amb les seves característiques i àrees d'aplicació.

2.1 Introducció

Les tecnologies habilitadores són les eines que permeten a les empreses desenvolupar el procés de transformació digital i adaptar-se a la indústria 4.0 i al model de la fàbrica intel·ligent.

En aquesta unitat es descriuen les tecnologies habilitadores digitals necessàries per a l'adequació/transformació de les empreses en entorns digitals i se n'enumeren les característiques i aplicacions.

2.2 Món digital. Tecnologies habilitadores

Les indústries, a nivell mundial, estan canviant a un ritme constant i considerable, i la tendència és que s'hagin transformat totalment en els pròxims 5-10 anys. És molt probable que una porció rellevant dels productes i serveis que hi haurà disponibles al mercat els anys 2025-2030 estaran basats en el que s'anomenen **tecnologies habilitadores** o KET (*key enabling technologies*).

Les tecnologies habilitadores han estat identificades com a inductores d'innovacions en diversos sectors econòmics que potencialment podrien provocar grans canvis cap a una economia sostenible i eficient. Es caracteritzen per un alt grau d'I+D (en ciència, tecnologia o enginyeria), cicles d'innovació ràpids, una alta inversió de capital (infraestructura, equipament o personal d'I+D), així com per combinar innovacions físiques i digitals.

Les tecnologies habilitadores estan en contínua revisió a mesura que la ciència i la tecnologia avancen. En un estudi realitzat el 2018, es van identificar un total de 45 tecnologies habilitadores, agrupades sota les grans categories següents: **intel·ligència artificial i informàtica, ciberconnectivitat, tecnologies de fabricació avançades, materials avançats i nanotecnologies, biotecnologia i ciències de la vida, micro-/nano- electrònica i fotònica i ciberseguretat**. Són tecnologies amb un gran potencial transformador, que facilitaran el desenvolupament de nous béns i serveis i la reestructuració dels processos industrials necessaris per modernitzar la indústria i afavorir la transició cap a una nova economia basada en el coneixement eficient i mediambientalment sostenible.

Aplicacions de les tecnologies habilitadores

Europa és líder global en moltes indústries manufactureres i les seves companyies sovint estan a l'avantguarda de la digitalització i automatització en sectors industrials clau. En xifres, Europa té una quota de mercat global d'un 33 % en robòtica, un 30 % en sistemes integrats, un 55 % en semiconductors per a automoció, un 20 % en equipament per a semiconductors i un 20 % en components fotònics.

Les noves tecnologies generen nous mercats, i això és especialment cert en el desenvolupament integrat de tecnologies digitals combinades amb altres disciplines, com la fabricació avançada, els nous materials o les ciències biològiques. Les tecnologies habilitadores són els components constructius tecnològics que hi ha darrere d'un ampli ventall d'innovacions, amb aplicacions potencials en virtualment tots els sectors i indústries, incloent-hi l'aeronàutica, l'automoció, l'enginyeria, la química, el tèxtil, l'espai, la construcció, la salut i l'agricultura. A tall d'exemple, les tecnologies habilitadores es troben a les impressores 3D, els llums LED, la robòtica avançada, els productes biobasats, els dispositius intel·ligents, la nanomedicina i moltes altres tecnologies.

Una primera selecció general de tecnologies, incloent-hi les subtecnologies, és la següent:

- **Tecnologies de fabricació avançades** o *advanced manufacturing technologies*. La fabricació avançada engloba el conjunt de tecnologies desenvolupades en entorns industrials per a arealitzar la fabricació d'una manera més àgil i eficient. Per a això, utilitza aplicacions sobre l'entorn industrial de tecnologies digitals avançades.

  ○ Processos de fabricació additiva, intel·ligents, d'alt rendiment i alta precisió, o *smart, high performance, high precision and additive manufacturing processes*.

  ○ Robòtica o *robotics*.

Figura 2.1
Nau amb Impressió 3D d'HP per a la fabricació additiva.

APRÈN MÉS

La historia de éxito de HP: De vender impresoras a vender soluciones integrales de impresión 3D.

https://youtu.be/Caw3xqmpWu4

- **Miicro-/nano- electrònica i fotònica** o *micro/nano electronics and photonics*. Tecnologías habilitadores clau per a la transformació digital i per a l'explotació efectiva de fonts de llum. Aquest grup inclou tecnologies per a digitalitzar i controlar objectes (sensors i circuits) i per a desenvolupar nous paradigmes de computació (xips per a intel·ligència artificial i computació quàntica) i noves manipulacions de la llum per a diferents aplicacions.

  - Sensors intel·ligents o *smart sensors*
  - Internet de les coses (IoT, *Internet of Things*)
  - Tecnologia quàntica o *quantum technology*
  - Supercomputació d'alt rendiment d'alta potència, neurocomputació més enllà dels CMO o *supercomputing high power high performance, neurocomputing beyond CMO*

Figura 2.3
ChatGPT és un sistema d'intel·ligència artificial d'ús gratuït.

Figura 2.2
Oblia de silici en la màquina en la fabricació de semiconductors.

- **Intel·ligència artificial** o *artificial intelligence* és, en informàtica, la intel·ligència expressada per màquines, els seus processadors i els seus programaris, que serien els anàlegs al cos, el cervell i la ment, respectivament, a diferència de la intel·ligència natural manifestada pels humans i certs animals amb cervells complexos.

  - Robots intel·ligents o *smart robots*
  - Generació i maneig de dades o *data generation and handling*
  - Anàlisi de big data o *Big Data analytics*
  - Aprenentatge automàtic i aprenentatge profund o *machine learning and deep learning*
  - Agents virtuals o *virtual agents*
  - Tecnologíes de *software* o *software technologies*
  - Tecnologíes de presa de decisions o *decision making technologies*

APRÈN MÉS

¿Qué es la inteligencia artificial? El chatbot ChatGPT nos responde.

https://youtu.be/YuoSD3H6iD0

- **Seguretat i connectivitat** o *security and connectivity* són punts vitals i prioritats d'inversió per part de les empreses pel que fa al procés de digitalització que s'està vivint.

  - Comunicació segura i autenticada o *secure and authenticated communication*.
  - Prevenció del frau d'identitat o *avoiding identity thief*.
  - Protecció de dades i privacitat o *data protection and privacy*.
  - Seguretat i protecció de dades/connectivitat o *data/connectivity safety and security*.
  - Interfícies humà-màquina o *human machine interfaces*.
  - Interacció humà/ordinador/robot o *human/ computer/robot interaction*.
  - Cinquena generació de xarxes mòbils o 5G.
  - Sistemes físics cibernètics o *cyber physical sys- tems*.
  - Cadena de blocs o *blockchain*.

Figura 2.4
Sala de servidors del centre de dades.

APRÈN MÉS

Ormazabal: transformación de su infraestructura de conectividad y seguridad.

https://youtu.be/msfzKrww_Vw

2.3 Característiques de les tecnologies disruptives habilitadores

A continuació, es descriu en què consisteix cadascuna de les tecnologies habilitadores digitals i se n'aporten exemples d'aplicació i recursos per aprofundir en el seu coneixement.

2.3.1 Xarxes 5G

La xarxa sense fils de 5a generació permet un gran nombre de connexions simultànies, a més de millorar la velocitat (*quantitat de dades que pots rebre o enviar en un període de temps determinat*), amb molt baixa

latència (*demora o retard entre l'enviament i la recepció d'informació*), fiabilitat (capacitat d'una màquina, una planta industrial o un sistema de desenvolupar una funció requerida, segons condicions establertes, durant un període de temps determinat) i consum energètic per a tota mena de dispositius i sistemes IoT.

Figura 2.5
Últimes generacions de xarxes de telecomunicacions.

La tecnología 5G está impulsada por los siguientes requisitos específicos:

Mínima energia del dispositiu: la xarxa garanteix el nivell més baix per a completar una comunicació satisfactòria, amb una reducció del 90 % en el consum d'energia de la xarxa.

Una taxa de latència extremadament baixa (la demora o el retard entre l'enviament i la recepció d'informació). Dels 200 mil·lisegons de la tecnologia 4G, baixem a 1 mil·lisegon (1 ms) amb 5G.

Velocitat de dades màxima: 5G ofereix velocitats significativament més altes que 4G. Es poden assolir velocitats de descàrrega disponibles de fins a 20 Gbps i 10 Gbps ascendents per estació base mòbil. No és la velocitat que s'experimentaria amb 5G (tret que es tingui una connexió dedicada), sinó la que compartiran els usuaris de la cel·la.

Velocitats del món real: les velocitats reals no seran iguals a les màximes. L'especificació requereix una velocitat de descàrrega de dades mitjana de 100 Mbps i de 50 Mbps per càrrega.

Potència mínima de transmissió: les xarxes 5G estan dissenyades per minimitzar la potència, la qual cosa dona com a resultat nivells de camps electromagnètics (EMF) optimitzats.

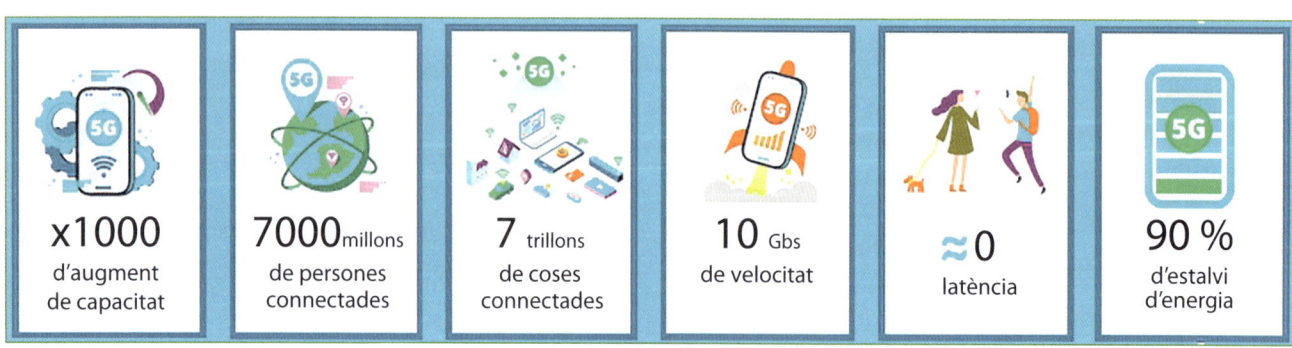

x1000 d'augment de capacitat	7000 millons de persones connectades	7 trillons de coses connectades	10 Gbs de velocitat	≈0 latència	90 % d'estalvi d'energia

Figura 2.6
Què es la tecnologia 5G.

Control de camps electromagnètics: les xarxes 5G utilitzen una nova arquitectura avançada de ràdio molt eficient, que minimitza les transmissions d'acord amb els requisits del servei, la qual cosa dona com a resultat nivells de camps electromagnètics optimitzats.

Les antenes *massive* MIMO permeten dirigir la potència només cap a la direcció requerida i minimitzar la potència que es transmet a altres direccions, la qual cosa comportarà nivells d'exposició menors que els de les tecnologies actuals (2G, 3G i 4G).

Small cells: s'utilitzaran cel·les petites per a ampliar la cobertura en àrees àmplies o crear xarxes privades.

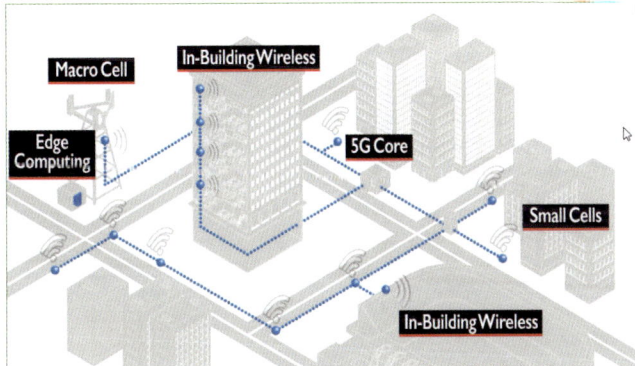

Figura 2.7
Ampliació de la cobertura amb *small cells*.

Freqüències: GG utilitza les freqüències de 700 MHz i 3.5 GHz, es recolzen a les xarxes existents de 4G LTE (*long term evolution*). Progressivament, les bandes actuals aniran migrant a 5G i els desplegaments es completaran amb les bandes "mil·limètriques" o *millimeter wave*, de 26 i 28 GHz.

La majoria de les innovacions 5G estan orientades al model de negoci d'empresa a consumidor (B2C, *business-to-consumer*), ja que els operadors de xarxa miren d'optimitzar els costos d'operacions i els fabricants de dispositius volen diferenciar els seus productes. No obstant això, estan apareixent noves oportunitats en el món del comerç entre empreses (B2B, *business-to-business*).

APRÈN MÉS

¿Qué es el 5G Industrial?

https://youtu.be/ey0a4qv91Dk

EXEMPLE 1

Els usos de 5G més comuns entre persones, entre màquines i entre màquina i persones.

Solució:

PERSONA A PERSONA	PERSONA A MÀQUINA	MÀQUINA A MÀQUINA
Realitat virtual i augmentada		Monitorització vídeo
Videotrucades	Vídeo 4K	Informàtica al núvol mòbil
Roba intel·ligent (*wearables*)	Llars i ciutats intel·ligents	
Xarxes socials	Monitorització de salut	Vehicle a vehicle
IoT	Telemedicina	Vehicle a infraestructura
Seguretat pública	Vehicle a vianant	Automatització industrial

Figura 2.8
5G per a negocis i tecnologia.

2.3.2 Informàtica difusa i al núvol

La informàtica al núvol (*cloud computing*), coneguda també com a serveis al núvol, computació o informàtica difusa al núvol, núvol de còmput o simplement "el núvol", **és l'ús d'una xarxa de servidors remots connectats a Internet per emmagatzemar, administrar i processar dades, servidors, bases de dades, xarxes i programari**. En comptes de dependre d'un servei físic instal·lat, es té accés a una estructura on **el programari i el maquinari estan virtualment integrats**.

El terme no només fa referència a **l'emmagatzematge de dades**, sinó també a **la computació de dades sense intervenció directa d'un usuari;** d'aquesta manera, processos que abans s'executaven mitjançant interacció humana se substitueixen de manera ràpida i immediata, a més d'altres beneficis, com ara disponibilitat sota demanda, elasticitat del servei o de l'accessibilitat i mesurament de resultats.

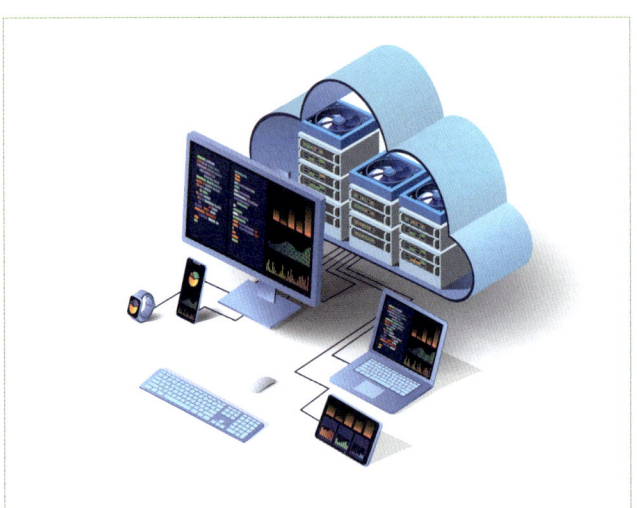

Figura 2.9
Xarxa de servidors remots al núvol.

Tota una cadena de valor que comprèn des de **capacitat informàtica, d'emmagatzematge i xarxa fins a microserveis, eines d'anàlisi, administració, utilitats per a desenvolupadors**, etc.

El desplegament de THD com 5G, machine learning, intel·ligència artificial, IoT, blockchain o big data no només depèn d'una millor connectivitat, sinó també de disposar d'un catàleg de serveis i components de nova generació que, a manera de "peces d'un puzle", ens permetin crear de manera ràpida i eficient solucions innovadores i d'alt valor afegit..

Cloud computing: és la plataforma de llançament de pràcticament totes les últimes innovacions tecnològiques, ja que, per ser eficients, aquestes tecnologies requereixen una capacitat cada vegada més gran **d'emmagatzematge, informàtica, anàlisi de dades, eines per a desenvolupadors i d'administració, aplicacions**

d'informàtica, **seguretat**, etc. En definitiva, el *cloud computing* ha de constituir-se com un dels pilars essencials per a la digitalització de les empreses.

Figura 2.10
Cloud computing ofereix a una empresa serveis (maquinari, plataforma o aplicacions) a través d'Internet i els consumeix segons un model de pagament per ús.

─── APRÈN MÉS ───

¿Qué es la nube?

https://youtu.be/SlZFzS-I3HE

─── EXEMPLE 2 ───

Un exemple de serveis *cloud* que les pimes puguin utilitzar diàriament i permetin treballar en remot.

Solució:

La intensitat amb la qual es treballa avui el màrqueting digital permet a les pimes, a més de captar oportunitats de negoci, emmagatzemar informació sobre les preferències de l'usuari. Això es pot utilitzar per proporcionar experiències personalitzades, missatges i productes o serveis basats en el comportament i les preferències dels usuaris.

Siri, Alexa i Google Assistant són **bots intel·ligents basats al núvol en llenguatge natural**. Aquests **xatbots** aprofiten les capacitats d'emmagatzematge i tractament de dades del núvol per a proporcionar experiències de client personalitzades rellevants en un context adequat. La pròxima vegada que un client respongui en una pàgina web un missatge com ara: "Hola, en què puc ajudar-te?", segurament estarà parlant amb una solució d'intel·ligència artificial basada al núvol.

2.3.3 Tecnologies de processament massiu de dades i informació

Les grans quantitats de dades que es produeixen actualment, sumades a la seva heterogeneïtat i a la velocitat amb què es generen, fan que les eines tradicionals d'anàlisi de dades no resultin adequades per a la recopilació, emmagatzematge, gestió i anàlisi d'aquestes dades. En aquest context, sorgeix el terme big data, en referència a característiques com ara gran volum, velocitat i varietat de producció de les dades, i a les eines que s'utilitzen per trobar-hi valor.

En general, es parla de *big data* o anàlisi de *big data* com a sinònims, ja que no només es vol fer referència a la gran quantitat de dades i a la seva complexitat, sinó també a les eines utilitzades per processar-les i extreure'n coneixement útil.

Figura 2.11
Tecnologies de processament massiu de dades i informació big data.

Els usos de grans quantitats de dades o *big data* són diversos i abasten gairebé tots els àmbits de la vida diària.

- Ofereix una experiència de compra personalitzada en l'*e-commerce*.

- Disposa de múltiples models eficients del mercat financer.

- Proveeix de milers de milions de dades per accelerar la recerca sobre el càncer i altres malalties.

- Pot suggerir contingut a través de mitjans de serveis de streaming com ara Spotify, Hulu i Netflix.

- Pot predir rendiments agrícoles en grans plantacions.

- Pot analitzar patrons de trànsit per a reduir la congestió de les grans ciutats.

- Serveix com una eina de dades per a reconèixer i donar la millor ubicació dels patrons de compra al detall dels consumidors d'una marca o un producteo.

- Els equips esportius usen big data per a millorar la seva eficàcia i augmentar el seu valor.

- Pot centrar-se en la identificació de patrons educatius en individus, escoles i districtes escolars sencers.

2.3.4 Ciberseguretat *Information Technology* i *Operation Technology*

La transformació digital de la indústria és vital i està plena d'avantatges, però també de reptes i amenaces per als quals l'empresa ha d'estar preparada i anticipar-se.

Sabotatges i interrupció d'operacions, impactes sobre la seguretat física i de l'entorn, incompliment normatiu/legal, robatori d'informació i propietat intel·lectual, fraus i xantatges, danys econòmics i a la reputació i lesions de persones; aquests són alguns exemples de ciberriscos als quals s'enfronta la industria 4.0.

Un atac al sistema informàtic pot afectar els processos operatius i de producció d'una empresa. Per això, els entorns industrials han de contemplar sempre la ciberseguretat, que engloba dos àmbits, dins d'un mateix model:

- **Ciberseguretat IT:** a les IT, el principal objectiu és protegir els sistemes de la companyia davant de vulnerabilitats i ciberatacs. Per això, les solucions i mesures de ciberseguretat tradicionals posen el focus en aquest àmbit i en la protecció dels punts finals. A més, als processos d'IT, les auditories de ciberseguretat no tenen per què tenir cap impacte en els processos de negoci, ja que el sistema es pot interrompre cada cert temps per fer comprovacions de seguretat o actualitzacions.

- **Ciberseguretat OT:** gràcies a les OT, les organitzacions gestionen els processos físics industrials mitjançant el monitoratge i control dels dispositius i equips. Amb els sistemes SCADA, és fonamental la protecció i disponibilitat dels equips de nivell 3, que són els encarregats del control d'operacions, així com, per descomptat, dels de nivell 4, encarregats de la planificació, l'inventari, la demanda i l'estat de la producció (generalment a través d'un programari ERP). Per això, la seguretat té un important factor diferencial respecte a les IT: la disponibilitat de la tecnologia ha de ser constant, transparent i correcta, ja que està activa les 24 hores del dia per donar suport a les operacions internes de la companyia o als productes servititzats oferts com a servei, adquirits pels clients. D'altra banda, la realització d'auditories de ciberseguretat no és tan senzilla com en els entorns IT, perquè els processos no es poden aturar fàcilment per fer comprovacions i actualitzacions, i també perquè les tecnologies OT solen dependre de diversos proveïdors i no se'ls pot aplicar una comprovació de seguretat estandarditzada. A més, la majoria de les empreses que disposen d'OT compten amb empreses externes que es connecten als seus dispositius com a part del seu servei, amb la qual cosa no és senzill agrupar tots els dispositius en una mateixa auditoria.

És essencial que els entorns IT i OT estiguin ben integrats, però encara és més important garantir la seguretat de tots dos i que la fallada d'un no pugui afectar l'altre. Així doncs, la protecció de les transaccions i dels terminals no ha d'estar renyida amb protegir de possibles amenaces els equips, la maquinària i la infraestructura de l'organització.

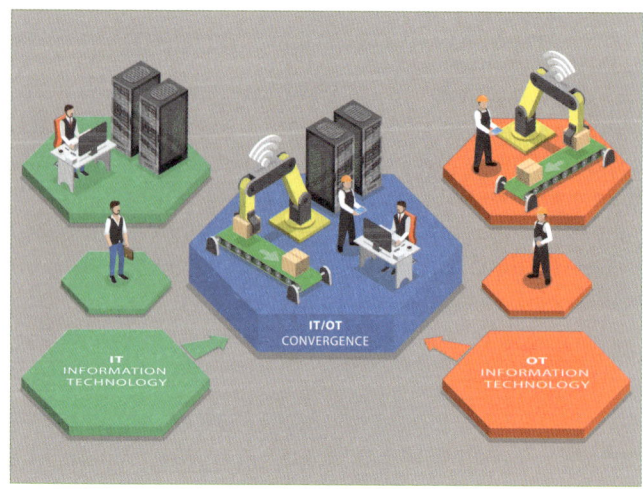

Figura 2.12
Entorns IT i OT ben integrats.

Figura 2.13
Equip de tècnics utilitzant analitzadors de xarxa en servidors per a protegir IT.

Figura 2.14
Tècnica que utilitza els sistemes SCADA per a protegir OT.

Identifica un vector d'atac utilitzat pels ciberdelinqüents en la indústria 4.0.

Solució:

Amenaces contra els *endpoints* o terminals i altres dispositius en què no s'han configurat les opcions de seguretat, la qual cosa els deixa vulnerables. Les configuracions dels fabricants per defecte són, en molts casos, poc segures. Per exemple, si usen contrasenyes febles o si permeten que s'hi connectin USB o discos extraïbles, aquests podrien portar *malware*. Altres vegades són configuracions incompletes o insuficients de les xarxes a les quals pertanyen aquests dispositius, que permeten accedir-hi i manipular-los. Un cas particular són els dispositius IoT. Tipus de *malware* IoT:

1. *DDoS botnets*: aquests programes maliciosos prenen el control dels dispositius IoT i llancen atacs a un ampli rang de serveis.

2. *Ransomware*: s'enfoca en dispositius IoT, en particular en aquells que contenen dades d'usuari, com ara caixes NAS. El *ransomware* xifra arxius i exigeix un rescat per alliberar-los.

3. Miners: malgrat el seu limitat poder de processament, alguns ciberdelinqüents tracten de vulnerar dispositius IoT per minar criptomonedes.

4. *DNS changers*: són troians que alteren les direccions DNS dels rúters wifi, redirigint els usuaris a llocs maliciosos.

5. *Proxy bots*: els dispositius IoT infectats s'empren com a servidors proxy per a redirigir el tràfic maliciós, la qual cosa en dificulta el seguiment i la mitigació dels atacs.

2.3.5 *Blockchain, Distributed Ledger Technology*. Similituds i diferències

Les tecnologies de cadena de blocs (*blockchain*) o de registres distribuïts (*DLT o distributed ledger technologies*) han suposat i suposaran una revolució en la manera de dissenyar i desplegar nous serveis digitals.

Aquestes tecnologies **permeten desplegar serveis digitals sense necessitat d'una autoritat centralitzada que els gestioni i eliminant la necessitat d'intermediaris** que arbitrin les transaccions entre els diferents actors.

Què és DLT?

Una DLT és simplement una base de dades que gestione diversos participants i no està centralitzada. No hi ha cap autoritat central que exerceixi d'àrbitre i verificador. El registre distribuït augmenta la transparència i dificulta qualsevol tipus de frau o manipulació, i el sistema de base de dades és més complicat de hackejar, al no haver-hi un ordinador central al qual atacar.

Distributed Ledger Technology (DLT) o tecnologia de comptabilitat distribuïda és un sistema electrònic o base de dades per a Registrar informació que no és executada per una sola entitat. Permet emmagatzemar i usar dades que poden ser descentralitzades (emmagatzemades en diversos llocs) i distribuïdes (connectades i, per tant, poden comunicar-se) tant de manera privada com pública.

Una de les formes més representatives d'aquesta tecnologia DLT o tecnologia de llibre major distribuït són els sistemes de pagament.

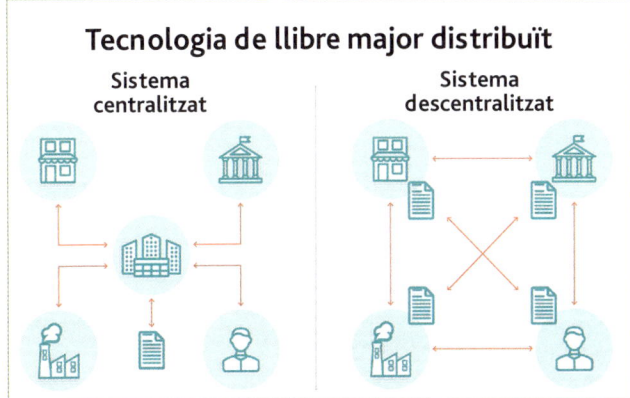

Figura 2.15
Comparació entre un sistema centralitzat i un sistema descentralitzat.

Hi ha diferents graus de descentralització:

- Descentralització completa (sense cap nucli de control).

- Distribuïda (un o diversos nuclis de control, juntament amb diversos nodes de suport).

- Federada (els nuclis locals tenen una gran autonomia).

L'accés a aquests sistemes pot ser de tipus públic o privat, segons el nivell de seguretat que es vulgui aplicar al sistema.

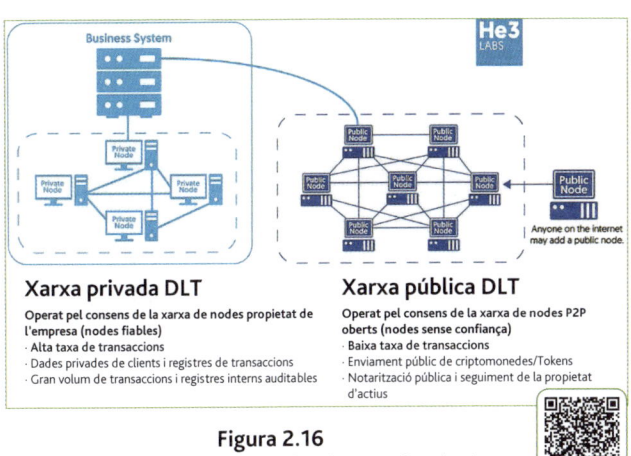

Figura 2.16
Xarxa privada *Distributed Ledger Technologies* i xarxa pública *Distributed Ledger Technologies*.

Diferències entre *Distributed Ledger Technologies* i *blockchain*

Les tecnologies DLT són la categoria major de *blockchain*. Això significa que totes les xarxes blockchain són tecnologies DLT, però no totes les DLT són tecnologia blockchain.

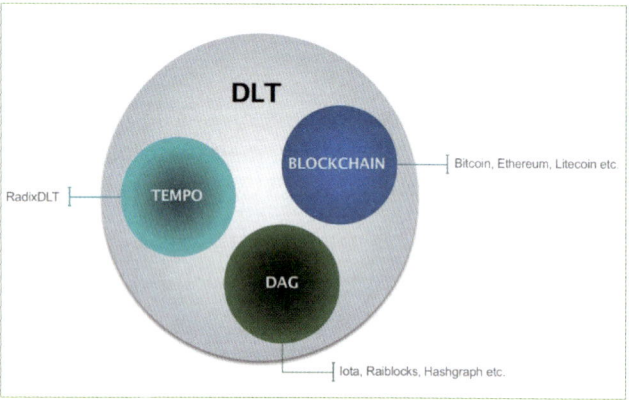

Figura 2.17
Tecnologies DLT; *tempo*, *dag* i *blockchain*.

GLOSSARI

La tecnologia *blockchain* o de cadena de blocs és un sistema el funcionament del qual depèn de generar blocs on s'emmagatzema la informació. Aquests blocs s'enllacen els uns amb els altres i creen la coneguda cadena de blocs. Aquesta cadena dona lloc a un registre enllaçat i no modificable de la informació que s'ha emmagatzemat en aquests blocs.

Tant les xarxes DLT com les xarxes *blockchain* utilitzen protocols del tipus P2P o *peer-to-peer*, la qual cosa garanteix que els estàndards de seguretat i immutabilitat siguin molt elevats. I, de la mateixa manera que a les DLT hi ha diferents graus de descentralització (completa, distribuïda o federada), a les xarxes *blockchain* passa exactament el mateix.

Figura 2.18
Conceptes de la tecnologia disruptiva *blockchain*.

Tanmateix, no tot són similituds. **Les DLT no cal que tinguin necessàriament una estructura de dades en blocs**, com les *blockchain*. Una DLT és simplement un tipus de base de dades distribuïda en diversos llocs, regions o participants

La DLT permet l'emmagatzematge de tota la informació de manera segura i precisa mitjançant criptografia. S'hi pot accedir mitjançant "claus" i firmes criptogràfiques. Una vegada emmagatzemada la informació, es converteix en una base de dades immutable i es regeix per les regles de la xarxa.

Els beneficis de la tecnologia *blockchain* i DLT

Algunes de les aplicacions que tenen les DLT per camp són:

- **Sistemes financers.** Aplicacions de les tecnologies descentralitzades, de *blockchain* i de criptomonedes com els bitcoins. S'ha creat un nou sistema de pagament més segur i accessible per a tothom.

- **Ciberseguretat.** El potencial que tenen per a construir xarxes segures amb diferents graus de descentralització.

- **Cadena de subministraments i logística**, en aquells processos logístics en els quals hi ha un nombre elevat d'intermediaris. Amb aquesta tecnologia es poden generar i crear sistemes que s'ajustin a les realitats complexes dels processos logístics..

- **Sistema de salut.** Una àrea amb gran potencial de desenvolupament de les tecnologies descentralitzades. Un dels reptes és aconseguir desenvolupar un sistema distribuït on els hospitals siguin capaços d'emmagatzemar la informació de manera segura i accessible; on les dades només puguin ser llegides o modificades per l'hospital en qüestió, fent servir credencials d'accés o claus privades. Ningú més podria accedir a aquests sistemes o afectar-los. Si passés alguna cosa, només caldria reiniciar els sistemes, tornar a sincronitzar-los i començar a treballar de nou.

EXEMPLE 5

Identifica un exemple de millora de la logística amb tecnologia DLT.

Solució:

El sistema de TradeLens, un sistema dissenyat per Maersk en col·laboració amb IBM que permet optimitzar processos en logística marina i comerç internacional.

https://youtu.be/0O2E9bCpKDk

2.3.6 Intel·ligència artificial. *Machine learning/deep learning*

La intel·ligència artificial fa referència a l'habilitat d'un ordinador o un sistema d'ordinadors per processar la la informació, aprendre i prendre decisions de manera similar a com ho fa un ésser humà. Per tant, el seu objectiu és desenvolupar sistemes capaços de fer front a problemes complexos imitant la lògica i el raonament humà.

La indústria 4.0 presenta un gran potencial per a liderar l'aplicació de les tecnologies d'IA en el monitoratge i l'optimització dels seus processos, i representa un escenari apropiat per a comprovar-ne els beneficis, des dels processos de disseny i fabricació fins a la gestió de la cadena de valor.

GLOSSARI

Intel·ligència artificial industrial (IAI): Aplicació de la IA a les operacions, processos i sistemes físics d'una empresa.

L'empresa que aplica la IAI pot monitoritzar, optimitzar o controlar el comportament d'aquestes operacions, processos i sistemes per a millorar-ne l'eficiència i el funcionament i dotant-los d'una major autonomia. Així, aquest concepte inclou aplicacions relacionades amb la fabricació de productes físics, les cadenes de producció i els magatzems o les operacions relacionades amb els diferents processos. Es tracta d'un sistema *end-to-end*, en el qual els sensors generen dades que s'envien, es gestionen i s'analitzen mitjançant diferents algoritmes i models, que prenen decisions en temps real, i es retornen els resultats per a la seva implementació real en els actuadors.

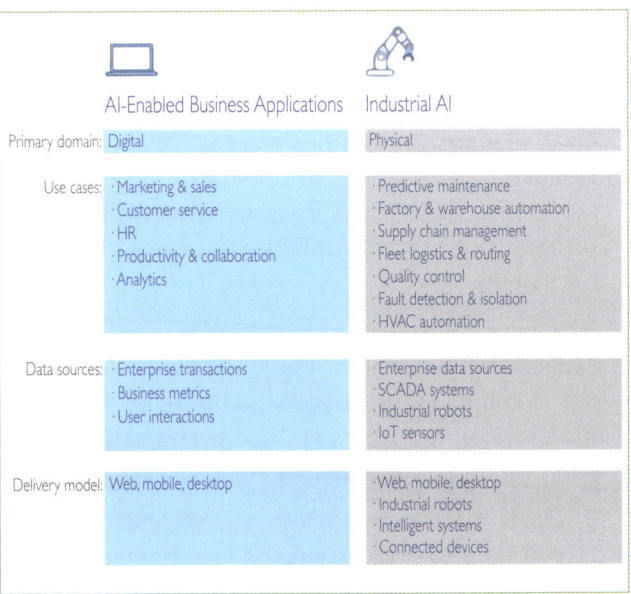

Figura 2.19
Intel·ligència artificial industrial.

La intel·ligència artificial pretén imitar la intel·ligència humana, i l'eina que utilitza per aconseguir-ho és el ***machine learning***. una part del qual són les xarxes neuronals i el ***deep learning***.

Machine learning

El *machine learning* (aprenentatge automàtic) pretén que els ordinadors realitzin un aprenentatge a partir de les dades que se'ls introdueixen mitjançant l'ús d'algoritmes. La diferència amb la intel·ligència artificial és que aquesta no té per què "aprendre", sinó que pot estar prèviament programada a través d'una sèrie de regles perquè actuï d'una manera "intel·ligent".

Es tracta d'una mena de tecnologia que es basa en la creació de complexos algoritmes que permeten que un sistema, per si mateix, reculli dades, les analitzi, aprengui d'aquestes dades i suggereixi una resposta lògica i justificada.

En general, quan es fa referència al *machine learning* es parla del desenvolupament de tècniques i algoritmes que fan possible que les màquines adquireixin aprenentatge i no es limitin a les dades que els introdueix l'humà en la seva programació.

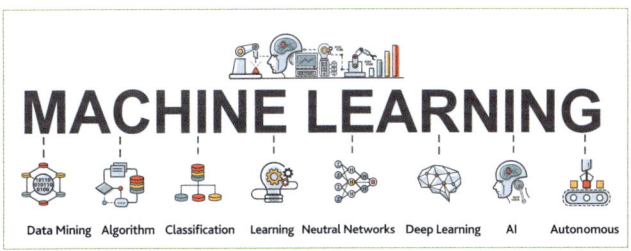

Figura 2.20
Machine learning es relaciona amb *data mining*, algoritme, algoritme de xarxa neuronal, aprenentatge profund i autònom.

Deep learning

El *deep learning* (aprenentatge profund) és un subcamp dins del *machine learning* que se centra en el desenvolupament de tècniques per a facilitar l'aprenentatge no supervisat des de l'exemple. Per al deep learning, no cal disposar de dades estructurades.

Com el seu nom indica, és la manera d'aconseguir un aprenentatge profund emprant models informatius i creant xarxes neuronals artificials multicapa per a la transmissió i l'anàlisi de dades.

L'enfocament de l'aprenentatge profund és especialment adequat per a les tasques complexes en les quals no tots els aspectes dels objectes es poden classificar per endavant. El propi sistema s'encarrega de buscar els diferenciadors adequats; en cada capa, s'analitzen les noves entrades a la recerca d'altres característiques, que el sistema utilitza per a decidir com classificar les entrades.

Aquest procés capacita una màquina per fer front a contextos més complexos, on depèn de la interconnexió amb altres sistemes i on la volumetria de dades l'obliga a tenir en compte moltes variables, de les quals n'ha d'aprendre.

Amb aquests matisos, és més fàcil veure la diferència entre *machine learning* i *deep learning*, i a què fan referència dins del desenvolupament i la sofisticació de la intel·ligència artificial

Les diferències entre
Intel·ligència artificial, *machine learning* i *deep learning*

Intel·ligència artificial (IA)
Camp que estudia com crear programes informàtics amb l'habilitat d'aprendre i raonar com els humans per resoldre problemes de manera creativa.

Machine learning (ML)
Aplicació de la IA dedicada a la creació d'algoritmes que permetin als assistents aprendre sense intervenció humana, és a dir, sense necessitat de programar-los explícitament.

Deep learning (DL)
Subconjunt del ML enfocat a la creació de xarxes neuronals artificials, és a dir, sistemes que imiten el cervell humà i s'adapten i aprenen a partir de grans quantitats de dades.

Amplia la figura aquí

Figura 2.21
Relació entre AI, *machine learning* i *deep learning*.

EXEMPLE 6

Identifica un exemple de millora de l'entreteniment de les persones amb *machine learning*.

Solució:

Empreses o plataformes de contingut, pel·lícules o música a demanda, com ara Netflix, Spotify, HBO, etc., proporcionen recomanacions i subtítols automàtics als seus usuaris. La tecnologia *machine learning* detecta un patró en els gustos de l'usuari i, a partir d'aquí, ofereix peces similars que també han interessat altres persones amb un perfil de demanda similar.

EXEMPLE 7

Identifica un exemple del sector de la salut que més fa servir actualment el *deep learning*.

Solució:

La detecció automàtica d'una lesió o malaltia és ja una realitat gràcies a la combinació de la intel·ligència artificial i la bioinformàtica. A través de l'anàlisi d'imatges mèdiques, facilita la detecció de malalties i el diagnòstic assistit per ordinador, fins i tot sense la intervenció de personal.

APRÈN MÉS

¿Qué es Deep Learning? de ComputerHoy.com.

https://youtu.be/45rbhh4SsKU

2.3.7 Realitats immersives

Les tecnologies immersives són el cas general de les realitats augmentada, virtual i mixta (RA, RV i RM, respectivament) i n'engloben d'altres com ara la interactivitat hàptica, les representacions hologràfiques, la realitat disminuïda o la teleimmersió. En tots els casos, es tracta de reforçar una experiència digital amb elements addicionals, generalment sensorials, perquè ens sentim immersos en aquesta experiència.

Els entorns on s'apliquen aquestes tecnologies tenen com a element comú la importància de la immersivitat de les experiències que s'hi recreen. I és en les lúdiques on comencen a veure's iniciatives molt convincents.

- **Realitat augmentada (RA).** La realitat augmentada consisteix en la barreja de contingut digital amb contingut físic per a construir una realitat mixta en temps real. D'aquí en ve el nom: s'incrementa la realitat a través de la incorporació d'informació addicional i, a més, se situa a l'espai.

  Els ordinadors i dispositius són capaços de percebre la realitat (per mitjà de sensors), però no d'interpretar-la i reaccionar-hi. Per a això és necessari dotar d'intel·ligència els sistemes, perquè reconeguin el que estan veient.

  Els marcadors s'utilitzen perquè els dispositius siguin capaços de reconèixer el que estan veient i puguin reaccionar-hi. Es tracta que siguin capaços de respondre a la pregunta "què veig?" i, com a resposta, puguin executar una acció. Aquests marcadors poden ser

  ○ **Codis QR.** Destaquen perquè són molt fàcils de reconèixer per la majoria de les càmeres instal·lades als dispositius mòbils.

  ○ **Imatges.** Necessiten certes característiques perquè funcionin de manera òptima.

  ○ **Geoposicionament.** Es pot incorporar informació en realitat augmentada per mitjà de posicionament GPS.

○ **Balises:** *eBeacons*, RFID, NFC, etc. són sistemes d'identificació per radiofreqüència o *bluetooth*.

Els projectes de realitat augmentada necessiten una sèrie d'elements per complir amb la seva funció:

○ Un **suport digital**, principalment tauleta, telèfon mòbil o ulleres de realitat augmentada. Serà el dispositiu que s'utilitzarà per a reconèixer el que s'està mirant i incorporar-ne la informació en realitat augmentada.

○ **Sensors** per a percebre la realitat, com ara càmera, GPS, escàner 3D, etc. Habitualment, solen estar integrats als dispositius mòbils.

○ Un **algoritme o aplicació** per a comprendre la realitat que s'està observant, interpretar-la i mostrar-ne la informació associada.

○ **Contingut digital per a enriquir** la realitat. Tot allò que s'incorpora a la realitat per a augmentar-la.

El resultat que s'aconsegueix és una interfície on s'observa la realitat amb informació addicional situada en l'espai justament on es necessita.

● **Realitat virtual (RV).** La realitat virtual consisteix a crear un entorn virtual que simuli o repliqui un lloc existent o imaginari, i permeti interactuar amb els elements que hi ha situats. L'objectiu final és aconseguir que l'usuari senti que està en un lloc donat, amb el qual pugui interactuar.

Per a això cal crear un entorn tridimensional, ja sigui fictici o real, i, a través d'aplicacions específiques, visualitzar-lo en unes ulleres de realitat virtual o altres suports per a dispositius mòbils.

Aquesta realitat pot ser **passiva**, com a les pel·lícules en 3D, **exploratòria**, com les visites virtuals a un museu, o **interactiva**, quan, a més de veure-hi, sentir-hi i desplaçar-s'hi, permet interactuar amb l'entorn, per a la qual cosa cal utilitzar sensors i comandaments.

A més, pot oferir una immersió total en el món virtual o a través d'un monitor.

Per a construir un sistema de realitat virtual és necessari:

○ Un **suport digital**, principalment ulleres de realitat virtual per a mostrar a l'usuari l'escenari virtual i submergir-l'hi. Aquestes ulleres poden ser específiques per a RV amb pantalla i processador (com Oculus Rift o HTC VIU) o de suport per a mòbil (com ara Google Cardboard o Samsung Gear VR).

○ **Sensors** per a poder interactuar amb l'entorn: micròfon, comandaments de control, auriculars, altaveus, guants, sensors de moviment, etc.

○ Un **entorn virtual** mostrat a través d'una aplicació. Per a crear aquests entorns se solen utilitzar càmeres de 360º.

○ **Software** per a generar el contingut, com ara *cryengine*, *unity* o *unreal engine*.

● **La realitat mixta (RM)**, també anomenada a vegades realitat híbrida, és la combinació de realitat virtual i realitat augmentada. Aquesta combinació permet crear nous espais on interactuen objectes i/o persones tant reals com virtuals. És a dir, es pot considerar una barreja entre realitat, realitat augmentada, virtualitat augmentada i realitat virtual. Perquè resulti més aclaridor, diríem que mira de traslladar el món real al món virtual, creant un model 3D de la realitat sobre el qual superposa informació virtual i ajunta les dues realitats per a poder combinar contingut extra de valor per a l'usuari de realitat mixta.

EXEMPLE 8

Identifica un exemple d'ús de realitat augmentada al sector del turisme.

Solució:

Anunci del districte tecnològic del patrimoni cultural de Filas.

https://youtu.be/nSeqI5vF8PI

Figura 2.22
Enginyer en cap d'una fàbrica fent servir el dispositiu RV per a veure el disseny del motor de turbina a la taula de projecció.

Figura 2.23
Tècnic utilitzant programari de realitat augmentada a la línia de producció d'una fàbrica intel·ligent.

Figura 2.24
Tècnic utilitza tecnologia de realitat mixta per a simular la instal·lació d'una nova línia a la fàbrica.

- **Tecnologia hàptica.** El seu objectiu tecnològic és traslladar sensacions realistes a través del tacte. Les solucions hàptiques posen al nostre abast una experiència sensorial a partir d'una recreació virtual: en tocar un piano virtual, la tecnologia hàptica recrea la sensació tàctil de les tecles. En aquest cas, les complicacions provenen de l'ergonomia en el disseny d'elements com ara guants amb actuadors mecànics.

Figura 2.25
Tècnic utilitzat un guant de SenseGlove que permet tocar, sentir i manipular un objecte virtual com si fos un objecte real.

APRÈN MÉS

¿Sabes qué es la háptica? de ComputerHoy.com.

https://youtu.be/byINoE4suaI

- **La realitat disminuïda** elimina elements de la realitat perquè l'usuari se centri únicament en aquells que es volen ressaltar; suprimeix parts de la realitat per a deixar-ne només l'essencial. Des de visitar una ciutat buida fins a eliminar el soroll i el desordre en el lloc de treball.

APRÈN MÉS

Visiona aquest programari de realitat disminuïda capaç d'eliminar en temps real objectes en vídeo.

https://youtu.be/Lgx8Ca8J_u4

- La **tecnologia hologràfica** pot suposar una nova manera d'interactuar amb objectes i persones, a través d'un doble feix de llum que ofereix tres dimensions en un entorn real sense necessitat de cap dispositiu. Una possibilitat de revolucionar el màrqueting i les compres *online*.

APRÈN MÉS

Visiona la tecnologia dels hologrames, un camp obert a les experiències dels informatius d'Antena 3.

https://youtu.be/kXthZWFOpyo

2.3.8 Robòtica col·laborativa (cobòtica)

> **GLOSSARI**
>
> La cobòtica o robòtica col·laborativa implica la col·laboració entre un humà i un robot.

L'objectiu dels cobots és automatitzar una àmplia gamma de tasques i treballar tan prop dels humans com sigui possible. Un cobot està dissenyat per ser col·laboratiu; opera en un espai obert.

El cobot fa tasques sense interacció. Comparat amb un robot convencional, un cobot té molts avantatges: és lleuger, es mou i es programa fàcilment i no necessita estar envoltat de barreres físiques. La interacció amb un operador es limita a la fase d'aprenentatge dels moviments i a la instal·lació de dispositius de seguretat extrínsecs, com les barreres virtuals. Si el progrés dels robots està dissenyat per a mesurar-ne l'autonomia, el progrés dels cobots està, en canvi, íntimament lligat al comportament dels humans als quals està sotmès per augmentar tant el seu comportament com la seva cognició.

El robot tradicional és generalment un disseny per a un sol propòsit. Ha estat creat i programat per a una única tasca, que només un expert en robòtica pot realitzar per a aconseguir els objectius fixats. El cobot, en canvi, és un dispositiu versàtil. La seva facilitat d'ús permet reprogramar-lo per fer qualsevol tasca sense la intervenció d'un expert. La cobòtica no és un substitut sinó una ajuda beneficiosa tant per a la producció com per al personal.

La classificació dels sistemes cobòtics és difícil perquè hi ha molts criteris per descriure la col·laboració entre humans i robots. La robòtica de col·laboració s'està desenvolupant en sis camps principals: la cobòtica industrial, la cobòtica mèdica, la cobòtica militar, la cobòtica agrícola i, finalment, la cobòtica domèstica.

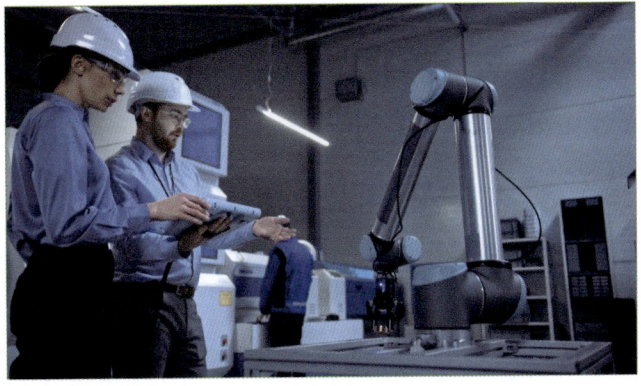

Figura 2.26
Tècnics utilitzant la controladora per a programar el braç robot col·laboratiu en una línia de producció.

2.3.9 Bessons digitals

> **GLOSSARI**
>
> Un bessó digital és un model virtual d'un objecte físic. Abasta el cicle de vida de l'objecte i utilitza les dades en temps real enviades pels sensors de l'objecte per simular el comportament i supervisar les operacions.

Els bessons digitals ofereixen als usuaris molts avantatges.

- **Millor rendiment.** Els coneixements i la informació en temps real que proporcionen els bessons digitals permeten optimitzar el rendiment dels equips, la planta o les instal·lacions. Els problemes es poden abordar a mesura que es produeixen, la qual cosa garanteix que els sistemes funcionin al màxim i redueix el temps d'inactivitat.

- **Capacitats predictives.** Els bessons digitals tenen la capacitat d'oferir una visió completa i digital d'una planta de fabricació, un edifici comercial o unes instal·lacions, encara que estiguin formats per milers de peces d'equip. Els sensors intel·ligents supervisen la sortida de cada component i indiquen els problemes o errades a mesura que es produeixen. Es poden prendre mesures al primer senyal de problemes en comptes d'esperar que l'equip s'avariï del tot.

Figura 2.27
Bessó digital utilitzat per a valorar l'increment de la instal·lació en la producció.

- **Supervisió remota.** El caràcter virtual dels bessons digitals permet supervisar i controlar les instal·lacions de manera remota. La supervisió remota també redueix el nombre de persones que han de controlar els equips industrials potencialment perillosos.

- **Temps de producció accelerat.** Pot accelerar el temps de producció de productes i instal·lacions abans que existeixin mitjançant la creació de rèpliques digitals. En executar escenaris, pot veure com reacciona el producte o la instal·lació davant les fallades i realitzar els canvis necessaris abans de la producció real.

2.4 Influència de les tecnologies disruptives habilitadores en el desenvolupament de productes i la prestació de serveis. Exemples significatius. Nous mercats

Les tecnologies disruptives habilitadores (THD) tenen un impacte significatiu en el desenvolupament de productes i la prestació de serveis. Aquestes tecnologies no només transformen els processos existents, sinó que també obren noves oportunitats i mercats. A continuació, s'ofereix una relació d'algunes THD i el seu impacte en el desenvolupament de productes i en la prestació de serveis, així com exemples significatius:

1. **IA**

   o Impacte en desenvolupament de productes:

   – *Disseny assistit per IA*: eines que utilitzen IA per a optimitzar el disseny de productes.

   – *Processos d'innovació:* anàlisi de dades per a identificar tendències i oportunitats de desenvolupament.

   o Impacte en prestació de serveis:

   – *Atenció al client:* chatbots i sistemes d'atenció al client basats en IA.

   – *Personalització de serveis:* recomanacions personalitzades basades en algoritmes d'IA.

EXEMPLE 9

Busca un exemple significatiu de l'ús de la IA com a THD.

Solució:

L'assistent virtual per a compres utilitza la IA per a entendre les preferències del client i oferir recomanacions de productes o serveis.

Figura 2.28
Atenció al client online amb suport o assistent virtual.

2. **IIoT**

   o Impacte en desenvolupament de producte:

   – *Productes connectats:* desenvolupament de productes que poden intercanviar dades amb altres dispositius.

   – *Monitoratge en temps real:* sensors IoT per a recopilar dades de productes en ús.

   o Impacte en prestació de serveis:

   – *Serveis basats en dades:* oferta de serveis basats en l'anàlisi de dades generades per dispositius IoT.

   – *Manteniment predictiu:* ús de dades de sensors per a preveure i abordar problemes abans que passin.

EXEMPLE 10

Busca un exemple significatiu de l'ús de la IoT com a THD.

Solució:

Automòbils connectats: cotxes que informen sobre l'estat del motor, les condicions de conducció, etc., per a serveis de manteniment i millora de l'experiència del conductor.

Figura 2.29
Frontal futurista d'un cotxe autònom.

3. **Blockchain**

   o Impacte en desenvolupament de productes:

   – *Traçabilitat:* ús de *blockchain* per a rastrejar la cadena de subministrament de productes.

   – *Autenticitat:* garantia d'autenticitat per a productes d'alt valor.

   o Impacte en prestació de serveis:

   – *Transparència en transaccions:* utilització de blockchain per a proporcionar transparència en les transaccions.

   – *Contractes intel·ligents:* automatització de processos contractuals sense intermediaris.

EXEMPLE 11

Busca un exemple significatiu de l'ús del *blockchain* com a THD.

Solució:

Subministrament d'aliments sostenibles: utilització de *blockchain* per a rastrejar la procedència i les condicions de producció d'aliments.

Figura 2.30
Subministrament d'ous a centres comercials amb la xarxa *blockchain*.

4. RA y RV

- Impacte en desenvolupament de productes:
  - *Prototipat virtual:* creació de prototips i proves de productes en entorns virtuals.
  - *Experiència del client:* ús de RA per a millorar l'experiència del client durant el disseny de productes.
- Impacte en prestació de serveis:
  - *Assistència remota:* utilització de RA per a proporcionar assistència tècnica remota
  - *Visualització de productes:* experiències de compra en línia millorades mitjançant RV.

EXEMPLE 12

Busca un exemple significatiu de l'ús del *blockchain* com a THD.

Solució:

Aplicacions de moda virtual: permeten als usuaris emprovar-se virtualment roba i accessoris abans de comprar-los en línia.

Figura 2.31
Dona provant-se sabates online amb una tauleta digital.

2.4.1 Nous mercats generats per tecnologies disruptives habilitadores

La combinació d'aquestes THD no només transforma la manera com es desenvolupen productes i es presten serveis, sinó que també crea nous nínxols de mercat i oportunitats de negoci innovadores. Les empreses que adopten proactivament aquestes tecnologies tenen el potencial de liderar la creació i l'explotació d'aquests nous mercats.

- **Mercat de la salut digital:** impulsat per tecnologies com la telemedicina, dispositius de monitoratge de salut i anàlisi de dades mèdiques.
- **Economia de l'experiència del client:** mercats centrats a proporcionar experiències personalitzades i millorades mitjançant tecnologies com la IA i la RV.
- **Mercat d'energia sostenible:** facilitat per IoT i tecnologies de gestió energètica per a millorar l'eficiència i la sostenibilitat.

APRÈN MÉS

Los habilitadores digitales de la Industria 4.0.

https://youtu.be/-AGA5mtpnMI?list=PLapjNZJIttkvS2G7j8el gmud3gXhsdM9z

2.5 Tecnologies disruptives habilitadores típiques en planta i negoci

Les THD tenen implicacions significatives tant pel que fa a negoci com en la planta d'una indústria. Aquestes tecnologies no només transformen els models de negoci, sinó que també optimitzen els processos de producció i milloren l'eficiència operativa.

2.5.1 Implicacions en un negoci

1. **Presa de decisions estratègiques**
   - **THD com a eines analítiques:** les THD, com la IA i el big data, permeten una presa de decisions estratègiques més informada mitjançant l'anàlisi de grans conjunts de dades i la identificació de patrons.

2. **Models de negoci innovadors**
   - ***Blockchain* i contractes intel·ligents:** faciliten l'automatització de processos contractuals, permetent nous models de negoci sense intermediaris i amb una major transparència.

3. **Experiència del client millorada**
   - **RV i RA:** transformen l'experiència del client, ja sigui en la compra de productes, l'assistència tècnica o la interacció amb serveis, proporcionant experiències més immersives.

4. **Cadenes de subministrament optimitzades**
   - **IoT i *blockchain*:** milloren la visibilitat i traçabilitat en les cadenes de subministrament, reduint costos i millorant l'eficiència.

5. **Personalització i segmentació de mercat**
   - **IA i analítica predictiva:** permeten la personalització de productes i serveis segons les preferències individuals, la qual cosa fomenta la lleialtat del client.

6. **Transformació digital integral**
   - **Plataformes *cloud* i,** més específicament, les SaaS (programari com a servei): faciliten la implementació i gestió de solucions digitals i permetent una transformació digital completa dels processos comercials.

2.5.2 Implicacions a la planta

1. **Automatització i control avançat**
   - **Automatització basada en IA:** permet l'automatització de processos industrials amb major flexibilitat i capacitat d'adaptació.

2. **Manteniment predictiu**
   - **Sensors IoT i big data:** aciliten la detecció primerenca de fallades en equips, permetent un manteniment predictiu que redueix els temps d'inactivitat.

3. **Producció flexible**
   - **Robòtica col·laborativa i automatització flexible:** faciliten l'adaptació ràpida de les línies de producció per a satisfer la demanda variable.

4. **Eficiència energètica**
   - **IoT i sistemes de gestió d'energia:** permeten el monitoratge i la gestió en temps real del consum d'energia per a optimitzar l'eficiència.

5. **Gestió de qualitat millorada**
   - **Sensors avançats i big data:** milloren la gestió de qualitat mitjançant el monitoratge continu dels processos i la identificació proactiva de problemes.

6. **Simulació i disseny virtual**
   - **RV i bessons digitals:** faciliten la simulació i el disseny virtual de processos i productes, permetent-ne una planificació més precisa.

7. **Seguretat industrial reforçada**
   - **Sistemes de ciberseguretat industrial:** garanteixen la seguretat dels sistemes de control i protegeixen contra ciberamenaces.

8. **Col·laboració remota**
   - **Tecnologies de comunicació avançada amb 5G:** aciliten la col·laboració remota i l'assistència tècnica a través de dispositius connectats.

La implicació de les THD en una planta no només millora l'eficiència operativa, sinó que també permet una major flexibilitat i capacitat d'adaptació a les condicions canviants del mercat. La convergència de tecnologies en la planta industrial impulsa la denominada "fàbrica del futur" o indústria 4.0, on la digitalització i la connectivitat transformen radicalment la fabricació.

--- APRÈN MÉS ---

La importancia de los habilitadores digitales en la cadena de valor de la Industria.

https://youtu.be/gIafMnSyEtY

2.6 Millores amb la implantació de tecnologies disruptives habilitadores

La implantació de THD als entorns IT i OT a la indústria 4.0 ha donat lloc a nombroses millores en la gestió del procés productiu. Aquí se n'identifiquen algunes:

2.6.1 Millores produïdes a l'entorn *Information Technology*

1. **Automatització i eficiència**

   Automatització de processos de negoci: l'automatització de processos empresarials mitjançant tecnologies RPA (automatització de processos robòtics) ha millorat l'eficiència a la gestió de tasques administratives i de *back office*.

2. **Visibilitat i traçabilitat**

   Sistemes integrats d'informació: la implementació de sistemes ERP (planificació de recursos empresarials) i sistemes d'informació integrats proporciona una visibilitat completa de les operacions empresarials, millorant-ne la traçabilitat i la presa de decisions.

3. **Anàlisi de dades avançada**

   ***Business intelligence* (BI) i analítica predictiva:** faciliten la interpretació de grans conjunts de dades per a prendre decisions informades i anticipar-se a tendències, millorant-ne la planificació estratègica.

4. **Col·laboració millorada**

   Plataformes de col·laboració: eines col·laboratives al núvol i comunicació unificada milloren la col·laboració entre equips, fins i tot si estan geogràficament dispersos.

5. **Seguretat de dades reforçada**

   Ciberseguretat integral: les solucions avançades de ciberseguretat protegeixen les dades i els sistemes empresarials contra amenaces cibernètiques, assegurant la integritat i confidencialitat de la informació.

2.6.2 Millores produïdes a l'entorn *Operation Technology*

1. **Automatització industrial**

   Sistemes de control avançat: la implantació de sistemes de control industrial basats en tecnologies avançades com PLC (controladors lògics programables) i SCADA (supervisió, control i adquisició de dades) millora l'automatització de la producció.

2. **Manteniment predictiu**

   Sensors IoT i *big data*: faciliten el monitoratge continu d'equips i sistemes, permetent un manteniment predictiu que redueix els temps d'inactivitat no planificats.

3. **Opimització de la producció**

   Bessons digitals: la creació de bessons digitals de processos i productes permet la simulació i l'optimització contínua de la producció en entorns virtuals abans de la implementació física.

4. **Flexibilitat en la producció**

   Automatització flexible: la introducció de robòtica col·laborativa avançada i sistemes de producció flexibles permet una adaptació ràpida a canvis en la demanda i la fabricació de productes personalitzats.

5. **Integració de la cadena de subministrament IIoT en la cadena de subministrament:** millora la integració i coordinació de la cadena de subministrament, des de l'entrada de matèries primeres fins al lliurament de productes acabats.

6. **Eficiència energètica**

   Sensors i sistemes de gestió d'energia: la implementació de solucions IoT per al monitoratge del consum d'energia i sistemes de gestió energètica contribueix a l'eficiència energètica a la planta

7. **Col·laboració entre sistemes IT i OT**

   Convergència IT-OT: la convergència entre sistemes IT i OT millora l'alineació d'objectius, facilita la comunicació i permet una gestió integral de la producció.

8. **Seguretat industrial millorada**

   Ciberseguretat industrial: protegeix contra amenaces cibernètiques específiques d'entorns industrials, garantint la seguretat i la continuïtat operativa.

La integració efectiva de tecnologies habilitadores en tots dos entorns, IT i OT, crea una sinergia que optimitza l'eficiència, millora la qualitat i agilita els processos en la gestió del procés productiu a la indústria 4.0. Això contribueix significativament a la competitivitat i sostenibilitat a llarg termini de les empreses industrials.

APRÈN MÉS

La gestión del proceso productivo en la Industria 4.0.

https://youtu.be/6oSYn8vLibo?list=PLapjNZJIttkvS2G7j8eIgmud3gXhsdM9z

2.7 Sistemes digitalitzats i dades

Tant els sistemes digitalitzats com les dades són elements essencials per a la transformació digital de les empreses, ja que proporcionen la infraestructura i la intel·ligència necessàries per a adaptar-se i prosperar en entorns digitals..

Els **sistemes digitalitzats permeten**:

1. **Automatitzar processos** empresarials, la qual cosa condueix a una major eficiència i productivitat.

2. La **integració de dades i operacions empresa- rials** en tota l'organització. Això significa que la informació circula de manera fluida entre diferents departaments i sistemes, la qual cosa millora la col·laboració i la presa de decisions basada en dades.

3. F**lexibilitat i escalabilitat** per adaptar-se fàcilment a les canviants necessitats comercials i créixer juntament amb l'empresa. Això permet una ràpida resposta a les demandes del mercat i la capacitat d'expandir-se a mesura que l'empresa creix.

4. **Millorar l'experiència del client** en oferir productes i serveis de manera més ràpida, precisa i personalitzada.

5. Generar grans quantitats de dades que **poden ser analitzades** per obtenir informació valuosa sobre el rendiment empresarial, les tendències del mercat i el comportament del client. Això permet una presa de decisions més informada i estratègica.

Les **dades** són:

1. **Actius empresarials valuosos** que poden proporcionar informació crítica per a la presa de decisions, la innovació i l'avantatge competitiu.

2. El que permet a les empreses **personalitzar productes i serveis** segons les preferències individuals dels clients, la qual cosa millora la satisfacció del client i la lleialtat a la marca.

3. El que permet a les empreses **preveure** tendències futures, identificar oportunitats de mercat i **anticipar** les necessitats del client. La capacitat per a recopilar i analitzar dades.

4. Utilitzades per a identificar i eliminar ineficiències en els processos empresarials, la qual cosa condueix a una major eficiència operativa i estalvi de costos.

5. Recopilades i analitzades de manera contínua: les empreses poden **identificar àrees de millora** i realitzar ajustos en temps real per optimitzar el rendiment empresarial.

Repte professional

Monitoritzar una empresa mitjançant IOT i desenvolupament al Cloud

Breu descripció

La finalitat d'aquest repte professional és experimentar el context de la implicació de THD tant a la part de nego-ci com a la part de planta i la importància de les THD amb l'economia sostenible i eficient. Aplicant un desenvolupament i una implementació molt senzills al núvol d'IBM podeu comprendre i dur a terme millor el repte de les millores produïdes gràcies a la implantació de les tecnologies habilitadores en relació amb els entorns IT i OT

El repte

El repte, per equips, tracta de desenvolupar i implementar un prototip de monitoratge senzill en una empresa o organisme equiparat, mitjançant la combinació de dades d'IoT amb les tecnologies d'IBM Cloud, per millorar aspectes de les seves operacions en planta i permetre nous models de negoci innovadors en una empresa o organisme equiparat, en relació amb els professionals amb el títol de tècnic en... que exerceixen la seva activitat, que es pot identificar a l'apartat primer de l'article 7 "Entorn professional" de cada reial decret pel qual s'estableix el títol.

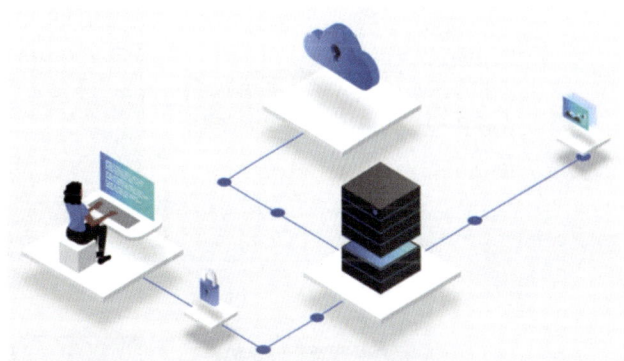

Per a realitzar el repte professional, accedeix a www.marcombo.info i descarrega gratuïtament el contingut addicional.

Codi: **MARCOMBO27**

Mapa conceptual

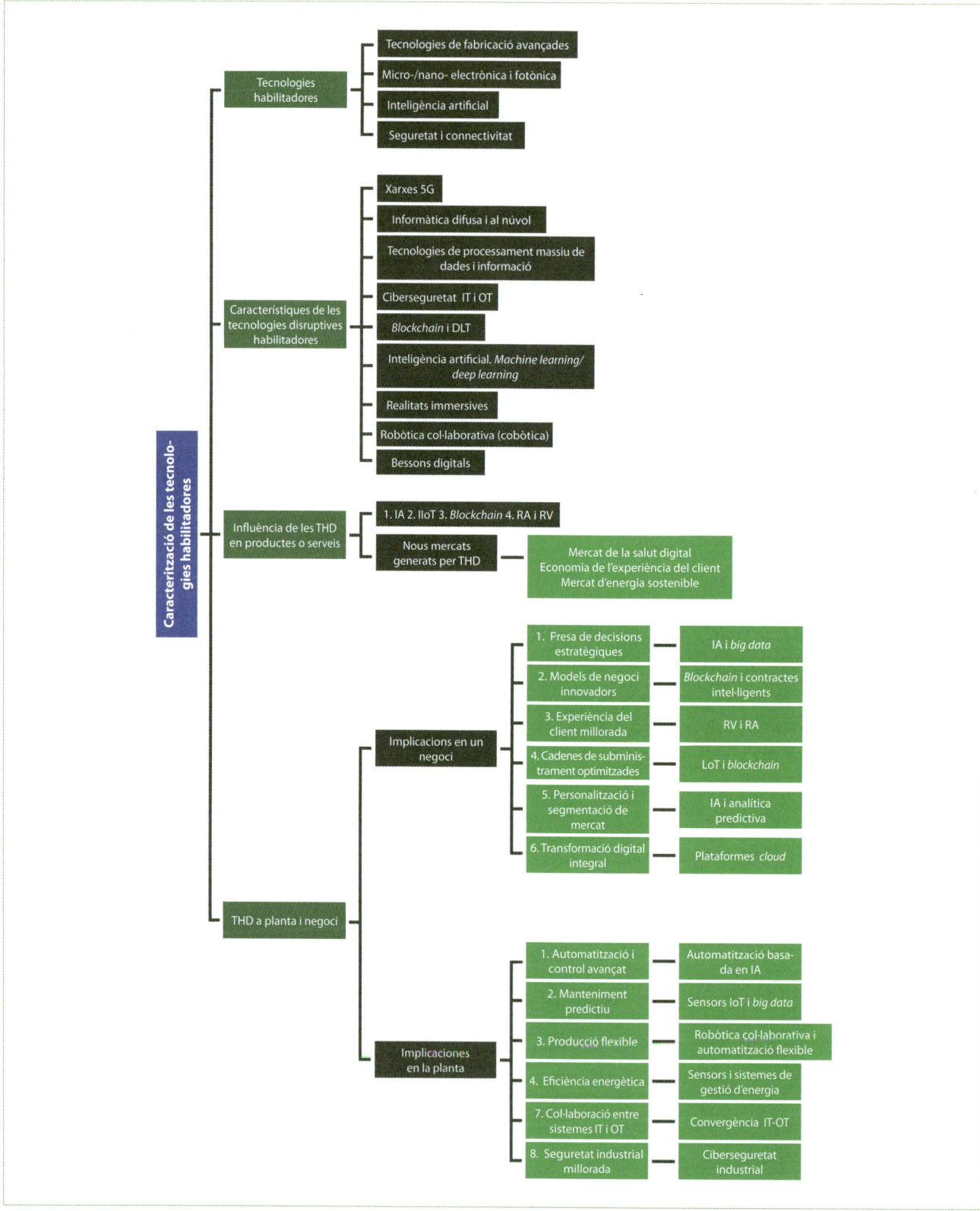

Figura 2.32 Mapa conceptual.

TEST D'AVALUACIÓ

1. Quina de les categories següents NO forma part de les tecnologies habilitadores identificades a l'estudi de 2018?

a) Tecnologies industrials avançades.

b) Energies renovables.

c) Materials avançats i nanotecnologies.

d) Biotecnologia i ciències de la vida.

2. Què significa 5G?

a) Cinquena generació de dispositius mòblls.

b) Cinquena generació de tecnologia IoT.

c) Cinquena generació de sistemes operatius.

d) Cinquena generació de xarxes sense fil.

3. Què és la informàtica al núvol (cloud computing)?

a) Ús d'una xarxa de servidors virtuals per a emmagatzemar i processar dades.

b) Ús d'una xarxa de servidores remots connectats a Internet per a emmagatzemar, administrar i processar dades.

c) Ús d'una xarxa de servidores locals per a emmagatzemar i administrar dades.

d) Ús de servidores físics per a emmagatzemar i processar dades.

4. Què significa el terme big data?

a) Eines utilitzades per a processar i extreure coneixement útil.

b) Eines per a l'anàlisi de dades tradicionals.

c) La quantitat i complexitat de les dades.

d) Dades heterogènies generades a gran velocitat.

5. Quin és un dels reptes als quals s'enfronta la industria 4.0 en termes de ciberseguretat?

a) Danys econòmics i a la reputació.

b) Gestió dels processos físics industrials.

c) Protecció dels sistemes de la companyia.

d) Realització d'auditories de ciberseguretat en entorns TI.

6. Què significa DLT en referència a les tecnologies de registres distribuïts?

a) Distributed ledger technology.

b) Deterministic ledger technology.

c) Decentralized ledger technology.

d) Digital ledger technology.

7. Quin és l'objectiu de la intel·ligència artificial?

a) Aprendre de manera similar a un ésser humà.

b) Prendre decisions de manera similar a un ésser humà.

c) Processar informació de manera similar a un ésser humà.

d) Imitar la lògica i el raonament humà.

8. Quina tecnologia engloba la realitat augmentada, virtual i mixta?

a) Tecnologia hàptica.

b) Realitat disminuïda.

c) Realitats immersives.

d) Tecnologia hologràfica.

9. Què és un bessó digital?

a) Una simulació d'un objecte digital.

b) Una rèplica exacta d'un objecte físic.

c) Un model virtual d'un objecte físic.

d) Un objecte físic en miniatura.

10. Quin és l'impacte de la IA en el desenvolupament de productes?

a) Optimització del disseny de productes.

b) Automatització de processos contractuals.

c) Utilització de blockchain per a rastrejar la cadena de subministrament.

d) Ús de RA per a millorar l'experiència del client.

Per a realitzar les activitats 1, 2, 5 i 6, accedeix a www.marcombo.info i descarrega gratuïtament el contingut addicional, complement imprescindible d'aquest llibre.

Codi: **MARCOMBO27**

ACTIVITAT 1

Llegeix el document d'Ametic "Industria 4.0: ¿Qué son las redes 5G?", que analitza la implicació de les xarxes 5G tant a la part de negoci com a la part de planta, i respon les preguntes següents:

a) Quins són els avantatges d'aplicar la IoT industrial en realitzar la supervisió de l'estat?

b) Quins són els avantatges d'aplicar la IoT industrial en realitzar la gestió del rendiment dels actius?

c) Quins són els avantatges d'aplicar la IoT industrial en realitzar el manteniment predictiu?

d) Quins són els avantatges d'aplicar la IoT industrial en realitzar la gestió de l'ús de l'energia de les fàbriques i les màquines?

e) Quins són els avantatges d'aplicar la IoT industrial en realitzar la gestió dels subministraments i l'inventari en totes les ubicacions de fabricació?

ACTIVITAT 2

Llegeix el document d'Ametic "¿Qué es la Inteligencia Artificial Industrial?" i elabora un breu informe que relacioni la tecnologia IAI amb les seves característiques i àrees d'aplicació.

ACTIVITAT 3

Realitza una cerca d'informació dels casos pràctics d'impressió 3D d'HP per als processos de fabricació additiva per tipus d'aplicació (prototipat, eines de fabricació i peça final) sobre el seu sector més pròxim. L'adreça següent et pot ajudar:

https://www.hp.com/es-es/printers/3d-printers/resources/case-studies-resources.html?jumpid=va_u5wy4sgiva

ACTIVITAT 4

Visiona la sessió del 6è Congrés d'Indústria i Pime Liberando todo el potencial del Gemelo Digital»:
https://youtu.be/xyPT4gF4Ba0
Analitza la implicació del TD, el bessó digital, tant a la part de negoci com a la part de planta.

ACTIVITAT 5

Llegeix el document del Ministeri per a la Transformació Digital i de la Funció Pública, "Estrategia de Impulso de la Tecnología 5G", i identifica, del teu sector més pròxim, la taula tipus informe que relacioni el 5G amb les tendències, els casos d'ús, els ODS i les àrees d'aplicació.

ACTIVITAT 6

Llegeix l'e-book de Siemens *Aplicación del Internet de las cosas a la fabricación: Ocho casos de uso con IoT para aumentar el retorno de la inversión*, que identifica les millores produïdes a causa de la implantació de la IoT en relació amb els entorns IT i OT, i respon les preguntes següents:

a) Quins són els avantatges d'aplicar la IoT industrial en realitzar la supervisió de l'estat?

b) Quins són els avantatges d'aplicar la IoT industrial en realitzar la gestió del rendiment dels actius?

c) Quins són els avantatges d'aplicar la IoT industrial en realitzar el manteniment predictiu?

d) Quins són els avantatges d'aplicar la IoT industrial en realitzar la gestió de l'ús de l'energia de les fàbriques i les màquines?

e) Quins són els avantatges d'aplicar la IoT industrial en realitzar la gestió dels subministraments i l'inventari en totes les ubicacions de fabricació?

ACTIVITAT 7

Llegeix l'article "El Futuro de la Comunicación Inclusiva: Gafas con IA de Stanford para Personas Sordas" i elabora un petit informe que relacioni les tecnologies amb les seves característiques i les seves àrees d'aplicació:

https://observatorio-ia.com/estudiantes-de-stanford-crean-gafas-con-ia-que-transcriben-el-habla-en-tiempo-real-para-personas-sordas

ACTIVITAT 8

Llegeix l'article "Neuralink anuncia el éxito del primer chip cerebral en un ser humano: ¿qué significa?" i elabora un petit informe que relacioni les tecnologies amb les seves característiques i les seves àrees d'aplicació:

https://www.nationalgeographic.com.es/ciencia/neuralink-exito-primer-chip-cerebral-ser-humano-que-significa_21520

Cloud i sistemes connectats

En aquesta unitat estudiaràs:

- *Cloud*. Definició i nivells. *Cloud computing*. Possibilitats del treball al núvol.
- *Edge computing* i la seva relació amb el núvol.
- *Fog* i *mist*. Relació amb el núvol.
- Avantatges de l'ús dels recursos del núvol.
- Ús del *cloud* i rendibilitat de l'empresa.

Amb el seu estudi seràs capaç de:

- Identificar els diferents nivells del núvol.
- Identificar les principals funcions del núvol (processament de dades, intercanvi d'informació, execució d'aplicacions, entre d'altres).
- Descriure el concepte d'*edge computing* i la seva relació amb el núvol.
- Definir els conceptes de *fog* i *mist* i les seves zones d'aplicació en el conjunt.
- Identificar els avantatges que proporciona la utilització del núvol en els sistemes connectats.

3.1 Introducció

El *cloud computing* o informàtica al núvol ha adquirit un paper de gran protagonisme en el panorama actual de les noves tecnologies i en el món empresarial. Per això val la pena realitzar un apropament a la seva situació actual i distingir els diferents serveis que pot oferir a la digitalització de les empreses.

En aquesta unitat s'identificaran els sistemes basats en el núvol i la seva influència en el desenvolupament dels sistemes digitals.

3.2 *Cloud*. Definició i nivells

GLOSSARI

El *cloud computing* o informàtica al núvol abasta tot allò relacionat amb els serveis que funcionen al núvol (*cloud*) i als quals podem accedir a través d'Internet. Es refereix a l'accés a ordinadors, altres elements de IT i aplicacions de programari a través d'una connexió de xarxa, sovint accedint a centres de dades utilitzant xarxes d'àrea extensa (WAN) o connectivitat a Internet.

Segons el NIST (National Institute of Standards and Technology), el *cloud computing* és "un model ubic, convenient i sota demanda mitjançant xarxa a un conjunt compartit de recursos de recompte configurables (p. ex., xarxes, servidors, emmagatzematge, aplicacions i serveis) que poden ser ràpidament aprovisionats i alliberats amb un mínim esforç de gestió o interacció amb el proveïdor del servei".

Figura 3.1
La informàtica al núvol.

3.2.1 Característiques del *cloud computing*

Entre les seves principals característiques i avantatges podem destacar:

1. **Autoservei sota demanda.** El consumidor del servei pot aprovisionar recursos de manera ràpida i augmentar la seva capacitat sense necessitat de la intervenció del proveïdor.

2. **Abstracció.** Característica o capacitat d'aïllar els recursos informàtics contractats al proveïdor de serveis *cloud* dels equips informàtics del client. Això s'aconsegueix gràcies a la virtualització, de manera que l'organització usuària no necessita personal dedicat al manteniment de la infraestructura, a l'actualització de sistemes, a proves i altres tasques associades, que queden cobertes amb el servei contractat.

3. **Agilitat a l'escalabilitat.** Característica o capacitat consistent a augmentar o disminuir les funcionalitats ofertes al client, en funció de les seves necessitats puntuals, sense necessitat de nous contractes ni penalitzacions. De la mateixa manera, el cost del servei associat es modifica també en funció de les necessitats puntuals d'ús de la solució. Aquesta característica, relacionada amb el pagament per ús, evita els riscos inherents d'un possible mal dimensionament inicial en el consum o en la necessitat de recursos.

4. **Multiusuari.** Capacitat que atorga el núvol, que permet a diversos usuaris compartir els mitjans i recursos informàtics, facilitant-ne l'optimització de l'ús.

5. **Aut oservei sota demanda.** Permet a l'usuari accedir de manera flexible a les capacitats d'informàtica al núvol de manera automàtica a mesura que les vagi requerint, sense necessitat d'una interacció humana amb el seu proveïdor o proveïdors de serveis *cloud*.

6. **Accés sense restriccions.** Característica consistent en la possibilitat oferta als usuaris d'accedir als serveis contractats de *cloud computing* en qualsevol lloc, en qualsevol moment i amb qualsevol dispositiu que disposi de connexió a xarxes de servei IP.

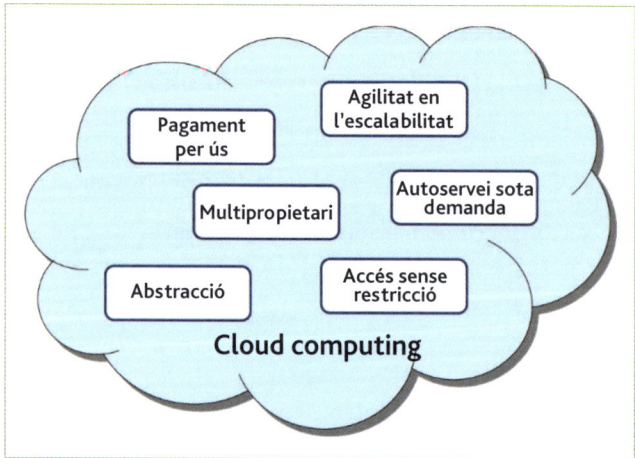

Figura 3.2
Característiques associades al *cloud computing*.

Amplia la figura aquí

3.2.2 Classificació de solucions de *cloud computing*

Actualment, les solucions de *cloud computing* disponibles al mercat admeten diferents classificacions segons l'aspecte que es tingui en compte per a realitzar aquesta classificació.

Es defineixen tres característiques fonamentals que marquen la classificació de les solucions *cloud*: nivells de servei (famílies), models de desplegament (formes d'implementació) i models de negoci (agents que hi intervenen).

Aquestes tres característiques, juntament amb els diferents tipus de solucions que s'hi associen, es poden representar en un cub de tres dimensions, tal com es mostra en la figura següent.

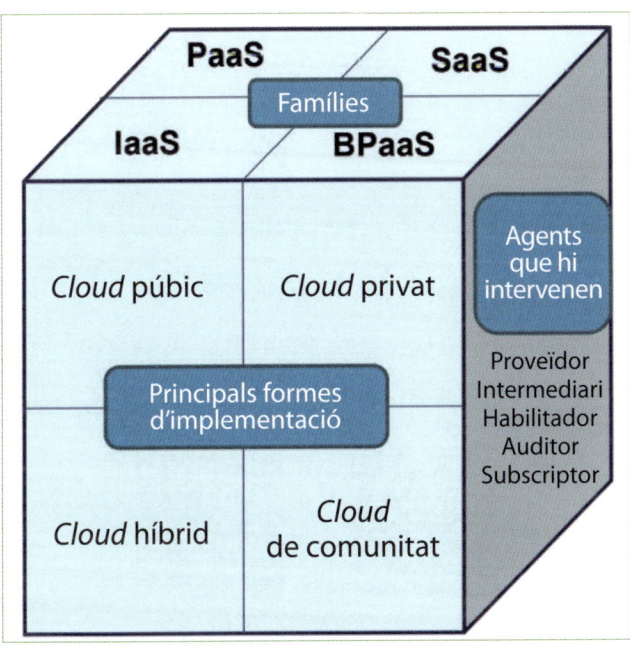

Figura 3.3
Cub de classificació de solucions de *cloud computing*.

Mitjançant la combinació d'aquestes tres dimensions es detallen els diferents tipus de *cloud computing* existents en el mercat, així com els seus principals agents.

Models d'implementació o de desplegament en *cloud computing*

Un model d'implementació al núvol representa un tipus específic d'entorn al núvol, que es distingeix principalment per la propietat, la grandària i l'accés. Actualment, podem parlar de quatre models comuns d'implementació al núvol:

1. ***Cloud* públic (extern):** és el més comú dels tipus cloud computing. Amb el model de núvol públic s'ofereixen recursos (potència de recompte, emmagatzematge, bases de dades, plataformes per a desenvolupament, aplicacions, etc.) sota demanda i de manera immediata

a travésa d'Internet. Els recursos subjacents, maquinari i programari, i tot el que correspon a la infraestructura física són propietat del proveïdor, que s'encarrega del manteniment i l'administració. Al núvol públic es pot implementar qualsevol aplicació, experimentar, migrar tot el centre de dades de l'empresa, etc.; les possibilitats són infinites.

Aquest model proporciona als desenvolupadors, als administradors de sistemes i a les empreses en general la facilitat de centrar-se en allò més important per al negoci, evitant la planificació de capacitat informàtica o l'adquisició i administració de maquinari, entre altres tasques del departament de TI.

Figura 3.4
Batalla dels núvols públics:
AWS contra Azure contra Google contra IBM.

2. ***Cloud* privat (intern):** hi ha empreses que no es fien de la seguretat d'un tercer o consideren que han de tenir el control total del seu entorn, amb el seu equip de treball i la seva pròpia infraestructura. Per això va sorgir la necessitat de replicar el model en entorns privats, a les instal·lacions d'aquestes organitzacions

o en un centre de dades privat. D'aquesta manera s'aconsegueixen els beneficis del *cloud computing*, com ara agilitat, automatització, escalabilitat, etc. Per tant, un núvol privat està composat per recursos informàtics utilitzats únicament per una institució; la infraestructura sempre es manté en una xarxa privada, i el maquinari i programari són per a la pròpia organització.

Pot ser gestionat per la pròpia empresa o per un tercer, i pot allotjar-se dins o fora de les seves instal·lacions.

EXEMPLE 2

Identifica alguns dels proveïdors més coneguts i importants actualment que ofereixen un núvol privat.

Solució:

A nivell mundial, hi ha diversos proveïdors de núvol privat amb un gran reconeixement. Tanmateix, l'empresa ha de tenir en compte que, com més gran sigui la proximitat física entre els centres de dades del proveïdor i aquesta, millor en termes de latència i de velocitat. Telefónica Empresas, SYNTAX.

Figura 3.5
Simbolisme de l'accés privat al núvol per a empreses.

APRÈN MÉS

Núvol privat d'InteVolution.

https://youtu.be/TP2MXweguH8

3. **Cloud híbrid** és una composició de dos tipus diferents (núvol públic i núvol privat), que es perceben com a entitats separades, però, alhora, es troben unides per una tecnologia estandarditzada, que fa-

cilita la comunicació, la portabilitat de les dades i les aplicacions. Es pretén combinar els dos models d'implementació i obtenir el millor de tots dos. Algunes empreses tenen un núvol privat que funciona perfectament i han aconseguit un grau de maduresa alt. No obstant això, tenen la necessitat d'aconseguir més recursos, que no són capaces de produir i, per tant, necessiten un tercer (proveïdor de núvol públic) per no perdre eficiència. Aleshores es realitza la integració i s'obté un model híbrid.

Cal tenir clar que el núvol privat no és el mateix que una infraestructura local amb virtualització tradicional; ha de complir amb certes característiques de *cloud computing*. OpenStack, OpenNebula i CloudStack són alternatives de codi obert per implementar aquest model

EXEMPLE 3

Identifica alguns dels proveïdors més coneguts i importants actualment que ofereixen solucions de núvol híbrid.

Solució:

Els enllaços de proveïdors d'IBM i HPE ofereixen entorns de núvol híbrid per a distribuir, executar i connectar càrregues de treball i TU en qualsevol lloc.

https://www.ibm.com/es-es/hybrid-cloud?lnk=flatitem

https://www.hpe.com/es/es/solutions/cloud.html

4. **Cloud de comunitat**: es tracta de núvols utilitzats per diferents organitzacions amb funcions i serveis comuns, la qual cosa permet la col·laboració entre grups d'interès.

En analitzar un *cloud* de comunitat, s'ha de tenir en compte que, en principi, les seves fortaleses i febleses se situen entre les del privat i les del públic. En general, el conjunt de recursos disponibles amb un *cloud* de comunitat és major que en el privat, amb els avantatges evidents que això comporta en termes d'elasticitat. No obstant això, la quantitat de recursos és menor que els existents en una solució de *cloud* públic i en limita l'elasticitat. D'altra banda, el nombre d'usuaris d'aquesta mena de núvol és menor que els del núvol públic, la qual cosa el dota de majors prestacions en qüestions de seguretat i privacitat.

Identifica algunes formes d'implementació dels clouds de comunitats per facilitar l'accés a recursos d'interoperabilitat entre diferents organitzacions.

Solució:

Exemples d'aquesta forma d'implementació són els *clouds* de comunitats de serveis de salut (en anglès, *healthcare community cloud*) per a facilitar l'accés a aplicacions i informació crítica de caràcter sanitari, i els *clouds* de comunitat governamentals (en anglès, *government community cloud*) per a facilitar l'accés a recursos d'interoperabilitat entre organismes públics i administracions públiques.

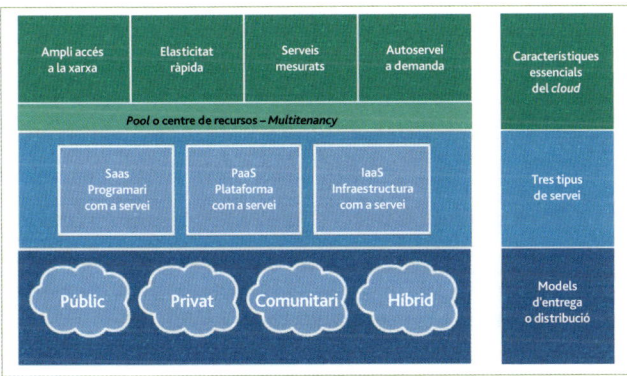

Figura 3.6
Models de desplegament en *cloud computing*.

Per famílies *cloud* (models de servei)

1. ***Infrastructure as a Service* (IaaS).** Família de *cloud* computing consistent a posar a disposició del client l'ús de la infraestructura informàtica (capacitat d'informàtica, espai de disc i bases de dades, entre d'altres) com un servei.

Els clients que opten per aquesta mena de família *cloud*, en comptes d'adquirir o dotar-se directament de recursos, com ara els servidors, l'espai del centre de dades o els equips de xarxa, opten per l'externalització per estalviar en la inversió en sistemes TI.

Amb aquesta externalització, les factures associades a aquesta mena de serveis es calculen sobre la base de la quantitat de recursos consumits pel client, segons el model de pagament per ús.

Figura 3.7
Concepte IaaS (infraestructura com a servei).

Identifica alguns models de servei d'infraestructura com a servei o IaaS.

Solució:

- AWS
- Microsoft Azure
- Google Cloud Platform
- OpenStack

2. ***Software as a Service* (SaaS).** Família de *cloud* computing consistent en el lliurament d'aplicacions com a servei, un model de desplegament de programari mitjançant el qual el proveïdor ofereix llicències de la seva aplicació als clients per al seu ús com un servei sota demanda.

Els proveïdors dels serveis SaaS poden tenir instal·lada l'aplicació en els seus propis servidors web (i permetre que els clients hi accedeixin, per exemple, mitjançant un navegador web), o descarregar el programari en els sistemes del contractant del servei. En aquest últim cas, es produeix la desactivació de l'aplicació una vegada finalitzi el servei o expiri el contracte de llicència d'ús.

Figura 3.8
Concepte SaaS (programari com a servei).

Identifica algunes solucions de *cloud computing* de programari com a servei orientat a particulars i empreses.

Solució:

La solució de *cloud computing* de programari com a servei pot estar orientada a diferents tipus de clients segons la seva condició:

Usuaris particulars:

- Microsoft Office 365
- Aplicacions web de Google
- Servei de missatgeria Slack

Usuaris professionals:

- CRM
- ERP

3. ***Platform as a Service* (PaaS).** Família de *cloud computing* consistent en el lliurament, com a servei, d'un conjunt de plataformes informàtiques orientades al desenvolupament, l'anàlisi, el desplegament, el hosting i el manteniment dels sistemes operatius i les aplicacions pròpies del client.

Les principals característiques associades al PaaS com a solució cloud s'exposen a continuació:

- ○ Facilita el desplegament de les aplicacions del client, sense el cost i la complexitat derivats de la compra i la gestió del maquinari i de les capes de programari associades.

- ○ Ofereix a través de xarxes de servei IP tots els requisits necessaris per a crear i lliurar serveis i aplicacions web.

Figura 3.9
Concepte PaaS (plataforma com a servei).

EXEMPLE 7

Identifica algunes solucions de *cloud computing* de plataforma com a servei.

Solució:

- AWS Elastic Beanstalk
- Azure App service
- Google App Engine
- Red Hat OpenShift
- CloudFountry
- Heroku

Figura 3.10
Tres tipus principals de servei d'informàtica al núvol: IaaS, PaaS i SaaS.

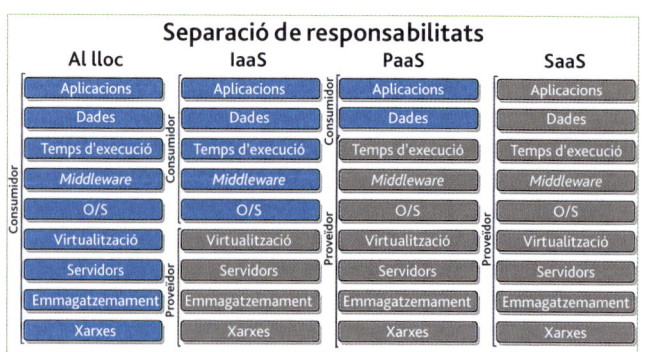

Separació de responsabilitats

Al lloc	IaaS	PaaS	SaaS
Aplicacions	Aplicacions	Aplicacions	Aplicacions
Dades	Dades	Dades	Dades
Temps d'execució	Temps d'execució	Temps d'execució	Temps d'execució
Middleware	Middleware	Middleware	Middleware
O/S	O/S	O/S	O/S
Virtualització	Virtualització	Virtualització	Virtualització
Servidors	Servidors	Servidors	Servidors
Emmagatzemament	Emmagatzemament	Emmagatzemament	Emmagatzemament
Xarxes	Xarxes	Xarxes	Xarxes

Figura 3.11
Comparativa de les responsabilitats que assumeix el consumidor i el proveïdor.

Amplia la figura aquí

4. ***Business Process as a Service* (BPaaS).** Família de *cloud computing* consistent en la provisió com a servei de processos de negoci *end-to-end* altament estandarditzats, a través del lliurament dinàmic d'aquests processos, la modalitat de pagament per ús i els models de consum d'autoservei sota demanda.

La seva característica principal és que els recursos utilitzats mitjançant aquesta solució per executar els processos de negoci són compartits entre els diferents clients del proveïdor. En molts casos, aquest fet aporta valor al negoci; no obstant això, la solució BPaaS es troba en fase incipient, de manera que encara és un model de negoci en el qual actualment els proveïdors tan sols operen en nínxols concrets.

ACTIVITAT PROPOSADA 3.1

Després del SaaS, PaaS i IaaS estan sorgint noves alternatives que cobreixen les expectatives dels negocis que desitjaven continuar creixent en aquest nou entorn, com ara BPaaS i iPaaS. Investiga què és iPaaS.

ACTIVITAT PROPOSADA 3.2

Zscaler Zero Trust Exchange™ és una plataforma de seguretat nativa del núvol que permet a l'empresa gaudir d'una experiència d'usuari més ràpida i segura en un núvol de seguretat de nivell empresarial. Investiga què és SECaaS.

Quins avantatges té? Quin és el seu abast?

ACTIVITAT PROPOSADA 3.3

Una bona eina per a aplicacions web, backends, processament de dades/fluxos o per a crear xatbots en línia o backends per a dispositius IoT és FaaS. Investiga què és FaaS. Quins avantatges té? Indica alguns exemples coneguts de FaaS.

Per agents que intervenen en el negoci

Com a principals agents que intervenen en el negoci, es poden definir: el proveïdor, l'intermediari, l'habilitador, l'auditor i el subscriptor, que es detallen a continuació.

1. **El proveïdor** presta serveis a través del núvol a subscriptors o intermediaris, és a dir, el servei ofert per l'empresa proveïdora al client, ja sigui de manera directa o a través d'un intermediari.

2. **L'intermediari** presta serveis d'intermediació entre els usuaris finals i els proveïdors en un mercat dinàmic d'oferta i demanda com és el *cloud computing*. Com a exemple es poden esmentar els serveis frontals o les intermediacions extrem-extrem.

3. **L'habilitador** és un agent proveïdor típicament enfocat al mercat de proveïdors de *cloud*. Són empreses que proveeixen de programari i maquinari a proveïdors de serveis *cloud*, perquè aquests desenvolupin serveis al núvol i els ofereixin a l'usuari.

4. **L'auditor** és l'agent encarregat de dur a terme les avaluacions independents dels serveis al núvol, de les operacions associades als sistemes d'informació, del rendiment i de la seguretat en l'ús de la solució *cloud*.

5. **El subscriptor** es correspon amb l'usuari contractant dels serveis **cloud**, el client dels proveïdors, els intermediaris i els auditors.

Figura 3.13
Enginyer supervisant la granja de servidors per a IaaS, SaaS, PaaS d'un habilitador.

Figura 3.14
Auditor en una sala de control del sistema del centre de dades.

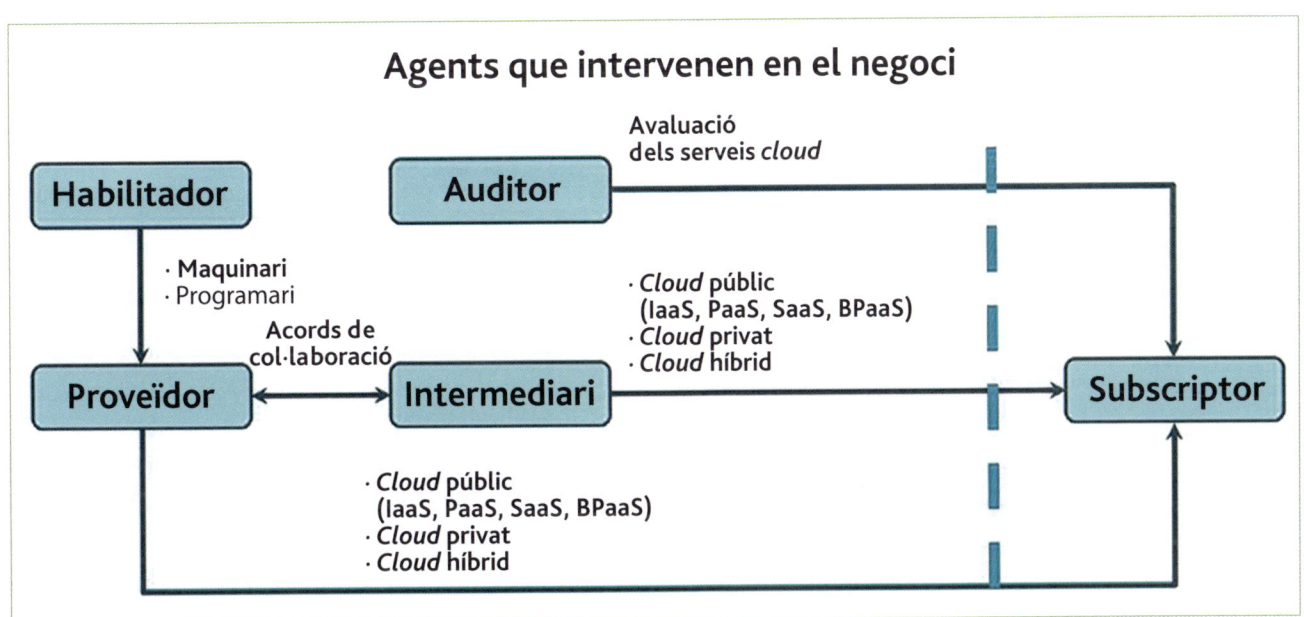

Figura 3.12
Agents que intervenen en el negoci de serveis de *cloud computing*.

Figura 3.15

Subscriptor intercanviant informació i dades a través dels serveis *cloud*.

3.3 Possibilitats del treball al núvol

El *cloud computing* comprèn molts tipus de serveis i pot ser complex de classificar.

Els serveis cloud s'agrupen per similitud, dependències i punts complementaris entre ells.

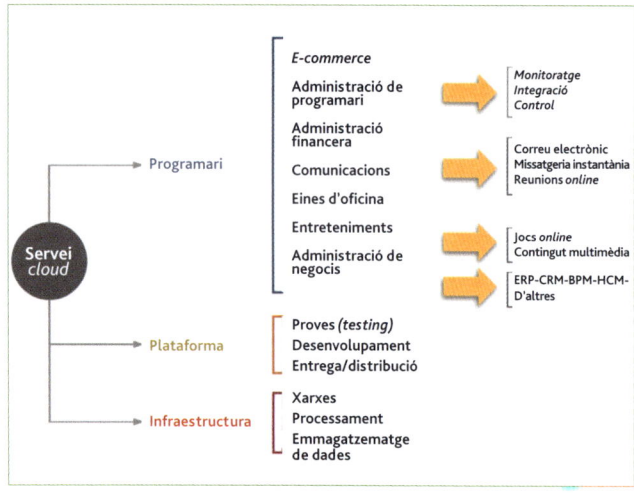

Figura 3.16
Classificació de dominis *cloud*.

3.3.1 Dominis *cloud* SaaS

- **Comerç electrònic (e-commerce):** serveis com ara botigues *online* per a productes de botigues físiques o botigues d'aplicacions per a dispositius mòbils.

- **Aministració de programari (*software management*):** serveis que permeten dos o més sistemes comunicar-se entre si, estiguin instal·lats al núvol o no. Aquí s'inclouen:

  ○ Sistemes de monitoratge (p. ex., seguretat, *performance*, compliment de l'SLA, etc.).

  ○ Sistemes de control (p. ex., crear, iniciar o detenir altres serveis).

  ○ Gestió de la cadena de subministrament.

  ○ Sistemes d'integració (p. ex., sincronització de dades).

- **Gestió financera (*Financial Management System, FMS*):** són aplicacions que proporcionen visibilitat a la posició financera d'una empresa, mitjançant l'automatització i el suport als processos de qualsevol activitat que tingui un impacte financer a l'entitat. A més, proporcionen informes de dades financeres, segons sigui necessari per les regulacions locals i internacionals. Aquest tipus d'aplicacions inclouen, entre d'altres, les de consolidació financera, les de tresoreria i gestió d'efectiu, les de comptabilitat, les de gestió tributària, les de quadres de comandament, etc.

- **Comunicació (*communication*):** serveis lligats a la comunicació (p. ex., VoIP, *webcasts*, *webinars* o conferències web, aplicacions de missatgeria instantània per a empreses o *enterprise instant messaging*, etc.

- **Paquets de programari d'oficina (*office suites*):** conjunt de programes destinats a ser utilitzats pels treballadors de l'empresa durant la seva operativa diària. Els components del paquet es distribueixen generalment en conjunt, tenen una interfície d'usuari similar i en general poden interactuar entre si i contenen processadors de text, fulls de càlcul, aplicacions per a presentacions, conversió de fitxers, calendaris i gestió d'agendes, etc.

- **Creació de contingut digital (*Digital Content Creation, DCC*):** programari destinat al desenvolupament de material digital d'interès periodístic, educatiu i d'entreteniment (animacions, àudio, gràfics, imatges, vídeo, etc.), per a la distribució a través d'Internet o altres mitjans electrònics.

- **Gestió del negoci (*business management*):** aplicacions corporatives, com ara CRM (*customer relationship management*), sistemes ERP (*enterprise resource planning*) amb connexions entre intel·ligència de negocis (BI) o BPM (*Business Process Management*).

3.3.2 Dominis *cloud* PaaS

- **Anàlisi de programari (*testing*):** serveis cloud que permeten realitzar proves automàtiques a noves aplicacions.

- **Desenvolupament de programari (*developing*):** entorns per a desenvolupament de programari, per exemple, els IDE (*integrated development environment*), programes per al control de versions i per al seguiment d'errors.

- **Desplegament de sistemes (*deploying*):** serveis *cloud* que ofereixen un entorn per a desplegar aplicacions, per exemple, pàgines web o serveis web.

3.3.3 Dominis *cloud* IaaS

- **Processament (*processing*):** recursos virtuals de processament, per exemple, execució de màquines virtuals, consistents a oferir al client la possibilitat d'augmentar la seva capacitat informàtica sense haver d'assumir les despeses de capital que suposaria l'adquisició dels equips físics necessaris per a maximitzar aquesta capacitat.

- **Emmagatzemament al núvol (*storage*):** les solucions d'emmagatzematge incloses dins de les infraestructures com un servei *cloud* són un model de negoci en el qual un proveïdor lloga espai a la seva infraestructura pròpia d'emmagatzematge per al seu ús per part d'una petita empresa o un individu.

- **Xarxes (*networking*):** xarxes virtuals i altres serveis que funcionin sobre una infraestructura de xarxa existent.

Figura 3.17
Treballant al centre de servidors per a donar servei *cloud* IaaS per a l'emmagatzematge al núvol.

Figura 3.18
Sistemes ERP (*enterprise resource planning*) amb connexions entre intel·ligència de negocis (BI), producció, mòduls CRM i diagrama de recursos humans en el domini *Cloud* SaaS.

EXEMPLE 8

Identifica el tipus de treball corresponent als serveis de còpia de seguretat (*backup services*).

Solució:

El servei de còpia de seguretat és una solució de tipus IaaS existent al mercat que proporciona als usuaris un sistema periòdic de còpia i emmagatzematge d'arxius informàtics en la infraestructura del proveïdor. Aquests arxius poden ser recuperats posteriorment en cas de fallada o canvi dels equips, de pèrdua puntual de dades o de necessitat de recuperació de dades després d'un desastre.

EXEMPLE 9

Identifica el tipus de treball corresponent a les aplicacions de missatgeria instantània per a empreses (*Enterprise Instant Messaging*).

Solució:

Les aplicacions de missatgeria instantània per a empreses (*enterprise instant messaging*) són solucions de tipus IaaS existents en el mercat que constitueixen una forma de comunicació en temps real, basada en la inserció d'un text directament en un xat d'interlocució entre dos o més empleats, que utilitzen els seus ordinadors personals o altres dispositius que disposin de l'aplicació incorporada i accés a la xarxa. La informació i documentació intercanviada pels usuaris de l'aplicació es transfereix a través d'una xarxa, com per exemple Internet. Els programes de missatgeria instantània més avançats també permeten millorar la forma de comunicació, incorporant funcionalitats com ara la veu en viu, la videotrucada, la inclusió d'enllaços als mitjans de comunicació, o la compartició i visualització d'equips i recursos diversos.

ACTIVITAT PROPOSADA 3.4

Una bona eina per a la gestió de la cadena de subministrament com una de les solucions de tipus SaaS existents en el mercat. Investiga què vol dir aplicació de proveïment/adquisició (*sourcing/procurement*). Què estableix el programari de planificació de la cadena de subministrament? Quin és l'objectiu del sistema de gestió de magatzems (*warehouse management system*, WMS)? Per a què s'utilitza el sistema de gestió del transport (*transportation management system*, TMS)? De què s'encarrega l'aplicació de compliment de transaccions a nivell mundial (*global trade compliance*)? Per a què serveix la solució de planificació del servei de peces (*Service Parts Planning*, SPP)?

3.4 *Edge computing* i la seva relació amb el núvol

Edge computing actua en les dades d'origen.

Aquesta proximitat a les dades en el seu origen pot oferir grans avantatges de negoci: coneixements més ràpids, temps de resposta millorats i major disponibilitat de l'amplada de banda.

GLOSSARI

Edge computing és una infraestructura d'informàtica distribuïda que acosta les aplicacions empresarials a les dades en el seu origen, com ara dispositius de IoT o servidors perifèrics locals.

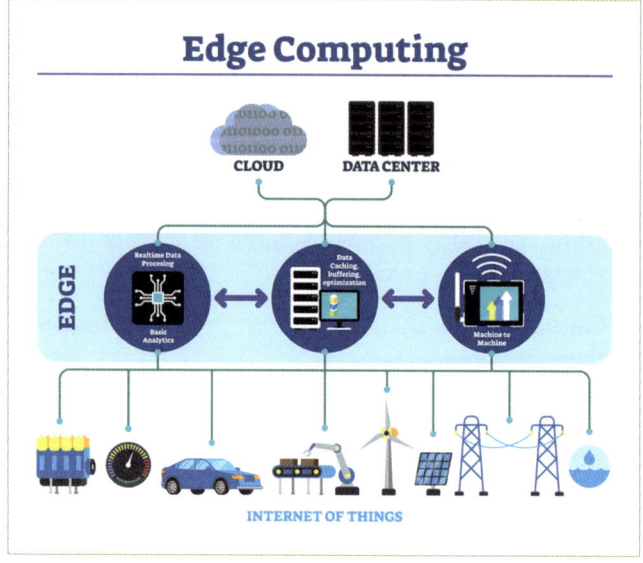

Figura 3.19
Edge computing.

Tabla 3.1 Diferències entre *edge computing* i *cloud computing*.

Cloud computing	versus	*Edge computing*
Localització		
Remota. L'emmagatzematge, la gestió i el processament es realitza en un servidor de xarxa central remot. Les dades són accessibles a través d'Internet, lluny de la font.		Pròxima. Les dades es processen físicament a prop o en el dispositiu real (la font de dades), que es troba a l'extrem de la xarxa.
Latència		
Alta. L'intercanvi de dades freqüent i d'alta càrrega posa a prova la xarxa, la qual cosa comporta una alta latència.		Baixa. Requereix poca amplada de banda, ja que la informació es processa inicialment prop de la font de dades.
Capacitat		
Alta. Pot processar grans volums de dades i escalar; el cost es determina per la unitat de processament utilitzada.		Baixa. No poden processar moltes dades a causa de la limitada disponibilitat de recursos. Això es veu compensat, en part, per l'accés pròxim de comunicació amb nodes.
Distribució		
Centralitzada. El núvol és un sistema de gestió centralitzada (CMS), la qual cosa significa que està controlada per una sola entitat.		Descentralitzada. Els càlculs es realitzen a l'extrem de la xarxa, sovint mitjançant notes distribuïdes.
Seguretat		
Alta. El servidor virtual és administrat per una entitat, la qual cosa assegura la màxima protecció.		Mitjana. Les dades distribuïdes signifiquen que la seguretat pot ser més susceptible a les amenaces individuals i a factors externs.
Beneficis		
Reducció de costos, escalabilitat, accessibilitat i seguretat.		Alta velocitat i capacitat de resposta, baixa latència, resultats en temps real i anàlisi a l'extrem.
Casos d'ús		
Inventari, intel·ligència de negoci, *big data*, anàlisi profunda, visualització de dades enriquides, taulers, informes i accés al al *backend*.		Dispositius IoT (dispositius de mà, *wearables*) i IIoT (robots de planta de fàbrica, senyalització digital en botigues de venda al detall), ressonàncies magnètiques, semàfors, vehicles autònoms, caixers automàtics i casos d'ús de "missió crítica" en general.

Cloud computing i *edge computing* estan interrelacionats, però tenen les seves diferències i avantatges. La taula anterior indica els beneficis de cada servei per a les empreses.

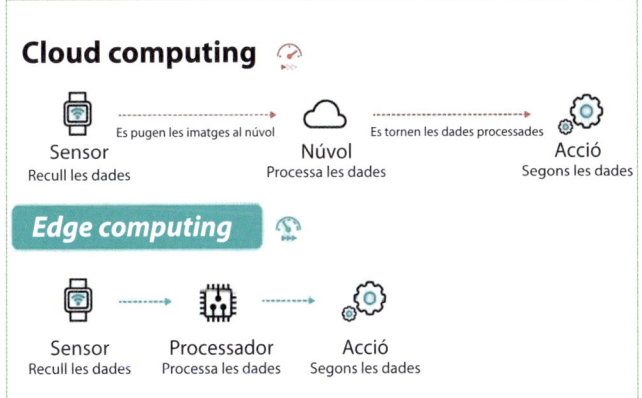

Figura 3.20
Amb *edge computing* les dades es processen el més a prop possible del lloc d'origen, la resposta és immediata.

El creixement dels dispositius d'IoT està generant volums de dades sense precedents. I els volums de dades continuaran creixent a mesura que les xarxes 5G augmentin el nombre de dispositius mòbils connectats.

Abans, el compromís del núvol i la IA era automatitzar i accelerar la innovació extraient coneixements pràctics de les dades. No obstant això, l'escala i la complexitat sense precedents de les dades creades pels dispositius connectats ha superat la capacitat de les prestacions d'infraestructura i de xarxa.

L'enviament de totes les dades generades per dispositius a un centre de dades centralitzat o al núvol causa problemes d'amplada de banda i latència. *Edge computing* ofereix una alternativa més eficient: les dades es processen i s'analitzen més a prop del punt on es generen. Com que les dades no han de travessar una xarxa fins a un núvol o un centre de dades per a poder ser processades, la latència es redueix significativament. *Edge computing* —i *edge computing* mòbil en xarxes 5G— permet una anàlisi de dades més ràpida i completa, creant l'oportunitat d'obtenir informació més detallada, temps de resposta més ràpids i millors experiències del client.

EXEMPLE 10

Identifica algun cas d'ús *edge computing* i IoT.

Solució:

En hospitals, els sensors dels aparells recopilarien dades sobre els pacients que s'allotjarien en servidors locals (la qual cosa augmentaria la privacitat d'aquesta informació sensible).

APRÈN MÉS

Visiona la comparativa entre *edge computing* i *cloud computing* realitzada per Tecnologías Demakis.

https://youtu.be/MBUabimpai0

3.5 *Fog* i *mist*. Relació amb el núvol

La informàtica a la boira o *fog computing* va ser creada per primera vegada per Cisco amb l'objectiu d'estendre la informàtica al núvol (*cloud computing*) fins a l'extrem (*edge*) de la xarxa d'una empresa.

3.5.1 *Fog computing* o informàtica a la boira

Una infraestructura d'informàtica a la boira (*fog computing*) pot tenir una gran varietat de components i funcions, com ara portes d'enllaç (*gateways*) que donen accés a nodes on es generen les dades (*edge nodes*), enrutadors cablejats i sense fils i serveis globals al núvol (*cloud*).

GLOSSARI

Fog computing és una infraestructura de xarxa que s'estén des de les vores exteriors (*outer edges*) on es creen les dades fins on finalment s'emmagatzemaran, ja sigui al núvol o al centre de dades d'un client.

Fog és l'espai intermedi entre les dades que s'han d'enviar al núvol (*cloud*) i les que es poden analitzar localment, en el perímetre (*edge*).

Una infraestructura d'informàtica a la boira (*fog computing*) pot tenir una gran varietat de components i funcions, com ara portes d'enllaç (*gateways*) que donen accés a nodes on es generen les dades (*edge nodes*), enrutadors cablejats i sense fils i serveis globals al núvol (*cloud*).

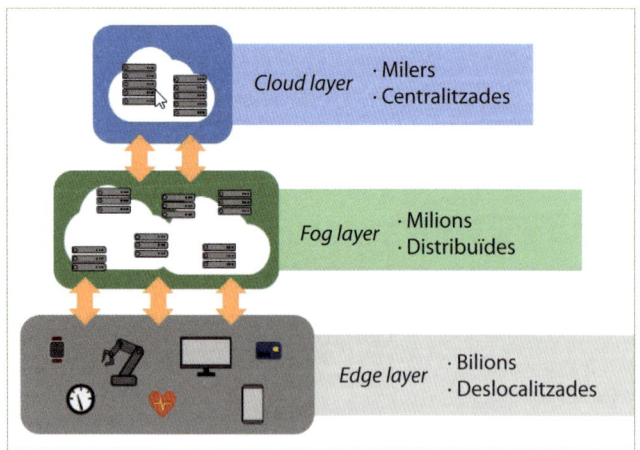

Figura 3.21
Distribució i infraestructura en els nivells de *cloud*, *fog* i *edge computing*.

Figura 3.22
Casos d'usos de l'arquitectura de *fog computing*.

Hi ha molts beneficis per a la informàtica a la boira:

- Ofereix a les empreses més opcions per a processar dades on sigui més apropiat fer-ho, produint així millors coneixements un cop analitzades les dades i permetent actuar més en temps real sobre les dades analitzades.

- Manejar més dades a l'extrem i enviar al núvol només el que realment cal redueix la quantitat de dades que hi ha al núvol i, per tant, millora la seguretat.

- La informàtica a la boira també pot crear connexions de xarxa de baixa latència entre dispositius i punts finals d'anàlisi. Això redueix la quantitat d'amplada de banda requerida en comparació amb si les dades s'haguessin de tornar al núvol o al centre de dades per a ser processades.

EXEMPLE 11

Identifica algun cas d'ús de *fog computing* I IoT.

Solució:

Les ciutats intel·ligents (*smart cities*), on els sistemes de serveis públics utilitzen cada vegada més dades en temps real per a executar els sistemes de manera més eficient. A vegades, aquestes dades es troben en un lloc remot, per la qual cosa és essencial processar-les prop d'on es van generar. La informàtica a la boira és ideal en un cas com aquest.

Essencialment, hi ha centenars d'aplicacions en les quals és necessari realitzar anàlisis de dades en temps real per a respondre als incidents de la manera més ràpida i eficient possible, com fa un banc per controlar el frau o un automòbil autònom, que ha de ser capaç de processar instantàniament el que passa al seu voltant per evitar un accident.

Algunes aplicacions requereixen una latència ultra-baixa, la qual cosa ha fet que les persones busquin altres opcions per al poder de recompte, i aquest model d'informàtica es coneix com a *mist computing*.

3.5.2 *Mist computing*

GLOSSARI

Mist computing o informàtica a la boirina és l'extrem (*edge*) d'una xarxa, dispositius finals que generalment consten de microcontroladors i sensors.

La informàtica a la boirina porta el concepte de *fog computing* més enllà, de manera que part dels dispositius que conformen la xarxa porten sensors i actuadors. Amb *mist computing*, el càlcul es realitza a l'extrem de la xarxa, als microcontroladors dels nodes integrats. Permeten als desenvolupadors replicar diferents parts de les aplicacions IoT en nodes més pròxims a l'usuari final o, fins i tot, als seus propis dispositius, aprofitant les capacitats computacionals d'aquests dispositius per a minimitzar el temps de resposta i millorar la qualitat del servei.

Objectius principals de *mist computing*:

- Permetre captar recursos mitjançant capacitats informàtiques i comunicació disponibles al propi sensor.

- Permetre que s'aprovisionin, implementin, gestionin i supervisin càlculs arbitraris al propi sensor.

Hi ha molts beneficis per a *mist computing*. La comunicació requereix 5 vegades el poder de la informàtica en un microcontrolador incorporat, de manera que, en recopilar dades sense processar a l'extrem de la seva xarxa i agrupar-les mitjançant filtratge, mecanismes d'identificació d'anomalies i reconeixement de patrons, pot enviar només dades essencials fins a la porta d'enllaç, l'enrutador o el servidor, que al seu torn conserva l'energia de la bateria i l'ample de banda. Mist computing és ideal per a situacions de baix consum d'energia on allargar la vida útil de la bateria és una preocupació central.

Mist computing permet els processos següents:

- Analítica local i dades de presa de decisions.
- Dades i aplicacions molt robustes.
- Mecanismes de control d'accés a dades per a fer complir el consentiment de privacitat a nivell local.

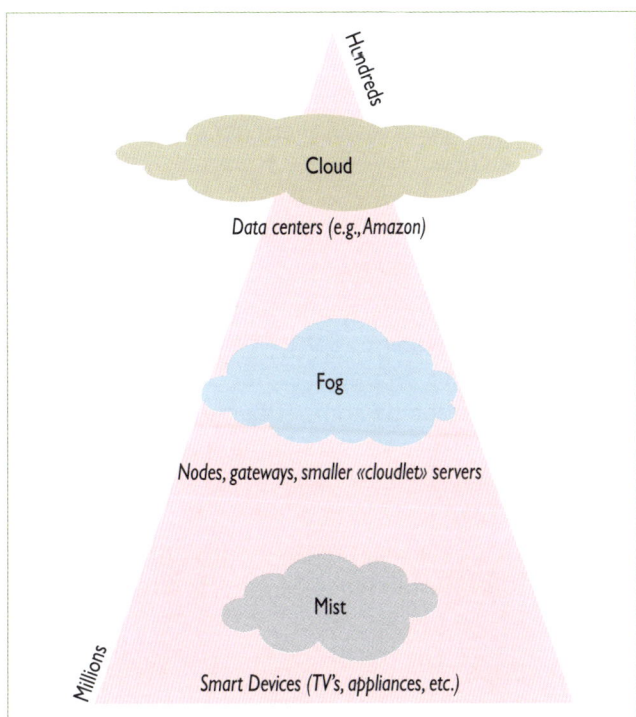

Figura 3.23
Mist computing comparant els nivells de boirina, boira i núvol.

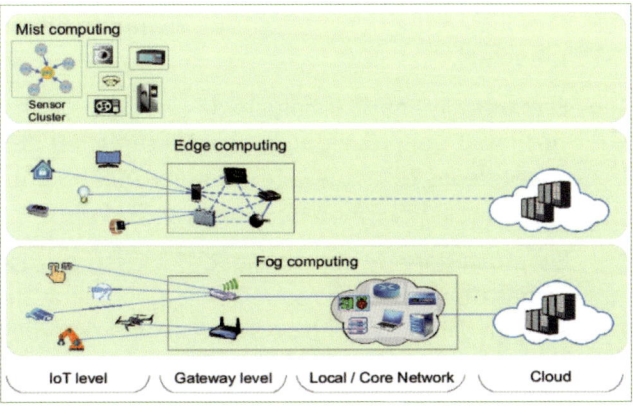

Figura 3.24
Domini de *mist edge* i *fog computing*.

3.6 Avantatges de l'ús dels recursos del núvol

Les solucions i els serveis de *cloud computing* oferts pels proveïdors i intermediaris ofereixen una sèrie d'avantatges a les empreses privades (economicofinanceres, focus en el negoci, rapidesa i flexibilitat, tecnològiques, seguretat, disponibilitat i mobilitat, etc.), a l'economia, a les organitzacions públiques i de recerca i als ciutadans (major i millor oferta de serveis, govern obert, educació), respecte de les funcionalitats ofertes pels sistemes tradicionals de TI.

3.6.1 Avantatges per a les empreses

Les línies estratègiques de competitivitat de les empreses es fonamenten en el desenvolupament de determinats eixos, com ara la comercialització, la internacionalització, l'eficiència productiva, la capacitació del capital humà, l'eficiència financera, la qualitat o el grau d'implantació de les tecnologies i la innovació.

Cloud computing és **l'instrument accelerador perquè una empresa aconsegueixi evolucionar en la seva competitivitat**. Facilita solucions i serveis tecnològics que permeten optimitzar la competitivitat de les empreses.

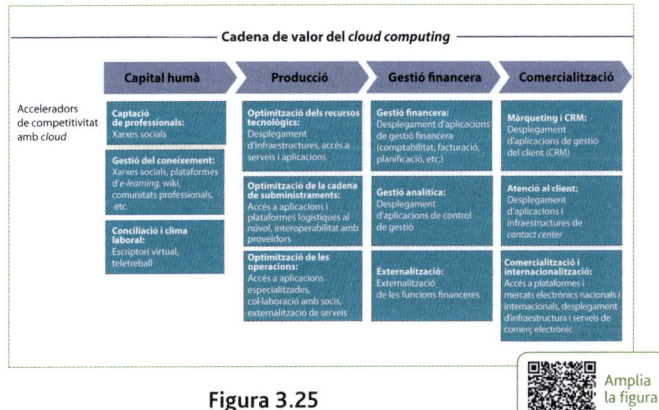

Amplia la figura aquí

Figura 3.25
Factors de competitivitat de les empreses.

Cloud computing proporciona un accés més ràpid, flexible i econòmic a tecnologies i serveis que milloraran la competitivitat de les empreses. Les empreses podran accedir a infraestructures i solucions tecnològiques que permetran optimitzar la seva cadena productiva i de subministrament (solucions d'automatització de processos, plataformes de gestió financera, infraestructures físiques, etc.), podran accedir a serveis d'*outsourcing* més sofisticats i automatitzats, agilitaran la captació de professionals qualificats a través de les xarxes socials professionals, podran accedir a plataformes de coneixement i formació "al núvol", tindran disponibles solucions per a implementar estratègies de màrqueting i gestió personalitzada de clients o podran operar en mercats electrònics internacionals i oferir els seus productes i serveis a través d'entorns de comerç electrònic.

Les empreses que aposten per la implementació de models tecnològics basats en *cloud computing* adquireixen un conjunt d'avantatges operacionals immediats en el desplegament i consum dels serveis tecnològics necessaris per al seu negoci, així com un conjunt d'avantatges i oportunitats que redunden de manera específica en el departament de TI d'una companyia:

- **Avantatges de tipus economicofinancers**

  - El subscriptor del servei de *cloud computing* només paga per l'ús realitzat, cosa que redueix substancialment els costos fixos i les inversions associades als recursos TI (eines informàtiques i renovació de llicències d'aquestes eines).

  - El subscriptor del servei de *cloud computing* no ha de ser necessàriament propietari de la infraestructura usada, evitant així assumir les inversions de capital. Això s'aconsegueix mitjançant la contractació dels serveis oferts per un proveïdor o intermediari que en el seu catàleg de serveis disposi de solucions IaaS.

  - L'ús de solucions *cloud* suposa un estalvi de costos de personal, ja que no cal disposar d'un gran departament de TI en l'organigrama intern de l'empresa, així gran part del personal encarregat de la gestió dels recursos de TI es pot reubicar en altres àrees de la companyia.

  - El preu dels serveis *cloud* és competitiu per efecte de les economies d'escala generades gràcies a certes característiques inherents al model *cloud*, com ara l'escalabilitat, l'autoservei sota demanda i el pagament per ús.

- **Oportunitat de centrar l'empresa en la seva estratègia de negoci i externalitzar les operacions tecnològiques,** concentrant tots els esforços en el negoci, ja que es pot traslladar al proveïdor tota la responsabilitat i la gestió de competències de l'entitat associades a TI. Els serveis de l'entitat que poden externalitzar-se a un proveïdor que els gestioni mitjançant *cloud computing* es descriuen en la figura següent.

Figura 3.26
Distribució de serveis amb ús de solucions *cloud*.

- **Rapidesa i flexibilitat**

  - El desplegament dels sistemes i serveis *cloud* contractats al proveïdor per part dels clients és ràpid i senzill, i permet a les empreses usuàries optimitzar els processos productius i els costos.

  - Gràcies a l'alta flexibilitat de les solucions *cloud* i la seva agilitat en l'escalabilitat, a mesura que augmenten els requeriments dels clients, la solució *cloud* contractada pot redimensionar-se fàcilment per a cobrir aquestes necessitats..

  - A més, es poden alliberar fàcilment els recursos TI un cop deixin de ser utilitzats (interrompent el pagament per ús i donant de baixa el client dels sistemes del proveïdor).Ttambé es pot mantenir la configuració d'aquests recursos emmagatzemada als sistemes propis del client per a un possible nou ús en el futur.

- **Millora de la gestió tecnològica i de la seguretat**

  - El subscriptor del servei de *cloud computing* sempre disposa per al seu ús de l'última actualització tecnològica pel que fa a infraestructura, sistemes, configuració, aplicacions, etc.; cosa que elimina el risc de pèrdua de competitivitat per obsolescència tecnològica en el tractament de la informació, i li permet disposar de recursos tecnològics suficients perquè els requeriments tècnics no siguin un obstacle a l'hora d'oferir nous productes i serveis, obrir noves línies de negoci o modificar els models de gestió interns.

  - Els grups de subscriptors i les diferents comunitats associades al *cloud* que comparteixen recursos en un mateix núvol permeten impulsar la innovació i la millora contínua dels productes i serveis del proveïdor, així com identificar i desenvolupar ràpidament les modificacions tecnològiques requerides per cobrir els punts febles detectats.

  - El manteniment de la solució de *cloud computing* gestionat pel proveïdor és senzill i segur, en disposar de les tècniques i tecnologies més recents en matèria de seguretat i protecció de dades.

  - Els proveïdors de serveis *cloud* disposen de sistemes duplicats que redueixen la possibilitat de pèrdua d'informació o de servei en cas d'un desastre.

- **Accés il·limitat i disponibilitat**

  - Gràcies a les característiques específiques del *cloud computing*, malgrat que l'usuari disposi d'accés a diversos servidors, només cal sol·licitar un únic accés i no és necessari completar la configuració de la totalitat de servidors.

  - Permet que diverses persones puguin treballar alhora en un mateix document en temps real, millorant així la productivitat i fomentant la comunicació entre el personal intern de l'organització.

o L'accés il·limitat que ofereix el *cloud computing* augmenta la flexibilitat de l'empresa i permet als seus empleats disposar dels recursos tecnològics necessaris per treballar a distància, millorant també així la productivitat del personal de l'entitat.

Figura 3.27
Avantatges d'accés il·limitat, flexibilitat i disponibilitat per als empleats gràcies al *cloud*.

EXEMPLE 12

Identifica una empresa que hagi aprofitat els avantatges del *cloud computing*.

Solució:

L'empresa d'entreteniment i distribució de contingut audiovisual en línia Netflix, gràcies a l'impuls que li va donar la popularitat i la demanda del seu servei, el 2016 va haver de migrar els seus centres de dades tradicionals a un entorn cloud per a poder atendre tots els seus subscriptors.

https://about.netflix.com/es/news/completing-the-netflix-cloud-migration

- **Sostenibilitat i *Green* TIC**

  o L'ús de la tecnologia *cloud* en comptes de les solucions tradicionals permet reduir el consum d'energia i l'emissió de gasos contaminants dels recursos de TI de les empreses usuàries; un entorn *cloud computing* pot suposar un estalvi energètic i d'espai superior al 60 %.

  o Els principals factors que permeten reduir el consum d'energia i l'emissió de gasos contaminants dels recursos TI són:

    – **Aprovisionament dinàmic:** redueix l'excés de recursos informàtics, a través d'una millor adequació de la capacitat de la plataforma respecte a la necessitat real de l'entitat.orma respecto a la necesidad real de la entidad.

    – **Multiarrendament:** minimitza els pics de càrrega donant un servei simultani, amb la mateixa infraestructura, a un gran nombre de clients.

    – **Utilització de servidors:** opera als diferents servidors amb una ràtio d'ús major.

    – **Eficiència del centre de dades:** utilitza dissenys d'infraestructura avançats als centres de dades, que redueixen les pèrdues d'energia dels sistemes de refrigeració, de condicionament d'energia, etc.

3.7 Ús del *cloud* i rendibilitat de l'empresa

Tots els avantatges del cloud computing presentats són aplicables, en termes generals, a qualsevol tipus d'empresa. No obstant això, la dimensió i el sector en què opera una companyia incideixen en la tipologia de servei i el model *cloud* que ha d'integrar per maximitzar els beneficis de la seva inversió. Així, per a analitzar l'impacte i els beneficis que les solucions cloud aporten a cada tipus d'empresa, és convenient segmentar-les segons dos aspectes característics: grandària i sector.

En funció de la grandària i la capacitat de l'empresa, les alternatives de *cloud* públic semblen les més adequades i efectives, mentre que companyies grans amb majors recursos i volum de gestió solen apostar per la implementació de núvols privats o híbrids.

Quant a la divisió sectorial, per a cobrir les necessitats pròpies de cada client potencial, els proveïdors recopilen els processos típicament desenvolupats per les empreses de cada sector organitzatiu, i desenvolupen les funcionalitats necessàries per a cobrir els requeriments de les entitats del sector; desenvolupant aquestes funcionalitats, es generen les corresponents solucions *cloud* específiques per al sector en qüestió. Així mateix, la naturalesa del negoci del sector i les necessitats de processament tecnològic determinen els principals avantatges que el *cloud* pot aportar en aquest sector.

L'impacte econòmic generat per l'estalvi de costos ha estat analitzat en termes de despesa tecnològica de capital, operació i energia als principals sectors productius de l'economia (construcció, energia, serveis financers, manufactures, distribució, turisme, govern, educació, sanitat, etc.) i per a les principals tipologies de *cloud computing*, considerant igualment les noves despeses derivades de la inversió i manteniment d'aquest model.

- En termes de despesa de capital tecnològic s'ha estimat que els estalvis globals de costos tecnològics oscil·len entre el 17 % per a entorns de *cloud* privat i superen el 30 % per als híbrids i públics:

  o Estalvis d'inversió i costos tecnològics de maquinari i plataforma aproximats del 20 %.

  o Reduccions del 2 % en el cost de manteniment de programari, gràcies a l'estandardització i consolidació d'aplicatius associats al procés de migració cap a *cloud*.

  o Reduccions del 18 % i el 44 % en emmagatzematge de dades i infraestructura de xarxa, respectivament.

- En termes d'estalvis operacionals, el *cloud* aporta principalment la possibilitat de migració de plantilla d'àrees tecnològiques cap a altres processos de negoci de major valor i la millora de l'eficiència en els processos tradicionals de desenvolupament, manteniment i gestió de sistemes. Els estalvis estimats superen el 19 % per a entorns privats, el 24 % per a híbrids i el 30 % per a públics.

- L'estalvi energètic derivat de la reducció i la consolidació d'infraestructures és el més significatiu, i oscil·la entre el 44 %, el 61 % i el 79 % de reducció per a entorns privats, híbrids i públics, respectivament..

3.7.1 L'ús del *cloud computing*

A Espanya, el 32 % de les empreses van declarar haver utilitzat serveis al núvol el 2021, un creixement del 4 % respecte de l'any anterior, i així s'espera que augmenti la tendència els propers anys.

Figura 3.29
Empreses que utilitzen serveis de *cloud computing*
(% total d'empreses amb accés a Internet). Font: INE.

La propensió a utilitzar la informàtica al núvol varia per grandària d'empresa i sector. Només el 29 % de les petites empreses espanyoles utilitzen serveis al núvol, enfront del 48 % de les mitjanes i el 68 % de les grans.

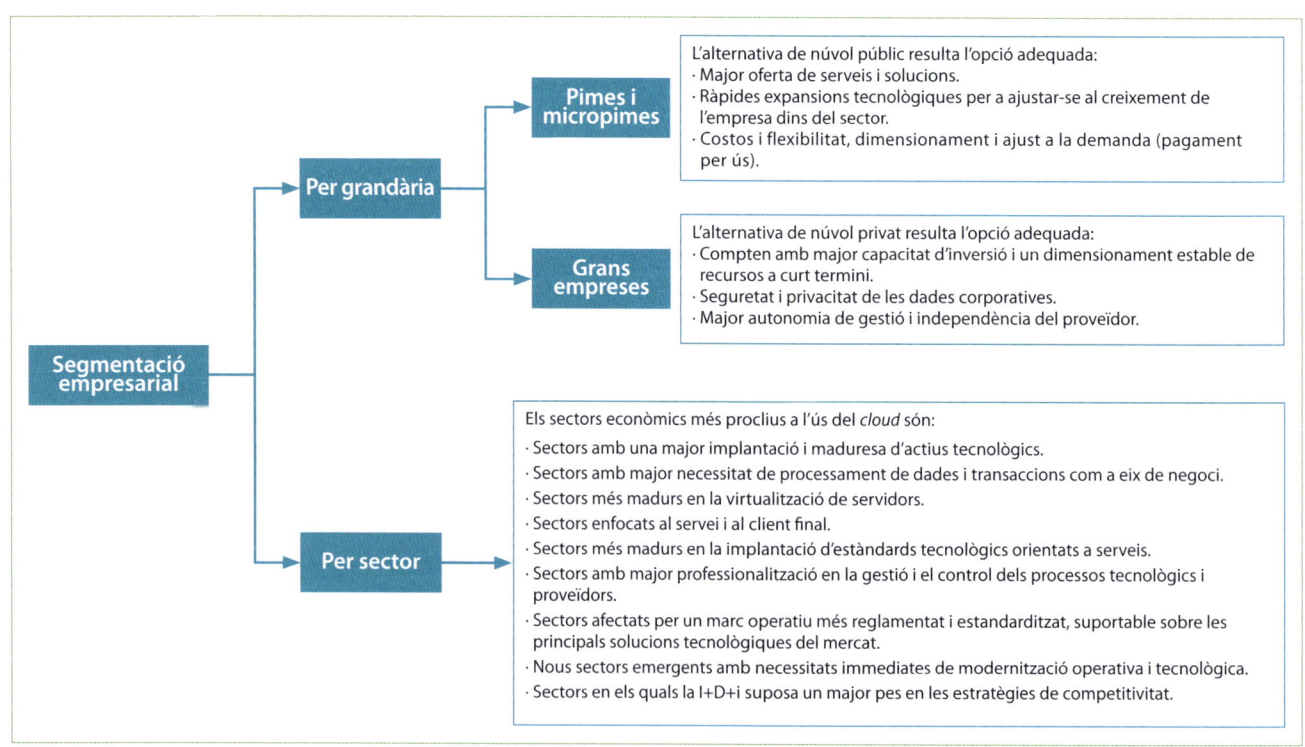

Figura 3.28
Beneficis del *cloud* segons el tipus d'empresa.

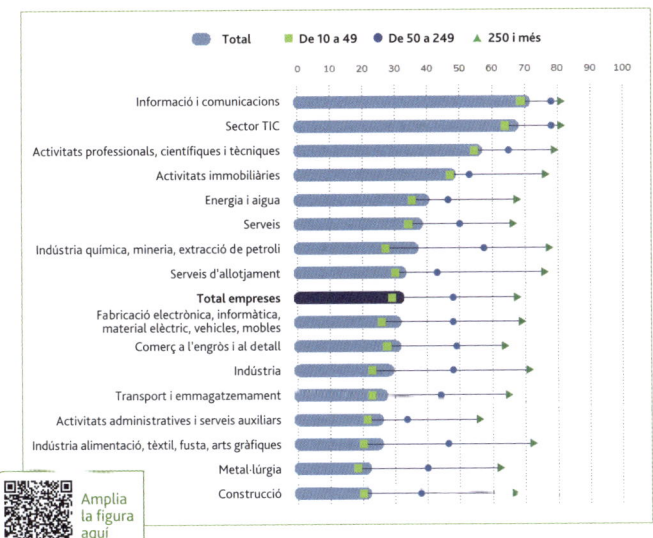

Figura 3.30
Empreses que usen *cloud computing* pper sector d'activitat i grandària (%/total d'empreses amb accés a Internet). Font: INE.

(36 %), aplicacions informàtiques de planificació de recursos empresarials (34 %) i plataformes informàtiques que allotgen entorns de desenvolupament, prova o implementació d'aplicacions (30 %).

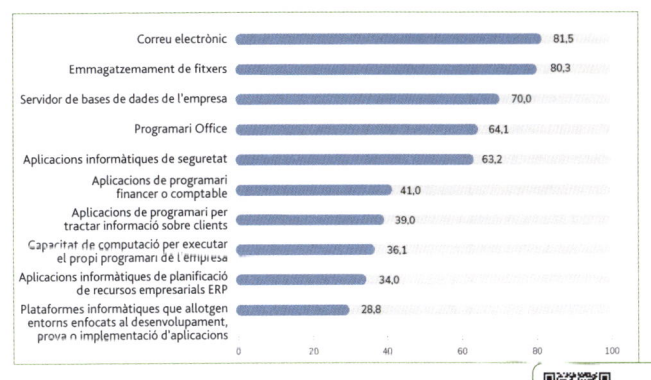

Figura 3.31
Empreses que van comprar algun servei de *cloud computing* a través d'Internet (%/total d'empreses que usen *cloud computing*). Font: INE.

També varia molt l'adopció d'aquests serveis segons l'activitat econòmica. Els tres sectors més proclius a aquestes tecnologies són informació i comunicacions (72 %), TIC (67 %) i activitats professionals, científiques i tècniques (56 %). En canvi, els sectors de la metal·lúrgia (22 %) i la construcció (22 %) presenten una baixa implantació d'aquests serveis.

D'altra banda, els serveis més sol·licitats són el correu electrònic i l'emmagatzematge de fitxers, el 81% i el 80 %, respectivament. A més, el *cloud computing* s'empra com a servidor de bases de dades (70 %) i per a proveir programari (64 %) i aplicacions informàtiques de seguretat (63 %), així com per a programari financer o comptable (41 %), programari per a tractar informació sobre clients (39 %), per a executar el programari de l'empresa

APRÈN MÉS

La fábrica inteligente en la nube: agilizando procesos y reduciendo costes con el cloud computing.

https://youtu.be/lINsx1xsk2w?list=PLapjNZJIttkvS2G7j8eIgmud3gXhsdM9z

Repte professional

Controlar en una empresa, mitjançant Google Cloud Platform, la facturació de recursos i analitzar-ne la despesa

Breu descripció

La finalitat d'aquest repte professional és experimentar el context de la implicació en els sistemes basats en el cloud i la seva influència en el desenvolupament dels sistemes digitals, aplicant Google Cloud Platform per a controlar en una empresa la facturació de recursos i analitzar-ne la despesa. D'aquesta manera, s'entendran i es desenvoluparan millor els avantatges que proporciona la utilització del *cloud* en els sistemes connectats.

El repte

Al repte, per equips, tracta d'usar eines d'administració de costos de Google Cloud per a proporcionar major visibilitat, capacitat de rendir comptes, intel·ligència i control. Mitjançant la facturació de Cloud, s'ha de realitzar un se-

guiment de les despeses amb Google Cloud per a pagar les factures i optimitzar els costos en una empresa o

organisme equiparat en relació amb els professionals amb el títol de tècnic en… que exerceixen la seva activitat, que es pot identificar en l'apartat primer de l'article 7 "Entorn professional", de cada reial decret pel qual s'estableix el títol.

Per a realitzar el repte professional, accedeix a www.marcombo.info i descarrega gratuïtament el contingut addicional. Codi: **MARCOMBO27**

Mapa conceptual

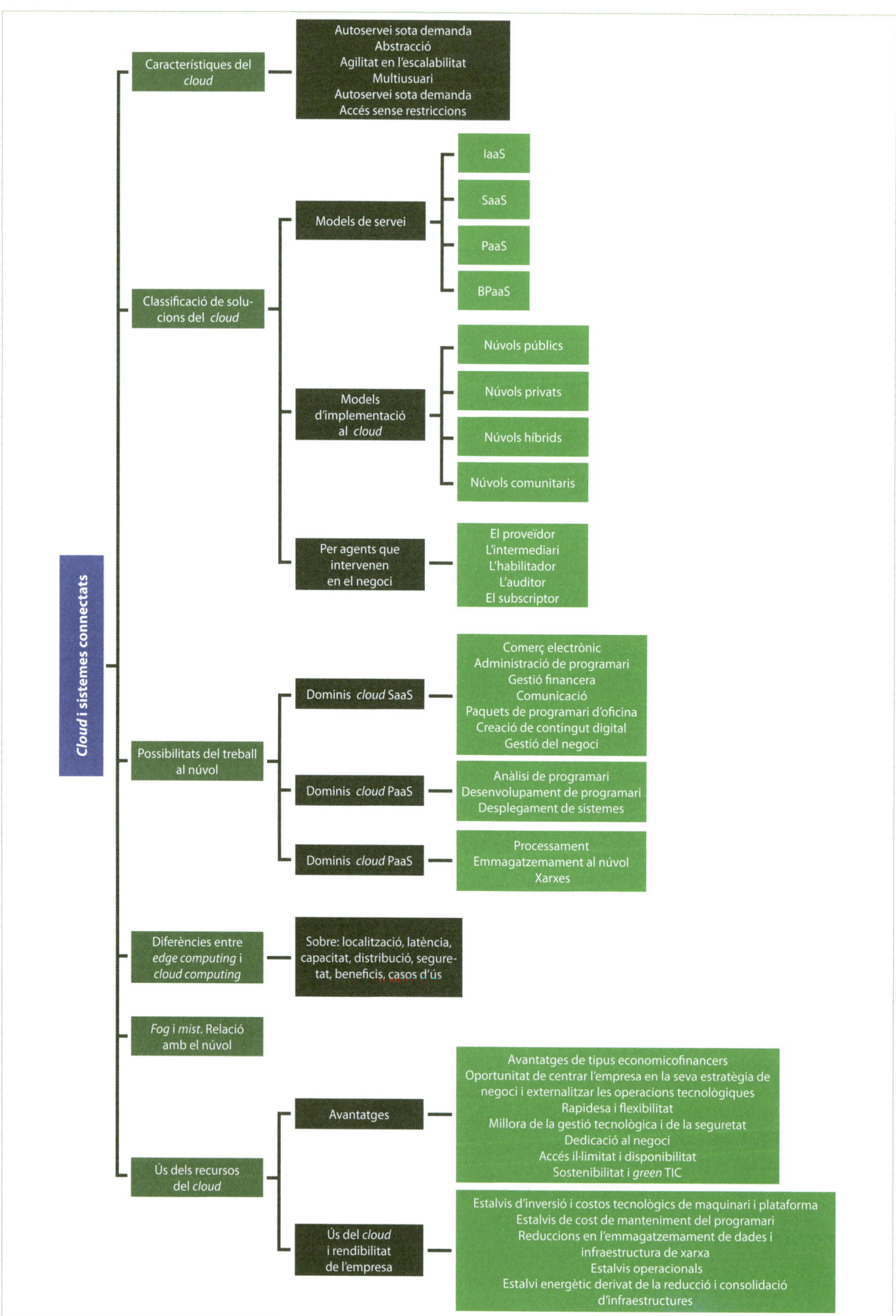

Figura 3.32 Mapa conceptual de la gestió de la producció.

1. Defineix *cloud computing* o informàtica al núvol:

a) Accés a centres de dades utilitzant xarxes d'àrea extensa (WAN) o connectivitat a Internet.

b) Servidors ubics i sota demanda.

c) Recursos de recompte configurables que es poden aprovisionar i alliberar ràpidament.

d) Serveis que funcionen al núvol i als quals es pot accedir a través d'Internet.

2. Quin és el model d'implementació de *cloud computing* més comú?

a) *Cloud* privat (intern).

b) *Cloud* híbrid.

c) *Cloud* públic (extern).

d) *Cloud* de comunitat.

3. Què és *infrastructure as a service* (IaaS)?

a) Lliurament com a servei d'un conjunt de plataformes informàtiques.

b) Provisió com a servei de processos de negoci *end-to-end*.

c) Posar a disposició del client l'ús de la infraestructura informàtica com un servei.

d) Lliurar aplicacions com a servei.

4. Quin és l'agent encarregat de dur a terme avaluacions independents dels serveis al núvol?

a) L'auditor.

b) El proveïdor.

c) L'habilitador.

d) L'intermediari.

5. Quin servei ofereix el domini *cloud* PaaS?

a) Anàlisi de programari.

b) Gestió financera.

c) Creació de contingut digital.

d) Comunicació.

6. Quin és l'objectiu principal de la informàtica a la boira (*fog computing*)?

a) Millorar la seguretat de les dades al núvol.

b) Estendre la informàtica al núvol fins als extrems de la xarxa.

c) Proporcionar connexions de xarxa de baixa latència.

d) Reduir la quantitat de dades emmagatzemades al núvol.

7. En què es diferencia la *mist computing* de la *fog computing*?

a) En els components i les funcions.

b) En les limitacions del *cloud computing*.

c) En l'objectiu principal.

d) En la forma de processament de dades.

8. Quin avantatge economicofinancer té l'ús de solucions *cloud*?

a) Reducció dels costos de personal.

b) Inversions de capital.

c) Major flexibilitat en els processos productius.

d) Millor oferta de serveis.

9. Quin avantatge ofereix el *cloud computing* en termes de rapidesa i flexibilitat?

a) Alliberament fàcil de recursos no utilitzats.

b) Bloqueja la solució contractada.

c) Accés a plataformes de coneixement i formació.

d) Configuració senzilla de serveis.

10. Quin avantatge té l'ús de recursos del núvol pel que fa a accés il·limitat i disponibilitat?

a) Major flexibilitat de l'empresa.

b) Major comunicació entre el personal intern.

c) Millora de la productivitat del personal.

d) Reducció del consum d'energia.

ACTIVITATS

Per a realitzar les activitats 2 y 4, accedeix a www.marcombo.info i descarrega gratuïtament el contingut addicional, complement imprescindible d'aquest llibre.

Codi: **MARCOMBO27**

ACTIVITAT 1

Fes una cerca d'informació sobre com triar la millor tecnologia *cloud* per a pimes a l'adreça següent:

https://gamco.es/soluciones-en-la-nube-para-pyme/

Després, identifica quin servei *cloud* associat és el que més es contracta.

ACTIVITAT 2

Llegeix la *Guía para clientes que contraten servicios de Cloud Computing* de l'Agència Espanyola de Protecció de Dades i identifica:

a) Els actors en el model de *cloud computing*.

b) Què s'ha de saber per a la contractació de serveis de *cloud computing*.

ACTIVITAT 3

Identifica quines etapes s'han de completar per a fer una evolució i migració cloud eficient segons Telefónica Empresas, consultant l'adreça següent:

https://www.telefonicaempresas.es/grandes-empresas/servicios/para-tu-nube/evolucion-y-migracion-cloud/

ACTIVITAT 4

Llegeix la guia *Cloud computing: Una guía de aproximación para el empresario* de l'Incibe (Institut Nacional de Ciberseguretat) i identifica els aspectes legals que cal tenir en compte en la utilització del núvol en els sistemes connectats de l'empresa.

ACTIVITAT 5

Identifica els objectius, els reptes i els resultats en el disseny i desplegament de llocs al núvol en el sector sanitari, com indica l'enllaç de Telefónica de teletreball amb Azure:

https://www.telefonicaempresas.es/grandes-empresas/sobre-telefonica-empresas/casos-de-exito/sector-sanitario-teletrabajo-con-azure/

ACTIVITAT 6

Identifica els objectius, els reptes i els resultats en solucions Cloud Contact Center en el sector bancari, com indica l'enllaç de Telefónica següent:

https://www.telefonicaempresas.es/grandes-empresas/sobre-telefonica-empresas/casos-de-exito/cloud-cc-en-sector-bancario/

ACTIVITAT 7

Identifica els objectius, els reptes i els resultats en solucions de veu per a empleats en el sector minorista, com indica l'enllaç de Telefónica següent:

https://www.telefonicaempresas.es/grandes-empresas/sobre-telefonica-empresas/casos-de-exito/tienda-2-0-la-tecnificacion-en-la-gestion/

ACTIVITAT 8

Identifica els objectius, els reptes i els resultats en solucions 5G per a empreses, productes connectats i intel·ligents amb IoT emprats al sector de fabricació de vaixells, com indica l'enllaç de Telefónica següent:

https://www.telefonicaempresas.es/grandes-empresas/sobre-telefonica-empresas/casos-de-exito/navantia-asistencia-en-fabricacion/

Aplicació de la intel·ligència artificial

En aquesta unitat estudiaràs:

- Intel·ligència artificial (IA). Exemples d'aplicació.
- Tipus d'IA: feble, forta, simbòlica, subsimbòlica.
- Evolució de la IA.
- La IA i les dades. Protecció de dades.
- Relació de la IA amb els sectors productius o àrees d'aplicació.
- Intel·ligència artificial i tractament de dades. Mineria de dades.
- Llenguatges de programació en IA.
- La intel·ligència artificial i el títol.
- Relació entre les THD en el sector del títol i la IA.

Amb el seu estudi seràs capaç de:

- Identificar la importància de la IA en l'automatització de processos i la seva optimització.
- Relacionar la IA amb la recollida massiva de dades (*big data*) i el seu tractament (anàlisi) amb la rendibilitat de les empreses.
- Valorar la importància present i futura de la IA.
- Identificar els sectors amb implantació més rellevant d'IA.
- Identificar els llenguatges de programació en IA.
- Descriure com influeix la IA en el sector del títol.

4.1 Introducció

Actualment, la IA (intel·ligència artificial) és una de les tecnologies en les quals s'està invertint més juntament amb la gestió de grans volums de dades (*big data*) per a la transformació digital de les empreses. Gràcies a l'anàlisi de dades i a les capacitats de la IA, com ara l'aprenentatge automàtic o la presa de decisions a partir d'aquestes dades, es poden optimitzar i automatitzar processos dins de les companyies per a augmentar-ne la rendibilitat, independentment del sector o la indústria al qual pertanyin.

En aquesta unitat s'identificaran aplicacions de la IA en entorns del sector on està emmarcat el títol i es descriuran les millores implícites en la seva implementació.

4.2 Intel·ligència artificial. Exemples d'aplicació

La IA aplega un gran nombre de tecnologies que doten les màquines de la capacitat per a comprendre, analitzar i aprendre, convertint-les en eines capaces d'automatitzar i millorar processos de manera autònoma.

GLOSSARI

La intel·ligència artificial és l'habilitat d'una màquina de presentar les mateixes capacitats que els éssers humans, com ara el raonament, l'aprenentatge, la creativitat i la capacitat de planejar.

La IA permet que els sistemes tecnològics percebin el seu entorn, s'hi relacionin, resolguin problemes i actuïn amb una finalitat específica. La màquina rep dades (ja preparades o recopilades a través dels seus propis sensors, per exemple, una càmera), les processa i hi respon.

Els sistemes d'IA són capaços d'adaptar el seu comportament en certa manera, analitzar els efectes d'accions prèvies i treballar de manera autònoma.

Hi ha tecnologies amb intel·ligència des de fa més de 50 anys, però els avanços en la potència informàtica i la disponibilitat d'enormes quantitats de dades i nous algoritmes han permès que en els últims anys hi hagi hagut grans avançaments en IA.

La intel·ligència artificial té un paper central a la transformació digital de la societat i ha passat a ser una prioritat de la UE.

S'espera que les seves aplicacions futures impliquin grans canvis, però la IA ja està present a les vides de tothom.

Figura 4.1
Usos quotidians i futurs de la IA.

La IA es desenvolupa ràpid. Canviarà les vides de les persones, perquè millorarà l'atenció sanitària (per exemple, incrementant la precisió dels diagnòstics i permetent una millor prevenció de les malalties), augmentarà l'eficiència de l'agricultura, contribuirà a la mitigació del canvi climàtic i a la corresponent adaptació, millorarà l'eficiència dels sistemes de producció a través d'un manteniment predictiu, augmentarà la seguretat dels europeus i aportarà molts altres canvis que, de moment, només es poden intuir. Al mateix temps, la IA comporta una sèrie de riscos potencials, com ara l'opacitat a la presa de decisions, la discriminació de gènere o d'un altre tipus, la intromissió a les vides privades o el seu ús amb finalitats delictives.

APRÈN MÉS

El Parlament reclama un marc jurídic que permeti a les persones beneficiar-se de la intel·ligència artificial, però reduint els riscos al mínim.

https://multimedia.europarl.europa.eu/es/artificial-intelligence-keeping-humans-at-its-heart_N01-PUB-200922-ARTI_ev

Figura 4.2
L'ésser humà, primer.

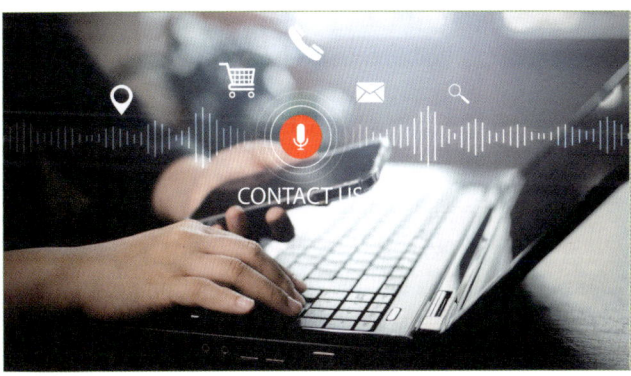

Figura 4.4
Tècnic utilitzant una aplicació de reconeixement de veu i traducció d'idiomes.

4.2.1 La intel·ligència artificial en exemples del dia a dia

Figura 4.3
Exemples d'ús de la intel·ligència artificial.

Algunes aplicacions que utilitzen la IA.

- **Compres per Internet i publicitat.** La IA s'usa molt per a crear recomanacions personalitzades per als consumidors, basades, per exemple, en les seves cerques i compres prèvies o en altres comportaments en línia. La IA és molt important en el comerç per a optimitzar els productes, planejar inventaris, per a processos logístics, etc.

- **Cerques a la web. E**ls motors de cerca aprenen de la gran quantitat de dades que proporcionen els seus usuaris, per tal d'oferir resultats de cerca rellevants.

- **Assistents personals digitals.** L'ús dels assistents virtuals dels telèfons intel·ligents, que responen a preguntes, donen recomanacions i ajuden a organitzar les rutines dels seus propietaris, s'ha generalitzat.

- **Traduccions automàtiques.** El programari de traducció d'idiomes, ja sigui basat en text escrit o parlat, es basa en IA per a proporcionar i millorar les traduccions. Això també s'aplica a funcions com ara la subtitulació automàtica.

- **Cases, ciutats i infraestructures intel·ligents.** Els termòstats intel·ligents aprenen del nostre comportament per a estalviar energia, mentre que els desenvolupadors de ciutats intel·ligents esperen poder regular el trànsit per a millorar la connectivitat i reduir els embussos.

- **Vehicles** que ja utilitzen funcions de seguretat impulsades per IA.

EXEMPLE 1

Identifica algun sistema d'assistència per a conducció impulsat per IA.

Solució:

La UE va ajudar al finançament del sistema d'assistència a la conducció basat en visió VI-DAS, que detecta possibles situacions perilloses i accidents. La navegació es basa en gran mesura en IA.

https://www.vicomtech.org/es/idi-tangible/proyectos/proyecto/sistemas-de-asistencia-para-conductores-inspirados-en-vision-vi-das

APRÈN MÉS

VI-DAS: sistemes d'assistència al conductor inspirats en la visió, de Vicomtech.

https://youtu.be/8o3hT3H_gDU

- **Ciberseguretat.** Els sistemes d'IA poden ajudar a reconèixer i lluitar contra els ciberatacs i altres amenaces en línia, basant-se en les dades que reben contínuament, reconeixent patrons i impedint els atacs.

- **Lluita contra la desinformació**. Aplicacions de la IA poden detectar notícies falses i desinformació en extreure informació de les xarxes socials, buscar paraules sensacionals o alarmants i identificar quines fonts en línia es consideren autoritzades.

4.2.2 Altres exemples d'aplicacions d'IA

Amb la IA es pretén transformar gairebé tots els aspectes de la vida i l'economia. Aquests són altres exemples:

Salud. Els investigadors estudien com usar la IA per a analitzar grans quantitats de dades sobre la salut i trobar patrons que podrien conduir a nous descobriments en medicina i a altres maneres de millorar els diagnòstics individuals.

EXEMPLE 2

Identifica algun sistema per a millorar diagnòstics de salut impulsat per IA.

Solució:

Els investigadors van desenvolupar un programa d'IA que responia a trucades d'emergència i deien que detectava aturades cardíaques més ràpidament que un metge.

APRÈN MÉS

Con IA, médicos podrán predecir infartos diez años antes del suceso.

https://youtu.be/yMYCCkfaIpk

- **Transport.** La IA podria millorar la seguretat, velocitat i eficiència del trànsit ferroviari en minimitzar la fricció de les rodes, maximitzar la velocitat i permetre la conducció autònoma.

- **A la industria.** La IA pot ajudar a que els productors siguin més eficients i potenciïn les fàbriques utilitzant robots, optimitzant els recorreguts de vendes o amb prediccions puntuals del manteniment necessari o d'avaries en fàbriques intel·ligents.

Figura 4.5
Tècnica superior de la fàbrica intel·ligent que treballa amb la IA aplicada al sistema de monitoratge en temps real.

- **Alimentació i agricultura.** La IA pot usar-se per a construir un sistema alimentari sostenible: podria garantir un menjar més sa en minimitzar l'ús de fertilitzants, pesticides i reg i millorar la productivitat i reduir l'impacte mediambiental. A més, els robots podrien treure les males herbes i reduir l'ús d'herbicides.

- Ja hi ha molts grangers que fan servir la IA per a controlar el moviment, la temperatura i el consum d'aliments del seu bestiar.

- **Administració pública i serveis.** Com que utilitza enormes quantitats de dades i reconeix patrons, la IA podria preveure desastres naturals, permetre una preparació adequada per fer-hi front i reduir-ne les conseqüències.

4.3 Tipus d'intel·ligència artificial: feble, forta, simbòlica, subsimbòlica

Hi ha diferents maneres de classificar la IA i diferents conceptes que s'usen de manera confusa i indistinta (encara que en realitat signifiquin coses diferents). Es tracta de conceptes que, tot i que han estat concebuts per enginyers i matemàtics, ens remeten a problemes filosòfics.

4.3.1 Feble, forta

Les IA poden ser de dos tipus: **fortes i febles**.

- Les **febles** són models informàtics de certs processos mentals (IA simbòlica) o cerebrals (IA subsimbòlica) que es dissenyen per tal que siguin útils per a l'estudi científic.

- Les **fortes** són també models informàtics, però que simulen la ment o el cervell en la seva totalitat (IA humana) o bé només la conducta que se'n deriva (IA aliena).

GLOSSARI

La **IA forta** o **IAFo**, també coneguda com **IA general** o **artificial general intelligence (AGI)**, és la IA que iguala o supera la intel·ligència humana mitjana, és a dir, la intel·ligència d'una màquina que pot realitzar amb èxit qualsevol tasca intel·lectual de qualsevol ésser humà.

És un objectiu important per a la recerca sobre IA i un tema interessant per a la ciència-ficció.

És molt habitual treballar amb màquines que són capaces de replicar accions, la qual cosa ja és molt beneficiosa. Tanmateix, l'AGI és un sistema capaç d'estudiar i comprendre els humans i respondre de manera precisa a les interaccions i els comportaments dels usuaris.

GLOSSARI

La **IA feble** o **IAFe**, més coneguda com **IA estreta** o **artificial narrow intelligence (ANI)**, és un tipus d'IA més inflexible, que no s'emmotlla ni s'adapta als requisits d'un sistema o d'una màquina en particular. La seva funció és centrar-se en un treball únic i dedicar-hi tota la seva complexitat. Fent un paral·lel, seria un professional capacitat que es dedica a una única funció complexa.

El funcionament del model ANI es projecta a través de la programació de les seves accions. En aquesta etapa ha d'estar preparada per actuar en un sol rol, reduint el seu acompliment tant com sigui possible.

Això també garantirà que pugui exercir plenament el seu paper. Encara que això sembli una limitació, també pot veure's com una dedicació àmplia i integral.

Les classificacions tècniques situen l'ANI com una intel·ligència incapaç de reproduir el comportament humà, que només el pot simular. Per això, només està orientada a objectius específics.

Normalment, l'ANI s'utilitza en funcions com ara:

- Assistents virtuals (Siri, Alexa o Cortana, entre d'altres).

- Reconeixement facial.

- Filtres de spam en correus electrònics.

- Sistemes de vehicles autònoms.

Taula 4.1 Quadre comparatiu.

IA forta (AGI)	IA feble (ANI)
La màquina realment pot pensar i fer tasques per si mateixa com un ésser humà.	Els dispositius no poden fer aquestes tasques per si sols, però estan dissenyats per a semblar intel·ligents.
Funcionalitat	
Un algoritme és emmagatzemat per un programa d'ordinador.	Les tasques s'introdueixen manualment per ser realitzades.
Exemples	
No hi ha exemples adequats d'IA forta. (Mai s'ha aconseguit crear una IA en el sentit fort).	Un automòbil automàtic o dispositius de control remot.
Progrés	
Etapa inicial.	Etapa avançada.

APRÈN MÉS

IA débil versus fuerte ¿qué son?

https://youtu.be/x5fqqnxgB4Q

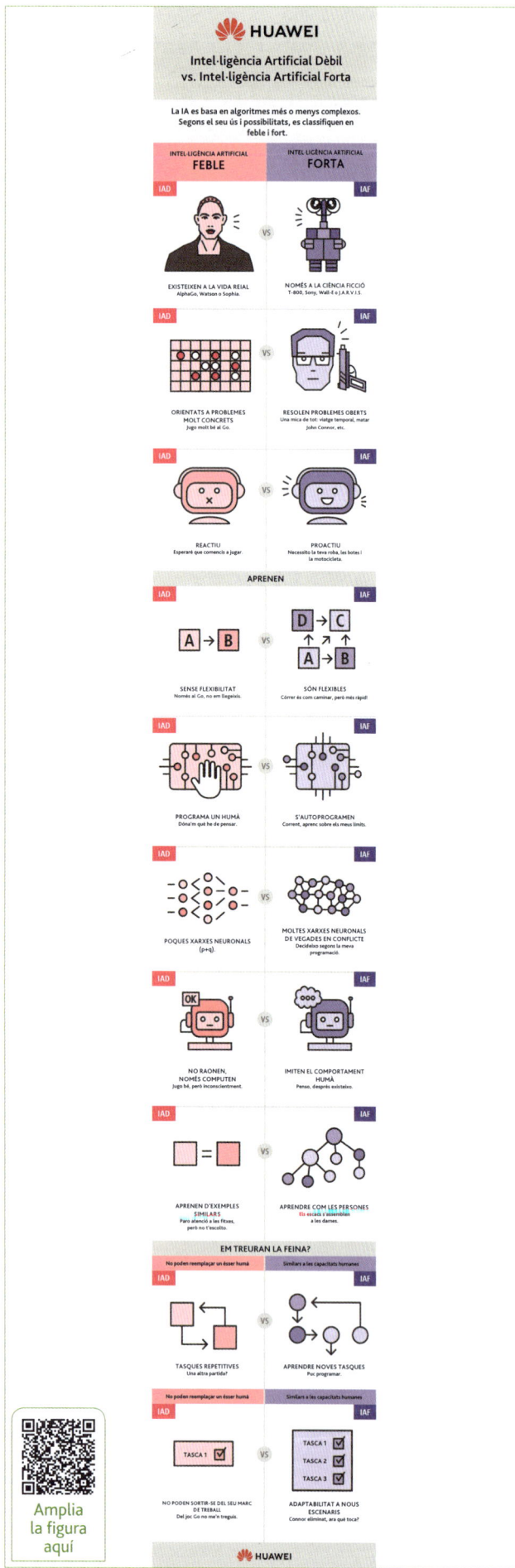

Figura 4.6
Infografia per diferenciar IAD d'IAF. Font: Huawei.

Amplia
la figura
aquí

4.3.2 Simbòlica, subsimbòlica

La IA es divideix en dos grans corrents o programes de recerca: IA simbòlica i IA subsimbòlica.

La **IA simbòlica** aspira a reproduir els processos mentals i la **IA subsimbòlica** aspira a replicar el funcionament del cervell. Ara bé, ment i cervell poden ser concebuts de moltes maneres possibles.

GLOSSARI

La *symbolic* AI és un subcamp de la IA que se centra en la representació (llegible) d'**alt nivell simbòlic** dels problemes, la lògica matemàtica i la cerca.

La IA simbòlica s'ocupa de la construcció de sistemes amb característiques que es puguin definir com a intel·ligents. En aquest cas:

1. Es defineix el problema que cal resoldre.

2. Es dissenya el sistema capaç de resoldre'l seguint esquemes prefixats per la disciplina.

3. Els sistemes experts segueixen aquest esquema.

4. S'introdueixen una sèrie de regles lògiques que recullen el coneixement d'un expert sobre una matèria i, mitjançant mecanismes d'inferència semblants als que emprem quan raonem, es treuen conclusions.

A la IA simbòlica, els sistemes segueixen un esquema de dalt a baix, ja que cal disposar d'una aproximació a la solució del problema i dissenyar-la completament.

La forma més reeixida de la IA simbòlica són els **sistemes experts**, que utilitzen una xarxa de normes de producció. Les normes de producció connecten símbols en una relació similar a una instrucció "«si-llavors"» (*if-then*). El sistema expert processa les regles per a fer deduccions i determinar quina informació addicional es necessita, per exemple, quines preguntes fer, usant simbologia llegible per a l'ésser humà.

PER RECORDAR

Un **sistema expert** és un sistema informàtic que emula el raonament humà i actua tal com ho faria un expert en una àrea de coneixement.

Quin és el paradigma de la IA simbòlica que hi ha darrere la pregunta "què és una poma?".

Solució:

La resposta serà que una poma és "una fruita", "té un color vermell, groc o verd" o "té una forma arrodonida". Aquestes descripcions són simbòliques, perquè utilitzem símbols (color, forma, tipus) per a descriure una poma.

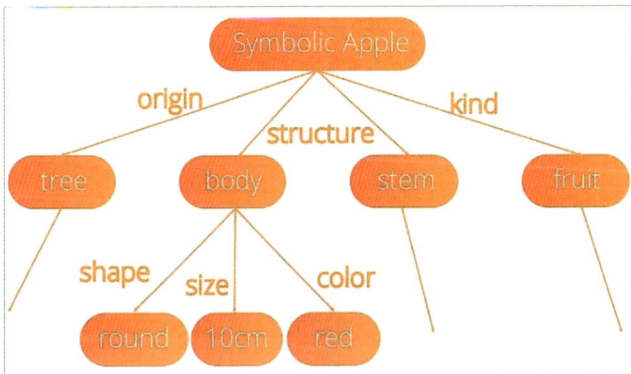

Figura 4.7
La poma simbòlica.

GLOSSARI

La IA subsimbòlica és aquella que realitza dissenys de sistemes a alt nivell capaços de resoldre els problemes utilitzant les tècniques de la disciplina; es parteix dels sistemes genèrics que van adaptant-se i construint-se fins que formen per si mateixos un sistema capaç de resoldre el problema.

El supòsit principal del paradigma subsimbòlic és que la capacitat d'extreure un bon model amb experiència limitada fa que un model sigui reeixit. Aquí, en comptes de relacions clarament definides i llegibles per humans, dissenyem equacions matemàtiques menys explicables per a resoldre problemes.

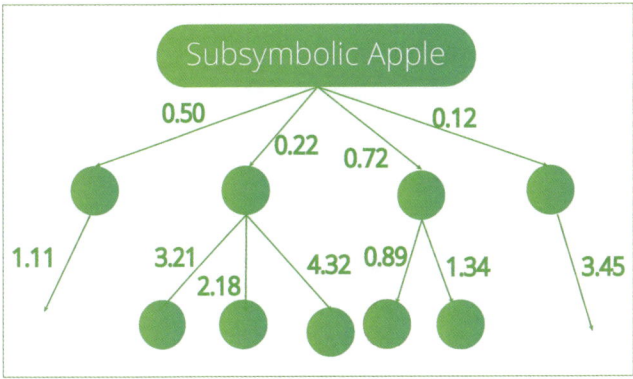

Figura 4.8
La poma subsimbòlica.

Les xarxes neuronals, l'estadística, l'optimització numèrica i els arbres de decisió són alguns dels models d'IA subsimbòlica més populars.

La IA simbòlica es continua aplicant en alguns dominis més petits (com ara la representació del coneixement), però la majoria de les aplicacions d'IA del segle XXI no empren símbols llegibles com els seus objectes primaris.

APRÈN MÉS

Relació entre la intel·ligència artificial simbòlica i les xarxes neuronals.

https://youtu.be/OPHuqMRRHCQ

4.4 Evolució de la intel·ligència artificial

Ja el 1637, el filòsof i matemàtic René Descartes es preguntava si les màquines podrien arribar a pensar, com els animals, que considerava mers autòmats, sense ànima, és clar. L'evolució de la IA pren força durant la dècada de 1950, l'edat d'or de la IA. Alan Turing havia publicat el seu test en l'assaig "Computer machine and intelligence". Va ser un dels primers escrits seriosos que plantejava la possibilitat d'una intel·ligència mecànica.

- El 1956 es va emprar el terme IA a Dartmouth durant una conferència.

- El 1966 apareix un xatbot anomenat ELIZA, el primer programa informàtic de processament del llenguatge natural.

Les fites més importants de l'evolució de la IA apareixen a la figura següent.

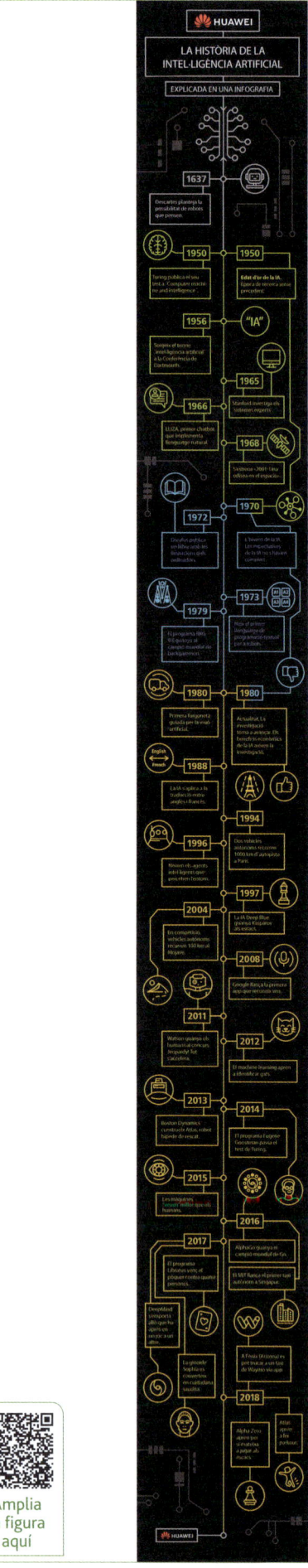

Figura 4.9
Principals fites en la història de la IA. Font: HUAWEI.

Amplia la figura aquí

- El 1972, Hubert Dreyfus publicava un polèmic llibre titulat *El que les màquines no poden fer*. Era un compendi de les limitacions de la IA.

- El 1979, coincidint amb la revisió del llibre de Dreyfus, la màquina BKG 9.8 aconseguia derrotar el campió de backgammon al seu propi joc.

- El 1980, Dickmanns va aconseguir que un vehicle elèctric pogués moure's a dreta i esquerra gràcies a la seva visió artificial. Aquell va ser el naixement dels vehicles autònoms.

- El 1988, una IA és usada per primera vegada per a traduir de l'anglès al francès, i viceversa.

- A la dècada de 1990, sorgeixen els agents intel·ligents, capaços de percebre el seu entorn, processar aquestes percepcions i respondre o actuar en aquest entorn de manera racional, és a dir, aconseguint objectius, tendint a maximitzar un resultat esperat i, d'aquesta manera, adquirint coneixement. Són capaços de percebre el medi ambient amb l'ajuda de sensors i actuar en aquest mitjà utilitzant actuadors (elements que reaccionen a un estímul realitzant una acció).

- El 1997, la IA Deep Blue guanyava Kasparov.

- El reconeixement de veu va començar a usar-se de manera comercial el 2008, quan Google va llançar la primera aplicació mòbil sobre aquest tema.

- El 2012, les tècniques de machine learning estaven ja bastant optimitzades i la xarxa de xarxes havia donat als investigadors enormes bases de dades per operar. Gràcies a allò, una IA aprenia per primera vegada a identificar… gats!

APRÈN MÉS

El controlador d'Atles combina la percepció del robot Atles, de Boston Dynamics, amb tasques de manipulació i mobilitat d'alt nivell, la qual cosa permet al robot prendre decisions intel·ligents sobre com moure's per l'entorn. Visiona els vídeos de l'anunci i l'explicació.

https://youtu.be/-e1_QhJ1EhQ

https://youtu.be/XPVC4IyRTG8

Llegeix com es millora el programari de control d'Atles per a obtenir l'adaptabilitat necessària per a les tasques del món real.

https://bostondynamics.com/blog/picking-up-momentum/

Figura 4.10
Atles, el robot humanoide que pot córrer, saltar i, ara també, treballar en feines de construcció.

A partir d'aquí, els esdeveniments passen a ser mensuals, setmanals, diaris. L'ús de la IA s'estén i això obliga la UE a crear, el 2023, la primera llei d'IA del món.

APRÈN MÉS

Una normativa "pionera al món". Un marc legal "únic per al desenvolupament d'una IA en què es pugui confiar".

https://www.rtve.es/play/videos/telediario-fin-de-semana/ue-acuerda-primera-ley-ia/7031431/

4.5 La intel·ligència artificial i les dades. Protecció de dades

Les dades són la base de la transformació digital de la UE, que actualment afecta tots els aspectes de la societat i de l'economia. També són necessàries per al desenvolupament de la IA, que és una prioritat de la UE, i presenten enormes oportunitats per a la innovació, la recuperació després de la crisi per la COVID-19 i el creixement, per exemple, en salut i tecnologies que beneficiïn el medi ambient.

La IA podria beneficiar les persones amb una millor atenció mèdica, vehicles més segurs i serveis personalitzats. A més, pot millorar els processos de producció i aportar un avantatge competitiu a les empreses europees, fins i tot en sectors als quals ja tenen posicions sòlides: economia verda i circular, maquinària, agricultura, turisme, etc.

Per treure-li el màxim partit a la IA, es persegueix una legislació centrada en l'ésser humà, destinada a establir un marc d'IA que ofereixi més confiança, fixi estàndards ètics, fomenti llocs de treball i ajudi a construir una "IA feta a Europa" que serveixi com a exemple a nivell mundial.

L'èxit del desenvolupament de la IA a Europa depèn en gran mesura d'una estratègia europea de dades que funcioni. El Parlament és conscient de la importància de les dades industrials i públiques per a les empreses i els investigadors de la UE i vol que hi hagi espais de dades europees, una infraestructura de macrodades i una legislació que contribueixi a la fiabilitat.

Figura 4.11
Estratègia europea de dades.

Per ajudar a aprofitar el potencial de les macrodades i la IA, el Parlament va adoptar, els anys 2022 i 2023, dues lleis per impulsar l'intercanvi de dades.

Regles per protegir la privacitat, la transparència i els drets fonamentals. Les regles han de basar-se en els valors de la UE sobre privacitat, transparència i respecte pels drets fonamentals. L'intercanvi gratuït de dades ha de limitar-se a dades que no siguin personals o dades completament anònimes. Les persones, a nivell individual, han de tenir el control total de les seves dades i estar protegides per les normes de protecció de dades de la UE, especialment pel Reglament general de protecció de dades (RGPD).

Espais de dades europees i infraestructura de macrodades o *big data*. Es creen espais de dades per sectors que permetin compartir les dades seguint directrius, requisits legals i protocols comuns, sempre que el lliure flux de dades sigui la base de tota actuació.

Com a conseqüència de la pandèmia s'ha de prestar especial atenció a l'espai comú europeu de dades sanitàries.

L'èxit de l'estratègia de dades depèn en gran part de la infraestructura de la tecnologia de la informació i les comunicacions, com ara la tecnologia relativa a la ciberseguretat i les fibres òptiques, 5G, 6G.

4.5.1 Legislació de la Unió Europea sobre intercanvi de dades

Per a fomentar l'intercanvi de dades de la UE, el Parlament i el Consell van aprovar el 2022 la Llei de governança de dades, l'objectiu de la qual és augmentar la disponibilitat de les dades per a les empreses i les *startups*, per tal d'estimular la innovació.

Perdre l'oportunitat d'explotar el potencial del *big data* podria significar per a la Unió Europea la pèrdua d'una implementació òptima de la majoria dels programes europeus, com ara el Pacte Verd, alhora que implicaria conseqüències negatives per als consumidors, els negocis i l'economia.

Protecció dels drets. Atès que un servei digital proporciona més informació sobre els usuaris que un de tradicional, podria donar-se una situació de poder desequilibrada que faria que les preferències i fins i tot les febleses de les persones s'explotessin per obtenir beneficis comercials o polítics.

En aquest sentit, també la publicitat altament dirigida a audiències específiques genera preocupació per una possible manipulació.

Les avaluacions automatitzades basades en dades poden significar que els individus o grups siguin categoritzats, i això pot fer que siguin exclosos, per exemple, d'oportunitats professionals o cobertura mèdica.

APRÈN MÉS

Inteligencia artificial y protección de datos, por Alexandra Espinoza.

https://youtu.be/e5tQ9MGJRil

4.5.2 Llei d'intel·ligència artificial de la Unió Europea

La llei d'IA de la UE garanteix que els sistemes d'IA utilitzats a la UE siguin segurs, transparents, traçables, no discriminatoris i respectuosos amb el medi ambient. Els sistemes d'IA han de ser supervisats per persones, en comptes de ser-ho per l'automatització, per tal d'evitar resultats perjudicials.

La nova normativa estableix obligacions per a proveïdors i usuaris en funció del nivell de risc de la IA. Encara que molts sistemes d'IA plantegen un risc mínim, cal avaluar-los tots.

Figura 4.12
L'ús de la IA a la UE estarà regulat per la llei d'IA.

Risc inacceptable. Els sistemes d'IA de risc inacceptable són els que es consideren una amenaça per a les persones i seran prohibits. Inclouen:

- Manipulació cognitiva del comportament de persones o grups vulnerables específics; per exemple, joguines activades per veu que fomenten comportaments perillosos en els infants.

- Puntuació social: classificació de persones en funció del seu comportament, estatus socioeconòmic o característiques personals.

- Sistemes d'identificació biomètrica en temps real i a distància, com ara el reconeixement facial.

Tot i que hi ha algunes excepcions a aquesta qualificació. Per exemple, els sistemes d'identificació biomètrica a distància a posteriori, en què la identificació es produeix al cap d'un temps significatiu, es permetran per perseguir delictes greus i només prèvia autorització judicial.

Alt risc. Els sistemes d'IA que afectin negativament la seguretat o els drets fonamentals es consideraran d'alt risc i es dividiran en dues categories.s.

1. Els sistemes d'IA que s'utilitzin en productes subjectes a la legislació de la UE sobre seguretat dels productes. Això inclou joguines, aviació, automòbils, dispositius mèdics i ascensors.

2. Els sistemes d'IA pertanyents a vuit àmbits específics que hauran de registrar-se en una base de dades de la UE:

   ○ Identificació biomètrica i categorització de persones físiques.

   ○ Gestió i explotació d'infraestructures crítiques.

○ Educació i formació professional.

○ Ocupació, gestió de treballadors i accés a l'autoocupació.

○ Accés i gaudi de serveis privats essencials i serveis i prestacions públiques.

○ Aplicació de la llei.

○ Gestió de la migració, l'asil i el control de fronteres.

○ Assistència en la interpretació jurídica i l'aplicació de la llci.

Tots els sistemes d'IA d'alt risc seran avaluats abans de la seva comercialització i al llarg del seu cicle de vida.

IA generativa. LaIA generativa, com ara ChatGPT, hauria de complir requisits de transparència:

• Revelar que el contingut ha estat generat per IA.

• Dissenyar el model per evitar que generi continguts il·legals.

• Publicar resums de les dades protegides per drets d'autor utilitzats per a l'entrenament.

Risc limitat. Els sistemes d'IA de risc limitat han de complir uns requisits mínims de transparència que permetin als usuaris prendre decisions amb coneixement de causa. Després d'interactuar amb les aplicacions, l'usuari pot decidir si desitja continuar utilitzant-les. Els usuaris han de ser conscients de quan estan interactuant amb la IA. Això inclou els sistemes d'IA que generen o manipulen continguts d'imatge, àudio o vídeo (p. ex., *deepfakes*).

4.6 Relació de la intel·ligència artificial amb els sectors productius o les àrees d'aplicació

La IA suposa una gran oportunitat de creixement per a les empreses dels diferents sectors industrials, així com per a l'economia en general. Hi ha sectors concrets en els quals la IA genera un impacte immens quant a resultats i aportacions.

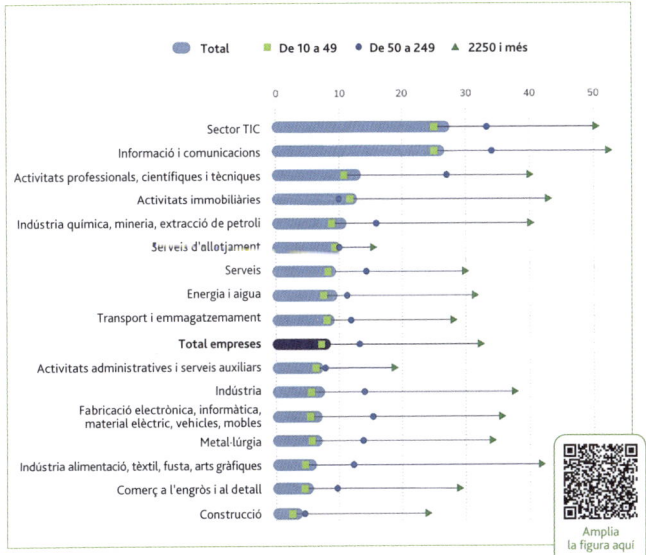

Figura 4.14
Empreses que utilitzen tecnologia d'IA per sector d'activitat i grandària d'empresa (% total d'empreses). Font: INE.

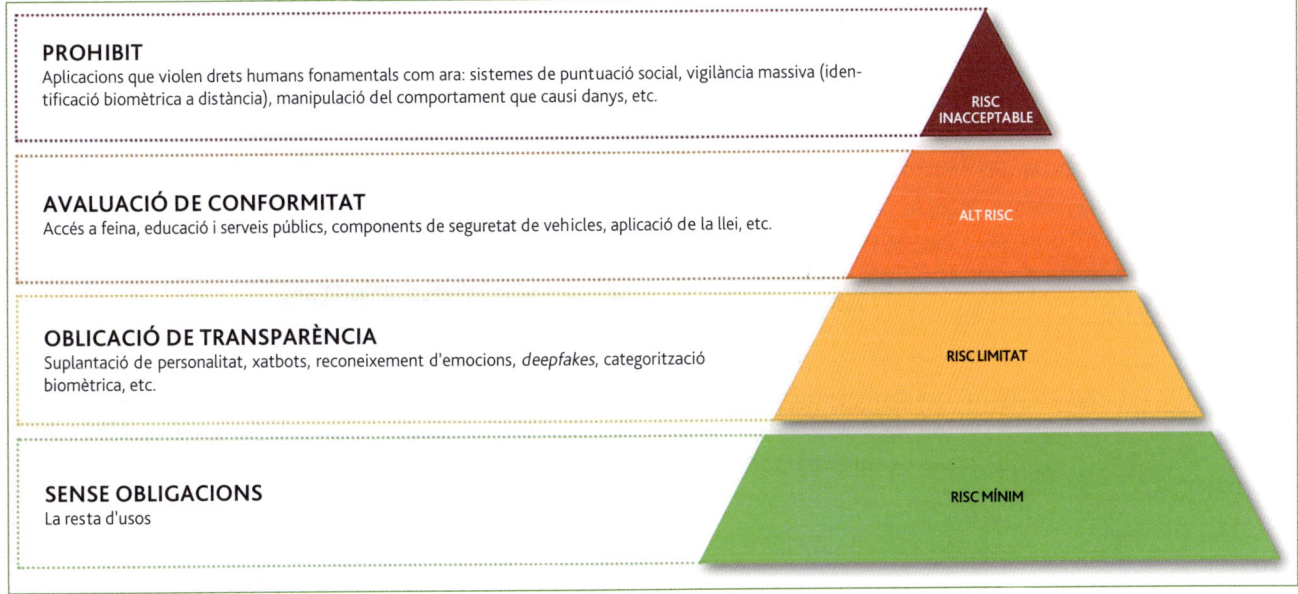

Figura 4.13
Nivells de risc de la llei d'IA de la UE.

4.6.1 Sector manufacturer

La incorporació de la IA a la indústria manufacturera ha optimitzat pràcticament tot el procés de fabricació, ha permès la implementació de fàbriques intel·ligents i altament automatitzades, que aprofiten tecnologies com ara els sensors intel·ligents, la interconnexió entre dispositius, l'anàlisi de dades i l'automatització de processos per a optimitzar la producció. A més, la IA també s'està utilitzant per a millorar la qualitat del producte, prevenir defectes i reduir el temps d'inactivitat no planificat. A mesura que la indústria 4.0 avança, s'espera que l'adopció de la IA en la indústria manufacturera continuï augmentant per a ajudar a millorar l'eficiència i la rendibilitat de les operacions de fabricació.

- **Control de danys i manteniment ràpid:** amb l'ajuda de robots basats en IA, la detecció i solució de fallades és més fàcil. Estan programats per detectar fallades i programats amb solucions per a superar el dany produït.

- **Control automàtic:** les màquines i els robots autònoms impulsats per IA estan programats de manera que poden funcionar automàticament segons la situació. Prenen decisions encertades.

- **Manteniment predictiu basat en aprenentatge automàtic:** sistemes capaços d'analitzar les dades de monitoratge per a avaluar l'estat de la maquinària i programar un manteniment si és necessari.

- **Optimització de la cadena de subministrament i mercaderies:** eines per a classificar mercaderies o trobar defectes en productes basats en la visió artificial.

- **Drons autònoms** per a tasques de vigilància de la producció, seguretat o inspecció.

- **Producció basada en la demanda:** cada etapa del procés productiu és monitorada per sensors que proporcionen dades al programari basat en IA, i la producció es gestiona segons el resultat de les dades proporcionades i en funció de la demanda i la capacitat. Els sistemes robòtics amb IA entenen al llenguatge natural de l'usuari i hi responen, ja que no només estudien dades semàntiques sinó també dades episòdiques, és a dir, de l'experiència.

- **Disseny generatiu:** la IA permet el disseny mitjançant tècniques generatives pera simular el comportament de productes o infraestructures a la vida real, sense haver de fabricar-los, i després passar pel procés de modificacions fins a arribar a obtenir el disseny òptim.

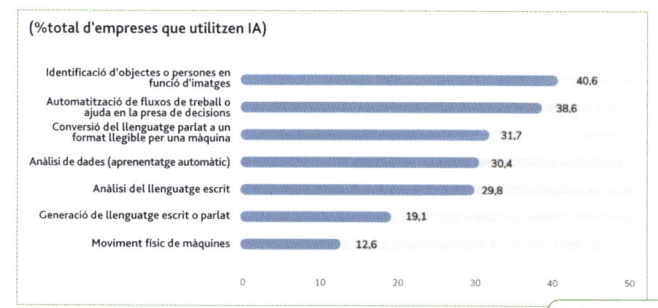

(%total d'empreses que utilitzen IA)

Identificació d'objectes o persones en funció d'imatges	40,6
Automatització de fluxos de treball o ajuda en la presa de decisions	38,6
Conversió del llenguatge parlat a un format llegible per una màquina	31,7
Anàlisi de dades (aprenentatge automàtic)	30,4
Anàlisi del llenguatge escrit	29,8
Generació de llenguatge escrit o parlat	19,1
Moviment físic de màquines	12,6

 Amplia la figura aquí

Figura 4.15
Empreses que usen IA per tipus de tecnologia (% total d'empreses que usen IA). Font: INE.

4.6.2 Sector sanitari

Al sector de la salut, la IA tindrà un paper decisiu. Al camp de la medicina actual, s'aplica per a optimitzar l'eficiència biotecnològica i també en el desenvolupament de fàrmacs (o en la seva dosificació). La IA ha irromput aen la indústria centrada en la salut per a ajudar tant metges com pacients.

- Es pot realitzar l'assignació d'espais en un hospital, o organitzar els torns dels treballadors.

- Suport en decisions clíniques. Es potenciarà el diagnòstic online, amb una eficàcia millorada i un diagnòstic més exacte.

- Cirurgia robotitzada. La combinació d'IA i robots ha revolucionat la cirurgia en termes de velocitat, precisió i profunditat a l'hora de realitzar incisions delicades.

- Anàlisi d'imatges mèdiques. La IA ha demostrat una molt bona precisió i sensibilitat en la identificació d'anomalies en imatges i té potencial per a millorar la capacitat de detectar i caracteritzar canvis i anomalies als teixits del cos mitjançant l'anàlisi d'imatges mèdiques.

- Monitoratge de la salut. Dispositius portàtils que poden monitorar la freqüència cardíaca o el son, o anàlisi de dades en temps real per a poder alertar els metges si es detecten anomalies

Figura 4.16
Doctora d'un hospital usant una aplicació amb IA per a l'anàlisi d'imatges mèdiques.

4.6.3 Sector financer

La IA s'està implementant cada vegada més pels proveïdors de serveis financers en diverses indústries dins del sector financer: en banca minorista i corporativa, en la gestió d'actius, en el *trading* i en les assegurances.

- Assessorament financer. Els assistents virtuals i *xatbots* d'IA poden ajudar a gestionar les finances personals, proporcionant informació sobre ingressos i despeses.

- Operacions en el sector financer, per agilitar multitud d'operacions, com ara la reunificació de deutes, l'automatització de sistemes de facturació i el procés de reconciliació de comptes bancaris a la banca comercial.

- Assegurances. La IA és capaç d'avaluar els perfils de risc dels consumidors i determinar un pla d'assegurances apropiat.

- Auditoria i compliment normatiu. Sistemes d'IA per a detectar fraus i millorar la precisió en la revisió de documents, i reduir els costos associats al compliment normatiu.

4.6.4 Sector logístic i del transport

La IA està revolucionant el sector logístic i del transport, permetent solucionar molts dels problemes amb què es troben aquestes indústries.

- Optimització de rutes. La utilització de programari d'IA en logística permet recollir dades i aprendre d'aquestes dades per a analitzar constantment les millors rutes disponibles per als conductors, la qual cosa permet una organització més eficient de les rutes de repartiment.

- Manteniment predictiu. La IA és capaç de fer prediccions i recomanacions, mitjançant l'ús de dades actuals i històriques, sobre l'estat dels vehicles, permetent augmentar-ne la vida útil i reduir-ne el temps d'inactivitat.

- Magatzems automatitzats. Els magatzems poden ser intel·ligents i emprar solucions digitals i automatitzades per a optimitzar la productivitat en diverses operacions logístiques, com ara la recepció de mercaderies, la ubicació de productes i la preparació de comandes.

- Transport de persones. Empreses com Uber i Cabify utilitzen algoritmes d'IA per a assignar viatges a conductors en funció de la ubicació, el temps d'espera i la demanda de passatgers en temps real. Aquests sistemes també poden analitzar dades històriques per a predir la demanda futura i ajustar la quantitat de conductors en una àrea determinada per a maximitzar l'eficiència i reduir els temps d'espera per als passatgers. A més, la IA també es pot utilitzar per a millorar la seguretat del conductor i del passatger, amb la detecció de fatiga del conductor o la identificació de situacions de risc a la carretera.

APRÈN MÉS

Logística 4.0. Importancia de impulsar la colaboración con toda la cadena de suministro.

https://youtu.be/TwMK6r8_tcc

4.6.5 Indústria química i farmacèutica

La intel·ligència artificial ha ajudat la indústria química a augmentar l'eficiència operativa, reduir costos i millorar l'experiència del client. Els camps de l'enginyeria química l'apliquen per al modelatge, la classificació, el control de processos, la detecció de fallades i el diagnòstic.

La IA es pot aplicar a les primeres etapes de desenvolupament de productes per augmentar la innovació. Per exemple, pot millorar la productivitat de la recerca en permetre l'accés a dades rellevants anteriors durant l'etapa inicial de disseny.

També permet l'optimització a cada etapa de la cadena de valors.

Figura 4.17
Laboratori de recerca en biotecnologia amb ús d'IA per a analitzar el genoma dels bacteris.

4.6.6 La indústria del videojoc

A la indústria del videojoc, és habitual que un jugador real pugui interactuar amb un de virtual, gestionat amb IA. També és normal trobar joguines infantils que són petits robots amb IA.

4.6.7 La indústria dels mitjans audiovisuals

Els mitjans de comunicació tampoc són aliens a aquest fenomen, i la utilització de la IA és molt beneficiosa per a la detecció de notícies falses o *fake news* a través de l'anàlisi de dades sobre l'origen d'aquestes informacions.

Figura 4.18
Deepfake, IA, desinformació, notícies falses.

4.7 Intel·ligència artificial i tractament de dades. Mineria de dades

GLOSSARI

La mineria de dades (*data mining*) és el procés d'extreure coneixement útil i comprensible, prèviament desconegut, des de grans quantitats de dades emmagatzemades en diferents formats.

Aquesta definició apel·la a l'extracció (d'aquí el nom de mineria) de coneixement no explícit a partir de les dades. La mineria de dades neix no tant del desenvolupament de tècniques específiques i diferents de les anteriors com de l'aparició de noves necessitats, en la mesura en què l'omnipresència d'enormes quantitats de magatzems de dades plens d'enormes quantitats de dades converteixen aquestes dades en potencial matèria primera d'un "possible" coneixement "nou".

Aquesta **extracció d'informació ajuda en gran mesura la IA** a detectar patrons de comportament a través d'algoritmes matemàtics. En poques paraules, aquest concepte sorgeix per ajudar a comprendre el contingut d'una base de dades robusta.

Les etapes del **procés de mineria de dades** són les següents:

- **Determinació dels objectius:** es refereix als objectius que desitja el client, orientat per l'especialista en mineria de dades.

- **Preprocessament de les dades:** és la selecció, la neteja, l'enriquiment, la reducció i la transformació de les bases de dades. És el tractament de les dades de manera general.

- **Determinació del model:** és la primera presentació gràfica de la informació obtinguda a partir del processament de les dades. Aquests algoritmes es creen amb el suport de la IA.

- **Anàlisi dels resultats:** s'enfoca a verificar si els resultats obtinguts són coherents i els compara amb els obtinguts per les anàlisis estadístiques i de visualització gràfica.

Figura 4.19
Centre d'alta tecnologia que treballa amb la mineria de dades.

Algunes de les **tècniques** més utilitzades són les següents:

- *Market basket analysis*: permet detectar quins productes s'adquireixen conjuntament i permet incorporar variables tècniques que ajuden en la interpretació, com ara el dia de la setmana, la localització o forma de pagament. També es pot aplicar en contextos diferents, com ara el comerç electrònic.

- **Sèries temporals:** permet modelitzar components bàsics de la sèrie, tendència, cicle i estacionalitat i, així, poder fer prediccions per al futur, com ara xifra de vendes, previsió de consum d'un producte o servei, etc.

- **Previsió local:** individus semblants tindran comportaments similars respecte d'una certa variable de resposta. La tècnica consisteix a situar els individus en un espai determinat i fer prediccions del seu comportament a partir del comportament observat en els seus veïns.

- **Xarxes neuronals:** inspirades en el model biològic, són generalitzacions de models estadístics clàssics. La seva novetat radica en l'aprenentatge seqüencial, el fet d'utilitzar transformacions de les variables originals per a presentar noves dades i prediccions sobre un comportament específic.

- **Els arbres de decisió:** es un model de predicció que s'utilitza al camp de la IA a partir d'una base de dades on es construeixen els diagrames de construccions lògiques. Normalment està determinat per una sèrie de condicionals que definiran la probabilitat d'obtenir resultats esperats.

Es pot observar clarament la importància de les tècniques de mineria de dades per a resoldre problemes empresarials. També és clara la seva aportació per a resoldre problemes científics que impliquin el tractament de grans quantitats de dades.

A més, hi ha una aportació pròpia de tècniques específiques d'IA, en particular sobre la integració dels algoritmes, l'automatització del procés i l'optimització del cost que implica el resultat del processament de milions de dades en tot moment.

4.8 Llenguatges de programació en IA

En la IA, l'elecció del llenguatge de programació pot dependre del tipus específic d'algoritme utilitzat, així com de la manipulació i el processament de dades. A continuació es descriuen alguns llenguatges de programació utilitzats habitualment en IA en funció dels algoritmes i l'ús de dades:

1. Python

Algoritmes: s'utilitza àmpliament en diversos algoritmes d'IA, des d'aprenentatge automàtic fins a processament de llenguatge natural (NLP) i visió per ordinador.

Dades: biblioteques com NumPy, Pandas i Scikit-learn faciliten la manipulació i l'anàlisi de dades.

Figura 4.20
Llenguatge de programació Python.

2. R

Algoritmes: utilitzat principalment en estadístiques i anàlisi de dades. R té una àmplia varietat de paquets per a algoritmes estadístics i d'aprenentatge automàtic.

Dades: especialment fort en manipulació i anàlisi estadística de dades.

3. Java

Algoritmes: pot ser utilitzat per a una gran varietat d'algoritmes d'IA, especialment en aplicacions empresarials.

Dades: Java és robust en el maneig de grans conjunts de dades i s'utilitza en entorns empresarials.

4. C++

Algoritmes: s'utilitza en algoritmes d'aprenentatge automàtic, especialment en situacions on es requereix eficiència i velocitat.

Dades: ofereix un rendiment eficient i s'utilitza en aplicacions d'alt rendiment.

Figura 4.21
Llenguatge de programació C++.

5. JavaScript (Node.js)

Algoritmes: utilitzat en el desenvolupament d'aplicacions web amb elements d'IA, com ara xatbots i aplicacions basades en navegador.

Dades: es pot utilitzar per a la manipulació de dades a la banda del servidor.

6. Lisp

Algoritmes: té una influència històrica en la IA i s'ha utilitzat en sistemes experts.

Dades: ben adaptat per a manipulació de dades simbòliques i lògiques.

7. Prolog

Algoritmes: especialitzat en lògica i programació declarativa i utilitzat en sistemes experts i processament de llenguatge natural.

Dades: eficient per a manipular dades estructurades.

8. Scala

Algoritmes: utilitzat en aprenentatge automàtic i processament de dades, sovint amb el *framework* Apatxe Spark.

Dades: combina la concisió de la sintaxi amb l'eficiència de Java.

9. Matlab

Algoritmes: àmpliament utilitzat en recerca i desenvolupament per a algoritmes d'aprenentatge automàtic i processament de senyals.

Dades: eines poderoses per a manipulació i visualització de dades.

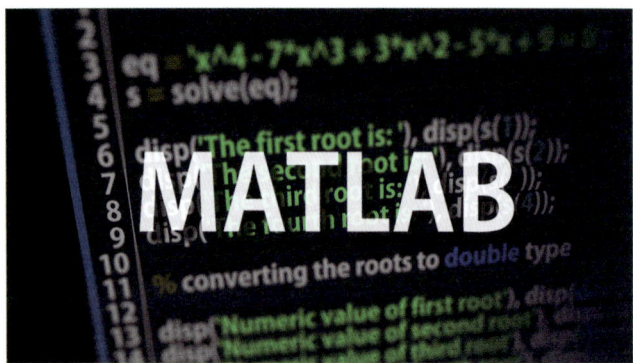

Figura 4.22
Codi Matlab.

10. Go

Algoritmes: guanya popularitat en la implementació d'algoritmes d'aprenentatge automàtic i processament de dades.

Dades: eficient per al processament de dades, especialment en sistemes distribuïts.

L'elecció del llenguatge també pot dependre del marc de treball o la biblioteca específica que s'utilitzi per a implementar algoritmes d'IA i manipular dades. A més, les tendències en l'elecció de llenguatges poden canviar amb el temps a mesura que evolucionen les tecnologies i les comunitats de desenvolupament.

4.9 La intel·ligència artificial i el títol

L'automatització i la IA no necessàriament destrueixen llocs de treball, sinó que més aviat els transformen. Les persones, les empreses i els mercats laborals s'hauran d'adaptar i adquirir noves habilitats que els permetin cooperar amb les màquines. Els títols de formació professional hauran d'oferir habilitats i competències "compatibles amb els robots", combinant habilitats ocupacionals específiques amb competències.

A primera vista, els titulats com a tècnics i tècnics superiors STEM (ciència, tecnologia, enginyeria i matemàtiques, segons les seves sigles en anglès) són els més indicats per a poder treballar en IA. Però els qui treballen ara mateix en IA asseguren que els perfils i els equips multidisciplinaris són cada vegada més necessaris.

4.9.1 Àmbit de la intel·ligència artificial en què es pot treballar

El camp de la IA és molt ampli i els titulats no el poden conèixer tot. Cal saber en què s'especialitzaran (desenvolupador, algoritme, dissenyar funcions de negoci, etc.). Per això, es recomana començar amb una anàlisi de les habilitats i interessos de cada títol de formació professional.

Per a treballar en IA, és important comptar, amb caràcter general, amb un fonament matemàtic mig-alt, coneixements de programació, capacitat de modelitzar i disposar d'habilitats relacionades amb la creativitat.

Aquest grau de coneixement de la part més física o matemàtica dependrà, de nou, del treball que es vulgui desenvolupar en IA. Qualsevol titulat que tingui un coneixement de programació pot desenvolupar aplicacions d'IA sense entrar en el detall, perquè els gegants digitals, com ara Microsoft, Amazon, IBM o Google, permeten consumir IA a través dels seus serveis sense que calgui un coneixement exhaustiu i de primer nivell.

Es poden distingir dos tipus de feines relacionades amb la IA: les més tècniques (com ara el desenvolupament dels algoritmes) i les de negoci (o l'aplicació a cada indústria o àrea).

Qualsevol perfil que treballi en IA ha de tenir una mínima base ètica. Precisament perquè la tecnologia va més ràpida que la regulació, és important que els tècnics que treballin en aquest àmbit tinguin una formació ètica. Això va de persones fent coses per al benefici d'altres persones.

EXEMPLE 4

Identifica l'ús que es pot donar a la IA per part dels professionals titulats de la família professional de comerç i màrqueting.

Solució:

L'ús de la IA en l'organització per part d'aquests titulats pot ser per a facilitar l'estratègia de vendes i màrqueting amb:

- Una eina de CRM (administració de relacions amb els clients) que integri IA, com ara Hubspot.

- Els xatbots, impulsats per la IA, que són eines poderoses per a l'atenció al client, ja que conversen amb els clients i amb els clients potencials de manera automàtica. Així, mentre els xatbots responen qüestions bàsiques, el servei d'atenció al client pot afrontar preguntes més complexes. D'aquesta manera es millora la productivitat de l'atenció al client i als clients potencials.

- La personalització d'anuncis, que s'ha convertit en una eina fonamental per a qualsevol venedor online, perquè crea una experiència de compra per a cada usuari. L'eina Retail Rocket, per exemple, es recolza en la IA per a personalitzar el *customer journey* i oferir una estratègia de comunicació per segments de clients, així com per a automatitzar les campanyes de manera que s'ofereixin a cada usuari continguts rellevants en el millor moment i en el millor suport.

ACTIVITAT PROPOSADA 4.1

Identifica algun ús que es pot donar a la IA per part dels professionals titulats de la teva família professional.

APRÈN MÉS

IA en la medicina del futuro en Dubái, por Euronews.

https://youtu.be/qxzvCG2m5-w

4.10 Relació entre les tecnologies disruptives habilitadoresen en el sector del títol i la intel·ligència artificial

Hi ha recerques de l'OCDE que emfatitzen l'impacte negatiu de la IA en l'ocupació, i diversos estudis han proporcionat estimacions dramàtiques sobre la pèrdua d'ocupacions i l'obsolescència de tasques o ocupacions senceres. Centrar-se en la tasca obsoleta, en comptes de fer-ho en la substitució de la feina i en la complementarietat humà-màquina, ha fet que es duguin a terme recerques recents sobre automatització que mostren una imatge més positiva del futur del treball. No obstant això, la proliferació de la tecnologia d'IA generativa obre moltes més possibilitats per a automatitzar tasques, la qual cosa podria reduir en un 30 % les hores treballades de cara al 2030.

Repte professional

Ús d'eines d'IA per a manejar documents en els processos de l'empresa

Breu descripció

La finalitat d'aquest repte professional és experimentar el context de l'ús d'aplicacions de la IA en entorns del sector on s'emmarca el títol i veure les millores implícites en la seva implementació, amb l'aplicació d'una eina d'IA per a facilitar en una empresa el maneig de documents que s'han de simplificar i resumir, o mostrar més detalls o informació relacionada amb els seus productes i/o serveis.

El repte

Al repte, per equips, es tractarà de fer servir LangChain o eines alternatives gratuïtes (com ara Chatbot PDFgear) per a aprendre ràpidament del context dels documents PDF i generar respostes precises basades en l'anàlisi de tot un document PDF, proporcionant així beneficis a una empresa o organisme equiparat en relació amb els professionals amb el títol de tècnic en… que exerceixen la seva activitat, que es pot identificar a l'apartat primer de l'article 7 "Entorn professional", de cada reial decret pel qual s'estableix el títol..

Per a realitzar el repte professional, accedeix a www.marcombo.info i descarrega gratuïtament el contingut addicional.

Codi: **MARCOMBO27**

Mapa conceptual

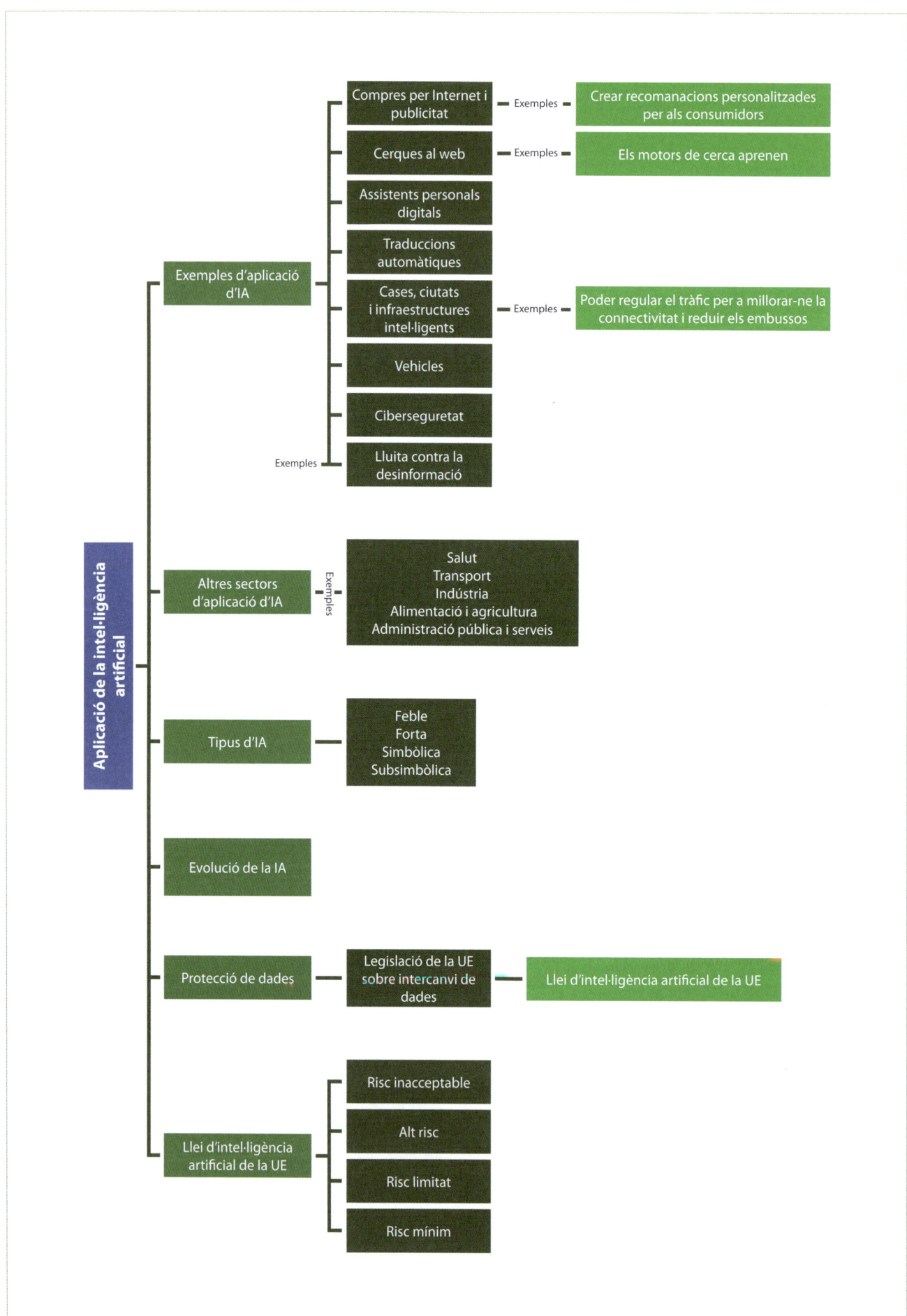

Figura 4.23 Mapa conceptual de la gestió de la producció.

1. Quina capacitat de la IA permet a les màquines automatitzar i millorar processos de manera autònoma?

a) La capacitat d'aprenentatge.

b) La capacitat de raonament.

c) La capacitat de creativitat.

d) Totes les opcions anteriors.

2. Quina és la diferència entre una IA forta i una IA feble?

a) La IA forta iguala la intel·ligència humana, mentre que la IA feble s'enfoca en un treball únic.

b) La IA forta imita la ment humana, mentre que la IA feble imita el cervell humà.

c) La IA forta simula la conducta humana, mentre que la IA feble modela processos mentals.

d) La IA forta és inflexible i no s'adapta als requisits d'un sistema o màquina, mentre que la IA feble és capaç de replicar accions humanes.

3. Qui va plantejar la possibilitat d'una intel·ligència mecànica al seu treball titulat "Computer machine and intelligence"?

a) René Descartes.

b) Alan Turing.

c) Dickmanns.

d) Hubert Dreyfus.

4. Quin és un dels objectius clau dels espais de dades europeus?

a) Limitar el flux de dades personals.

b) Fomentar la ciberseguretat.

c) Establir protocols comuns per a l'intercanvi de dades.

d) Promoure la transparència en l'intercanvi de dades.

5. Quin és un dels principals objectius de la llei d'IA de la UE?

a) Assegurar que els sistemes d'IA siguin segurs i transparents.

b) Garantir que els sistemes d'IA siguin poc fiables.

c) Assegurar que els sistemes d'IA siguin discriminatoris.

d) Prohibir l'ús de sistemes d'IA a la UE.

6. A quin sector s'està utilitzant la IA per a millorar la qualitat del producte, prevenir defectes i reduir el temps d'inactivitat no planificat?

a) Sector financer.

b) Sector sanitari.

c) Sector logístic i del transport.

d) Sector manufacturer.

7. Què és la mineria de dades?

a) És el procés d'emmagatzemar grans quantitats de dades en diferents formats.

b) És el procés d'analitzar dades estadístiques i de visualització gràfica.

c) És el procés d'eliminar dades irrellevants d'una base de dades.

d) És el procés d'extreure coneixement útil i comprensible a partir de grans quantitats de dades emmagatzemades en diferents formats.

8. Quina tècnica de mineria de dades permet detectar quins productes s'adquireixen conjuntament?

a) Previsió local.

b) Xarxes neuronals.

c) Sèries temporals.

d) Market basket analysis.

9. Quin dels següents llenguatges de programació s'utilitza àmpliament en diversos algoritmes d'IA, des d'aprenentatge automàtic fins a processament de llenguatge natural (NLP) i visió per ordinador?

a) JavaScript

b) Python

c) C++

d) .

10. El responsable de manteniment s'ha de coordinar amb:

a) El director d'operacions.

b) El responsable de control de qualitat.

c) El responsable de producció.

d) Totes les anteriors.

Per a realitzar les activitats 1, 8 i 9, accedeix a www.marcombo.info i descarrega gratuïtament el contingut addicional, complement imprescindible d'aquest llibre.

Codi: **MARCOMBO27**

ACTIVITAT 1

Realitza una cerca d'informació sobre quines estratègies han de prendre les pimes per a aprofitar millor el potencial de la IA, al document "Informe del barómetro de la IA en las PYMEs españolas".

ACTIVITAT 2

Realitza una cerca d'informació sobre la importància present i futura de la IA, a l'article de *La Razón*: "La inteligencia artificial creará 300 millones de empleos en 2030".

https://www.larazon.es/tecnologia/inteligencia-artificial-trabajo-300-millones_202303306425ba1e7e9ad300014b6899.html

ACTIVITAT 3

Identifica la importància de la IA en l'optimització dels processos col·laboratius, a l'article de la revista Byte TI: "Optimizar el coste total de una plataforma de colaboración impulsada por IA".

https://revistabyte.es/actualidad-it/plataforma-colaboracion/

ACTIVITAT 4

Identifique la importancia de la IA en la automatizaldentifica la importància de la IA en l'automatització de processos financers i la seva optimització, a l'article de la revista *Byte TI*: "Cómo la IA está reescribiendo las reglas de la gestión financiera".

https://revistabyte.es/actualidad-it/ia-gestion-financiera/

ACTIVITAT 5

Identifica la intel·ligència artificial a l'article "La logística 4.0: impacto y aplicaciones destacadas", de Mecalux.

https://www.mecalux.es/blog/inteligencia-artificial-en-almacenes

ACTIVITAT 6

Identifica els avantatges i desavantatges de cada llenguatge de programació d'intel·ligència artificial, a l'article de *Impulso 06*.

https://impulso06.com/como-iniciarse-en-la-programacion-de-inteligencia-artificial/

ACTIVITAT 7

Identifica com influeix la IA a el sector sanitari, a l'article de la revista Byte TI: "El impacto de la IA y otras tendencias en la sanidad del mañana".

https://revistabyte.es/tendencias-tic/sanidad-ia-tendencias/

ACTIVITAT 8

Identifica les accions previstes per l'Estat per articular i desenvolupar solucions en infraestructures de dades i tecnològiques que donen suport a la IA, al document "Estrategia Nacional de Inteligencia Artificial".

ACTIVITAT 9

Identifica quines mesures hi ha previstes per l'Estat per a ajudar a la integració de la IA al teixit productiu, al document "Estrategia Nacional de In teligencia Artificial".

ACTIVITAT 10

Identifica la importància de la IA en l'automatització de processos agrícoles i la seva optimització, a l'article de Telefónica: "¿Cómo influye la inteligencia artificial en la agricultura?".

https://www.telefonica.com/es/sala-comunicacion/blog/como-influye-inteligencia-artificial-agricultura/

U 5

Avaluació de dades

En aquesta unitat estudiaràs:

- Dada versus informació.
- Cicle de vida de la dada.
- Anàlisi de dades.
- Emmagatzemament de dades al núvol.
- Etapes de l'enginyeria de dades.
- Aplicació a les empreses de la ciència de dades.
- Importància de la seguretat en el maneig de dades.

Amb el seu estudi seràs capaç de:

- Establir la diferència entre dada i informació.
- Descriure el cicle de vida de la dada.
- Identificar la relació entre *big data*, anàlisi de dades, *Machine/deep learning* i intel·ligència artificial.
- Descriure les característiques que defineixen el *big data*.
- Descriure les etapes típiques de la ciència de dades i la seva relació en el procés.
- Descriure els procediments d'emmagatzemament de dades al núvol.
- Descriure la importància del *cloud computing*.
- Identificar els principals objectius de la ciència de dades en les diferents empreses.
- Valorar la importància de la seguretat i la seva regulació en relació amb les dades.

5.1 Introducció

Les dades són increïblement importants per a qualsevol empresa: equip de desenvolupament, finances, màrqueting, operacions, vendes, etc. I per què són tan importants? Perquè gràcies a elles es prenen decisions en totes les àrees; és a dir, es deixen de banda els pressentiments o impulsos i es realitzen accions segons les dades disponibles.

En aquesta unitat s'avaluarà la importància de les dades, així com la seva protecció en una economia digital globalitzada, definint sistemes de seguretat i ciberseguretat tant a nivell d'equip/sistema com globals.

5.2 Dada enfront d'informació

Avui dia, les dades són els actius més valuosos que pot tenir una empresa. Gràcies a elles, és possible prendre decisions de manera oportuna i segura, millorar els processos de producció, retenir i atreure més clients i millorar els productes o serveis, així com crear-ne de nous.

La piràmide de la informació és un model sobre la gestió de la informació que mostra el camí que porta de les dades a la saviesa i l'estratègia d'una empresa.

Figura 5.1
Piràmide de la informació.

GLOSSARI

Dada és un element que no transmet informació mentre no es processi o no es presenti de manera resumida i relacionada amb valors. És una representació simbòlica.

Les dades són el nivell més bàsic, la informació sense cap tractament. Dins de les dades, s'hi poden incloure:

- **Fets o esdeveniments** lligats a una transacció o operació i que, d'alguna manera, tenen relació amb processos operatius. Sense interpretació ni context no tenen cap utilitat per si mateixes.

- **Senyals** que rebem de la realitat o d'una instal·lació (tensió, intensitat, llum, so, escalfor, etc.).

- **Símbols** que representen aquesta realitat (enregistraments, imatges, textos, diagrames).

Donant sentit a les dades s'arriba al següent nivell: la informació.

GLOSSARI

Informació: és un conjunt organitzat de dades processades que constitueixen un missatge que canvia l'estat de coneixement del subjecte o sistema que rep aquest missatge.

La informació són les dades més rellevants extretes de les dades bàsiques per a buscar-hi sentit. Les dades que responen a preguntes com ara qui, què, quan, on i quants són dades amb significat.

La informació (*information*) es refereix a totes aquelles dades (*data*) organitzades i convenientment processades que ens permeten extreure el coneixement (*knowledge*) que facilita la presa de decisions (*wisdom*), i permet el seguiment dels objectius proposats mitjançant una actuació apropiada.

La dada representa el nivell més bàsic: una xifra o una cadena de text. La informació afegeix context a la dada. El coneixement afegeix com utilitzar la informació. La saviesa afegeix quan i per què utilitzar el coneixement.

EXEMPLE 1

L'aplicació de la piràmide de la informació és el que permet aconseguir la saviesa: a partir de la xifra "42" s'ha de baixar la temperatura corporal del pacient de la manera més ràpida possible.

Solució:

Si un equip d'electromedicina marca la xifra "42", s'obté una dada, un nombre enter en base decimal.

Seria molt normal preguntar "42 què?". Aquí és quan la dada es converteix en informació: quan és capaç de respondre a una pregunta concreta i adquireix significat, per exemple: és la lectura de la temperatura del pacient, 42 graus centígrads? Aquí es veu que la dada passa a convertir-se en informació, s'ha complementat amb una precisió i unes unitats que la defineixen adequadament.

L'experiència acumulada sobre casos anteriors diu que un pacient amb una temperatura de 42 graus centígrads pot patir danys cerebrals irreversibles. Això permet formular un coneixement mitjançant una regla: "si la temperatura del pacient arriba als 42 graus centígrads, es poden produir lesions cerebrals irreversibles", que es pot reflectir amb un senyal d'alarma de l'equip acústica i visual.

EXEMPLE 1 (continuació)

L'aplicació d'aquest coneixement és el que permet aconseguir la saviesa: s'ha de baixar la temperatura corporal del pacient de la manera més ràpida possible, l'equip pot activar sistemes de refrigeració o fred mentre es prenen altres mesures.

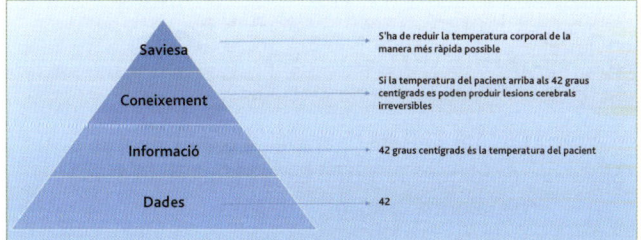

Figura 5.2
Jerarquia dada-informació-coneixement-saviesa.

La informació es defineix a partir de les dades disponibles, el coneixement s'extreu d'aquesta informació i la saviesa és entesa com l'habilitat d'aplicar aquest coneixement en benefici propi o d'altri.

5.3 Cicle de vida de la dada

El cicle de vida de les dades és una seqüència d'etapes per les quals passen les dades al llarg de tota la seva vida útil.

Implementar de manera correcta cada etapa del cicle de vida de les dades permet a una organització generar, utilitzar i reutilitzar dades d'una manera molt més eficient, treure'n el màxim partit i, per tant, obtenir-ne una informació de major qualitat que permet prendre decisions amb una base més sòlida. Fins i tot, el cicle de vida de les dades ajuda a mantenir la qualitat d'aquestes dades durant tota la seva vida útil.

APRÈN MÉS

Visiona les passes que han de seguir les empreses per a poder transformar les dades que generen en informació d'utilitat. Consultora tecnològica Entelgy.

https://youtu.be/P6MTffyQPVY

Figura 5.3
Cicle de vida de la dada. Font: Entelgy.

Ingesta de dades: ERP, CRM, inventaris, ordres de comanda, nòmines, comunicats d'alta d'empleats, vendes, consultes de clients, etc. Les dades que genera el dia a dia de qualsevol negoci i la seva relació amb el client cada dia són més nombroses, i el primer pas és recopilar-les. Per això, la primera fase d'aquest recorregut cap a la informació consisteix en la ingesta o la manera d'obtenir i importar aquestes dades, ja sigui per al seu ús immediat en temps real o per a ser emmagatzemades i, més tard, analitzades.

Aquest pas inicial és una de les peces fonamentals dins de l'arquitectura del *big data*.

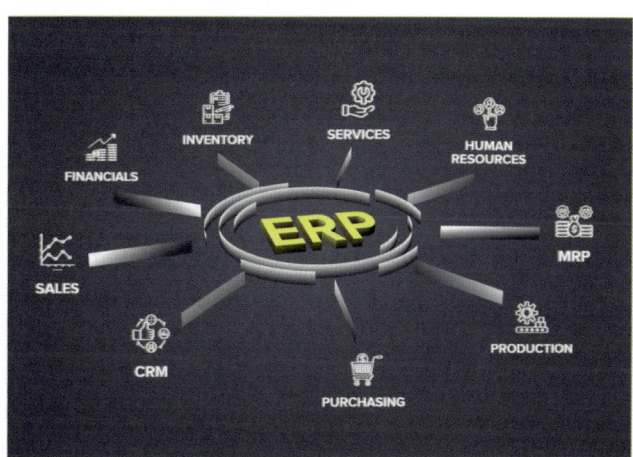

Figura 5.4
Planificació de recursos empresarials ERP per a la ingesta de dades.

EXEMPLE 2

Busca eines ERP per implementar a l'empresa que facilitin la ingesta de dades.

Solució:

Els ERP (*entreprise resource planning*) són plataformes molt utilitzades per companyies de totes les mides per a gestionar els seus processos empresarials, adaptables a les diferents necessitats de cada empresa. Aquí teniu una taula comparativa per escollir el més adequat:

Programa	Preu	Instal·lació	*App*	Particularitat
Holded	Prova gratuïta	Núvol	Sí	Intuïtiu, versàtil i complet, ofereix l'última tecnologia de gestió empresarial en una sola plataforma al núvol.
Selenne	Preu personalitzat	Descarregable	Sí	Especialitzat en els sectors d'enginyeria, indústria química, fabricació i inspeccions.
Geslan	Preu personalitzat	Descarregable	No	Dissenyat per a fusteries, materials de construcció, fàbriques de conserves, botigues, etc.
Odoo	Preu personalitzat	Núvol	Sí	Té eines de màrqueting online i de recursos humans.
Oracle	Preu personalitzat	Núvol	Sí	Ofereix serveis molt diversos per a tota mena d'empresaris i indústries.

- **Enginyeria de la dada:** un cop recopilada la informació és el moment d'organitzar les dades. A la varietat de fonts de les quals una empresa ha de recopilar les dades, s'hi afegeix una pluralitat igual d'àmplia quant als formats d'aquestes dades: correus electrònics, trucades, xats, documents, imatges, qüestionaris, etc. Un cop recopilades després de la ingesta, les dades s'han de netejar, emplenar i verificar. L'objectiu d'aquest pas, d'enginyeria de la dada, és aconseguir una identitat única de cada dada per tal de poder tenir una visió de 360º de la informació amb la qual comptem.

- **Data science (ciència de dades):** és el moment d'aplicar tècniques d'analítica avançada sobre les dades, mitjançant la implementació de models probabilístics, predictius i prescriptius, fins i tot models basats en **machine learning**, o aplicant **deep learning** per a l'anàlisi de dades no estructurades, com ara vídeos, imatges o àudios, per mitjà del processament de llenguatge natural o **natural language processing (NLP)**.

Aquests models alimentaran les eines d'explotació que protagonitzen el següent pas del recorregut.

- **Explotació de la dada:** com si es tractés d'un diamant en brut, després de recopilar, unificar i analitzar les dades, arriba la fase d'extreure'n el valor i així poder prendre decisions de negoci. Per a això, en aquest pas s'apliquen tècniques de **data discovery**, la màxima de la qual és l'autoservei, que permet que tots els professionals de la companyia puguin conèixer i analitzar, de manera ràpida i senzilla, les dades que necessitin. Per exemple, un gerent de vendes podria obtenir informació de manera directa sobre qui són els clients i els productes més rendibles de l'últim mes, sense haver de recórrer al departament de TI, la qual cosa permetria reduir temps i augmentar la productivitat del negoci.

Es tracta d'una fase en la qual, a més, és possible i fonamental visualitzar totes aquestes dades de manera gràfica i, al mateix temps, generar diferents informes i quadres de comandament per a treballar amb les dades i treure'n conclusions.

- **Evolució del coneixement:** l'últim trajecte del camí és la fase en què aquesta informació de valor es converteix realment en coneixement, no només per a optimitzar i incrementar el negoci actual d'una companyia, sinó també per a poder predir les seves pròximes decisions. És el moment en què, mitjançant l'ús de models predictius, l'organització adquireix capacitats per a projectar aquelles variables que impacten de manera directa en el negoci i ajuden en la gestió proactiva de la companyia. En aquesta etapa, l'empresa és capaç de donar resposta a preguntes del tipus "què passarà?", gràcies a les propostes ofertes per la tecnologia, que d'aquesta manera ajuda en la presa de decisions.

5.4 Anàlisi de dades

GLOSSARI

L'**anàlisi de dades** és un procés que consisteix a inspeccionar, netejar i transformar dades amb l'objectiu de ressaltar informació útil per a suggerir conclusions i suport en la presa de decisions.

GLOSSARI

La **ciència de dades** és un camp interdisciplinari que involucra mètodes científics, processos i sistemes per extreure coneixement o una millor comprensió de les dades, en les seves diferents formes, ja siguin estructurades o no estructurades, més enllà d'altres camps d'anàlisi de dades, com ara l'estadística, la mineria de dades, l'aprenentatge automàtic o l'analítica predictiva.

ACTIVITAT PROPOSADA 5.1

Busca les principals diferències entre l'analista de dades (*data analyst*) i el científic de dades (*data scientist*), pel que fa als aspectes següents:

• Activitats principals

• Tipus d'anàlisi

• Habilitats tècniques requerides

• Eines que han d'emprar

• Requisits pel que fa a formació

• Salaris

Pots consultar la figura 5.5 i l'enllaç següent:

https://youtu.be/2SrImp8vpKE

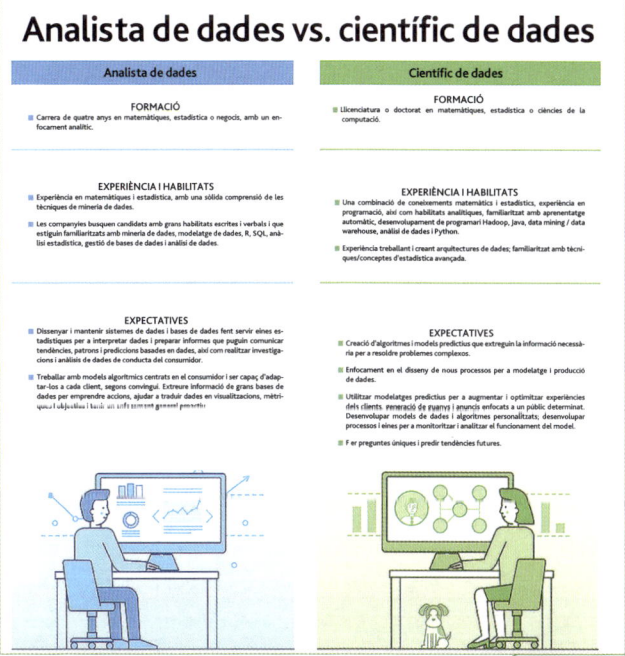

Analista de dades vs. científic de dades

Analista de dades	Científic de dades
FORMACIÓ ■ Carrera de quatre anys en matemàtiques, estadística o negocis, amb un enfocament analític.	**FORMACIÓ** ■ Llicenciatura o doctorat en matemàtiques, estadística o ciències de la computació.
EXPERIÈNCIA I HABILITATS ■ Experiència en matemàtiques i estadística, amb una sòlida comprensió de les tècniques de mineria de dades. ■ Les companyies busquen candidats amb grans habilitats escrites i verbals i que estiguin familiaritzats amb mineria de dades, modelatge de dades, R, SQL, anàlisi estadística, gestió de bases de dades i anàlisi de dades.	**EXPERIÈNCIA I HABILITATS** ■ Una combinació de coneixements matemàtics i estadístics, experiència en programació, així com habilitats analítiques, familiaritzat amb aprenentatge automàtic, desenvolupament de programari Hadoop, Java, data mining / data warehouse, anàlisi de dades i Python. ■ Experiència treballant i creant arquitectures de dades; familiaritzat amb tècniques/conceptes d'estadística avançada.
EXPECTATIVES ■ Dissenyar i mantenir sistemes de dades i bases de dades fent servir eines estadístiques per a interpretar dades i preparar informes que puguin comunicar tendències, patrons i prediccions basades en dades, així com realitzar investigacions i anàlisis de dades de conducta del consumidor. ■ Treballar amb models algorítmics centrats en el consumidor i ser capaç d'adaptar-los a cada client, segons convingui. Extreure informació de grans bases de dades per emprendre accions, ajudar a traduir dades en visualitzacions, mètriques i objectius i així servir general projecte.	**EXPECTATIVES** ■ Creació d'algoritmes i models predictius que extreguin la informació necessària per a resoldre problemes complexos. ■ Enfocament en el disseny de nous processos per a modelatge i producció de dades. ■ Utilitzar modelatges predictius per a augmentar i optimitzar experiències dels clients, generació de ingressos i anuncis enfocats a un públic determinat. Desenvolupar models de dades i algoritmes personalitzats; desenvolupar processos i eines per a monitoritzar i analitzar el funcionament del model. ■ Fer preguntes úniques i predir tendències futures.

Figura 5.5
Científic de dades versus analista de dades.

Amplia la figura aquí

APRÈN MÉS

¿Cómo es el trabajo de un DATA SCIENTIST? o *Científico de Datos.* Consultora tecnològica Entelgy.

https://youtu.be/s97pUW5fvXo

La ciència de dades es pot referir també, de forma més àmplia, **als mètodes, processos i sistemes que involucren tractaments de dades per a aquesta extracció de coneixement**. Pot englobar des de tècniques estadístiques i d'anàlisi de dades fins als models intel·ligents que aprenen "per si mateixos" (no supervisats), la qual cosa abarcaria també part del machine learning. De fet, aquest terme es pot confondre amb mineria de dades (més de moda fa uns anys) o amb el propi *machine learning*.

Els experts en ciència de dades (anomenats moltes vegades **científics de dades**) s'enfoquen en la resolució de problemes que involucren dades complexes i busquen patrons a la informació, correlacions rellevants i, en definitiva, obtenir **coneixements a partir de les dades**. Solen ser experts en matemàtiques, estadística i programació (tot i que no cal que siguin experts en les tres coses).

Al contrari que els experts en IA (o *machine learning* o *deep learning*), que busquen la manera de generalitzar la solució de problemes mitjançant l'aprenentatge automàtic, **els científics de dades generen coneixements particulars i específics a partir de les dades** de les quals parteixen, la qual cosa significa una diferència substancial pel que fa a l'enfocament, els coneixements i les tècniques necessàries per a cada especialització.

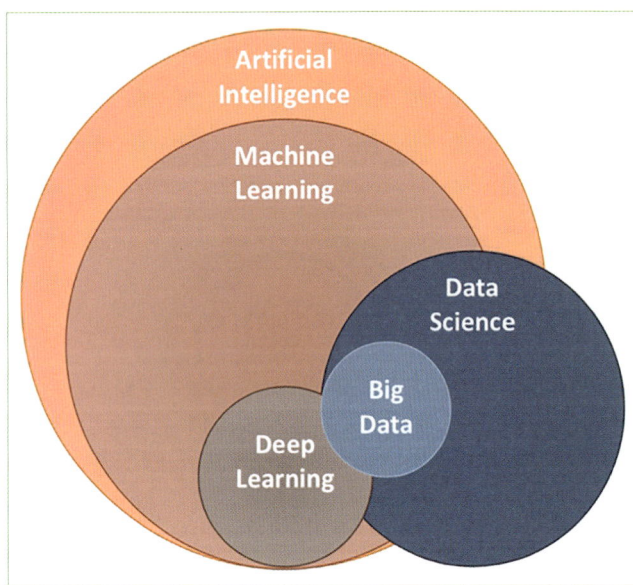

Figura 5.6
Diferències entre *data science*, IA, *machine learning*
i *deep learning*.

5.4.1 Intel·ligència artificial

La IA té molts camps i branques d'aplicació, des del processament de llenguatge natural (entendre el llenguatge d'un humà) fins a la visió artificial, per exemple, per a reconèixer els objectes d'una fotografia. A més, la representació del coneixement, la classificació, l'etiquetatge, l'agrupació i la predicció o la recomanació són camps habituals de la IA.

APRÈN MÉS

Inteligencia artificial aplicada a los negocios: Operaciones Inteligentes. Consultora tecnológica Entelgy.

https://youtu.be/qVyScBU56fQ

Una màquina impulsada per IA pot millorar la seva capacitat basant-se en "dades noves" que no formaven part del conjunt de dades que es va utilitzar per primera vegada per entrenar-la.

La IA és una col·lecció d'algorismes matemàtics que permeten als ordinadors comprendre la correlació entre diversos elements de dades. A l'exemple 5.3 del sistema de vigilància que hem vist, les dades recopilades i analitzades en temps real poden estar relacionades amb els semàfors, els intermitents, la posició dels vehicles en un semàfor, els carrils de trànsit, la distància entre els vehicles, etc., per tal d'arribar a una conclusió processable, és a dir, determinar una infracció per saltar-se un senyal de trànsit i emetre una multa de manera automàtica.

5.4.2 *Machine learning*

Machine learning (ML) o aprenentatge automàtic és un subconjunt d'IA. En realitat, podria considerar-se un camp per si sol, que usa algoritmes de data mining (mineria de dades). S'utilitza en escenaris en els quals cal que les màquines aprenguin a partir de grans volums de dades. El coneixement adquirit d'aquesta manera s'aplica a un nou conjunt de dades. ML fa que una màquina tingui la capacitat d'aprendre de (o sobre) conjunts de dades noves sense donar instruccions explícites.

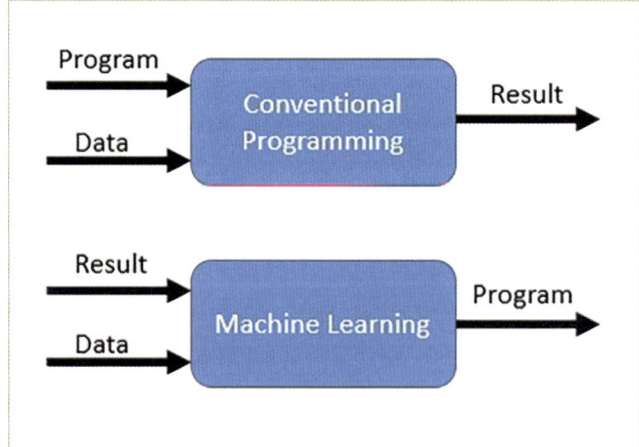

Figura 5.7
Resultats adquirits aplicats a un nou conjunt de dades.

Es pot dir que ML és la implementació o l'aplicació actual de la IA. Alguns dels mètodes més comuns implementats per "fer que les màquines aprenguin" són:

- Aprenentatge supervisat
- Aprenentatge no supervisat
- Aprenentatge automàtic reforçat

En alguns mètodes, s'informa la màquina per endavant sobre les variables independents (entrada) i dependents (sortida). La màquina aprèn la relació entre aquests dos tipus de variables analitzant un conjunt de dades anomenat "conjunt de dades d'entrenament". Abans d'entrenar la màquina amb un conjunt de dades, es duen a terme una sèrie de passos de preprocessament de dades.

Quan la màquina ha estat prou "entrenada" o quan un model de ML està a punt, s'aplica a un nou conjunt de dades, anomenat "conjunt de dades de prova".

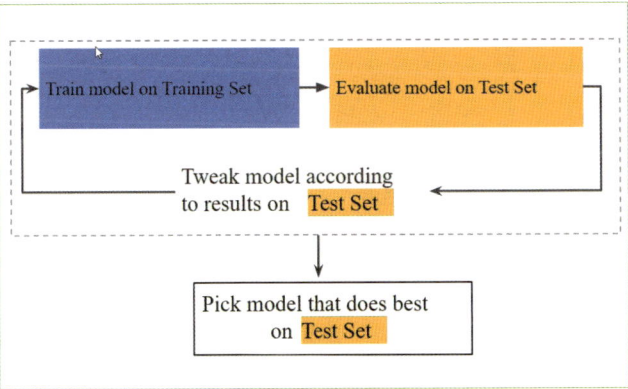

Figura 5.8
Dividir un conjunt de dades en un conjunt d'entrenament i un de prova permet valorar si un model determinat realitzarà generalitzacions eficaces sobre les dades noves.

El model ML entra en mode de producció només després que s'hagi provat prou com per determinar-ne la fiabilitat i la precisió.

ML implica l'ús de diversos algoritmes, com ara la regressió lineal simple, la regressió d'arbre de decisió, la regressió polinomial, l'algoritme K de veïns més propers, etc. Els algoritmes de ML es poden utilitzar per a abordar problemes de regressió, problemes de predicció, problemes de classificació, etc.

Atès que les biblioteques d'aprenentatge automàtic (p. ex., SciKit) han evolucionat molt en els últims anys, fins i tot els programadors sense experiència en estadística o formació en IA poden començar a usar aquestes biblioteques per a construir, entrenar, provar i implementar models d'aprenentatge automàtic. Tanmateix, sempre és útil saber com funcionen exactament els diferents algorismes de ML, per entendre el que fan.

5.4.3 *Deep learning*

Deep learning (DL), o aprenentatge profund, és un subconjunt o un avanç del ML. DL entra en joc quan ML no pot oferir els resultats desitjats, si bé ML és adequat quan el seu conjunt de dades és relativament petit i és l'opció preferida quan:

- Les dades tenen massa característiques.
- Les dades són enormes.
- Es requereix un nivell de precisió extremadament alt.

En comparació amb ML, DL pot resoldre problemes més complexos, però és més difícil d'implementar, ja que requereix maquinari especialitzat (p. ex., GPU) per a executar-se, així com més temps per a entrenar el model (DL utilitza models de xarxes neuronals per a comprendre una gran quantitat de dades).

NEURAL NETWORK

Figura 5.9
Il·lustració d'una xarxa neuronal que consta de tres capes, dissenyada per a reconèixer una fotografia. La científica de dades visiona un gràfic que representa el rendiment o la sortida de la xarxa.

Siri, Alexa o Google Assistant són algunes aplicacions que usen DL per a comprendre el que se'ls demana. Quan Facebook reconeix els amics en una imatge o Netflix recomana pel·lícules, són exemples de DL aplicat a un producte comercial.

Des dels agregadors de notícies fins als automòbils autònoms, passant per la detecció de fake news, el processament del llenguatge natural (NLP), el reconeixement visual i els assistents virtuals, les aplicacions basades en DL s'estan implementant en moltes àrees.

EXEMPLE 4

Busca un exemple de xatbot que treballi amb l'aprenentatge profund o DL.

Solució:

Un servei per a crear interfícies de conversa amb veu i text per a qualsevol negoci és l'aplicació Amazon Lex, que ofereix les funcionalitats d'aprenentatge profund d'Alexa de reconeixement automàtic de veu per a convertir veu en text, així com tecnologia de comprensió del llenguatge natural per a reconèixer la intenció del text, com indica l'article següent.

https://en.solusoft.com/amazon-lex-el-chatbot-que-traba-ja-con-el-aprendizaje-profundo-de-alexa/

APRÈN MÉS

Conversational AI powered by Amazon Lex y Amazon Lex: 8 Things You HAVE To Know.

https://youtu.be/Q2yJf4bn5fQ

https://youtu.be/iDCWxfl2EQo

5.4.4 *Big data*

Les 7 V o característiques més importants del *big data* són:

- **Volum d'informació:** les quantitats massives de dades que s'emmagatzemen amb la finalitat de processar aquesta informació, transformant les dades en accions.

- **Velocitat de les dades:** la rapidesa amb la qual són creades, emmagatzemades i processades en temps real.

- **Varietat de les dades:** les formes, els tipus i les fonts amb què es registren les dades.

- **Veracitat de les dades:** la incertesa de les dades, és a dir, al grau de fiabilitat de la informació rebuda.

- **Viabilitat:** la capacitat que tenen les empreses de generar un ús eficaç del gran volum de dades que manegen.

- **Visualització de les dades:** de manera que siguin llegibles i accessibles, per a trobar patrons i claus ocultes en el tema que cal investigar.

- **Valor de les dades:** rau en el fet que siguin accionables, és a dir, que els responsables de les empreses puguin prendre una decisió (la millor decisió) a partir d'aquestes dades.

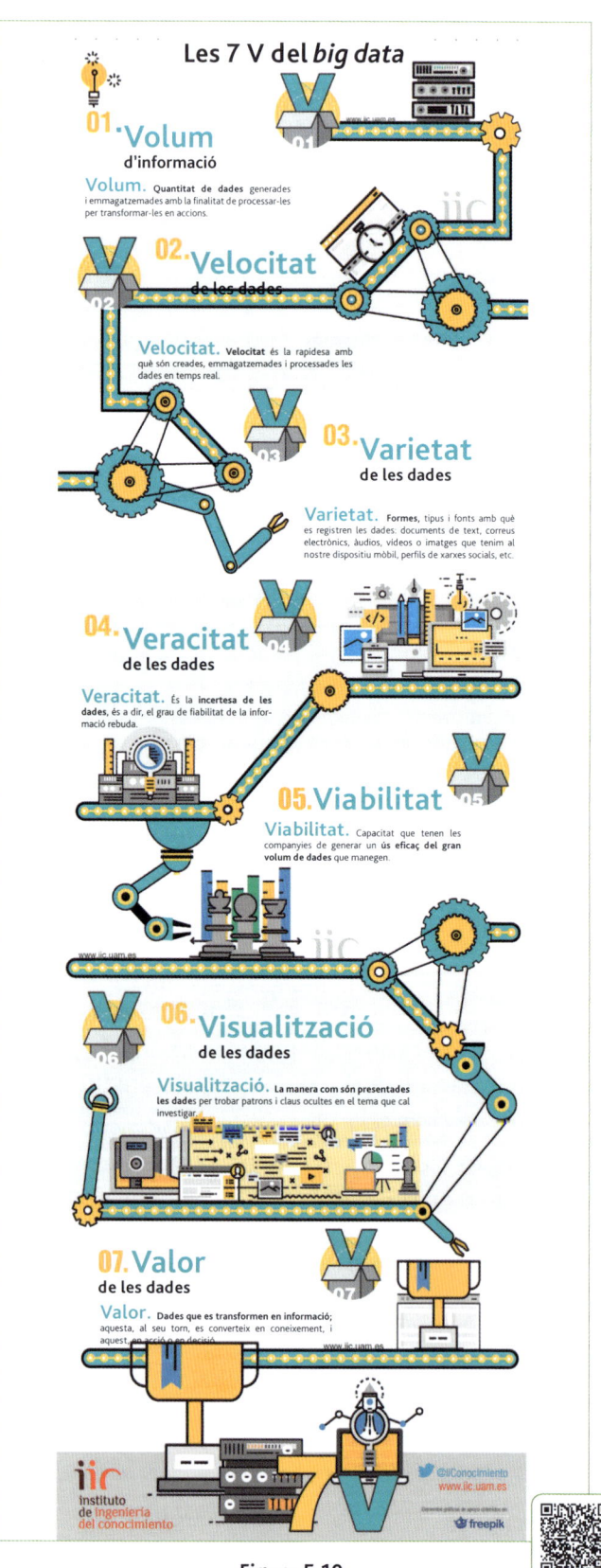

Figura 5.10
Infografia sobre les 7 V del *big data*.
Font: Institut d'Enginyeria del Coneixement.

APRÈN MÉS

Visiona i llegeix: *Las siete 'V' del Big Data del Instituto de Ingeniería del Conocimiento - IIC.*

https://youtu.be/S81frJYbjcE

https://www.iic.uam.es/innovacion/big-data-caracteristicas-mas-importantes-7-v/

Figura 5.11
Discos durs d'emmagatzemament de proveïdor *Cloud*.

5.5 Emmagatzemament de dades al núvol

L'emmagatzemament al núvol descriu l'acció d'emmagatzemar dades d'infraestructura de núvol privada, pública o híbrida. Els núvols privats inclouen maquinari gestionat per un usuari o empresa per al seu propi benefici, a les pròpies instal·lacions, mentre que els núvols públics són de proveïdors de serveis al núvol (CSP), com ara els serveis web d'Amazon, Google Cloud i Microsoft Azure. Aquests CSP ofereixen serveis d'emmagatzemament al núvol, habitualment anomenats emmagatzemament com a servei (STaaS). En un model híbrid o multinúvol, un usuari o empresa combina la seva pròpia funcionalitat al núvol en instal·lacions privades amb les ofertes de STaaS d'un CSP. Per a casos d'ús híbrid, és possible que les infraestructures privades i les públiques siguin compatibles per facilitar una transferència senzilla de dades d'una solució d'emmagatzemament a una altra.

Per a usuaris particulars i petites empreses, l'emmagatzemament al núvol pot referir-se a l'ús d'aplicacions com ara Microsoft OneDrive, Google Drive o Dropbox per emmagatzemar arxius en línia i accedir-hi des de qualsevol dispositiu connectat a Internet. Per a petites empreses i oficines domèstiques, els usuaris poden invertir en un emmagatzemament adjunt a la xarxa (NAS), a vegades anomenat servidor de mitjans, que és un servidor dedicat privat per a emmagatzemament de dades. El maquinari del NAS consisteix en múltiples unitats de disc, que poden incloure unitats de disc dur per a l'eficiència de costos o unitats d'estat sòlid (SSD) per a un accés de dades més ràpid i una CPU amb eficiència energètica, com ara un processador Celeron® d'Intel®.

5.5.1 Els procediments d'emmagatzemament de dades al núvol

Els procediments bàsics per a l'emmagatzemament al núvol són:

1. **Selecció d'un proveïdor de serveis al núvol (CSP)** que s'adapti a les necessitats de l'empresa. Alguns dels proveïdors més coneguts són Amazon Web Services (AWS), Microsoft Azure i Google Cloud Platform, entre d'altres.

2. **Creació d'un compte i configuració**, incloent l'elecció de la regió d'emmagatzemament, la configuració de permisos d'accés i la configuració de polítiques de retenció de dades.

3. **Creació d'espais d'emmagatzemament**, segons les necessitats. Aquests espais poden incloure, dins del CSP, *buckets* (en el cas d'Amazon S3 i de Google Cloud Storage) o contenidors (en el cas d'Azure Blob Storage).

4. **Pujada de dades**, a través d'una interfície web proporcionada pel proveïdor i eines de línia de comandaments o API (*application programming interface*) específiques del proveïdor.

5. **Organització i classificació**, creant carpetes, etiquetes o metadades per a categoritzar les dades per tipus, data, projecte, etc.

6. **Gestió d'accés i seguretat**, que implica establir polítiques de seguretat, autenticació d'usuaris i xifrat de dades per a protegir la privacitat i la seguretat de la informació emmagatzemada.

7. **Còpies de seguretat i recuperació de dades**, còpies automàtiques i programades de les dades per a protegir-les contra pèrdues o danys. A més, molts proveïdors de serveis al núvol ofereixen opcions de recuperació de dades per a restaurar informació en cas d'emergència.

8. **Monitoratge i optimització**, amb eines de monitoratge proporcionades pel proveïdor per a supervisar l'emmagatzemament, l'amplada de banda i altres aspectes relacionats amb les dades al núvol.

9. **Actualització i manteniment**, que implica l'adopció de noves característiques o serveis oferts pel proveïdor, així com la revisió i l'actualització periòdica de les polítiques d'emmagatzemament i seguretat.

10. **Avaluació de costos**, que implica comprendre l'estructura de preus del proveïdor, identificar àrees de malbaratament i prendre mesures per a reduir costos quan sigui possible.

Figura 5.12
Datacenters o centres de dades, instal·lacions on hi ha els servidors del núvol d'un CSP.

APRÈN MÉS

6 plataformas de almacenamiento en la nube, de PUCP.

https://youtu.be/-ghQinuUb-c

2. **Neteja de dades:** un cop recol·lectades les dades, els enginyers de dades han de netejar-les per tal de suprimir qualsevol error o inconsistència. Això inclou l'eliminació de valors que falten, la correcció d'errors i la normalització de les dades.

3. T**ransformació de dades:** en aquesta etapa, els enginyers de dades utilitzen tècniques de transformació per a convertir les dades en un format utilitzable per a l'anàlisi. Això inclou l'agregació de dades, la creació de noves variables i la creació de taules pivot.

4. **Modelatge de dades:** quan les dades estan netes i transformades, els enginyers de dades utilitzen tècniques de modelatge per a analitzar-les. Això inclou la utilització de tècniques estadístiques i d'aprenentatge automàtic per a identificar patrons i tendències en les dades.

5. **Visualització de dades:** finalment, els enginyers de dades utilitzen eines de visualització per a representar les dades de manera clara i fàcil d'entendre. Això inclou la creació de gràfics i taules per a facilitar la interpretació de les dades i la comunicació dels resultats de l'anàlisi.

És important assenyalar que aquestes etapes no sempre se segueixen de manera estricta i poden variar depenent del projecte, però en general són les que se solen seguir per dur a terme un projecte d'enginyeria de dades.

A més, durant el procés d'enginyeria de dades, és important tenir en compte l'ètica de les dades i la privacitat dels individus. Els enginyers de dades han d'assegurar-se de complir les regulacions i lleis de privacitat de dades, i han de ser transparents sobre com s'estan utilitzant aquestes dades. També han de prendre mesures per a protegir la seguretat de les dades i evitar la pèrdua o el robatori d'informació.

A més d'aquestes etapes, l'enginyeria de dades també inclou **la implementació i el manteniment de sistemes d'emmagatzemament i processament de dades**. Els enginyers de dades s'han d'assegurar que els sistemes estiguin escalats adequadament per a poder manejar grans quantitats de dades, i han de monitorar i optimitzar el rendiment dels sistemes.

5.6 Etapes de l'enginyeria de dades

El procés d'enginyeria de dades es divideix en cinc etapes: recol·lecció de dades, neteja de dades, transformació de dades, modelatge de dades i visualització de dades.

1. **Recol·lecció de dades:** en aquesta etapa, els enginyers de dades recol·lecten dades de diferents fonts, com ara bases de dades, arxius, enquestes i sensors. La recol·lecció de dades és essencial per a tenir una base sòlida per a l'anàlisi posterior.

APRÈN MÉS

Las fases de los procesos de analítica de datos, del Podcast Industria 4.0.

https://youtu.be/D04v5N1x9Cs

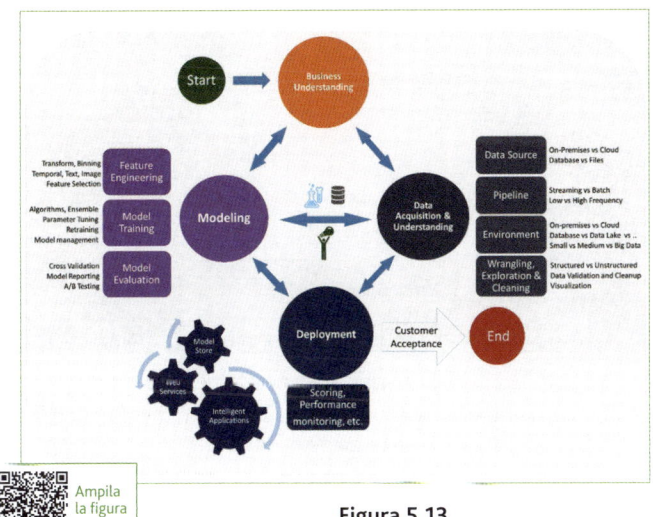

Ampila la figura aquí

Figura 5.13
Modelatge del procés de la ciència de dades en equip.

EXEMPLE 6

Busca un exemple d'empresa que disposi d'un responsable de projectes que coordini el valor de les dades en la presa de decisions empresarials.

Solució:

El BANC SABADELL ha creat la figura del *chief data officer*, que lidera el procés de canvi en el valor de les dades en la presa de decisions empresarials.

https://youtu.be/WKCjM2ot37I

5.7 Aplicació a les empreses de la ciència de dades

La ciència de dades pot tenir diversos objectius en diferents tipus d'empreses, però, en general, els seus principals objectius a les empreses inclouen:

1. **Optimització de processos:** utilitzar dades per a identificar àrees de millora en els processos operatius i de negoci, augmentant l'eficiència i reduint costos.

EXEMPLE 5

Busca un exemple d'empresa que faciliti l'optimització de processos amb *big data*.

Solució:

LUCA, la unitat de dades de Telefónica, permet als seus clients, per exemple, utilitzar *insights* sobre ubicació i segmentacions microgeogràfiques per a planificar la ubicació de campanyes publicitàries, l'obertura de nous establiments als llocs més idonis o, gràcies als patrons de mobilitat, dissenyar una xarxa de transport o logística més eficient.

https://youtu.be/Q0xnXGyUN5k

2. **Presa de decisions basada en dades**: proporcionar informació i anàlisis basades en dades per a donar suport a la presa de decisions estratègiques i tàctiques de l'empresa.

3. **Millora de productes i serveis:** utilitzar dades per a comprendre millor les necessitats i preferències dels clients i, així, millorar els productes i serveis oferts.

4. **Predicció i anticipació:** utilitzar anàlisi predictiva per a anticipar tendències futures, identificar oportunitats de mercat i prevenir problemes potencials.

EXEMPLE 7

Busca un cas d'èxit d'empresa que apliqui la ciència de dades amb el suport d'una consultora tecnològica per a la predicció i l'anticipació.

Solució:

Familia Martínez, grup d'alimentació valencià, estandarditza el seu sistema d'analítica de dades amb ENCAMINA com a partner de Microsoft.

https://youtu.be/uPyK7SimcHg

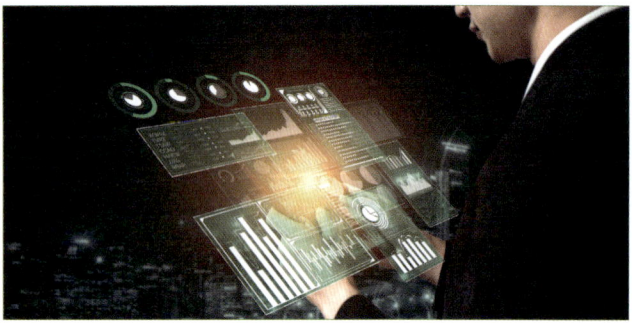

Figura 5.14
La interfície gràfica mostra informació massiva sobre l'informe de vendes comercials, el gràfic de guanys i l'anàlisi de tendències del mercat de valors en el monitor de pantalla.

5. **Personalització i segmentació:** utilitzar dades per a segmentar clients i personalitzar l'oferta de productes i serveis, oferint experiències més rellevants i atractives.

Figura 5.15
Representació des de la ciència de dades de perfils personalitzats de potencials clients de roba esportiva.

6. **Detecció de frau i risc:** utilitzar tècniques d'anàlisi de dades per a detectar patrons anòmals que puguin indicar activitats fraudulentes o riscos potencials.

7. **Optimització de màrqueting i vendes:** utilitzar dades per a segmentar audiències, millorar l'efectivitat de les campanyes de màrqueting i augmentar la conversió de vendes.

8. **Millora de l'experiència del client:** utilitzar dades per a comprendre millor l'experiència del client, així com identificar punts de fricció i oportunitats de millora al servei al client.

9. **Eficiència a la cadena de subministrament:** utilitzar dades per a optimitzar la gestió d'inventari, preveure la demanda i millorar l'eficiència a la cadena de subministrament.

Figura 5.16
Millora de l'eficiència a la cadena de subministrament utilitzant la ciència de dades.

10. **Compliment normatiu i legal:** utilitzar dades per a garantir el compliment de normatives i regulacions, així com per a gestionar riscos legals i de compliment.

Aquests són només alguns exemples dels objectius de la ciència de dades a les empreses. Els objectius específics poden variar segons la indústria, la grandària de l'empresa, els recursos disponibles i altres factors contextuals.

APRÈN MÉS

Visiona i llegeix: *7 ejemplos reales y casos de éxito de BIG DATA, por Cyberclick • 7 empresas que usan Big Data y son las mejores, de Cyberclick.*

https://youtu.be/59b0rINnBuU

https://www.cyberclick.es/numerical-blog/7-ejemplos-de-empresas-que-usan-el-big-data-a-su-favor

5.8 Importància de la seguretat en el maneig de dades

La seguretat en el maneig de dades al cloud computing és de summa importància a causa de la naturalesa remota i compartida de la infraestructura al núvol. Tot seguit es descriuen algunes raons clau que en ressalten la importància:

1. **Confidencialitat de les dades:** les dades confidencials d'una empresa, com ara informació financera, dades de clients i propietat intel·lectual, han de ser protegides contra accessos no autoritzats. La seguretat al núvol garanteix que només les persones autoritzades puguin accedir i veure aquestes dades.

2. **Integritat de les dades:** és essencial garantir que les dades emmagatzemades al núvol no siguin alterades de manera no autoritzada o accidental. Els controls de seguretat al núvol ajuden a prevenir la manipulació de dades i en garanteixen la integritat.

3. **Disponibilitat de les dades:** les dades crítiques per al negoci han d'estar disponibles quan es necessitin. La seguretat al núvol protegeix contra atacs que podrien afectar la disponibilitat de les dades, com ara atacs de denegació de servei (DDoS) i fallades d'infraestructura.

4. **Compliment normatiu:** moltes indústries tenen regulacions estrictes sobre la protecció de dades, com ara HIPAA al sector de la salut i GDPR a la Unió Europea. La seguretat al núvol ajuda a garantir el compliment d'aquestes regulacions en protegir les dades sensibles d'acord amb els estàndards establerts.

5. **Protecció contra amenaces de seguretat:** les amenaces de seguretat, com ara malware, ransomware i atacs de phishing, són constants a l'entorn digital. La seguretat al núvol inclou mesures de protecció, com ara tallafocs, xifrat de dades i detecció d'intrusions, per a mitigar aquestes amenaces.

6. **Seguretat de la infraestructura:** la seguretat al núvol no només fa referència a la protecció de les dades, sinó també a la seguretat de la infraestructura en si mateixa. Això inclou la protecció dels servidors, les xarxes i els centres de dades contra intrusions físiques i digitals.

7. **Suport i recuperació de dades:** els serveis al núvol solen oferir opcions de suport i recuperació de dades per protegir contra la pèrdua de dades a causa de fallades de maquinari, errors humans o desastres naturals. La implementació adequada d'aquestes mesures és essencial per garantir la continuïtat del negoci.

En resum, la seguretat en el maneig de dades al *cloud computing* és essencial per protegir la confidencialitat, la integritat i la disponibilitat de les dades empresarials, així com per garantir el compliment normatiu i protegir contra amenaces de seguretat, en constant evolució.

Figura 5.17
Protecció dels servidors, les xarxes i els centres de dades contra intrusions físiques i digitals.

Repte professional

Joc de rol. Estàs preparat per ser atacat?

Breu descripció

La finalitat d'aquest repte professional és, a través d'un joc de rol on es plantegen reptes de seguretat que es donen sovint en els entorns del sector on està emmarcat el títol, donar una resposta organitzada i coordinada davant d'una situació de crisi simulada. Es tracta d'un joc de rol creat per l'Institut Nacional de Ciberseguretat (INCIBE).

El repte

Al repte, per equips, es tractarà de realitzar un joc de rol per viure situacions o reptes de seguretat que es donen sovint a l'empresa o organisme equiparat en relació amb els professionals amb el títol de tècnic en… que exerceixen la seva activitat, que es pot identificar a l'apartat primer de l'Article 7 "Entorn professional", de cada reial decret pel qual s'estableix el títol. Caldrà avaluar la importància de les dades, així com la seva protecció en una economia digital globalitzada, i definir sistemes de seguretat i ciberseguretat tant a nivell d'equip/sistema com globals.

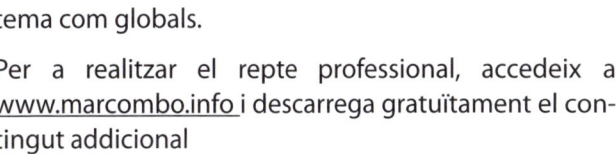

Per a realitzar el repte professional, accedeix a www.marcombo.info i descarrega gratuïtament el contingut addicional

Codi: **MARCOMBO27**

Mapa conceptual

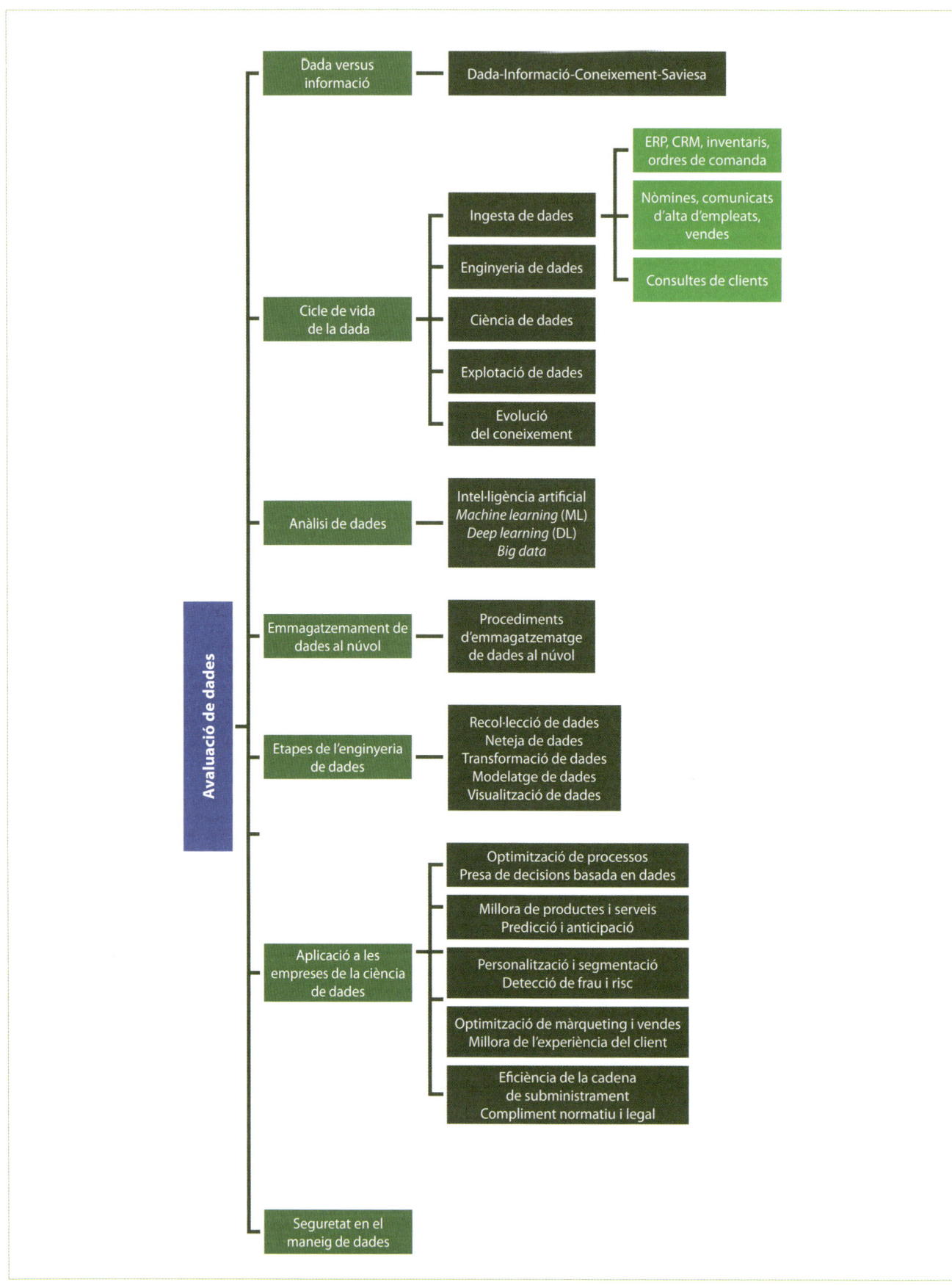

Figura 5.18 Mapa conceptual de l'avaluació de dades.

1. **Per què són tan importants les dades per a una empresa?**

   a) Perquè aporten saviesa i estratègia a l'empresa, independentment de si es tenen en compte en la presa de decisions.

   b) Perquè gràcies a elles es prenen decisions a totes les àrees, deixant de banda els pressentiments o els impulsos i realitzant accions segons les dades disponibles.

   c) Perquè són útils per a generar pressentiments i impulsos que poden ser beneficiosos per a la empresa.

   d) Perquè no són importants, només la intuïció i els impulsos són rellevants en la presa de decisions empresarials.

2. **Quin és el propòsit del cicle de vida de les dades segons el text?**

   a) Generar, utilitzar i reutilitzar dades de manera eficient.

   b) Emmagatzemar dades sense analitzar.

   c) Evitar la recopilació de dades.

   d) Eliminar dades obsoletes.

3. **Què es realitza a la fase d'enginyeria de dades?**

   a) Aplicar tècniques d'analítica avançada.

   b) Extreure el valor de les dades.

   c) Visualitzar les dades de manera gràfica.

   d) Organitzar, netejar i verificar les dades.

4. 4. **Quin és l'objectiu de l'anàlisi de dades?**

   a) Inspeccionar i transformar dades de manera superficial.

   b) Destacar informació útil i donar suport a la presa de decisions.

   c) Restringir l'accés a dades importants.

   d) Generar dades complexes i confuses.

5. **Quina de les característiques principals del big data fa referència a les quantitats massives de dades emmagatzemades amb la finalitat de processar la informació?**

   a) Volum d'informació.

   b) Veracitat de les dades.

   c) Valor de les dades.

   d) Viabilitat.

6. **Quin procediment d'emmagatzemament al núvol implica la creació de carpetes, etiquetes o metadades per a categoritzar les dades per tipus, data, projecte, etc.?**

   a) Gestió d'accés i seguretat.

   b) Creació d'un compte i configuració.

   c) Organització i classificació.

   d) Pujada de dades.

7. **Quina és la primera etapa en el procés d'enginyeria de dades?**

   a) Visualització de dades.

   b) Transformació de dades.

   c) Neteja de dades.

   d) Recol·lecció de dades.

8. **Quin és un dels objectius principals de la ciència de dades en las empreses segons el context?**

   a) Optimització de processos.

   b) Maneig de recursos humans.

   c) Disseny de productes.

   d) Recerca de mercat.

9. **Què implica la presa de decisions basada en dades en una empresa?**

   a) Delegar totes les decisions en un comitè.

   b) Utilitzar informació i anàlisis basades en dades.

   c) Prendre decisions sense informació.

   d) Decidir a l'atzar.

10. **Per què és important la confidencialitat de les dades en el *cloud computing*?**

    a) Per a compartir les dades amb competidors.

    b) Per a protegir les dades contra accessos no autoritzats.

    c) Per a facilitar l'accés de qualsevol persona a les dades.

    d) Per a comercialitzar les dades.

ACTIVITAT 1

Llegeix l'article "El poder de los datos" del resum executiu del Future Trends Forum, publicat per Fundación Innovación Bankinter, i identifica quins elements destaca sobre com tractar la diferència entre dada i informació.

ACTIVITAT 2

Llegeix l'article "Las seis W del big data para empresas" del resum executiu del Future Trends Forum, publicat per Fundación Innovación Bankinter, i identifica per a què serveix el big data en l'entorn empresarial, què pot fer per a una empresa i com se'n pot aprofitar al màxim el potencial.

ACTIVITAT 3

Llegeix l'article "Asignaturas pendientes" del resum executiu del Future Trends Forum, publicat per Fundación Innovación Bankinter, i descriu quins processos de la ciència de dades formen part dels grans reptes del big data.

ACTIVITAT 4

Consulta l'article "Infoestructura, la llave maestra de la ciberseguridad", https://www.funda- cionbankinter. org/noticias/infoestructura-la-llave-maestra-de-la-ci-berseguridad/, i valora la importància de la seguretat i la seva regulació en relació amb les dades.

ACTIVITAT 5

Consulta l'article "Big Data e inteligencia artificial al servicio de la salud de las personas", https:// www.fun-dacionbankinter.org/noticias/big-data-e-in-teligen-cia-artificial-al-servicio-de-la-salud-de-las-per- sonas/, i identifica aplicacions reals de big data als camps de la medicina i de la farmàcia, així com la relació entre big data i intel·ligència artificial.

ACTIVITAT 6

Consulta l'article "Big data para vincular las ciudades en pro de la sostenibilidad", https://www. fundacion-bankinter.org/noticias/ciudades-y-sosteni-bilidad/, i identifica aplicacions reals de big data a la gestió urbana.

ACTIVITAT 7

Realitza una cerca d'informació sobre una solució intel·ligent que pugui transformar automàticament les dades en presentacions visuals, com ara Data Analytics: https://en.solusoft.com/analitica-de- datos/

Quins beneficis ofereix? Quin perfil d'usuari té? En quins sectors s'aplica? Quines necessitats cobreix?

ACTIVITAT 8

Identifica què és l'anàlisi predictiva, indica casos d'ús de l'anàlisi predictiva a la indústria i mostra els beneficis del modelatge predictiu. Consulta-ho a l'enllaç següent:

https://www.ibm.com/topics/predictive-analytics#Predictive+analytics+industry+use+cases

ACTIVITAT 9

Descriu el procediment d'emmagatzematge de dades a Google Drive, segons descriu el vídeo següent:

https://youtu.be/7uOn2WcSBkM

ACTIVITAT 10

Analitza què ofereixen les plataformes Google Drive, Dropbox i OneDrive en qüestió d'emmagatzematge de dades, segons descriu el vídeo següent:

https://youtu.be/3Foav_QWdoo

Desenvolupament d'un projecte

En aquesta unitat estudiaràs:

- Objectius de l'empresa i definició de l'estratègia de digitalització.
- *Woots*. Aplicacions.
- Àrees de l'empresa. Alineació entre elles. Subobjetius de les àrees. Tecnologies (THD) requerides.
- Implantació de tecnologies. Integració en el conjunt.
- *Software* ERP, programes CRM/BPM.
- Solucions *cloud*.
- Tractament de dades massives.
- Documents de seguiment. Mesures.
- Recursos humans. Nous perfils. Formació.

Amb el seu estudi seràs capaç de:

- Identificar els objectius estratègics, alinear les àrees de producció/negoci i de comunicacions de l'empresa, susceptibles de ser digitalitzades.
- Analitzar l'encaix d'àrees digitalitzades entre si i amb les que no ho estan, tenint en compte les necessitats presents i futures de l'empresa.
- Relacionar cadascuna de les àrees amb la implantació de les tecnologies i les seves possibles bretxes de seguretat.
- Tenir en compte la integració entre dades (que es tracten i s'analitzen) amb les aplicacions i plataformes que les suporten.
- Documentar els canvis realitzats en funció de l'estratègia.
- Tenir en compte la idoneïtat dels recursos.

6.1 Introducció

Els projectes de transformació són aquells que pretenen impulsar les empreses a un nivell superior de competitivitat. Comprenen accions a les quals queda de manifest la voluntat d'evolució en un o en diversos aspectes, sempre amb el suport i el lideratge de les esferes directives.

En aquesta unitat, es desenvoluparà un projecte de transformació digital d'una empresa d'un sector relacionat amb el títol, tenint en compte els canvis que s'han de produir en funció dels objectius de l'empresa.

6.2 Objectius de l'empresa i definició de l'estratègia de digitalització

--- GLOSSARI ---

Els objectius estratègics són les finalitats o metes desenvolupades a nivell estratègic i que l'empresa pretén aconseguir en un període determinat de temps.

Es podria dir que els objectius són els que determinen què és allò realment important en l'estratègia empresarial. Així, es basen en la visió, la missió i els valors de l'empresa i determinen les accions i els mitjans que s'executaran per assolir-los. Els objectius estratègics han de ser, principalment, clars, coherents, mesurables i assolibles.

Els objectius estratègics d'una empresa es defineixen amb els propòsits següents:

1. **Materialitzar l'estratègia:** establir objectius estratègics concrets permet a tot l'equip posar-se d'acord sobre què és exactament el que l'empresa ha d'aconseguir.

2. **Ajudar** a establir les metes i avaluar-ne el compliment: els objectius estratègics han de servir com a guia quan la gerència formula les metes a nivell tàctic i operacional.

3. **Crear alineació empresarial:** una bona definició d'objectius estratègics ha d'ajudar a que els empleats i els departaments no treballin amb objectius que entrin en conflicte, sinó que treballin amb la imatge global en ment, de manera que tots es moguin en la mateixa direcció.

Els objectius estratègics es poden agrupar en: objectius financers, objectius del client, objectius de processos interns i objectius d'aprenentatge i creixement. Una forma alternativa d'ordenar-los és a través de les àrees següents:

- **Quota de mercat:** l'administració ha d'establir objectius que indiquin on li agradaria estar en relació amb els competidors.

- **Innovació:** la gerència ha d'establir objectius que descriguin el seu compromís amb el desenvolupament de nous mètodes d'operació.

- **Productivitat:** l'alta gerència ha d'establir objectius que descriguin els nivells objectiu de producció.

- **Recursos físics i financers:** la gerència ha d'establir objectius respecte a l'ús, l'adquisició i el manteniment de capital i recursos monetaris.

- **Rendibilitat**: l'administració ha d'establir objectius que especifiquin els dividends que l'empresa desitja generar.

- **Acompliment i desenvolupament gerencial:** s'han d'establir objectius que especifiquin les taxes de productivitat de cada gerent, així com les actituds desitjables.

- **Acompliment i actitud del treballador:** la gerència ha d'establir objectius que especifiquin les taxes de productivitat del treballador, així com les actituds desitjables.

- **Responsabilitat social:** l'administració ha d'establir objectius que indiquin el compromís de l'empresa cap als seus clients i la societat, i la mesura en què l'empresa busca complir amb aquests compromisos.

--- GLOSSARI ---

La planificació estratègica és el procés mitjançant el qual tota l'empresa es compromet a la cerca conjunta d'uns objectius, unes metes i uns plans d'acció. La seva finalitat serà aconseguir els objectius estratègics.

Figura 6.1
Els objectius estratègics es traslladen a un pla estratègic.

ACTIVITAT PROPOSADA 6.1

En el document "Horizonte 2022 de Inditex", identifica els objectius estratègics dins de la seva planificació estratègica: 2020-2022.

Pots consultar-los actualitzats a la pàgina web:
https://www.inditex.com/itxcomweb/es/home

6.2.1 L'estratègia de digitalització

És important identificar quins són els objectius estratègics de l'empresa per a alinear-los amb **els objectius estratègics de transformació digital**. És a dir, si la prioritat empresarial se centra en millorar l'experiència del client, totes les eines tecnològiques habilitadores i tots els processos han d'enfocar-se al 100% en aquest objectiu. Per això, és clau definir bé els objectius empresarials i comunicar-los adequadament.

L'empresa que s'enfoca en el seu client mitjançant la realització i l'adaptació dels seus processos, productes i models de negoci en un nou entorn empresarial i fa ús de les tecnologies digitals per a la millora de la competitivitat i de la relació amb el client i altres parts interessades (proveïdors, administració pública, inversors, societat, etc.) adquireix **l'estratègia de digitalització**.

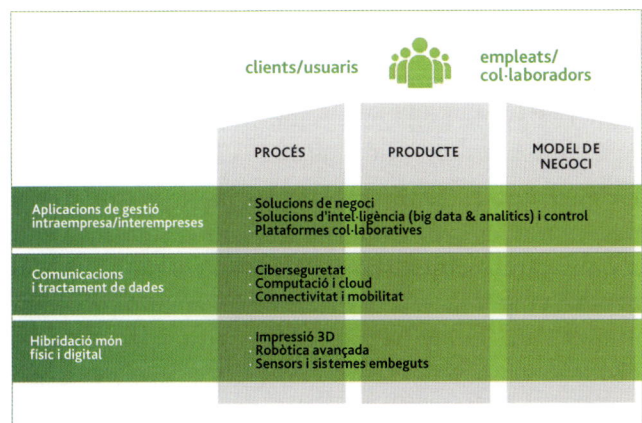

Figura 6.2
Enfocament estratègic de digitalització de l'empresa.

En la seva planificació de digitalització, l'empresa com a **indústria digital** ha d'identificar, per tal d'actuar-hi de manera coherent:

1. Els **processos clau** de negoci a la seva cadena de valor orientada al client.

2. Els **productes**/serveis que puguin ser transformats o complementats.

3. Els **canvis disruptius** que impactin més en el seu model de negoci.

4. Les **competències** i els rols digitals que necessita per a la seva activitat.

Amb aquest propòsit, l'empresa, com a indústria digital, té davant seu el repte de transformar i reinventar la seva cultura empresarial, i ha de posar l'accent en la competència, el talent i el capital humà amb què compta orientant-los cap a un **nou model de negoci digital** sostenible, competitiu i en constant millora.

La implantació d'una indústria digital ve condicionada per:

- Les seves necessitats i objectius.
- Els processos.
- Els productes i serveis que ofereix.
- L'organització (grandària, estructura) i els recursos humans amb què compta.
- La infraestructura.

La direcció ha de demostrar lideratge i compromís respecte a la digitalització de l'empresa. Cal:

- Assegurar que s'estableixin **objectius digitals** i que aquests siguin compatibles amb la **direcció estratègica** de l'empresa.
- Assegurar que els recursos necessaris per a la digitalització estiguin disponibles.
- Assegurar que s'aconsegueixin els resultats previstos.
- Assignar responsabilitats per a la gestió de la digitalització, que han de ser conegudes per totes les persones de l'empresa.
- Promoure la millora contínua com a conseqüència de la digitalització.

El lideratge efectiu no es troba només al nivell superior; és a tots els nivells de l'empresa. Per això, és important sumar els esforços de tots els equips i fomentar la col·laboració, la transparència, la flexibilitat i, sobretot, la participació en la presa de decisions.

Pot resultar molt pràctic crear equips multidisciplinaris que reflecteixin les iniciatives proposades per a cobrir les necessitats específiques de cada departament i, així, assegurar una àmplia alineació empresarial.

Una vegada recopilades totes les iniciatives, cal crear un pla detallat i posar-lo en marxa. Cal fer proves pilot, mesurar, avaluar els aspectes crítics i, sobre la base dels resultats, replantejar-se si cal realitzar alguna modificació i veure si es requereix algun canvi a la infraestructura empresarial per a recolzar el nou model de negoci digital.

El programa d'innovació digital del grup Iberdrola comptarà amb una inversió de **més de 1.000 milions d'euros entre el 2018 i el 2022.**

La digitalització està transformant la nostra manera d'operar i suposarà **600 milions d'euros addicionals d'EBITDA el 2022.**

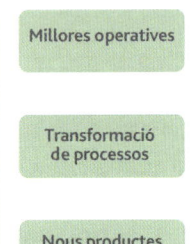

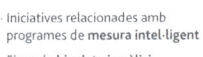

Figura 6.3
Programa d'innovació i transformació digital
del grup Iberdrola 2018-2022.

ACTIVITAT PROPOSADA 6.2

Per al grup Iberdrola la innovació és una variable estratègica i constitueix la principal eina per a garantir la sostenibilitat, l'eficiència i la competitivitat de la companyia, com especifica el seu document "Informe de Innovación 2020-2022 de Iberdrola".

Identifica la visió i l'estratègia I+D+i del grup.

Identifica els eixos de l'estratègia d'innovació establerts a nivell de grup.

Identifica els recursos necessaris per a les iniciatives innovadores.

CURIOSITATS

Les diferents administracions d'àmbit regional, nacional i europeu han posat en marxa plans estratègics per impulsar la digitalització a la indústria.

Aquests plans solen incloure programes d'ajudes financeres i de diferents tipus per a col·laborar amb les empreses en el desplegament dels seus projectes en aquest camp.

Resulta interessant revisar la informació actualitzada de tots aquests programes per a identificar convocatòries i altres accions de suport i difusió.

6.3 *Woots*. Aplicacions

És difícil per a les empreses **fer la transició de l'estratègia de digitalització a la implementació d'aquesta estratègia als** sistemes afectats.

Considerar l'estratègia i la tecnologia per si soles no és suficient. Sovint falta **la "cola" que uneixi les estratègies, generalment abstractes, amb les tecnologies proporcionades per diversos proveïdors**.

EXEMPLE 1

La introducció de tecnologies com els telèfons intel·ligents i el seu ús en la relació entre empreses de transport de passatgers com Uber i els clients són possibles gràcies a la "cola" que cal identificar, que uneix les tecnologies amb l'estratègia de digitalització al nou model de negoci subjacent.

Solució:

El model de negoci californià d'Uber no es pot explicar simplement per una estratègia intel·ligent i les noves tecnologies. Per entendre la connexió, cal comprendre primer la derivació concreta del **procés de negoci subjacent**. En el cas d'Uber, es tracta de proporcionar un simple procés mòbil que connecta els proveïdors de serveis independents amb els passatgers potencials. Al llarg d'aquesta cadena de processos de selecció de proveïdors, lliurament físic del servei (el viatge real) i facturació del servei, s'utilitzen tecnologies digitals per a proporcionar als clients l'oferta d'Uber. **El procés de negoci digital és la "cola" entre el concepte estratègic i la tecnologia**.

El procés de negoci digital defineix com es poden unir l'estratègia digital i la tecnologia.

La capacitat de planificar els processos empresarials de manera flexible i àgil és el requisit previ central per a l'èxit de la transformació digital.

La gestió dels processos de negoci (*business process management*, BPM) és el punt de partida per a una ràpida digitalització i optimització dels processos empresarials. I, encara més important**, augmenta l'agilitat de negoci i aconsegueix una major eficàcia** en millorar la capacitat d'una organització per adaptar-se a les circumstàncies canviants (marcat als seus objectius estratègics o de negoci) i **millora els nivells d'eficiència** en augmentar el grau de productivitat quant a qualitat, costos i temps.

Per contra, centrar-se només en els temes tecnològics de la digitalització pot fins i tot reduir les possibilitats d'una organització de reaccionar als canvis i conduir a un "carreró digital sense sortida". Evitar aquest atzucac és imperatiu si una empresa vol reaccionar eficaçment a la dinàmica canviant del mercat de les ofertes digitals.

Planificar, implementar i operar les tecnologies de manera flexible és la competència clau que la gestió integral dels processos empresarials ha de secundar avui dia. Representa la "cola" que connecta les tecnologies digitals i l'estratègia corporativa. Una visió global de les estratègies, les tecnologies i la vinculació de la BPM permet a les empreses avaluar de manera fiable les noves idees empresarials, prendre decisions i aplicar-les sobre una base sòlida. **La BPM es converteix així en l'organitzador i impulsor del canvi digital dins de l'empresa**. Però com es pot ampliar pragmàticament fins a convertir-se en una eina de disseny per a la digitalització?

Woots, acrònim de *web of open things*, es correspon amb *smart things that can think, act, learn and talk* (coses que poden pensar, actuar, aprendre i parlar); aquestes "coses intel·ligents", aquestes noves habilitats digitals tenen la seva pròpia identitat específica, intel·ligència, posició i presència. Basades en Internet, aquestes "coses intel·ligents o **smart things**" són capaces d'autoorganitzar-se i comunicar-se amb altres coses amb o sense intervenció humana. Per a controlar el flux d'informació i les activitats associades, les *woots*, segons la seva definició, també incorporen un "petit cervell", que assegura el coneixement del context, l'autonomia, la intel·ligència dels processos comercials i la reactivitat.

Figura 6.4
La "cola" entre l'estratègia i l'aplicació.

El concepte de *woot* és útil quan es **modelen processos de negoci digitals**. Per a cada activitat dins d'un procés empresarial es crea una **plantilla de woots**. Aquesta plantilla conté una descripció precisa de la futura solució directament a l'activitat corresponent del procés. La documentació resultant ajuda a assignar funcions i responsabilitats, a prioritzar els requisits, a planificar la qualitat, els costos i els terminis, a analitzar i avaluar els riscos i a planificar els productes i els llançaments, així com a seleccionar les tecnologies necessàries.

Darrere de cada woot hi ha un **procés tècnic com a unitat executiva**. En general, participa en el flux del procés. Diversos components de programari s'encarreguen de **l'execució real del procés de negoci en segon pla**. L'abstracció mitjançant la **modelització dels processos empresarials amb woots** permet una connexió senzilla amb l'escenari d'aplicació especialitzat. A més, els requisits funcionals i no funcionals especialitzats es poden definir directament en el procés empresarial. La separació d'aquests requisits de les unitats executives de l'aplicació dona com a resultat un model flexible i separat. **Aquest procediment simplifica considerablement tot el procés de treball conceptual entorn de la digitalització.**

Posteriorment, les **smart things** modelades s'especifiquen en un model tècnic per a la seva implementació. Això inclou **la transferència del model de procés als respectius models d'implementació** de les solucions tècniques individuals, així com el disseny d'arquitectures integrals i aplicacions informàtiques. A través de la connexió de les diverses perspectives de modelització, s'obté un valuós document de planificació que dona suport a l'execució dels projectes de digitalització. En conclusió, la **BPM** o, més ben dit, la **BPM a tot arreu** (o BPM *everywhere*, BPME) és un component clau en aquest sentit.

EXEMPLE 2

Una aplicació basada en la modelització dels processos empresarials amb *woots*.

Solució:

Gràcies als objectes predefinits, la implementació de l'"enfocament woots" amb l'ajuda de BIC Platform és senzilla i viable. La interconnexió de continguts estratègics, infraestructurals i integradors ja està prevista al metamodel dels productes BIC. Amb un esforç mínim, es crea una llista de requisits basats en processos per a l'aplicació respectiva d'un projecte de digitalització.

https://www.gbtec.com/es/software/

En aquests vídeos es pot veure l'explicació de BIC Process Design per al modelatge i l'anàlisi dels processos de negoci, i l'explicació de BIC Process Execution, que es basa en un poderós motor de flux de treball de codi zero per automatitzar els processos de negoci, així com l'explicació de BIC Process Mining sobre els seus processos de negoci amb dades de processos reals. Descobreix com operen els seus processos i monitoritza els fluxos de treball en temps real.

https://youtu.be/7BDh3H54n08?list=PL0bWiL05-_JPxD-jV9hkwCytJU7mR362lZ

https://youtu.be/bXZtktgu5g4?list=PL0bWiL05-_JPxD-jV9hkwCytJU7mR362lZ

https://youtu.be/AjuA_aX8sQs?list=PL0bWiL05-_JNBz-nz5TmPoE3h82XNCBe3

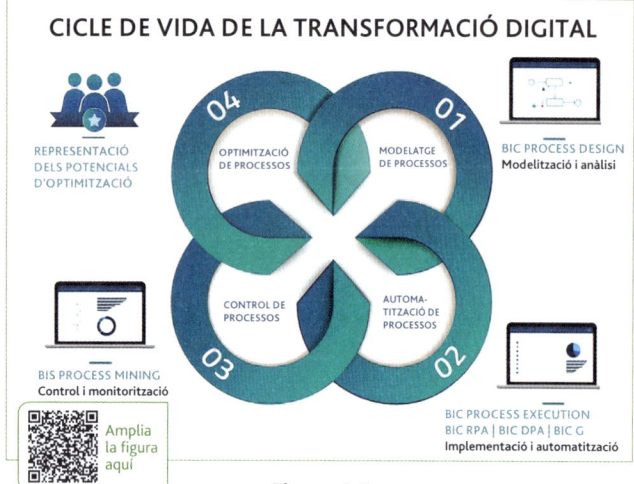

Figura 6.5
Cicle de vida de la transformació digital amb la BIC Platform.

6.4 Àrees de l'empresa. Alineació entre elles. Subobjectius de les àrees. Tecnologies requerides

La digitalització és un procés transformador integral i multidimensional en el sentit que ha d'estendre's a totes les àrees de l'empresa; és important que el portafolis de projectes no se centri només en alguna d'aquestes dimensions, com ara el producte o les operacions, sinó que progressivament vagi generant avanços en totes elles, si pot ser en paral·lel.

Les actuacions desenvolupades a les diferents àrees de l'empresa han de coordinar-se i tendir cap a l'objectiu primordial, que és el d'oferir un major valor al client de la manera més eficient possible. Així, no serveix de res disposar d'un servei tecnològicament avançat per a la generació de comandes de client d'una manera ràpida i àgil si després els sistemes productius no són capaços de seguir el ritme imposat pels clients.

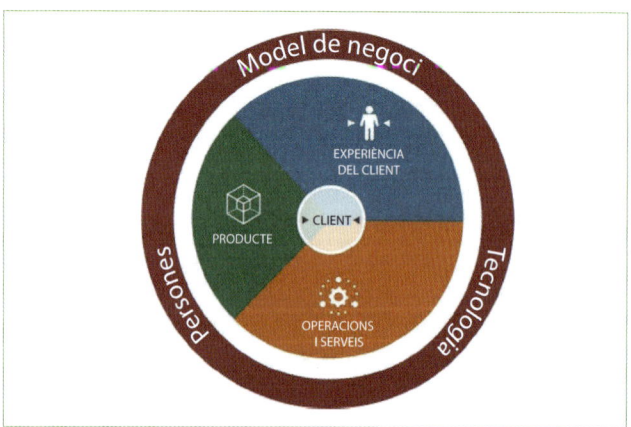

Figura 6.6
Dimensions i àrees de treball presents en un pla de digitalització.

En aquest plantejament, totes aquestes dimensions i àrees de treball s'articulen entorn de la figura del client, que ha de ser el focus i l'objectiu del procés.

1. **Processos i operacions productives:** hi ha reptes que afecten els diferents processos, com els que apareixen a la figura 6.7, ja sigui íntegrament o en una de les baules de la cadena de valors (disseny, fabricació, logística i distribució, atenció al públic i serveis postvenda).

2. **Producte:** adaptar els productes a les noves tendències implica un desafiament i nous reptes. Així, la personalització o la digitalització del producte pot suposar un avanç que caldrà afrontar per tenir una oferta més competitiva.

3. **Model de negoci:** el desplegament d'un model de negoci que permeti rendibilitzar al màxim els desenvolupaments plantejats resultarà fonamental en el procés de transformació i ha d'actuar com a element tractor de tota l'estratègia.

Figura 6.7
Marc conceptual dels reptes industrials; tres nivells de procés, producte i model de negoci.

4. La dimensió i les àrees de l'empresa relacionades amb l'experiència de compra, ús del producte i relació del client amb l'empresa, que s'engloba sota el concepte d'**experiència del client**.

5. Una **estructura tecnològica** que dona suport a les diferents àrees de l'empresa.

6. Un **equip humà de treballadors** que constitueix l'ànima de l'empresa en cadascuna de les seves àrees.

6.4.1 Àrees de treball en un pla de digitalització

Encara que la digitalització acabi arribant a totes les àrees de treball i a tots els processos de les empreses, abordar des d'un principi una digitalització total és massa ambiciós i possiblement contraproduent, tant per motius pressupostaris com organitzatius. És millor centrar-se en **les àrees o els processos clau de negoci**, aquells que tinguin un impacte significatiu en els ingressos, els costos o l'experiència dels clients i la transformació digital dels quals faci preveure un major retorn. Aquests processos clau de negoci poden varlar d'una empresa a una altra, d'un sector a un altre. Tanmateix, sempre han de considerar-se processos clau de negoci dins de la fase de planificació almenys els següents:

- Disseny de productes/serveis.
- Fabricació.
- Logística i distribució.
- Relació amb el client: màrqueting/comunicació, venda, postvenda i atenció al client.

Per a realitzar amb èxit la digitalització d'un procés, és recomanable que aquest estigui prèviament definit, documentat i implantat de manera estable, és a dir, que produeixi les sortides esperades. Amb aquesta finalitat, és recomanable establir una llista o taula de processos, com la de la taula 6.1.

Per facilitar l'elaboració documental del procés, a la figura 6.8 es mostra una representació esquemàtica dels elements d'un procés, que pot ser útil a l'hora de documentar-lo.

Respecte al tipus de procés, s'ha d'indicar segons la següent classificació dins dels sistemes de gestió:

- **Procés clau:** els processos clau són aquells que afegeixen valor al client o incideixen en la seva satisfacció o insatisfacció. Composen la cadena de valor de l'organització. També poden considerar-se processos clau aquells que, tot i que no afegeixin valor al client, consumeixin molts recursos o bé siguin considerats els processos principals d'un departament.

- **Procés de suport:** inclouen tots aquells que són necessaris o complementaris dels processos clau i de mesurament, anàlisi i millora.

- **Procés de mesurament:** són els necessaris per al control i la millora del sistema de gestió, que no puguin ser considerats clau. Normalment, aquests processos estan molt relacionats amb els requisits de les normes que estableixen models de gestió.

Per gestionar i controlar la digitalització dels processos, es recomana establir un procediment de digitalització dels processos, amb una llista de control de digitalització de processos, com la de la taula 6.2.

Taula 6.1 Taula de processos.

Procés	Codi	Tipus	Responsable	Recursos	Entrades requerides	Criteris i mètodes indicadors	Sortides esperades	Avaluació del procés

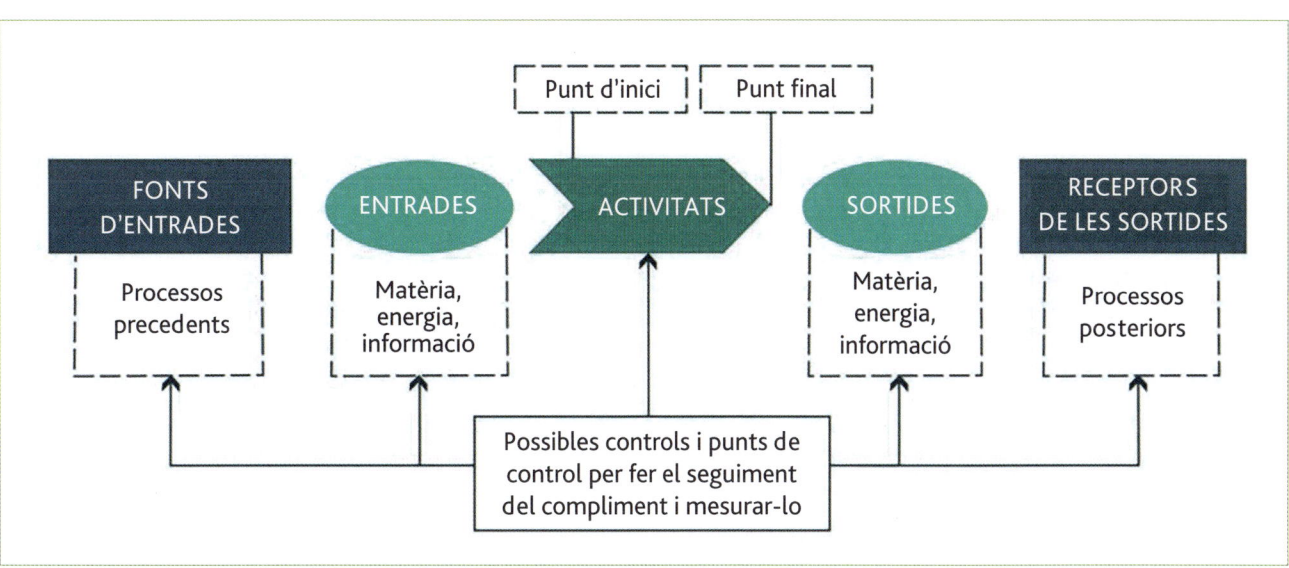

Figura 6.8
Representació esquemàtica dels elements d'un procés.

Taula 6.2 Llista de control de la digitalització de processos.

Procés	Ti-pus	Estat actual (digital, no digital)	Estat futur (digital)	Pla de digitalització

6.4.2 Alineació. Subobjectius de les àrees. Tecnologies requerides

El procés de transformació digital d'un negoci s'ha de tractar englobant i alineant totes les àrees d'una empresa. Per a això, el model s'ha estructurat en eixos, àrees i conceptes clau que es veuen impactats pel procés de transformació digital.

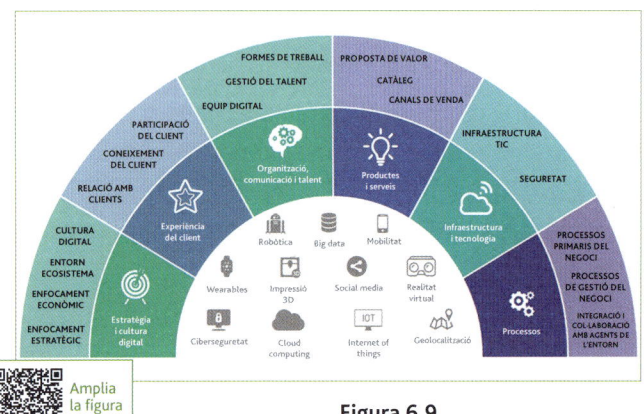

Figura 6.9
Model estructurat en eixos, àrees i conceptes clau.

Aquest model s'estructura en sis eixos clau que s'han d'alinear entre ells en el procés de transformació digital:

1. **Eix "Estratègia i cultura digital".** Com estableix l'apartat 2, la transformació digital ha de formar part dels objectius de l'empresa i de la seva planificació estratègica, així com de la seva cultura i dels seus valors organitzatius.

   ○ *Enfocament estratègic.* La transformació digital ha de ser concebuda com una prioritat. Per a assolir bons resultats, és important ser conscients de les oportunitats i dels avantatges que aporta.

   ○ *Enfocament econòmic.* Cal planificar els recursos que es dedicaran a la transformació digital.

   ○ *Entorn ecosistema.* Una de les millors maneres de créixer en la digitalització és investigant sobre què s'està fent al sector i la competència i les opcions que hi ha al mercat per aplicar en cada negoci. Per fer-ho, podem utilizar eines com HADA.en cada negocio. Para ello, podemos utilizar herramientas como HADA.

   ○ *Cultura digital.* Es requereix un líder que transmeti i impulsi el procés, motivant la resta de l'organització a participar en la transformació digital de l'empresa, mitjançant programes formatius i ponències o mostrant el resultat d'eines de diagnòstic en format test, com la de la Junta d'Andalusia, que ofereix a l'empresa una idea sobre el seu nivell de digitalització.

Figura 6.10
Eina d'autodiagnòstic digital avançada.

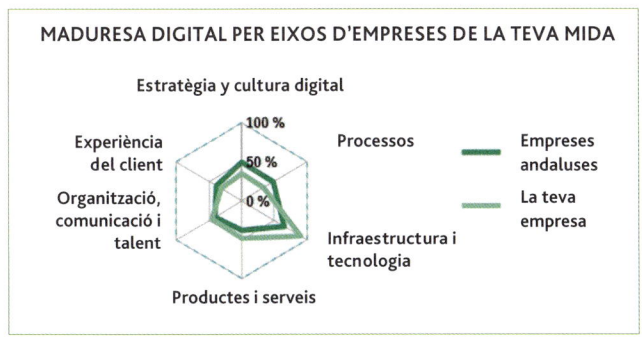

Figura 6.11
Gràfic radial de maduresa digital de l'eix estratègia i cultura digital.

2. **Eix "Experiència del client".** Determina en quin nivell l'empresa utilitza els mitjans digitals en la relació amb els seus clients.

○ *Relació amb el client.* Web, Web, xarxes socials, posicionament SEO i SEM, publicitat online o atenció i servei al client en mitjans digitals han de ser conceptes totalment interioritzats i posats en pràctica en qualsevol negoci.

○ *Coneixement del client.* Els mitjans digitals permeten registrar i gestionar un volum de dades suficient per a tenir un coneixement a fons del client i, així, situar-lo al centre de l'estratègia del negoci.

○ *Participació del client.* Proporcionar al client la possibilitat de mostrar la seva satisfacció i opinió, així com de participar en el disseny de nous productes i serveis, atorga una possibilitat fins ara inexistent d'acostar dues qüestions clau: què vol el client i què li ofereix l'empresa.

Taula 6.3 Llista orientativa d'elements del màrqueting.

Element per aplicar	Com es podria realitzar?
Quadre de comandament digital	Establiment d'indicadors (KPI).
Omnicanalitat	Establir una estratègia d'omnicanalitat amb els seus canals de comunicació.
Estratègia SEO	Presència al buscador Google o similars.
Estratègia SEM	Generar anuncis al buscador Google per a posicionar l'organització a les primeres posicions.
Social media i índex de reputació digital	Posicionar l'organització en xarxes socials.
Plataforma de comerç *online*	Implantació de la plataforma comercial digital de l'organització.

Element per aplicar	Com es podria realitzar?
Nombre de contactes digitals	Establiment de KPI.
Recurrència de clients digitals	Establiment de KPI.
Nombre d'accessos al lloc web classificats per origen (recursos humans, cercadors, directament o a través de promocions, etc.)	Establiment de KPI.

3. **Eix "Organització, comunicació i talent".** Com estableix l'apartat 10 del tema, l'equip humà de l'empresa ha d'estar capacitat per a la digitalització i tenir flexibilitat per adaptar-se a aquests canvis i treure'n partit.

○ *Equip digital.* Comptar amb un equip digital capacitat i amb una visió global del negoci per definir i executar l'estratègia digital assegura l'èxit del procés.

○ *Gestió del talent.* El talent i les capacitats digitals són la clau en una empresa digital. Cal potenciar la formació, perquè les persones són el motor del canvi.

○ *Formes de treball.* La digitalització porta amb si noves maneres de desenvolupar el treball. La mobilitat o la flexibilitat laboral han de ser presents en el plantejament desenvolupat per l'empresa per a la digitalització del seu negoci.

4. **Eix "Productes i serveis".** Engloba la transformació dels productes i serveis per ser digitalitzats, i com utilitza l'empresa els diferents mitjans i canals digitals per a comercialitzar-los.

○ *Proposta de valor.* El procés de transformació digital permet generar noves maneres de fer negoci o millorar els models de negoci ja implantats, amb una aportació de valor al client que procedeix d'un major coneixement d'aquest client.

○ *Catàleg.* Es poden incloure components digitals als productes de la companyia? Es poden desenvolupar nous productes o serveis de l'àmbit digital? Són susceptibles de ser personalitzats? Aquestes són algunes qüestions que s'han de valorar en relació amb el catàleg de productes i serveis de la companyia i la seva orientació digital.

○ *Canals de venda.* Sorgeixen nous canals de venda al món digital que cal impulsar per a arribar al nou client digital. El comerç electrònic s'ha de potenciar i, per a això, cal tenir en compte qüestions com ara els mitjans de pagament o la seguretat.

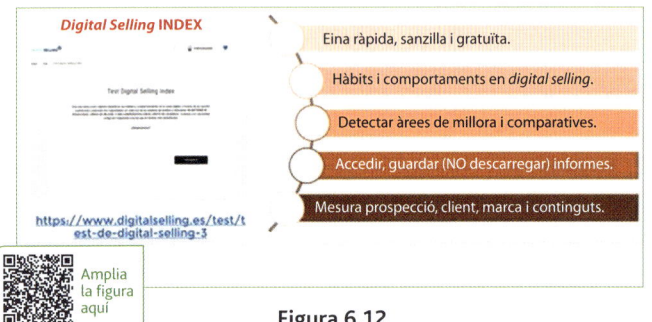

Figura 6.12
Qüestionari per a conèixer les capacitats de venda digital.

5. **Eix "Les operacions (processos)".** Els processos interns de la cadena de valor de l'empresa, que es veuen als apartats 4.1 i 9 del tema, són susceptibles de ser millorats aplicant eines de digitalització.

Les tecnologies habilitadores permetran la transformació d'un centre productiu tradicional en el que s'ha anomenat *smart factory* o fàbrica intel·ligent, la característica principal de la qual és la connexió dels seus equips i sistemes i la digitalització de la informació dels seus processos.

La fàbrica intel·ligent permetrà la connexió de tots els elements físics als sistemes d'informació de la producció mitjançant tecnologies IIoT. Un dels avantatges de la *smart factory* és que generarà una gran quantitat de dades que, una vegada processades i convertides en Informació, permetran als gestors de producció un major coneixement sobre els diferents processos per a la presa de decisions de cara al control i la millora d'aquests processos. S'aplicarà en funció de l'estat o nivell dels diferents sistemes de fabricació i control de la producció.

La taula 6.4 mostra exemples d'aplicació de les tecnologies habilitadores a la *smart factory* per àrees i departaments.

Taula 6.4 Exemples d'aplicació de les tecnologies habilitadores a la *smart factory*.

Àrea de fabricació	Controls de qualitat
- Robots cognitius i robots autònoms per a executar tasques repetitives que exigeixen un alt nivell de precisió. - *Digital twin* per a controlar i planificar operacions i augmentar l'eficiència	- Robots per a l'automatització de proves de qualitat (depenent del sector poden utilitzar-se sistemes de visió artificial, detecció de metalls, etc.).
Magatzem	**Manteniment d'instal·lacions**
- Realitat augmentada per a ajudar els operadors en tasques d'inventari de productes. - Robots autònoms per a executar operacions de magatzem.	- Realitat augmentada per a ajudar el personal en el manteniment i la reparació d'equips. - Sensors en equips que serveixen per a fer un manteniment preventiu d'instal·lacions.
Seguiment d'inventari	**Medi ambient i seguretat**
- Sensors per a rastrejar a quina ubicació es troba un producte i els seus moviments en temps real.	- Sensors per a localitzar equips perillosos situats prop del personal.. - Sensors per a mesurar la llum ambiental, la brutícia o la humitat (molt útil en ambients industrials i sanitaris).

Figura 6.13
Smart factory en magatzem.

6. **Eix "Infraestructura i tecnologia".** És clau comptar amb les tecnologies i infraestructures necessàries per a afrontar el repte de la transformació digital de l'empresa.

○ *Infraestructura.* L'empresa s'ha de dotar de dispositius i eines digitals que facilitin el treball del seu personal i potenciïn les possibilitats del seu negoci, traient el major partit possible a Internet. En aquesta línia, és important comptar amb una connexió bona i eficient.

○ Disposar de connexió a Internet a través de xarxes que suportin les capacitats i velocitats que exigeixen les noves demandes d'una indústria digital, assegurant la redundància d'aquesta connexió per a garantir la continuïtat del negoci, quan sigui necessari.

○ Disposar de tecnologia mòbil (telèfons intel·ligents, *smartwatches*, *wearables* o tauletes) aplicada als processos clau de negoci, utilitzant les seves prestacions de so i imatge, així com la seva capacitat de geolocalització, transmetent en temps real informació a l'empresa.

○ Disposar d'eines col·laboratives internes i externes (missatgeria unificada, reunions virtuals, etc.).

○ Disposar de canals digitals d'interacció amb tercers (clients, proveïdors, empleats, administració, etc.).

○ Connectar, usant tecnologies d'Internet de les coses (IoT), tots aquells productes/serveis i actius de l'empresa rellevants per a l'experiència de client o la gestió dels processos susceptibles d'aportar informació valuosa per als clients o d'enriquir-se mitjançant la interacció remota en temps adequat.

○ Disposar d'una estratègia tecnològica que permeti connectar cadascun dels actius rellevants de cada procés de l'organització amb la tecnologia òptima en cada moment, d'acord amb els requisits i les necessitats del negoci, tenint en compte les evolucions previstes i l'ús de les xarxes per part de tercers (proveïdors, clients).

○ Poder interconnectar (interoperabilitat) els productes i serveis de l'empresa amb altres productes i serveis externs, seguint els estàndards i les bones pràctiques del sector.

Para ayudar a las empresas a identificar las THD de conectividad que les pueden ser aplicables para la alineación entre las áreas y subáreas de trabajo, se recomienda el establecimiento de la ficha de la tabla 6.5.

Tabla 6.5 Fitxa d'identificació de les THD de connectivitat.

1. Comunicacions de dades i accés a Internet
– Xarxes fixes d'alta velocitat: Ethernet, fibra òptica (FTTH).
– Xarxes mòbils: 4G/LTE, 5G.
– Xarxes narrow band de baix consum i gran cobertura (LPWA): LoRaWAN, Weightless, NB-IoT, Sigfox, LTE-M/5G, EC-GSM-IoT.
– Wifi intel·ligent.
– Altres tecnologies de connectivitat específiques que cobreixin casos d'ús i buits tecnològics deixats per les anteriors (p. ej., Zigbee).

Tecnologies implantades:	Tecnologies per implantar:

2. Dispositius mòbils
– *Smartphones*.
– Tauletes (adequades per a l'ús concret considerat: oficines, industrial, intempèrie, etc.).
– *Wearables*: *smartwatches*, polseres mesuradores, etc.

Tecnologies implantades:	Tecnologies per implantar:

3. *Internet of Things* (IoT)
– *Smart objects*: objectes físics i/o virtuals autònoms capaços de sensoritzar, processar i transmetre, i que inclouen lògiques d'aplicació.
– Protocols de connexió entre dos elements IoT (dos sensors, un sensor i un *gateway* que connecta els dispositius a Internet): WirelessHART, Z-Wave, DASH7, ZigbeePro, LoRaWAN, LTE-A, IEEE 802.15.4e.
– Plataformes IoT multicapa que permetin la provisió, gestió i automatització de dispositius connectats dins d'IoT.
– Solucions verticals aplicables al negoci: gestió de flotes de vehicles, telemetria, monitoratge ambiental, estalvi energètic, control de reg, etc.
– Solucions per a processos específics desenvolupades *ad hoc* a partir de les "peces" preexistents al mercat: dispositius programables o components electrònics, comunicacions, plataformes IoT i eines de presentació (comercials o escrites a mida sobre infraestructura *cloud*).

Tecnologies implantades:	Tecnologies per implantar:

4. *Open data*
– CKAN/DKAN
– ArcGIS/GeoNode

Tecnologies implantades:	Tecnologies per implantar:

5. *Blockchain*
– En tractar-se d'una tecnologia incipient, s'aconsella una extensa fase de validació i pilotatge abans de desplegar solucions *blockchain* com a part d'un procés crític de negoci. Cal considerar la pertinència d'usar cadenes de blocs públiques (tipus Ethereum) o semiprivades (per exemple, Alastria).

Tecnologies implantades:	Tecnologies per implantar:

○ *Segurietat de la informació - ciberseguretat.* Tots els dispositius digitals d'una empresa són vulnerables davant les amenaces de seguretat. Cal protegir les dades, especialment la informació sensible i de negoci. Blindar-se amb simples actuacions diàries, usar les millors eines a aquest efecte i conscienciar la plantilla amb formació i bones pràctiques reduirà dràsticament el risc davant d'un possible atac.

Per tal d' ajudar les empreses a analitzar les possibles bretxes de seguretat a cadascuna de les àrees i subàrees de treball, a la taula 6.6 es mostra la relació entre els requisits de seguretat i alguns objectius de control.

Taula 6.6 Seguretat de la informació – ciberseguretat.

Requisits	Com es realitzaria?
– Disposar de controls que assegurin la confidencialitat, integritat i disponibilitat de la informació a tota la cadena de valors, incloent, per exemple, còpies de *backup* (suport).	Acords de confidencialitat o no revelació. Assegurar els serveis d'aplicacions en xarxes públiques.
– Gestionar i comunicar les incidències de seguretat detectades d'acord amb la normativa vigent.	Notificació de les incidències de seguretat de la informació. Notificació de punts febles de la seguretat. Aprenentatge dels incidents de seguretat de la informació.
– Assegurar la protecció de les dades i els drets de propietat, proporcionant a totes les parts interessades el control de les seves dades i fomentant la transparència quant als seus drets com a usuaris digitals de productes i serveis (*privacy by design*).	Identificació de la legislació aplicable i dels requisits contractuals. Drets de la propietat intel·lectual (DPI). Protecció dels registres de l'empresa.
– Assegurar que l'organització i els seus proveïdors compleixen la política de seguretat de la informació, mitjançant acords i la implantació de controls oportuns que en garanteixin el compliment.	Política de seguretat de la informació en les relacions amb els proveïdors. Requisits de seguretat en contractes amb tercers. Cadena de subministrament de tecnologia de la informació de les comunicacions.

Requisits	Com es realitzaria?
– Implantar controls de seguretat adequats per a la protecció de dispositius mòbils i IoT.	Política de dispositius mòbils. Manteniment dels equips.
– Assegurar que els empleats rebin formació i conscienciació en matèria de seguretat.	Formació i conscienciació en política de seguretat de la informació.
– Existir mecanismos para clasificar la información en función del nivel de protección que necesite.	Classificació de la informació. Etiquetatge de la informació.
– Existència de mecanismes per a classificar la informació en funció del nivell de protecció que necessiti.	Polítiques de control d'accés. Accés a les xarxes i als serveis de xarxa. Controls físics d'entrada. Seguretat d'oficines, despatxos i recursos.

Per tal d'ajudar les empreses a identificar les THD relacionades amb seguretat de la informació i com a part d'aquesta amb la ciberseguretat que els poden ser aplicables per a l'alineació entre les àrees i subàrees de treball, es recomana l'establiment de la fitxa de la taula 6.7.

Taula 6.7 Fitxa d'identificació de les THD de seguretat de la informació - ciberseguretat.

1. Antifraude
- *Antiphishing*
- *Antispam*
- Eines de filtratge de navegació

Tecnologies implantades:	Tecnologies per implantar:

2. *Antimalware*
- Antivirus
- *Antiadware*
- *Antispyware*

Tecnologies implantades:	Tecnologies per implantar:

3. Auditoria tècnica
- Anàlisi de *logs* i ports
- Anàlisi continu de vulnerabilitats
- Auditories d'accessos i contrasenyes
- Anàlisi de sistemes i fitxers
- Enginyeria de seguretat
- *Hacking* ètic
- Auditoria de codi
- Anàlisi forense

Taula 6.7 (Continuació).

Tecnologies implantades:	Tecnologies per implantar:

4. Contingència i continuïtat

Per a considerar com a part de l'estratègia de migració a serveis de núvol públic o complementar amb aquests serveis en cas d'infraestructura privada. Actualment no aplica l'ús de núvol públic.

Tecnologies implantades:	Tecnologies per implantar:

5. Control d'accés i autentificació

- Control d'accés a xarxa (NAC)
- Gestió d'identitat i autentificació
- Single *sign-on*
- Certificats digitals
- Firma electrònica
- *Tokens*
- Doble factor d'autentificació

Tecnologies implantades:	Tecnologies per implantar:

6. Certificació normativa i compliment legal en matèria de seguretat de la informació - ciberseguretat

- SGSI: sistema de gestió de seguretat de la informació (UNE-EN ISO/IEC 27001:2017)
- Anàlisi de risc
- Plans i polítiques de seguretat
- Eines de compliment legal (LOPD, LSSI, RGPD, etc.)
- Esborrat segur. Establiment de procediment per a l'esborrat de discos durs
- Destrucció documental
- Solucions de *backup*

Tecnologies implantades:	Tecnologies per implantar:

7. Intel·ligència de seguretat

- Gestió d'incidències de seguretat
- SIM/SIEM
- Big data (per a dades de seguretat)
- Eines de monitorització i *reporting*

Tecnologies implantades:	Tecnologies per implantar:

8. Protecció de les comunicacions

- *Firewalls*
- VPN
- IDS
- Filtre de continguts
- Gestió i control d'ample de banda

Tecnologies implantades:	Tecnologies per implantar:

6.5 Implantació de tecnologies. Integració en el conjunt

Perquè les **propostes identificades i prioritzades puguin ser efectivament implantades**, cal definir-les com a projectes, la qual cosa exigirà concretar-les i dimensionar-les pel que fa a terminis, recursos i col·laboracions necessàries.

Per fer aquest pas de l'oportunitat al projecte, tenint en compte el ràpid ritme de canvi de la tecnologia actualment i l'elevat nivell d'especialització que es requereix, no podem deixar de tenir en compte dos aspectes que poden resultar clau:

- **La rapidesa en el desplegament i la validació.** La utilització de metodologies àgils, com ara Lean o el conjunt de **metodologies Agile**, desplegades sobre **l'esquema bàsic idea-prototip-revisió, poden agilitzar el desplegament i la validació de les implantacions considerades com a pas previ al seu escalat complet**. Com que en molts casos es tracta de tecnologies i solucions no del tot madures, és important conèixer-ne al més aviat possible els avantatges i anticipar dificultats en fases primerenques.

APRÈN MÉS

¿Qué es Agile? Metodologías ágiles y agilidad - Agiles 2019.

https://youtu.be/xlmEwPHeO4k

- **La necessitat de col·laboració.** Avui dia el ritme de l'avanç tecnològic és molt elevat, la qual cosa dificulta a les empreses estar al dia quant a coneixements i nivell d'especialització. D'altra banda, les barreres d'accés a la tecnologia s'han reduït, ja que podem trobar socis i col·laboradors a qualsevol part del món. Es tracta d'aprofitar aquest fet per resoldre el primer inconvenient. Mitjançant acords de col·laboració amb proveïdors, centres tecnològics o de recerca, podem tenir accés a un coneixement especialitzat que, manejat convenientment a través d'acords de propietat industrial, pot fer possible i accelerar el desplegament de tecnologies a l'empresa.

Addicionalment a aquestes qüestions, hi ha una sèrie de directrius generals que es plantegen a continuació i que poden contribuir a l'èxit dels projectes de digitalització:

- Treballar amb problemes reals pensant sempre en l'impacte sobre el negoci i els impactes sobre tres objectius principals:
  - L'eficiència:
    - Increment de la productivitat gràcies a un maneig i un lliurament d'informació millors.
    - Reducció o eliminació de desplaçaments i temps morts.
    - Resolució més ràpida de problemes gràcies a més informació i capacitats predictives.
    - Assistència remota.
  - L'optimització dels processos:
    - Captura de dades en temps real.
    - *Remote monitoring.*
    - *Predictive analytics.*
  - La generació de nou negoci:
    - Noves estratègies *go to market.*
    - Assistència i servei remot.
    - Serveis derivats de dades.
    - Augment de la disponibilitat dels actius.
- Establir expectatives realistes, compatibles amb el que ja hi ha (què, com i quan).
- Gestionar l'abast, la grandària i les fases dels projectes. Començar amb Quick Wins.

APRÈN MÉS

¿Qué es la técnica del Quick Wins? y ganar etapas clave en los Quick Wins.

https://youtu.be/clyj6_eXCuo
https://conecta361.com/quick-wins-que-son-y-por-que-son-clave-en-una-estrategia-de-marketing-ganadora/

- Redefinir els processos si cal. Dissenyar per obtenir flexibilitat i sobre sistemes oberts.
- Treballar amb un equip multidisciplinari i atreure talent.
- Treballar sobre infraestructures estàndard i escalables. Una única plataforma per a tots els desenvolupaments, prou flexible i escalable per acomodar desenvolupaments futurs.

- Assessorar-se amb especialistes i construir un ecosistema de *partners.*
- Incloure els usuaris des del principi.
- Revisar avanços i estar preparat per pivotar i canviar.

I cal no oblidar que al llarg del camí sorgiran dificultats que haurem de vèncer. Entre les més importants, caldrà tenir en compte aspectes relacionats amb la gestió del canvi i el compromís i l'impuls constants per part de la direcció, els aspectes de ciberseguretat i la compatibilitat i la integració de les solucions als sistemes i processos actuals.

EXEMPLE 3

Identifica una fitxa de projecte que permeti visualitzar i concretar l'abast dels possibles projectes per definir.

Solució:

Objectius	Criticitat per a negoci
Implantar un sistema de traçabilitat i control de materials en planta que permeti el seguiment en temps real del punt de procés en què es troba una determinada comanda. (Projecte MOVENT 4.0). Evitant el paper - Integrat al sistema de gestió - Automatitzat respecte a l'entrada d'informació.	Alta

Accions	Àrees implicades
1. Definició del procés a realitzar. Fluxograma d'operacions i reenginyeria. 2. Definició de l'estructura de dades i relacions entre elles i amb les del sistema de gestió - input - output. 3. Definició d'especificacions tècniques i prestacions dels sistemes per a identificació: RFID, codi de barres, QR... 4. Definició dels suports (contenidors) per als elements d'identificació. 5. Desenvolupament de prova pilot en condicions reals. 6. Escalat, formació i posada en producció. 7. Obertura de passarel·la per a clients i planificador.	Producció Gestió - planificació Sistemes

Output	Riscos
Amb aquesta implantació i a partir de la seva integració al sistema de gestió serà possible: · Que un client pugui conèixer l'estat de la comanda (servei al client). · Guanyar en flexibilitat i adaptabilitat a condicions canviants de producció i comandes. Replanificació (flexibilitat). · Un millor control de la producció amb la conseqüent reducció de temps i errors (competitivitat). · Conèixer en tot moment la localització exacta de materials, semielaborats i producte acabat dins de la planta i millorar-ne la traçabilitat (control).	No hi ha riscos tècnics Inversió Adaptació del personal

Fase d'implementació	Mes 1	Mes 2	Mes 3	Mes 4	Mes 5	Mes 6	Mes 7	Mes 8	Mes 9	Mes 10	Mes 11	Mes 12	KPI's
1. Definició del procés a realitzar. Fluxograma d'operadors i reenginyeria.													Increment d'utilització de màquines i operaris. Augment de vendes a clients integrats.
2. Definició de l'estructura de dades i relacions entre elles i amb les del sistema de gestió - input - output.													
3. Definició d'especificacions tècniques i prestacions dels sistemes per a identificació: RFID, codi de barres, QR...													
4. Definició dels suports per als elements d'identificació.													
5. Desenvolupament de prova pilot en condicions reals.													
6. Escalat, formació i posada en producció.													
7. Obertura de passarel·la per a clients i planificador.													

Amplia la figura aquí

Figura 6.14
Fitxa d'oportunitat.

6.6 Programari ERP, programes CRM/BPM

Tradicionalment, el registre i el tractament de les dades es realitza utilitzant programaris clàssics de sistemes d'informació com ara, per exemple, CRM (*customer relationship management*) o gestió de les relacions amb el client, ERP (enterprise resource planning) o planificació dels recursos de l'empresa, BPM (business process management) o gestió dels processos empresarials i SCM (*supply chain management*) o gestió de cadena de subministrament, entre d'altres.

Els projectes de transformació digital són vitals per a millorar els processos de la gestió empresarial. Així, es té en compte la integració entre dades, aplicacions i plataformes que les suporten, entre d'altres, per exemple, mitjançant la virtualització i els serveis de núvol públic. Aplicacions SaaS: correu electrònic, SCM, wikis, *suites* ofimàtiques, CRM, ERP, BPM, etc.

A les empreses els convé una solució SaaS que admeti el procés d'adquisició al moment del pagament o de comanda al moment del cobrament al núvol, sense integracions costoses ni una administració complexa. Perquè això sigui possible, una suite SaaS moderna està integrada en una plataforma única basada en estàndards que inclou un model de dades comú per a tota l'empresa, una experiència d'usuari unificada (inclosos mòbils i xarxes socials), nivells de seguretat compartits, programes de llançament sincronitzats, etc.

- **Sistemes SaaS CRM.** Gestionen les relacions amb els clients amb múltiples funcionalitats, des de la gestió de campanyes de màrqueting fins a la generació d'informes, i ajuden a la fidelització de clients, ja que es poden conèixer les necessitats i expectatives de cada tipus de client.

APRÈN MÉS

Todo sobre Microsoft Dynamics 365 para ventas (CRM).

https://youtu.be/YetoWF98T_o

Figura 6.15
Programari de Microsoft Dynamics CRM. Gestió de la relació amb el client.

- **Sistemes SaaS ERP.** Utilitzen tecnologies avançades (IA, assistents digitals, IoT i cadena de blocs) per automatitzar processos de gestió interna i gestionar les funcions diàries (les funcions d'ERP inclouen: finances, comptabilitat, compres, gestió de projectes, gestió de riscos, gestió de la cadena de subministrament,

gestió de rendiment empresarial [EPM], intel·ligència adaptable i anàlisi), i també s'empren per a augmentar l'eficiència on i quan importa, especialment en temps d'incertesa.

APRÈN MÉS

SAP S/4HANA vs Oracle ERP Cloud vs Microsoft Dynamics 365: How to Compare Leading ERP Systems.

https://youtu.be/XWfNtf2sIGo

- **Sistemes SaaS BPM.** Permeten un grau molt alt de personalització dels processos de negocis per a cada empresa. Es poden definir els fluxos de treball, amb les seves etapes, condicions i accions. Després, es poden configurar els formularis per emmagatzemar les dades rellevants de cada procés. També és possible definir tota l'estructura organitzativa (usuaris, rols, permisos) i, per descomptat, definir KPI per a mesurar el funcionament dels processos.

APRÈN MÉS

¿Qué es BPM? - Business Process Management explicat en 2 minuts, de GBTEC Group.

https://youtu.be/0fTWBDyZ4fI?list=PL0bWiL05-_JPxD-jV9hkwCytJU7mR362IZ

6.7 Solucions *cloud*

Pel que fa a solucions cloud computing, com a tecnologia utilitzada per al processament i l'emmagatzemament de la informació i les dades, es consideren els requisits següents:

- Cal disposar de solucions tecnològiques d'informàtica al núvol (*cloud computing*), ja siguin privades, públiques o híbrides, que ofereixin una capacitat d'emmagatzemament i processament de la informació que estigui en consonància amb el que necessiten els processos clau de negoci.

- Cal valorar la implantació de polítiques *multicloud* que distribueixin el còmput, emmagatzemament i altres serveis TIC necessaris entre diversos proveïdors públics, a més de sobre la infraestructura pròpia quan calgui, per a millorar la resiliència i la continuïtat de negoci.

- Cal valorar una estratègia que optimitzi la inversió en infraestructures TIC (núvol privat) amb el consum de serveis d'informàtica públics d'acord amb les restriccions de cost i les necessitats de disponibilitat, fiabilitat, rendiment, etc. del negoci, com a part de la planificació de TIC.

Per tal d' ajudar les empreses a identificar les solucions *cloud* que els poden ser aplicables, es recomana l'establiment de la fitxa de la taula 6.8.

Taula 6.8 Fitxa d'identificació de les solucions *cloud computing*.

1. Virtualització i serveis del núvol públic
– Infraestructura TI bàsica: màquines virtuals i contenidors, emmagatzemament de blocs i objectes, tallafocs, balancejadors, etc.
– Infraestructura TI avançada: bases de dades, cues de missatges, CDN, etc.
– Serveis TI destinats a assegurar la continuïtat de negoci i la recuperació de desastres (*backup*, etc.).
– Entorns de desenvolupament, prova, certificació i validació, QA, etc. tant "tradicionals" com PaaS.
– Aplicacions SaaS: correu electrònic, CMS, wikis, *suites* ofimàtiques, CRM, ERP, etc.
– Lloc de treball virtualitzat, ja sigui a nivell de SO o per aplicacions.
– Estratègia de migració a núvol públic/híbrid a partir de les necessitats de negoci, amb una valoració adequada de riscos i incloent un pla de transició i evolució del *legacy*, tant si està virtualitzat com si no ho està.
– Avaluació de l'adopció de tecnologies *serverless* per a nous desenvolupaments, tenint en compte tant els avantatges inherents en agilitat de desenvolupament i reducció del cost d'operació com els riscos associats al major *lock-in* imposat per cada proveïdor.

Tecnologies implantades:	Tecnologies per implantar:
2. *Multicloud*	
– Adopció d'una estratègia *multicloud* assistida amb eines de *brokerage* si les necessitats de negoci ho aconsellen per a minimitzar la dependència d'un sol proveïdor de serveis de núvol públic en cas de problemes de disponibilitat.	

Tecnologies implantades:	Tecnologies per implantar:
3. Altres formes d'informàtica	
– *Fog computing* – *Edge computing*	

6.8 Tractament de dades massives

Amb l'objectiu de valorar el tractament i la utilització de la informació i les dades massives dels processos de l'empresa, i especialment dels processos clau de negoci, s'han de tenir en compte els aspectes següents:

- L'empresa ha de tenir una estratègia de recopilació, anàlisi i ús de dades rellevants i fomentar la implantació de tecnologies que ho facilitin, tot plegat orientat a la presa de decisions i a la satisfacció del client.

- Cal incloure l'ús de tecnologies que permetin obtenir models predictius i prescriptius, per exemple, big data i IA.

  - Cal incloure tècniques de processament massiu en temps adequat de les dades, tant pròpies com de tercers, estructurades (data analytics) o no (big data), susceptibles de millorar l'experiència dels clients, millorar l'eficiència dels processos, ajudar en la presa de decisions, etc.

  - Cal incloure tècniques d'IA, aprenentatge automàtic (ML) o informàtica cognitiva (p. ex., anàlisi avançada d'imatges, processament del llenguatge natural, etc.) per a extreure el major valor possible de les dades i elaborar models predictius que permetin anticipar-se als canvis.

Les dades massives, estructurades o no estructurades, poden ser pròpies, recopilades per les diferents tecnologies aplicables (p. ex., sensors, dispositius IoT, aplicacions mòbils, etc.), disponibles públicament (xarxes socials, dades obertes, etc.) o facilitades per tercers.

Per tal d'ajudar les empreses en el tractament i l'anàlisi de les dades, es recomana la utilització de la fitxa de la taula 6.9.

Taula 6.9 Fitxa d'identificació de les tecnologies de processament de dades.

Fitxa d'identificació de tecnologies de processament de dades
1. Sistemes de gestió i emmagatzemament de dades
- Sistemes de gestió de dades per a emmagatzemar dades històriques de l'organització.
- Data lakes: Repositoris centralitzats que permeten l'emmagatzemament de dades estructurades i no estructurades a qualsevol escala sense necessitat d'una estructuració prèvia de les dades.

Tecnologies implantades:	Tecnologies per implantar:

Taula 6.9 (Continuació).

2. Data analytics

- Eines d'anàlisi de dades que en permetin el processament, la presentació, l'extracció d'*insights* de negoci, etc.

- Analítiques descriptives per a l'anàlisi d'informació que permeti saber el que passa o el que ha passat, a partir de les tècniques tradicionals de *business intelligence* i la seva visualització.

- Analítiques predictives que posin el focus en la predicció, l'anàlisi de mesures recents i la rellevància empresarial dels resultats.

- Analítiques prescriptives que tractin de donar resposta a diferents hipòtesis mitjançant tecnologies de simulació, processament d'esdeveniments complexos, xarxes neuronals o sistemes de recomanació.

- Analítiques de text que permetin l'extracció d'informació de textos per a diferents propòsits (anàlisi de sentiment, generació de resums, etc.).

Tecnologies implantades:	Tecnologies per implantar:

3. Big data

- Eines *big data* que permetin l'anàlisi de grans volums de dades, d'informació no estructurada i/o que canviï amb molta rapidesa per a permetre'n el processament, la presentació, l'extracció d'*insights* de negoci, etc.

Tecnologies implantades:	Tecnologies per implantar:

4 IA/ML

- Processament del llenguatge natural.

- Sistemes de recomanació.

- Sistema de suport a la presa de decisions.

6.9 Documents de seguiment. Mesures

L'especificació UNE 0060 estableix el següent als seus requisits d'informació documentada.

La digitalització de l'organització s'ha de basar en informació documentada, que faciliti el seguiment i el mesurament dels canvis realitzats en funció de l'estratègia. Cal que hi hagi:

- Un mapa de processos de l'organització (especialment enfocat a processos clau de negoci), incloent-hi els responsables.

- Un organigrama funcional de l'organització (que identifiqui els perfils encarregats de la digitalització).

- Un diagrama d'arquitectura tecnològica.

- Una planificació detallada de digitalització.

- Documentació explicativa del compliment dels diferents requisits especificats

CURIOSITATS

L'especificació UNE 0060, "Indústria 4.0. Sistema de gestió per a la digitalització. Requisits", publicada el setembre de 2018, descriu els requisits perquè una indústria de qualsevol mida i/o activitat sigui considerada com a indústria digital i, en aquest sentit, és un bon marc de referència per plantejar una estratègia de digitalització i, en definitiva, donar forma al desafiament digital de l'empresa.

Sobre la base dels anteriors requisits, s'estima que el sistema de gestió per a la digitalització podria estar format pels següents documents que en facilitin el seguiment:

Un mapa de processos que mostri la interacció dels processos clau (estratègics), operatius i de suport. La figura 6.16 mostra un exemple de mapa de processos.

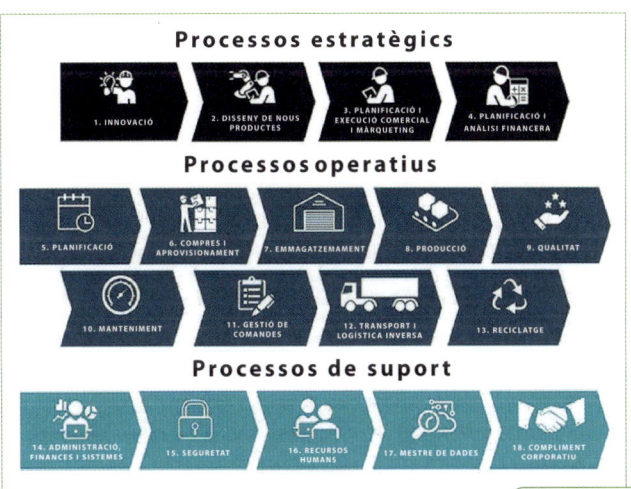

Figura 6.16
Exemple de mapa de processos.

Amplia la figura aquí

De manera complementària al mapa de processos anterior, s'hauria d'emetre una llista amb els processos del mapa als quals s'assigna el corresponent responsable. La taula 6.10 mostra un exemple de llista de processos/responsables.

L'organigrama funcional de l'organització ha d'identificar els perfils encarregats de la digitalització. La figura 6.17 mostra un exemple de rols encarregats de la transformació digital.

Taula 6.10 Llista de processos/responsables.

Núm.	Processos	Responsables
	Processos estratègics (clau del negoci)	
1	Innovació	Director d'innovació
2	Disseny de nous productes	Director d'enginyeria
3	Planificació i execució comercial i màrqueting	Director comercial i màrqueting
4	Planificació i anàlisi financera	Director financer
	Processos operatius	
5	Planificació	
6	Compres i aprovisionament	Cap de compres
7	Emmagatzemament	Cap de magatzem
8	Producció	Cap de producció
9	Qualitat	Cap de qualitat
10	Manteniment	Cap de manteniment
11	Gestió de comandes	Responsable de comandes
12	Transport i gestió de logística inversa	Cap de logística
13	Reciclatge	Cap de reciclatge
	Processos de suport	
14	Administració, finances i sistemes	Cap d'administració Cap de finances Cap de sistemes
15	Seguretat	Cap de seguretat
16	Recursos humans	Cap de recursos humans
17	Mestre de dades	Responsable de control de dades
18	Compliment corporatiu (*compliance*)	Responsable de compliment corporatiu

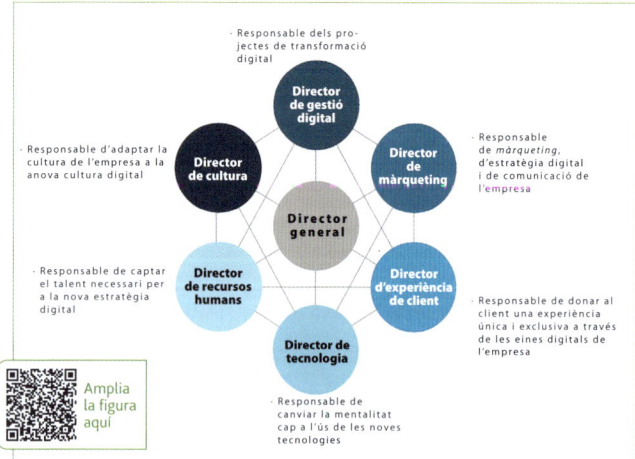

Figura 6.17
Organigrama amb rols encarregats de la transformació digital.

També formaria part de la informació documentada el diagrama d'arquitectura tecnològica. A la figura 6.18, es descriuen els components i serveis d'Azure que s'usen normalment a les solucions IoT, però cap solució individual empra tots aquests components.

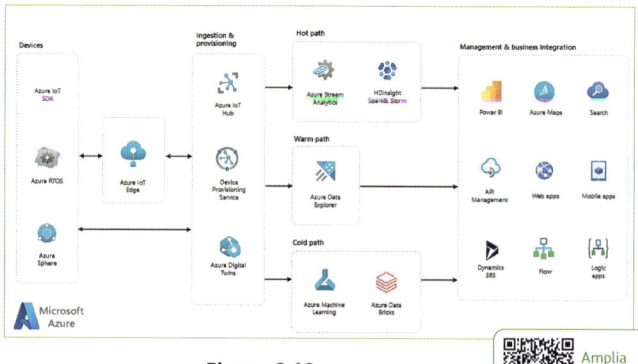

Figura 6.18
Arquitectura de referència d'Azure IoT.

Un document de seguiment i vàlid per a prendre mesures és el pla de digitalització de l'organització. La taula 6.11 mostra el format de pla proposat.

Taula 6.11 Format de pla de digitalització.

Organització	Pla de digitalització
Projecte núm.	
Títol	
Objecte	
Abast	
Cost	
Termini d'implantació	
Data prevista inici	
Data prevista final	
Responsable projecte	
Personal participant	
Parts interessades int.	
Parts interessades ext.	
Indicadors	
Riscos	
Oportunitats	
Observacions	
Projecte núm.	
Títol	
Objecte	
Abast	
Cost	
Termini d'implantació	
Data prevista inici	
Data prevista final	
Responsable projecte	
Personal participant	
Parts interessades int.	
Parts interessades ext.	
Indicadors	
Riscos	
Oportunitats	
Observacions	

6.9.1 Seguiment, mesurament i avaluació

Pel que fa al seguiment, el mesurament i l'avaluació, l'organització, en relació amb el que es recull a la seva planificació de digitalització, ha de:

- Establir els indicadors que es considerin aplicables per al control dels processos.

- Avaluar la conformitat del compliment del seu sistema de gestió per a la digitalització amb els requisits de l'especificació UNE 0060.

- Aplicar accions de correcció davant els incompliments detectats o les incidències en relació amb els requisits de l'especificació UNE 0060.

- **Indicadors i quadre de comandament.** Per a poder realitzar la mitjana d'un procés, cal que hi hagi un indicador clau d'acompliment o mesurador d'acompliment (KPI). Cada procés, sobretot els processos clau del negoci, ha de tenir associat un KPI de mitjana. L'organització ha de determinar sobre quins processos establirà indicadors de mesurament.

A més d'identificar els processos que han de ser monitorats, amb el seu corresponent KPI, cal conèixer la situació de partida de l'organització respecte al desenvolupament del seu procés de transformació digital cap a la indústria 4.0.

Els indicadors relacionats amb els factors d'èxit de l'objectiu s'anomenen indicadors d'actuació.

Els indicadors relacionats amb els valuosos resultats per objectiu s'anomenen *indicadors de resultats*.

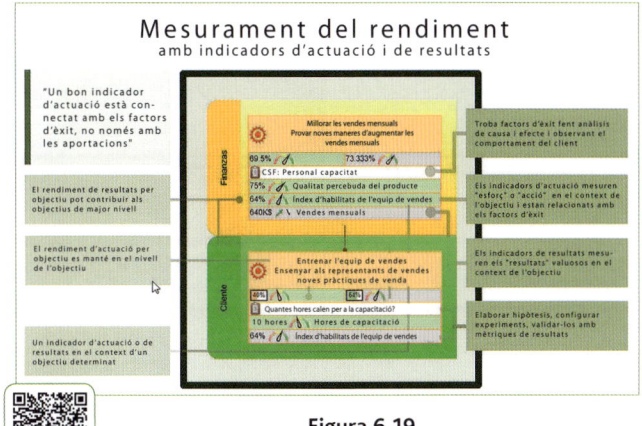

Figura 6.19
Mesurament del rendiment amb indicadors d'actuació i de resultats de BSC Designer.

- **Avaluació de la UNE 0060.** L'especificació UNE 0061 ha establert els criteris d'avaluació de l'especificació UNE 0060 mitjançant un sistema de quantificació per percentatge de compliment dels requisits de la UNE 0060.

L'especificació UNE 0061 estableix a la seva taula 1 els requisits extrets de l'especificació UNE 0060. a la figura 6.20, es presenta un extracte de la taula 1 de la UNE 0061.

ACTIVITAT PROPOSADA 6.4

Consulta l'especificació "UNE 0061. Indústria 4.0. Sistema de gestió per a la digitalització. Criteris per a l'avaluació de requisits" i indica els criteris d'avaluació dels requisits de l'especificació UNE 0060:2018.

Amb la finalitat de facilitar el càlcul del percentatge de compliment del sistema de gestió per a la digitalització de la UNE 0060, l'especificació UNE 0061 va acompanyada d'un full de càlcul en format Excel que facilita el registre del compliment dels requisits de la UNE 0060 per a la seva avaluació. La figura 6.21 mostra un extracte del full Excel indicat.

Núm. de requisit	Capítol/Apartat Especificació UNE 0060:2018	Requisit	Obligatori (O) Valorable (V) No avaluable (X)	Observacions
17		S'ha d'aconseguir més flexibilitat i eficiència en els mitjans productius, que facin possible l'anterior personalització i adaptació, a més de la fabricació de productes/serveis digitals o adaptats a les capacitats digitals complementàries que demanin els clients.	V	3 = Complert 1 = En procés 0 = No complert Aquest requisit és obligatori a partir del primer any del segon cicle de millora continuada.
18		S'ha d'aconseguir una anàlisi i ús de tota la informació disponible, per adaptar tots els processos a les demandes del client i el mercat, anticipant-se tant com sigui possible a aquestes.	V	3 = Complert 1 = En procés 0 = No complert L'anàlisi i l'ús de la informació ha de ser digital.
19		Cal millorar la sostenibilitat a llarg termini de l'organització, impulsant els canvis culturals necessaris dins de l'organització.	V	3 = Complert 1 = En procés 0 = No complert NOTA: Sostenibilitat fa referència a la pervivència en el temps de l'organització.
20		Cal impulsar la innovació.	X	Aquest requisit no s'avalua directament, s'avalua mitjançant el capítol 8 Innovació.
21		Aquestes accions s'han de traslladar a una planificació detallada de digitalització que ha de considerar expressament els canvis disruptius i els riscos associats a la tecnologia en el marc de la digitalització de les activitats i especialment per als processos clau de negoci.	O	Es refereix a les accions incloses a la NOTA (vegeu l'Especificació UNE 0060:2018).

Figura 6.20
Extracte de la taula 1 de la UNE 0061.

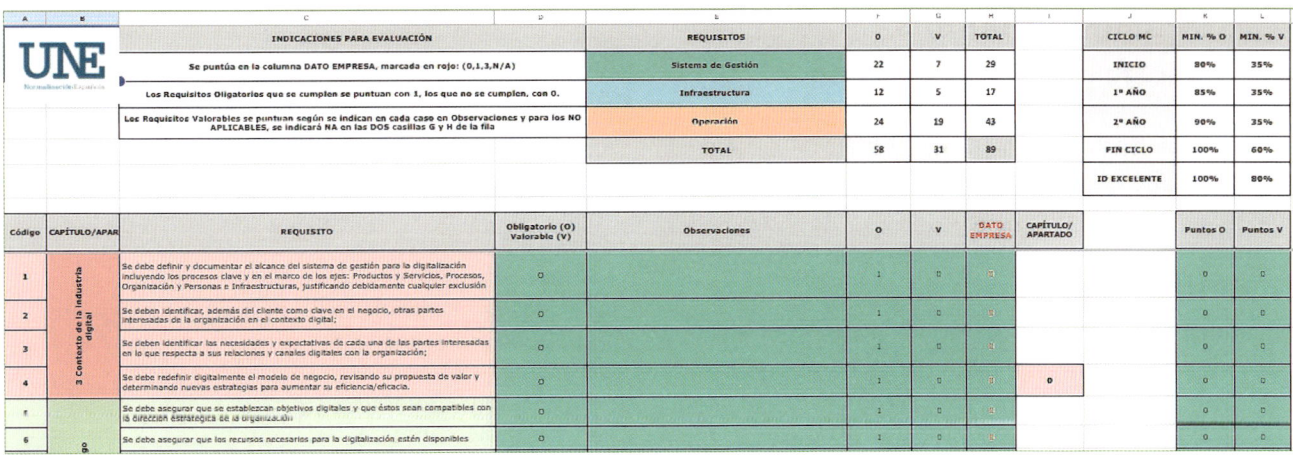

	INDICACIONES PARA EVALUACIÓN	REQUISITOS	O	V	TOTAL	
	Se puntúa en la columna DATO EMPRESA, marcada en rojo: (0,1,3,N/A)	Sistema de Gestión	22	7	29	
	Los Requisitos Obligatorios que se cumplen se puntuan con 1, los que no se cumplen, con 0.	Infraestructura	12	5	17	
	Los Requisitos Valorables se puntuan según se indican en cada caso en Observaciones y para los NO APLICABLES, se indicará NA en las DOS casillas G y H de la fila	Operación	24	19	43	
		TOTAL	58	31	89	

CICLO MC	MIN. % O	MIN. % V
INICIO	80%	35%
1ª AÑO	85%	35%
2ª AÑO	90%	35%
FIN CICLO	100%	60%
ID EXCELENTE	100%	80%

Código	CAPÍTULO/APAR	REQUISITO	Obligatorio (O) Valorable (V)	Observaciones	O	V	DATO EMPRESA	CAPÍTULO/ APARTADO		Puntos O	Puntos V
1	3 Contexto de la industria digital	Se debe definir y documentar el alcance del sistema de gestión para la digitalización incluyendo los procesos clave y en el marco de los ejes: Productos y Servicios, Procesos, Organización y Personas e Infraestructuras, justificando debidamente cualquier exclusión	O		1	0	0			0	0
2		Se deben identificar, además del cliente como clave en el negocio, otras partes interesadas de la organización en el contexto digital;	O		1	0	0			0	0
3		Se deben identificar las necesidades y expectativas de cada una de las partes interesadas en lo que respecta a sus relaciones y canales digitales con la organización;	O		1	0	0			0	0
4		Se debe redefinir digitalmente el modelo de negocio, revisando su propuesta de valor y determinando nuevas estrategias para aumentar su eficiencia/eficacia.	O		1	0	0	0		0	0
5	go	Se debe asegurar que se establezcan objetivos digitales y que éstos sean compatibles con la dirección estratégica de la organización	O		1	0	0			0	0
6		Se debe asegurar que los recursos necesarios para la digitalización estén disponibles	O		1	0	0			0	0

Amplia la figura aquí

Figura 6.21
Extracte del full Excel de registre de compliment de requisits de la UNE 0060.

ACTIVITAT PROPOSADA 6.5

Consulta el full de càlcul en format Excel que facilita el registre del compliment dels requisits de la UNE 0060 per a la seva avaluació i explica el contingut de cada part del full.

Per a aconseguir la consideració d'indústria digital:

- L'organització ha de complir almenys els següents percentatges mínims per als requisits obligatoris al llarg del cicle de millora contínua:
  - 80 % a l'inici del procés;
  - 85 % en finalitzar el primer any del cicle de millora contínua;
  - 90 % en finalitzar el segon any del cicle de millora contínua;
  - 100 % en finalitzar el cicle complet de millora contínua.

- L'organització ha de complir almenys els següents percentatges mínims per als requisits valorables al llarg del cicle de millora contínua:
  - 35 % de la puntuació màxima assolible (és a dir, sense tenir en compte els requisits no aplicables) a l'inici del procés.
  - 60 % de la puntuació màxima assolible (és a dir, sense tenir en compte els requisits no aplicables) en finalitzar el cicle complet de millora contínua.

L'especificació UNE 0061 estableix un segon nivell d'indústria digital: el d'indústria digital excel·lent. Perquè una organització que implanti la UNE 0060 pugui ser considerada indústria digital excel·lent, ha de complir el 100% dels requisits obligatoris i el 80% de la puntuació màxima assolible en requisits valorables.

El sistema establert per l'especificació UNE 0061 per a l'avaluació del compliment de l'especificació UNE 0060 per part d'una organització facilita el plantejament d'objectius de millora, la qual cosa resulta molt motivadora per a la direcció i els recursos humans d'una organització, ja que, respecte a l'avaluació d'altres sistemes normalitzats de gestió, com ara la norma ISO 9001, permet a les organitzacions adquirir la condició d'indústria digital i d'indústria digital excel·lent, condició que possiblement vindria reflectida al certificat d'un sistema de gestió per a la digitalització segons els requisits de l'especificació UNE 0060 emès per un organisme independent de certificació de sistemes normalitzats de gestió.

Cal destacar que es pot donar el cas que una organització que implanti l'especificació UNE 0060 compleixi el 100% dels requisits obligatoris a l'inici del procés i també el 80% dels requisits valorables, de manera que ja pot ser considerada una indústria digital excel·lent a l'inici del procés.

Una vegada aconseguit el nivell d'indústria digital excel·lent, el sistema de gestió per a la digitalització pot anar incorporant altres requisits i millores en funció de les seves necessitats, de les exigències del mercat o del seu context i en funció de les futures tecnologies de la indústria 4.0.

- **Control de no conformitat i accions correctives.** Les accions correctives han d'estar en consonància amb la no conformitat detectada. L'organització ha de conservar informació documentada com a evidència de:

a) La naturalesa de la no conformitat i qualsevol acció presa posteriorment.

b) Els resultats de qualsevol acció correctiva.

6.10 Recursos humans. Nous perfils. Formació

Els recursos humans són l'element clau de qualsevol organització, però en els processos de canvi i transformació cobren una rellevància especial, ja que sense una transformació cultural en les persones no és possible el canvi en l'organització.

En aquest sentit, els mecanismes d'incentius, formació i comunicació resulten imprescindibles per "suavitzar" la transformació. De la mateixa manera, la gestió del talent per a fomentar la col·laboració, l'intraprenedoria, la proposta d'idees, les estructures més horitzontals, etc., es revelen com a estratègies clau en el procés.

L'organització ha de comptar amb capital humà amb habilitats i competències suficients en l'àmbit digital per a assegurar la digitalització dels seus processos i activitats i la seva evolució en el temps.

APRÈN MÉS

¿Estamos preparados? Competencias profesionales para la Industria 4.0, de Industria Conectada 4.0.

https://youtu.be/iPsDiB13j28?list=PLapjNZJIttkvS2G7j8eIg mud3gXhsdM9z

Taula 6.12 Requisits de la digitalització aplicables als recursos humans de l'organització.

Requisits que cal complir	Com es realitzaria?
Identificar les persones involucrades en els processos, especialment en els processos clau de negoci, definint les competències i els rols digitals necessaris per a la realització de les activitats que es duen a terme en aquests processos.	Establint la llista de llocs de treball clau i les persones que els ocupen. Establint els *perfils dels llocs de treball*.
Identificar les activitats que són pertinents en el context digital i que afecten la seva capacitat per a aconseguir els resultats previstos; se subcontracta personal extern.	Establint la *llista i l'abast dels treballs i serveis* prestats pels col·laboradors externs.

Taula 6.12 (Continuació).

Requisits que cal complir	Com es realitzaria?
Assegurar que les persones posseeixen els perfils, incloent-hi les competències digitals, amb criteris basats en l'educació, la formació especialitzada o l'experiència apropiades, i assegurar també el manteniment i l'actualització dels coneixements necessaris per a l'acompliment de les funcions digitals.	Realitzant una *matriu de qualificació* de les persones de l'organització. Realitzant la supervisió del personal de l'organització mitjançant el seguiment i l'avaluació del compliment.
Quan sigui aplicable, s'han de prendre accions perquè les persones adquireixin les competències digitals que la seva activitat requereixi o bé actualitzin els coneixements necessaris, i s'ha d'avaluar l'eficàcia de les accions preses.	Establint un *pla de formació* i d'entrenament de les persones de l'organització perquè adquireixin noves competències i coneixements o els actualitzin.
Conservar la informació documentada apropiada, com a evidència de les competències i els coneixements adquirits.	Establint l'expedient professional de cada treballador de l'organització (paper i/o suport informàtic / bases de dades).
Comprovar l'existència en l'organització de perfils digitals que dirigeixin i impulsin les accions destinades a la digitalització i a l'avanç i la continuïtat d'aquesta digitalització.	Identificant els perfils digitals i, en el cas que no existeixin, creant-los i realitzant la selecció i qualificació del personal en els perfils digitals creats.

Per tal de complir el que s'indica a la taula 6.12:

- Es contempla com a educació la formació reglada d'estudis de formació professional i estudis universitaris.

- Com a formació especialitzada: postgrau, formació especialitzada enfocada al coneixement i desenvolupament de competències en una àrea concreta.

- Pel que fa a l'experiència, aquesta ha de ser verificada per l'organització.

En aquest sentit, s'admeten diversos tipus de certificacions, tal com es mostra a la taula 6.13.

Taula 6.13 Famílies de certificacions.

Núm.	Famílies de certificacions
1	Certificacions acreditades o oficials emeses per entitats autoritzades: universitats, entitats de certificació acreditades per les respectives entitats nacionals d'acreditació, etc. (màster, grau, formació professional de grau superior i mitjà, FP bàsica, etc.).
2	Certificacions professionals emeses per empreses reconegudes en l'àmbit digital per a la certificació de competències digitals.
3	Certificacions d'entitats de certificació reconegudes en el mercat que garanteixin amb esquemes específics i avalats per aquest mercat l'existència de perfils digitals.
4	Certificacions d'entitats d'experiència reconeguda en el mercat que garanteixin el desenvolupament d'habilitats no TIC específiques i que acompanyin en el procés de digitalització.

6.10.1 Nous perfils segons les competències digitals

estaquem les 6 competències digitals professionals relacionades amb la indústria 4.0 que les organitzacions que vulguin adaptar-se a aquest nou entorn digital han d'assumir dins dels seus perfils professionals.

1. **Gestió de les dades**. Entre les subcompetències relacionades amb aquesta competència cal destacar:

   ○ Les empreses han de disposar de tecnologies i capacitats suficients que els permetin *obtenir, processar, gestionar i analitzar* una gran quantitat de dades.

   ○ Les empreses han tenir desenvolupada una estratègia encaminada a explotar el coneixement que l'organització recull dels seus diferents agents d'interès: proveïdors, clients.

   ○ Les empreses s'han de basar en les *dades generades* i tractar-les de manera que la informació obtinguda doni suport al seu procés de presa de decisions.

Figura 6.22
Tècnica superior especialista en centres de dades executant codi per a gestionar dades de clients.

2. *E-commerce* **i comunicació digital.** La comunicació digital en un entorn cada vegada més connectat s'ha convertit en un canvi de paradigma que impacta en els principals agents de la cadena de valors, i ha de ser assumida per les empreses que busquen acostar-se als seus clients d'una manera més efectiva.

Entre les subcompetències relacionades amb aquesta competència cal destacar:

○ Integració de les xarxes socials per a transformar el seu procés de venda online.

○ Integració d'eines digitals en els canals d'atenció al client que els permetin acostar-s'hi i relacionar-s'hi d'una manera més directa.

○ Digitalització de la gestió del subministrament i la logística.

○ Integració de tecnologies i processos d'atenció al client en el procés de compra, així com de noves formes de pagament.

○ Monitoratge de l'experiència de tot el cicle de vida del client per a conèixer els seus hàbits i el seu grau de satisfacció.

Figura 6.23
Tècnics superiors realitzant una pluja d'idees sobre el disseny d'una aplicació mòbil per a venda *online*.

3. **Col·laboració i cocreació.** En un entorn cada vegada més globalitzat, la col·laboració entre els diferents agents de la cadena resulta essencial per a la competitivitat de les empreses. Entre les subcompetències relacionades amb aquesta competència cal destacar:

○ Les empreses amb aquestes competències seran les que tinguin eines (p. ex., plataformes col·laboratives) que els permetin crear i fomentar ecosistemes amb clients, socis tecnològics, proveïdors, competidors i altres agents d'interès.

○ Capacitat de treball en xarxa aprofitant totes les eines disponibles a través de les diferents xarxes col·laboratives existents per a promoure la col·laboració i la cooperació entre agents d'interès.

Figura 6.24
Tècnics superiors col·laborant en xarxa.

4. **Automatització dels processos/productes.** La indústria 4.0 es caracteritza per ser una indústria connectada i que fa ús de tecnologies que permeten (almenys) automatitzar els processos més senzills i repetitius de la cadena productiva. Entre les subcompetències relacionades amb aquesta competència cal destacar:

   ○ Integració de robots al procés de producció, adoptant l'automatització industrial mitjançant la utilització de robots de programari (p. ex., RPA) o robots de maquinari (p. ex., autòmats).

Figura 6.25
Tècnica superior integrant robots al procés de producció.

5. **Coneixement digital.** El treball en un entorn cada vegada més digital i automatitzat requerirà que les empreses posin a la disposició dels empleats els mitjans necessaris per a poder adaptar-se a un nou entorn de treball més connectat i més digital. Entre les subcompetencias relacionades amb aquesta competència cal destacar:

   ○ Les empreses han de comptar amb una estratègia empresarial i amb metodologies orientades a fomentar la innovació digital i a la generació i l'enfortiment de les habilitats tècniques i no tècniques necessàries.

   ○ Les empreses han de tenir eines que fomentin la generació i l'intercanvi d'idees innovadores dins de l'organització.

Figura 6.26
Tècnics superiors adquirint habilitats tècniques i intercanviant idees.

6. **Adaptabilitat i flexibilitat davant del canvi.** La indústria 4.0 i la transformació digital es caracteritzen per la capacitat de donar respostes gairebé immediates a les necessitats dels proveïdors i clients a qualsevol lloc, a qualsevol hora i a través de diferents canals. Això fa que les organitzacions hagin de ser capaces d'adaptar-se als nous entorns i de respondre a les demandes dels seus grups d'interès de la manera més ràpida possible, sense que això vagi en detriment de la qualitat dels serveis/productes prestats.

Figura 6.27
Tècnics superiors adaptant un dron al nou entorn de treball per a respondre a les demandes del client.

Els responsables de totes les àrees relacionades directament amb la producció depenen del director d'operacions però, al seu torn, també s'han de coordinar entre si, especialment si tenen funcions delegades. D'aquesta manera s'aconsegueix un bon flux d'informació i es millora l'operativitat de tots els departaments.

ACTIVITAT PROPOSADA 6.6

Una bona eina d'autoavaluació per a garantir que les persones posseeixen les competències digitals, amb criteris basats en el Marc de Competència Digital per a Ciutadans (DigComp 2.0), en els perfils de cada empresa i garantir també el manteniment i l'actualització dels coneixements necessaris per al compliment de les funcions digitals és la que apareix a l'enllaç https://europa.eu/europass/digitalskills/screen/home?referrer=epass&route=%2Fes&lang=es

Per a informació sobre el marc i les seves competències:

https://ec.europa.eu/jrc/en/digcomp/digital-competence-framework

Completa la prova, indicant el camp de formació i especificant l'àrea del teu cicle formatiu Y i, en el nivell educatiu, indica Nivell 5 EQF MEC del Marc Europeu de les Qualificacions. Comença la prova real, en la qual has de seleccionar l'opció adequada com a resposta a cada pregunta.

Una vegada finalitzada la prova, veuràs el teu nivell de coneixements digitals.

També rebràs un informe detallat amb la descripció del teu nivell.

Repte professional

Projecte de digitalització

Breu descripció

La finalitat d'aquest repte professional és experimentar, en el context d'una empresa, el desenvolupament d'un projecte de transformació digital tenint en compte els canvis que s'han de produir en funció dels objectius de l'empresa.

El repte

Al repte, per equips, es tracta d'elaborar un projecte de transformació digital d'una empresa del sector en el qual s'emmarca el títol. Per fer-ho, prèviament cal identificar els objectius estratègics de l'empresa; després, cal identificar i alinear les àrees de producció/negoci i de comunicacions, així com identificar les àrees susceptibles de ser digitalitzades, analitzant l'encaix d'AD (àrees digitalitzades) entre si i amb les que no ho estan i tenint en compte les necessitats presents i futures de l'empresa. Es relaciona així cadascuna de les àrees amb la implantació de les tecnologies i s'analitzen les possibles bretxes de seguretat a cadascuna de les àrees. Es defineix el tractament de les dades i la seva anàlisi tenint en compte la integració entre dades, aplicacions, plataformes que les suporten,

entre d'altres. I, per últim, es documenten els canvis realitzats en funció de l'estratègia, tenint en compte la idoneïtat dels recursos humans.

Per a realitzar el repte professional, accedeix a www.marcombo.info i descarrega gratuïtament el contingut addicional.

Código: **MARCOMBO27**

Mapa conceptual

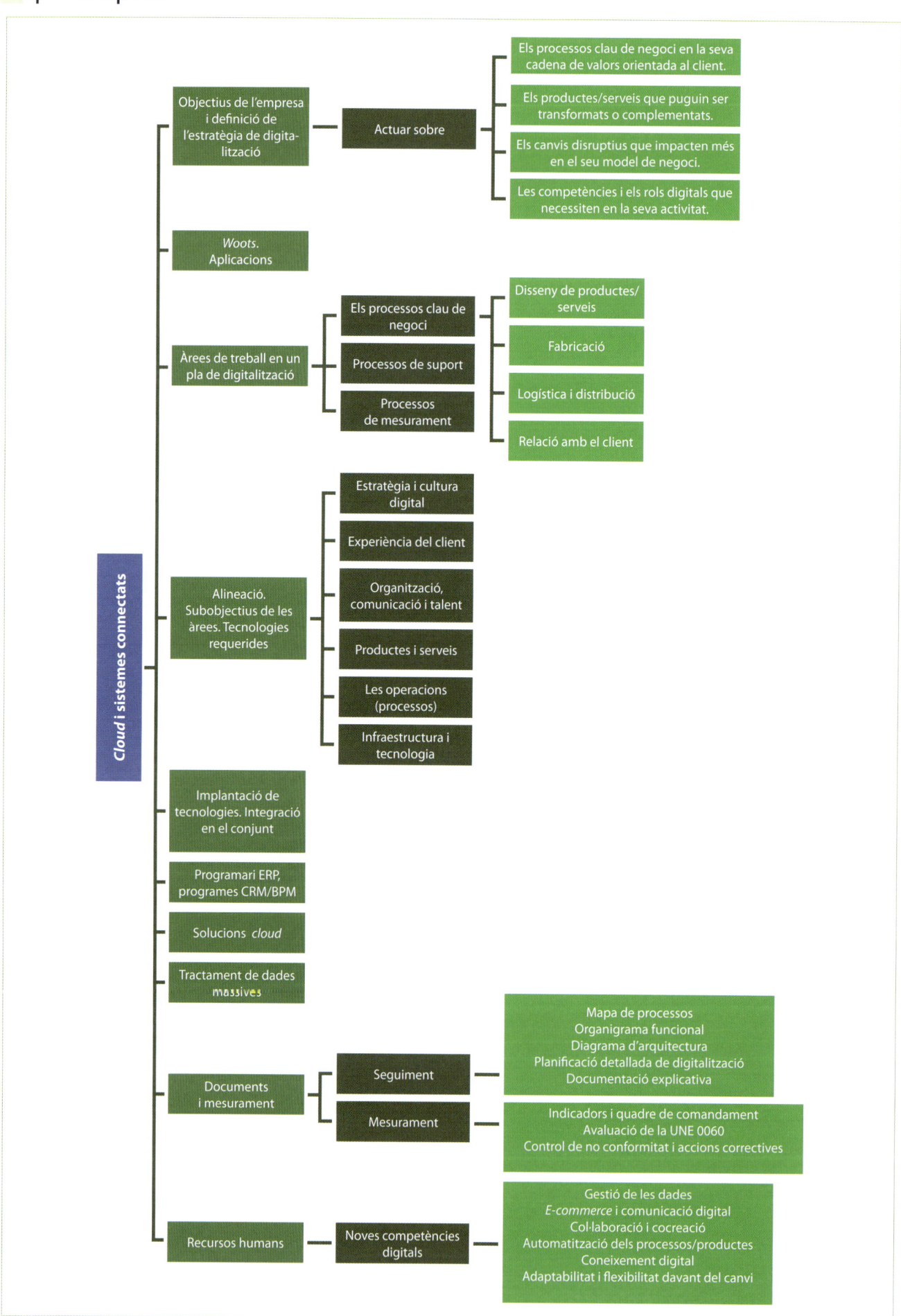

Figura 6.28 Mapa conceptual.

1. Què són els projectes de transformació?

a) Taula Accions impulsades pel govern.

b) Taula Accions per a millorar la competitivitat de les empreses.

c) Taula Accions per a mantenir l'*status* quo de les empreses.

d) Taula Accions que no requereixen lideratge directiu.

2. Quina és la "cola" que uneix les estratègies de digitalització amb les tecnologies proporcionades per diversos proveïdors en un nou model de negoci?

a) Taula La infraestructura tecnològica.

b) Taula El procés de negoci digital.

c) Taula Els recursos humans.

d) Taula L'estratègia de màrqueting.

3. Segons el plantejament del text, en què s'han de centrar els projectes de digitalització d'una empresa?

a) Taula Únicament en el producte i les operacions.

b) Taula Exclusivament en el servei tecnològicament avançat per a la generació de comandes de client.

c) Taula En totes les àrees de l'empresa.

d) Taula Només en les àrees d'atenció al públic i serveis postvenda.

4. Quin és un dels aspectes clau per al desplegament i la validació de les implantacions considerades com a pas previ al seu escalat complet?

a) Taula Dissenyar per obtenir flexibilitat.

b) Taula Capturar dades.

c) Taula Incrementar la productivitat.

d) Taula Utilitzar metodologies àgils.

5. Què signifiquen les sigles ERP?

a) Taula *Customer relationship management*.

b) Taula *Enterprise resource planning*.

c) Taula *Supply chain management*.

d) Taula *Business process management*.

6. Quin és un dels requisits per a les solucions cloud computing esmentades al text?

a) Taula Implementació únicament de polítiques multicloud.

b) Taula Utilització exclusiva de solucions cloud públiques.

c) Taula Capacitat d'emmagatzemament i processament d'informació amb l'eficiència adequada als processos de suport.

d) Taula Consum de serveis d'informàtica públics d'acord amb les restriccions de cost i les necessitats de rendiment del negoci.

7. Quin és un dels aspectes que cal tenir en compte per al tractament i la utilització de les dades massives?

a) Taula Utilitzar exclusivament tecnologies de processament de dades pròpies.

b) Taula No recopilar dades rellevants per a la presa de decisions.

c) Taula Considerar l'ús de tecnologies big data i IA.

d) Taula Considerar únicament l'ús de tecnologies d'anàlisis de dades estructurades.

8. Segons l'especificació UNE 0061, quin avantatge té el sistema d'avaluació de la UNE 0060 per a una organització?

a) Taula Motiva els clients d'una organització.

b) Taula Emet un certificat d'un sistema de fiscalització per a la digitalització.

c) Taula Completa els objectius de millora.

d) Taula Permet adquirir la condició d'indústria digital i d'indústria digital excel·lent.

9. Quina importància tenen els recursos humans en els processos de canvi i transformació d'una organització?

a) Taula Són imprescindibles per a suavitzar la transformació.

b) Taula No tenen rellevància.

c) Taula La seva transformació no és necessària.

d) Taula Els involucrats en els processos de negoci defineixen les competències i els rols digitals.

10. Quins són els mecanismes imprescindibles per a suavitzar la transformació en una organització?

a) Taula Organització i estructura.

b) Taula Comunicació i lideratge.

c) Taula Incentius i formació.

d) Taula Competència i col·laboració.

ACTIVITAT 1

Identifica el següent a l'article "Cómo implementar una estrategia de transformación digital exitosa en tu empresa", de Prosci:

https://www.prosci.com/es/blog/transformacion-digital-exitosa-empresa

a) Quins són els beneficis de la transformació digital per a l'empresa?
b) Quins són els pilars de la transformació digital?
c) Quins passos ha de tenir un pla de transformació digital?

ACTIVITAT 2

La Junta d'Andalusia posa a disposició de les empreses una eina gratuïta (un test d'autodiagnòstic) per a analitzar el seu grau de digitalització i veure quines línies de millora haurien d'emprendre, a l'enllaç següent:

https://www.programaempresadigital.es/

Realitza el test com a eina de diagnòstic per a la transformació digital d'una empresa d'un sector relacionat amb el títol, a la qual el test ofereix una idea sobre el seu nivell de digitalització en comparació amb altres empreses del sector. D'aquesta manera visualitza el panorama competitiu i això serveix d'impuls per a prendre decisions estratègiques.

Per a desenvolupar-lo, pots visionar el vídeo Modelo de Madu rez digital de Andalucía: Conceptos clave de la trans formación digital de la empresa:

https://youtu.be/U2DPd6MXhwY?list=PLeUBFEbHusr ROPtcPwSWSy-R9krVosM0I
https://youtu.be/2rWUFUpRGS0

ACTIVITAT 3

Utilitza les eines d'autodiagnòstic de Plataforma Accelera pyme, amb les quals podràs dur a terme una anàlisi de manera ràpida i senzilla i que permeten, no només conèixer el nivell de maduresa digital de la pime a nivell global, sinó també identificar quines àrees cal potenciar perquè el procés de transformació digital sigui tot un èxit.

1. Test de diagnòstic digital.
2. Autoavaluació de transformació digital.
3. Autoavaluació de ciberseguretat. Accedeix-hi a l'enllaç següent:

https://www.acelerapyme.gob.es/quieres-conocer-el-grado-de-digitalizacion-de-tu-pyme

ACTIVITAT 4

Tria una empresa del sector del teu títol de tècnic/a superior i utilitza l'eina d'autodiagnòstic per a determinar quin és l'estat actual de ciberseguretat de l'empresa, quins riscos l'amenacen i quins aspectes s'han de millorar.

Segueix les pautes i recomanacions específiques en ciberseguretat per a anticipar-te a les amenaces particulars de cada activitat i prevenir-les amb proactivitat, evitant els possibles impactes negatius dels eventuals incidents en la seva economia i la seva reputació.

Conèixer els riscos propis de l'activitat i del sector, aplicar mesures de protecció bàsiques i mitigar els atacs són les bases per a mantenir l'empresa a ple rendiment. Tot això des de l'enllaç de l'Institut Nacional de Ciberseguretat:

https://www.incibe.es/empresas/sectoriza2

ACTIVITAT 5

Realitza una cerca d'informació al llibre electrònic Guía para la digitalización, de Pablo Sánchez, per a identificar les àrees susceptibles de ser digitalitzades en una empresa d'autoconsum: màrqueting, vendes, gestió de la relació amb els clients i gestió interna.

ACTIVITAT 6

Realitza una cerca d'ajudes per a aconseguir un programa d'assessorament especialitzat i personalitzat, realitzat per consultores acreditades i amb experiència en implantació de projectes d'indústria 4.0, que permeti a les empreses del sector del teu títol disposar d'un diagnòstic de situació i d'un pla de transformació que identifiqui els habilitadors digitals necessaris en aquest procés de transformació i estableixi el full de ruta per a la seva implantació.

ACTIVITAT 7

Realitza una cerca d'ajudes per a aconseguir el suport a projectes que promoguin la transformació digital d'empreses industrials del sector del teu títol i que, al mateix temps, contribueixin a la millora de la seva sostenibilitat ambiental com a conseqüència d'aquesta digitalització.

ACTIVITAT 8

Realitza una cerca d'ajudes per a aconseguir una anàlisi de la situació actual de l'empresa del sector del teu títol en matèria de ciberseguretat per a conèixer el seu nivell de seguretat, i l'elaboració d'un pla de ciberseguretat específic per a aquesta empresa.

ACTIVITAT 9

Realitza una cerca d'ajudes per a aconseguir que l'empresa del sector del teu títol disposi d'un diagnòstic de situació i d'un pla de creixement enfocat a una de les sis àrees de potencial creixement de l'empresa: innovació, recursos humans, operacions, digitalització, màrqueting i comercialització i finances.

ACTIVITAT 10

Consulta l'especificació UNE 0061, Industria 4.0. Sistema de gestión para la digitalización. Criterios para la evaluación de requisitos, i especifica els requisits del capítol sobre competència, talent i capital humà per a tenir en compte la idoneïtat dels recursos humans a l'empresa del sector del teu títol.

Sostenibilidad aplicada al sistema productivo

Asunción León Blasco

Marcombo

Sostenibilidad aplicada al sistema productivo

Primera edición, 2024

Segunda edición, 2025

© 2025 Asunción León Blasco

© 2025 MARCOMBO, S. L. - www.marcombo.com

Gran Via de les Corts Catalanes 594, 08007 Barcelona

Contacto: info@marcombo.com

Diseño de la cubierta: cuantofalta.es

Maquetación: D. Márquez

Corrección: José López y Héctor Tarancón

Directora de producción: M.ª Rosa Castillo

Figura 1.12 y 2.3: Muhammad Ribkhan. Extraída de Vecteezy.com
Figura 3.12: Yuliya Pauliukevich. Extraída de Vecteezy.com
Figura 4.19: Muhammad Adnan. Extraída de Vecteezy.com
Figura 5.10: Mine Chuenmanuse. Extraída de Vecteezy.com

ISBN: 978-84-267-4019-9

D.L.: B 10117-2025

Impreso en Andalusí

Printed in Spain

Libro ecológico
Impreso con papel procedente de bosques gestionados
de manera eficiente, libre de cloro.

Presentación

Con la entrada en vigor de la nueva ley de Formación Profesional, Ley Orgánica 372022 de 31 de marzo, de ordenación e integración de la Formación Profesional, se ofrece al alumnado una educación más flexible, práctica y orientada al empleo, que se adapta a las demandas del mercado laboral y ofrece oportunidades de desarrollo personal y profesional en diversos sectores y ámbitos laborales.

Por ello, este libro desarrolla los contenidos relativos al módulo profesional sostenibilidad aplicada al sistema productivo, establecido en el Real Decreto 659/2023, de 18 de julio, por el que se desarrolla la ordenación del Sistema de Formación Profesional. Dicho módulo se imparte en todos los ciclos formativos, tanto de grado medio como superior, de todas las familias profesionales.

Su contenido se estructura en 5 unidades diferentes. La primera abarca los desafíos a los que se enfrenta actualmente la humanidad, tanto ambientales como sociales, la medida de los impactos de nuestra actividad sobre el medio ambiente y diferentes formas de abordar estos problemas. La segunda se centra en las acciones y alianzas tanto a nivel mundial como en el marco de la Unión Europea y en el territorio nacional para combatir especialmente el cambio climático y la pérdida de biodiversidad. La tercera unidad versa sobre el diseño y la fabricación de productos sostenibles, los modelos de producción lineal y circular, así como el concepto de economía verde. La cuarta está dedicada a la sostenibilidad a nivel empresarial, la aplicación de las estrategias de ASG (ambiental, social y de gobernanza) en su gestión y a la comunicación de estas acciones con los grupos de interés. La última unidad ofrece herramientas para la confección y el análisis de los planes de sostenibilidad de las actividades productivas.

El texto ha sido concebido para aplicar metodologías activas en el aula. Además de contar con el desarrollo de los contenidos y de numerosos ejercicios que facilitan su comprensión, cada unidad comienza con una actividad inicial (descargable) basada en técnicas de aprendizaje cooperativo y que introducen a los estudiantes en la materia de una forma participativa y desarrollando su pensamiento crítico.

Además, tras el resumen de los contenidos y la prueba de autoevaluación, se encuentran actividades propuestas (con material adicional descargable) en las que se aplican metodologías activas centradas en los estudiantes, como el aprendizaje basado en proyectos, los proyectos servicio, la investigación y los retos.

Acceda a www.marcombo.info
para descargar gratis
el contenido adicional,
complemento imprescindible de este libro

Código: MARCOMBO33

Índice

RESULTADOS DE APRENDIZAJE

RA 1	Identifica los aspectos ambientales, sociales y de gobernanza (ASG) relativos a la sostenibilidad, teniendo en cuenta el concepto de «desarrollo sostenible» y los marcos internacionales que contribuyen a su consecución.
RA 2	Caracteriza los retos ambientales y sociales a los que se enfrenta la sociedad, describiendo los impactos sobre las personas y los sectores productivos y proponiendo acciones para minimizarlos.
RA 3	Establece la aplicación de criterios de sostenibilidad en el desempeño profesional y personal, identificando los elementos necesarios.
RA 4	Propón productos y servicios responsables teniendo en cuenta los principios de la economía circular.
RA 5	Realiza actividades sostenibles minimizando el impacto de las mismas en el medioambiente.
RA 6	Analiza un plan de sostenibilidad de una empresa del sector, identificando sus grupos de interés, los aspectos ASG materiales y justificando acciones para su gestión y medición.

La acción humana sobre el entorno

En esta unidad va a estudiar:

- Los retos a los que se enfrenta la humanidad actualmente.

- Las consecuencias de esos problemas sobre la humanidad.

- Algunos indicadores de impacto ambiental y social.

- Los efectos sobre el medioambiente de la actividad humana.

- Algunas medidas para descarbonizar la economía.

Con su estudio, va a ser capaz de:

- Analizar los retos ambientales y sociales, y establecer relaciones entre ellos.

- Valorar las consecuencias sobre la sociedad de la situación medioambiental.

- Determinar la huella ecológica y de carbono de sus actividades cotidianas.

- Analizar el impacto de la actividad humana sobre el medioambiente.

- Entender la importancia de formar alianzas para combatir esos problemas.

- Conocer algunas acciones que se pueden llevar a cabo en distintos sectores de la economía.

TEXTO DE REFLEXIÓN

Hay dos números relacionados con el cambio climático que conviene conocer: el primero es 51.000 millones; el segundo es 0.

Cincuenta y un mil millones es el número aproximado de toneladas que el mundo aporta cada año a la atmósfera y que son las que causan el efecto invernadero. Aunque la cifra puede aumentar o disminuir ligeramente de un año al otro, por lo general tiende a crecer. Esta es la situación en la actualidad.

Cero es la cantidad a la que debemos aspirar. Para frenar el calentamiento y prevenir los peores efectos del cambio climático –que serán muy nocivos–, los humanos debemos dejar de emitir gases de efecto invernadero a la atmósfera.

Cómo evitar un desastre climático
Bill Gates

DINÁMICA COOPERATIVA

Tras la lectura del texto, se plantea una dinámica de aprendizaje cooperativo para la que se dispondrá de tarjetas de tres colores: verdes, rojas o amarillas. Cada estudiante cogerá el color que más se identifique con su posición respecto al problema del cambio climático: optimista, pesimista, neutral o escéptico respectivamente. Los estudiantes se colocarán en círculo y en el centro habrá una caja. Todos deberán intervenir durante un mínimo de 1 minuto y un máximo de 2 minutos; al hacerlo dejarán su tarjeta en el interior de la caja. El orden de intervención es aleatorio. En su intervención cada cual deberá responder a las siguientes cuestiones:

1. ¿En qué consiste el cambio climático?

2. ¿Qué relación tiene con la actividad humana?

3. ¿Cómo se siente o qué opina sobre este asunto? ¿Por qué ha elegido ese color de la tarjeta?

Tras las intervenciones, se contarán las tarjetas de cada color, se extraerán conclusiones conjuntas sobre la cuestión y se llegará a una respuesta consensuada de las dos primeras cuestiones.

Fuente: Vecteezy de Okan Ekinci.

1.1 Los problemas planetarios del siglo XXI

Actualmente nos enfrentamos a retos de suma gravedad que tienen que abordarse de forma global y con carácter urgente, pues afectan al conjunto de la humanidad. A continuación se exponen los más relevantes.

1.1.1 El cambio climático

Cuando los rayos de Sol alcanzan la superficie del planeta, parte de ellos son reflejados y redirigidos a la atmósfera, al espacio. Algunos de estos haces chocan allí con moléculas de gases atmosféricos que tienen la capacidad de absorber esa energía y retener el calor, por lo que se les denomina **gases de efecto invernadero** (GEI). Estos gases están presentes de forma natural y son los que han posibilitado la vida en la Tierra durante millones de años. Ejemplos de ellos son: el dióxido de carbono (CO_2), que se produce con la respiración de los seres vivos o en los incendios; el vapor de agua (H_2O), producido en la evaporación del agua de ríos y mares; el óxido nitroso (N_2O), procedente de la descomposición que realizan algunas bacterias tanto en la tierra como en los océanos; el metano (CH_4), producido en la putrefacción y descomposición de la materia orgánica, y el ozono (O_3), presente mayoritariamente en la estratosfera, que procede de reacciones químicas del oxígeno gracias a la energía de la radiación ultravioleta.

PARA SABER MÁS

En el enlace https://www.weforum.org/publications/global-risks-report-2024/ se encuentra el informe de riesgo global del 2024, redactado por el Foro Económico Mundial.

Estos gases no solo tienen un origen natural; la actividad humana también contribuye a producirlos, lo que incrementa su concentración en la atmósfera. Además, existen otros gases artificiales con capacidad para retener la radiación infrarroja, como los gases fluorados (clorofluorocarbonos o CFC, hidrofluorocarbonos o HFC, hidroclorofluorocarbonos o HCFC o especies totalmente fluoradas como el SF6) y el ozono troposférico, todos ellos de origen exclusivamente antropogénico.

El aumento en la concentración de gases de efecto invernadero (GEI) en la atmósfera no solo eleva la temperatura global, sino que provoca cambios permanentes tanto en los valores térmicos como en los patrones meteorológicos, lo que tiene profundas repercusiones sobre los ecosistemas. Estos cambios prolongados en el tiempo son conocidos como cambios climáticos. A lo largo de la historia del planeta, el clima ha variado de manera natural, debido a factores como alteraciones la inclinación del eje terrestre, alteraciones en la excentricidad de la órbita o impactos de meteoritos, por ejemplo. Sin embargo, el cambio climático actual tiene como principal causa la actividad humana, en especial la quema de combustibles fósiles desde el inicio de la Revolución Industrial. Además, estas transformaciones se están produciendo a una velocidad vertiginosa, sin tiempo suficiente para la adaptación. Nos dirigimos hacia un planeta más cálido, más árido y con fenómenos meteorológicos extremos cada vez más frecuentes, donde la vida en todas sus formas puede verse seriamente comprometida.

Figura 1.1 Gases de efecto invernadero y superficie terrestre.

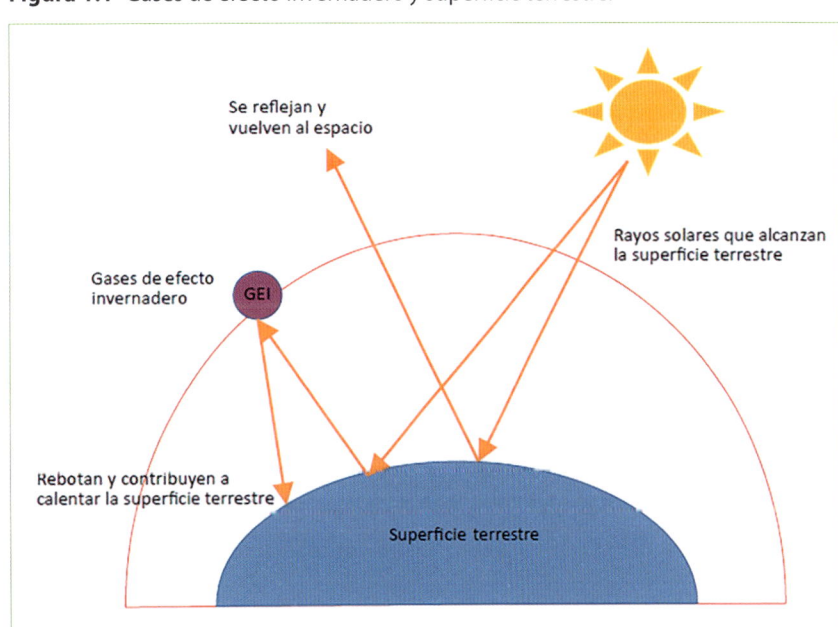

EJERCICIO 1.1

Según el texto, el CO_2 está presente en la atmósfera tanto de manera natural como por consecuencia de la acción humana. Cite varios ejemplos de actividades humanas que producen la emisión de este gas.

EJERCICIO 1.2

El vapor de agua es el mayor causante del efecto invernadero. Recientemente, su concentración en la atmósfera está aumentando vertiginosamente. ¿A qué cree que se debe?

EJERCICIO 1.3

Busque información de posibles fuentes de emisión de gases fluorados.

EJERCICIO 1.4

Explique, con sus propias palabras, cómo la acción humana tiene una repercusión sobre el clima.

1.1.2 La superpoblación y el agotamiento de los recursos naturales

En los últimos años hemos asistido a una explosión demográfica sin precedentes. Los avances en medicina y la mejora de las condiciones de vida lo han hecho posible. La esperanza de vida es mayor, como también lo es la supervivencia infantil y el número de personas que llegan a la edad reproductiva. Consecuentemente, en el año 2022 se alcanzaron los 8.000 millones de habitantes. Se espera que la cifra siga aumentando, aunque más lentamente, hasta la segunda mitad del siglo XXI, cuando puede que haya un cambio en la tendencia."

Figura 1.2 Cada vez la población mundial es mayor. Fuente Vecteezy de Icon ade.

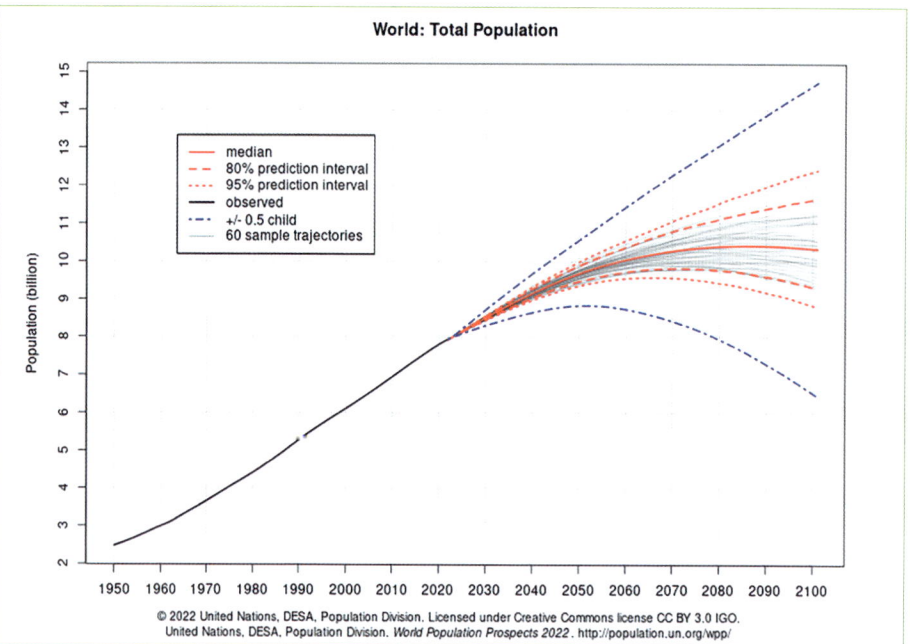

Figura 1.3 Evolución de la población mundial desde 1950 y previsiones hasta 2100. Fuente: Naciones Unidas.

La humanidad necesita tomar de la naturaleza recursos para alimentarse, lavarse, vestirse, cobijarse, obtener energía, etc. Cuanto mayor es el número de individuos, mayor presión se ejerce sobre el medio ambiente. Si, además, los habitantes de los países desarrollados siguen un modo de vida cada vez más consumista, esta demanda se multiplica. Se entiende **por agotamiento de recursos naturales** un consumo tan rápido y descontrolado que la naturaleza no puede regenerarlos, ya sea porque se trate de recursos no renovables (por ejemplo, los combustibles fósiles, minerales, etc.), ya sea porque no tiene tiempo para hacerlo (por ejemplo, la sobrexplotación de bancos de peces, del suelo cultivado, etc.). Consecuentemente, se puede llegar a la situación de que no haya suficientes recursos para abastecer a la población mundial.

EJERCICIO 1.5

¿Cómo influye el modo de vida en la presión que los humanos realizamos sobre el medioambiente? Cite algunos ejemplos comparando distintos modos de vida.

EJERCICIO 1.6

Averigüe en qué consiste la desertificación del suelo y sus posibles causas. ¿Qué diferencia hay con la desertización?

EJERCICIO 1.7

Respecto al agua, ¿cómo la clasificaría, como un recurso renovable o como no renovable? Razone su respuesta.

1.1.3 La reducción de la masa forestal y la pérdida de biodiversidad

Un **ecosistema** es un espacio físico que incluye a los seres vivos que lo habitan y las relaciones que se establecen entre todos ellos. Los ecosistemas naturales son habitados por gran cantidad de organismos, no solo animales y plantas, sino también hongos, microorganismos. Se denomina **biodiversidad** a la variedad de entornos que componen el espacio natural, lo que incluye tanto la diversidad de medios y especies como las variedades genéticas dentro de ellas. En la naturaleza, cada miembro de un ecosistema realiza una función determinada y ayuda a mantener el equilibrio, por lo que la desaparición de una especie puede llevar al colapso a todo el entorno y desencadenar la extinción de otras especies.

En la actualidad, la merma de biodiversidad es alarmante, con cifras de pérdidas en torno al 80 % en algunos espacios. Los ecosistemas más dañados son la sabana, la pradera y la tundra, además de algunos tipos de bosques y selvas. La responsabilidad de este hecho recae sobre la especie humana por la sobrexplotación de los medios terrestres y acuáticos, el cambio del uso de muchos hábitats para dedicarlos a la agricultura o la ganadería, la introducción de especies invasoras en muchos entornos, etc.

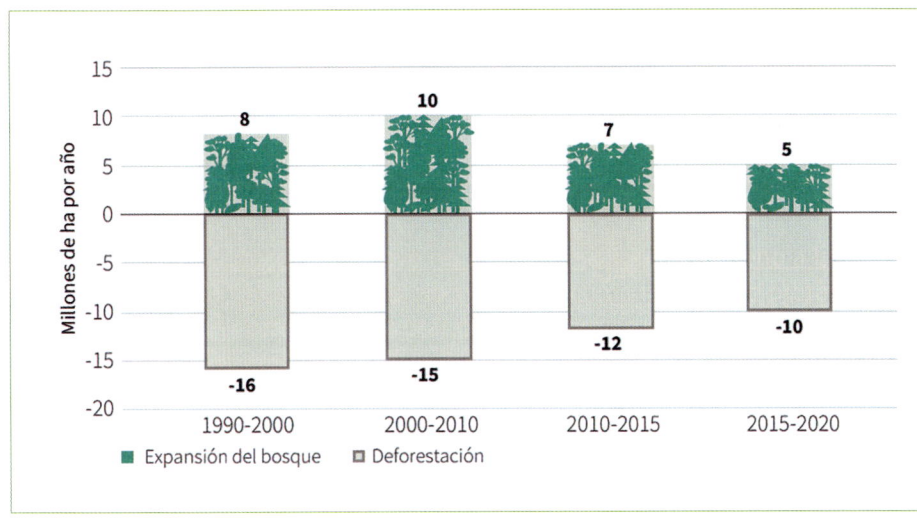

Figura 1.4 Reforestación y deforestación mundial en los últimos años. Fuente: FAO.

Un caso concreto de pérdida de biodiversidad es el retroceso de los bosques o **deforestación**. Los incendios, la sequía, la silvicultura o la tala intencionada han ocasionado la reducción galopante de su extensión. Este proceso no solo pone en peligro a especies animales y vegetales, sino que también afecta el equilibrio climático, ya que los árboles y las plantas son grandes absorbentes del dióxido de carbono atmosférico.

─────── CURIOSIDADES ───────

Una de las principales causas de la deforestación en las selvas tropicales es su reconversión en pastos para el ganado, especialmente el vacuno, o tierras de cultivo para producir alimentos destinados fundamentalmente a ese ganado, sobre todo la plantación de soja.

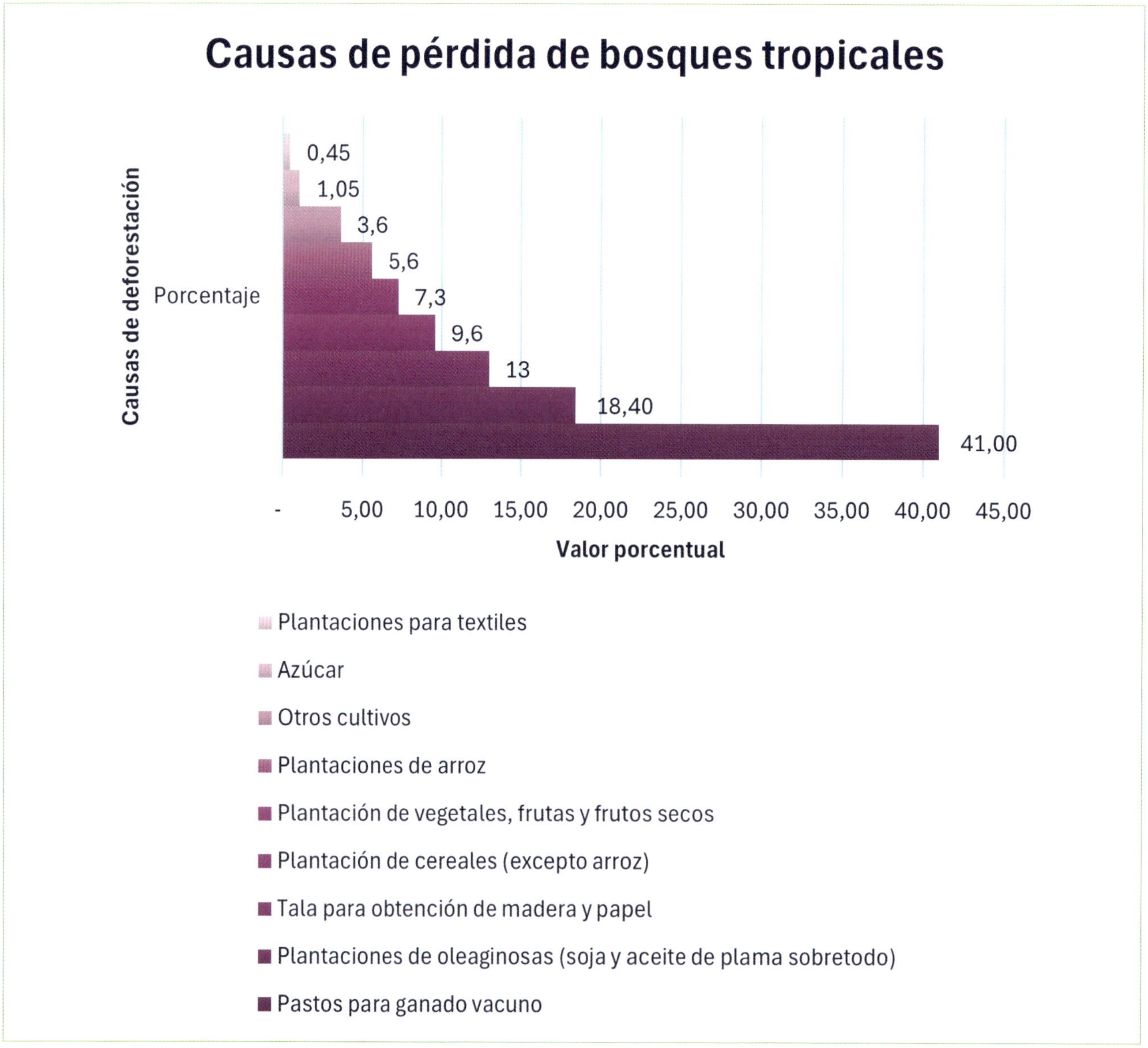

Causas de pérdida de bosques tropicales

Causas de deforestación — Porcentaje

- 0,45
- 1,05
- 3,6
- 5,6
- 7,3
- 9,6
- 13
- 18,40
- 41,00

Valor porcentual (-, 5,00, 10,00, 15,00, 20,00, 25,00, 30,00, 35,00, 40,00, 45,00)

- ▪ Plantaciones para textiles
- ▪ Azúcar
- ▪ Otros cultivos
- ▪ Plantaciones de arroz
- ▪ Plantación de vegetales, frutas y frutos secos
- ▪ Plantación de cereales (excepto arroz)
- ▪ Tala para obtención de madera y papel
- ▪ Plantaciones de oleaginosas (soja y aceite de plama sobretodo)
- ▪ Pastos para ganado vacuno

Figura 1.5 Principales causas de pérdida de bosque tropical entre 2005 y 2013.

Todos los beneficios que la humanidad extrae de los ecosistemas, como los recursos, la mejora en la calidad de vida, la salud o la economía, se denominan **servicios ecosistémicos**. Estos pueden ser de diferentes tipos:

- **Servicios de aprovisionamiento.** Consisten en todos los materiales que se extraen de los ecosistemas: alimentos, agua, combustibles, etc.

- **Servicios de apoyo.** Comprenden todo lo que tiene que ver con la formación del suelo, el aporte de oxígeno a través de la fotosíntesis, etc.

- **Servicios de regulación.** Los ecosistemas tienen la capacidad de regular el clima, la calidad del aire, la regeneración de las aguas residuales, la polinización de los cultivos, la captura del dióxido de carbono, etc.

- **Servicios culturales.** La naturaleza brinda un entorno donde realizar actividades deportivas, relajarse, etc., todo ello imprescindible para la salud de las personas.

Con la reducción de los espacios naturales, todos estos servicios se ven mermados. Consecuentemente, la pérdida de biodiversidad y de espacios naturales es una gran amenaza para la habitabilidad del planeta.

─ PARA SABER MÁS ─

Si consulta en la página web https://www.uicn.es/ de la UINC (Unión Internacional de Conservación de la Naturaleza), en el apartado «Actualidad» hay un enlace llamado «estado de la biodiversidad en España», donde hay información de las especies en riesgo en todo el territorio nacional.

EJERCICIOS

EJERCICIO 1.8

Cite algún ejemplo que conozca de cómo la pérdida de una especie supone la desaparición de otra.

EJERCICIO 1.9

¿Qué relación existe entre la pérdida de biodiversidad y la pérdida de masa forestal?

EJERCICIO 1.10

Clasifique, según el tipo de servicio que presten, los siguientes beneficios que se extraen de los ecosistemas:

- La obtención de madera para la construcción

- La purificación del aire

- El descenso de un río en kayak

- La formación de suelo fértil

CASO PRÁCTICO

LOS EUCALIPTALES DE LA CORNISA CANTÁBRICA

El eucalipto es un árbol tropical originario de Australia y Nueva Guinea. Es conocido por su rápido crecimiento. Es muy apreciado por su utilidad en la producción de pulpa de celulosa para la industria papelera, como biomasa para combustión y por sus propiedades medicinales.

Introducido en la península ibérica a finales del siglo XIX, su plantación fue promovida por las administraciones como especie de reforestación hasta mediados del siglo XX. Como resultado, ocupa actualmente cerca de un millón de hectáreas. Se concentra especialmente en la cornisa cantábrica, donde el clima templado y la abundancia de agua favorecen su desarrollo.

Desde el punto de vista económico, el eucalipto es más rentable que los árboles autóctonos, ya que alcanza su madurez comercial en 12-15 años, frente a los 20-30 de otras especies, y genera mayores rendimientos por hectárea. Su explotación no solo crea empleo, sino que también aporta beneficios económicos significativos a las regiones donde se cultiva.

Sin embargo, su presencia plantea importantes desafíos ecológicos. El eucaliptal compite con los bosques autóctonos, desplazándolos y reduciendo la biodiversidad

Árbol de eucalipto.
Fuente: Vecteezy de Imogen Warren.

local. La composición química de sus hojas acidifica el suelo, lo que inhibe el crecimiento de otras plantas. Además, esta hojarasca tóxica llega a los ríos, donde afecta a hongos, invertebrados y peces, y altera el equilibrio de las comunidades fluviales.

Por otra parte, el eucalipto demanda grandes cantidades de agua, lo cual limita su disponibilidad para otros organismos. En caso de incendio, sus plantaciones facilitan la propagación del fuego debido a sus características inflamables. También, su tala requiere maquinaria especializada, lo que reduce la generación de empleo directo y aumenta la necesidad de infraestructuras que impactan en el entorno.

En conclusión, aunque el eucalipto ofrece ventajas económicas y ha sido clave en ciertas industrias, su impacto ambiental genera un debate que exige soluciones equilibradas. Promover prácticas sostenibles podría minimizar sus efectos negativos y fomentar una relación más armónica entre economía y ecología.

Actividades

1. Tras la lectura del texto, completa la siguiente tabla:

Tipo de problema ambiental/social con el que se puede asociar:	
Motivo por el que se ha producido el problema:	
Consecuencias que produce y su explicación:	
Medidas que se pueden llevar a cabo para paliar el problema:	

2. Análisis grupal

Dividir la clase en cuatro grupos diferentes, de manera que cada uno responderá a una de las siguientes preguntas, empleando los datos del texto. También puede completarlos con información adicional:

- ¿Qué factores económicos y políticos motivaron la expansión del eucalipto en la cornisa cantábrica?
- ¿Qué consecuencias ecológicas ha provocado la presencia del eucalipto, tanto a nivel local como regional?
- ¿Qué efectos tiene el eucalipto sobre la biodiversidad, los ecosistemas acuáticos y el ciclo hidrológico?
- ¿Cómo afectan las plantaciones de eucalipto a la economía rural y a las comunidades locales?

Cada grupo expondrá brevemente su análisis ante el resto de los compañeros. Seguidamente se deben consensuar entre los cuatro grupos soluciones sostenibles para mitigar los impactos negativos del eucalipto. Esto podría incluir:

- Estrategias para controlar su expansión (por ejemplo, regulaciones más estrictas en áreas protegidas)
- Alternativas de reforestación con especies autóctonas, especialmente en áreas con alto valor ecológico
- Propuestas para compensar a los propietarios de tierras que sustituyan los eucaliptales por especies autóctonas (subvenciones, incentivos fiscales, etc.)
- Recomendaciones para reducir la demanda de papel y biomasa a través de tecnologías más sostenibles o la promoción del reciclaje

Acceda a www.marcombo.info con el código MARCOMBO33 y descargue más casos prácticos.

Figura 1.6 La contaminación, en todas sus formas, es otro de los desafíos ambientales a los que hay que hacer frente.
Fuente: Vecteezy de Wannapong Phobklang.

1.1.4 La contaminación

La acción humana genera agentes biológicos, químicos o físicos que, por su presencia o concentración, degradan el entorno y alteran su equilibrio natural. Estos agentes son responsables de lo que conocemos como **contaminación**, que se clasifica principalmente en:

- **Contaminación del aire.** La actividad industrial, el tráfico rodado, el uso de la calefacción, entre otros, causan la emisión de gases y polvos tóxicos a la atmósfera que tienen serias repercusiones sobre el bienestar de los seres vivos. La calidad del aire respirado empeora y afecta negativamente a su salud. Por otro lado, algunos contaminantes pueden dar lugar a la formación de lluvia ácida o la reducción de la capa de ozono estratosférica.

- **Contaminación del agua.** Su origen está fundamentalmente en los vertidos descontrolados y sin tratamiento de desechos industriales (especialmente de las industrias químicas) y aguas residuales, los fertilizantes e insecticidas empleados en la agricultura, los arrastres de sedimentos producidos por la deforestación y degradación del suelo, etc. Estos contaminantes no solo afectan a los organismos acuáticos y a la potabilidad del agua, sino que también aumentan su temperatura, con lo que causan efectos en cadena. Por otro lado, el exceso de nutrientes como nitrógeno y fósforo presentes en estos vertidos genera eutrofización, un crecimiento acelerado de algas que impide la entrada de luz y oxígeno al agua. A ello se suma la acidificación de los océanos, resultado de las reacciones químicas entre el agua y el CO_2 atmosférico, lo que pone en peligro la vida marina.

- **Contaminación de los suelos.** La introducción de algunos elementos, como por ejemplo los productos químicos empleados en la agricultura, dañan tanto a los microorganismos como a la flora y la fauna del entorno, lo que produce la acidificación o eutrofización del suelo.

Un problema creciente y sumamente preocupante es la contaminación por **plásticos**. Estos materiales empezaron a emplearse de forma masiva en la industria a partir de 1960, en sustitución de otros más caros. Poco a poco se extendieron sus aplicaciones. Actualmente es el recipiente temporal por excelencia, por lo que en muchas ocasiones son de un solo uso.

Figura 1.7 Evolución de la producción mundial de plástico desde 1950.

A día de hoy los plásticos contaminan los suelos y los océanos, hasta tal punto que se han formado grandes islas de este material de tamaños comparables a naciones. Incluso han sedimentado, mezclados con rocas, y formado el **plastiglomerado**. Por otro lado, se ha desintegrado formando los denominados **microplásticos**, partículas de tamaño inferior a 5 mm, y los **nanoplásticos**, cuyo tamaño oscila entre 1 y 100 nanómetros, y ya han pasado a la cadena alimentaria al ser ingeridos tanto por animales terrestres como por peces. A todo esto hay que añadir el agravante de que los productos plásticos tardan en degradarse de 100 a 1000 años.

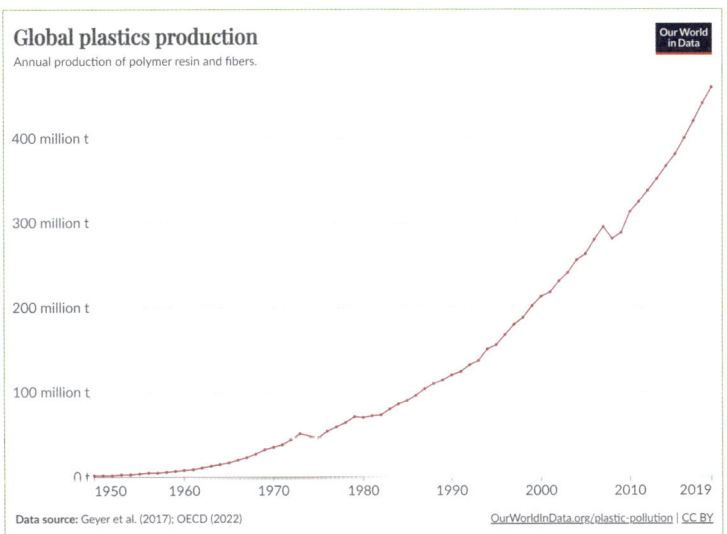

Figura 1.8 Contaminación del agua por plásticos.

Existen otras formas de contaminación que son ocasionadas por ondas. Es el caso de la contaminación **acústica**, la **lumínica** o la **radiactiva**, por ejemplo. Todas ellas tienen repercusiones negativas sobre la salud de los seres vivos y sus ciclos biológicos.

EJERCICIOS

EJERCICIO 1.11

Intente relacionar el calentamiento del agua con el cambio climático explicando cómo contribuyen a reforzarse entre sí.

EJERCICIO 1.12

Busque información sobre las consecuencias de la acidificación de los océanos y la eutrofización del agua.

EJERCICIO 1.13

¿Por qué es tan grave el problema de los plásticos?

1.1.5 Las desigualdades sociales

— CURIOSIDADES —

Como dato orientativo, en torno al 1 % de la población más rica posee cerca de la mitad del patrimonio mundial.

El mundo está formado por numerosos países con variedad de economías, entornos naturales, contextos socioculturales, etc. Entre estos países existen diferencias sustanciales en cuanto al reparto de la riqueza y el acceso a los recursos básicos de sus habitantes; en otras palabras, existen desigualdades tangibles que obedecen a diferentes razones.

Por un lado están las causas históricas. La Revolución Industrial supuso una mejora inconmensurable de las condiciones de vida de los más desfavorecidos. Surgió en el Reino Unido alrededor de 1750 y se expandió por Europa, llevando consigo el desarrollo y el aumento de la riqueza. Igualmente afectó a Norteamérica, entonces perteneciente a la Corona británica. La producción industrial necesitaba recursos materiales y muchos de ellos se extraían de las colonias, en detrimento de los países de origen y en beneficio de los europeos. Esta situación de explotación llegó a su fin cuando las colonias fueron ganando su independencia, aunque se quedaron tras ella con sus recursos mermados.

— CURIOSIDADES —

Paradójicamente, las naciones más pobres son las que menos contribuyen al cambio climático; sin embargo, son las que más sufren sus efectos más nocivos.

Otra de las razones de esta desigualdad es geográfica. Mientras algunos países cuentan con suelos ricos, climas propicios para la agricultura y ganadería, y recursos naturales abundantes que contribuyen a su desarrollo, otros disponen de suelos pobres, climas secos y escasas materias primas, lo que dificulta el crecimiento del país.

Por último, también cabe mencionar la influencia de la salud y el nivel educativo de sus habitantes. Naciones con poblaciones sanas, con sus necesidades básicas bien cubiertas y con acceso a la educación de todos sus habitantes, posibilitan el aumento de la riqueza del país gracias a esos recursos humanos. Si, por el contrario, el contexto es de enfermedades como la malaria y el sida, de dificultades para acceder a la educación, especialmente de las mujeres, y con la población concentrada en encontrar comida, agua y combustible para subsistir, no es fácil que el talento se desarrolle, y mucho menos que contribuya al bienestar general.

— CURIOSIDADES —

Desde el año 2019, según datos del INE, el número de personas que viven en riesgo de pobreza extrema en España ha aumentado de un 4,7 % de la población a un 8,9 % en 2023. En ese mismo año, el 26,9 % de la población española se encontraba en riesgo de pobreza o exclusión social.

Pero la desigualdad no se da únicamente entre países, sino también en el seno de cualquier sociedad. Sea cual sea la causa (económica, de la mujer frente al hombre, racial, religiosa, por diversidad funcional, etc.), hacen que no haya igualdad de oportunidades, por lo que aparece la denominada **brecha social** o heterogeneidad en el seno de una sociedad. Estas barreras, cuando no se abordan mediante políticas inclusivas, se perpetúan y disminuyen el potencial colectivo de la sociedad.

Una consecuencia de estas desigualdades es que existen colectivos que viven en la **pobreza** o sin recursos suficientes para poder llevar una vida digna. Pertenecen a este colectivo personas con difícil acceso al agua potable o a la educación, por ejemplo. Si además no pueden cubrir adecuadamente sus necesidades alimenticias, se habla de **pobreza extrema**. Desgraciadamente, existen millones de personas en el mundo que viven en estas situaciones, especialmente en los países más vulnerables.

Todas estas desigualdades constituyen un riesgo a nivel planetario ya que pueden desencadenar migraciones masivas y descontroladas de los países pobres a los más desarrollados o entre distintas zonas de un mismo país a otras, derivar en confrontaciones violentas o conflictos bélicos, o pérdidas de cohesión social. Abordar estas desigualdades requiere un esfuerzo global conjunto, con medidas a todos los niveles, desde el local al internacional. Solo así podremos preservar la estabilidad mundial y construir una sociedad más equitativa y resiliente.

Figura 1.9 Las desigualdades, la brecha social y la pobreza son algunos de los grandes retos humanos del presente siglo.

Fuente: Vecteezy de Petr Tkachenko.

EJERCICIOS

EJERCICIO 1.14

¿Por qué la situación geográfica de un país puede ser causa de desigualdades?

EJERCICIO 1.15

Defina con sus propias palabras el concepto de brecha social.

EJERCICIO 1.16

¿Qué diferencia existe entre pobreza y pobreza extrema?

EJERCICIO 1.17

Explique qué riesgos a nivel planetario entrañan las desigualdades.

EJERCICIO 1.18

Realice un análisis de los problemas que se han descrito en el punto 1.1 completando la siguiente tabla, a partir del ejemplo dado:

Problema	Causas	Consecuencias
Cambio climático	Mayor concentración de GEI en la atmósfera, especialmente de origen antropogénico	Elevación global de temperaturas Planeta más árido Aumento de fenómenos meteorológicos extremos: sequías, inundaciones, huracanes

1.2 La medida de la acción humana sobre el entorno

Para afrontar estos desafíos medioambientales, el primer paso es realizar un diagnóstico de la situación. A continuación, es fundamental cuantificar el impacto de las actividades en los ecosistemas para adoptar soluciones basadas en la evaluación de su impacto. Por ello, es necesario utilizar indicadores. Algunos de los más representativos se expondrán en este apartado.

1.2.1 La huella ecológica

Cualquier actividad que realicemos de forma cotidiana, ya sea en los hogares o en los entornos productivos, tiene un impacto en la naturaleza, que se traduce tanto en la extracción de recursos como en la liberación de desechos. Existen diferentes modos de vida, y no todos tienen el mismo efecto ni causan el mismo daño sobre el entorno, por lo que resulta imprescindible una herramienta para evaluar esa repercusión sobre el medioambiente. De ahí surge el concepto de **huella ecológica**, indicador que se expresa como la superficie en hectáreas de terreno biológicamente activo necesaria para producir los recursos que se han empleado en una determinada acción y absorber los residuos generados, de manera indefinida en el tiempo. En la valoración del impacto que produce una persona sobre el planeta se tiene en cuenta el tipo de alimentación, la procedencia de estos alimentos y si están envasados o no, el tamaño del hogar, su eficiencia y sus materiales de construcción, los hábitos de movilidad, el tipo de fuente de energía y la cantidad de basura generada.

Para expresar la huella ecológica se puede diferenciar entre distintos tipos de terreno (cultivable, de pastoreo, de pesca, urbanizado, forestal o la demanda de carbono), o se puede hablar de manera general de hectáreas globales.

La **biocapacidad** o **capacidad biológica** es la facultad de los ecosistemas de regenerar los recursos naturales extraídos de ellos y absorber los residuos producidos por las actividades humanas de manera sostenible, es decir, sin sobrepasar sus límites de regeneración y absorción. Se mide en hectáreas globales y depende de factores como la productividad de los suelos, la disponibilidad de agua, la biodiversidad y la eficiencia de los ecosistemas en la absorción de carbono.

Para que haya un equilibrio entre la huella ecológica (indicador de impacto) y la biocapacidad del planeta (indicador de regeneración), ambos valores deben ser iguales. Sin embargo, cuando la presión sobre un entorno natural supera su biocapacidad, se produce un **déficit ecológico**, lo que indica un uso insostenible de los recursos naturales. En el momento actual, el equilibrio entre ambos parámetros se alcanzaría en torno a 1,6 hectáreas globales por persona y año. Sin embargo, la huella ecológica es muy desigual entre los distintos países.

Figura 1.10 La huella ecológica en hectáreas globales por persona en los diferentes países. Fuente: *Global Footprint Network*.

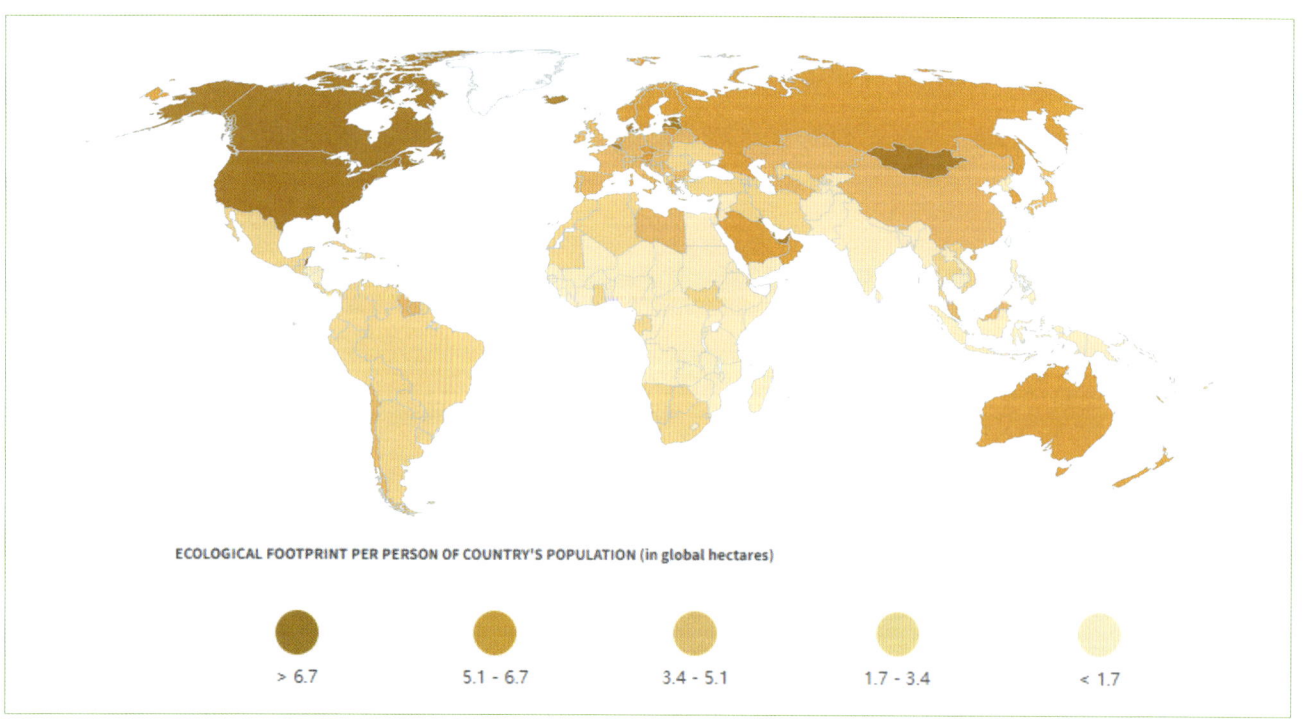

ECOLOGICAL FOOTPRINT PER PERSON OF COUNTRY'S POPULATION (in global hectares)

> 6.7   5.1 - 6.7   3.4 - 5.1   1.7 - 3.4   < 1.7

Para la medida del déficit ecológico es muy usual emplear el concepto del **Día de la Deuda Ecológica** o **Día de la Sobrecapacidad de la Tierra** (también *Earth*

Overshoot Day o Ecological Debt Day). Se trata de la fecha de calendario en la que toda la humanidad, una región, un país o una persona han consumido los recursos que les brinda el planeta hasta el límite de su biocapacidad durante un año. Más allá de esa fecha, la explotación de la naturaleza está causando daños permanentes sin posibilidad de regeneración a corto plazo. Desgraciadamente, cada año esa fecha se alcanza antes.

PARA SABER MÁS

En la página web https://data.footprintnetwork.org/#/ en la opción de menú *explore data*, se tiene mucha información sobre la evolución de la biocapacidad y la huella ecológica en los últimos 60 años.

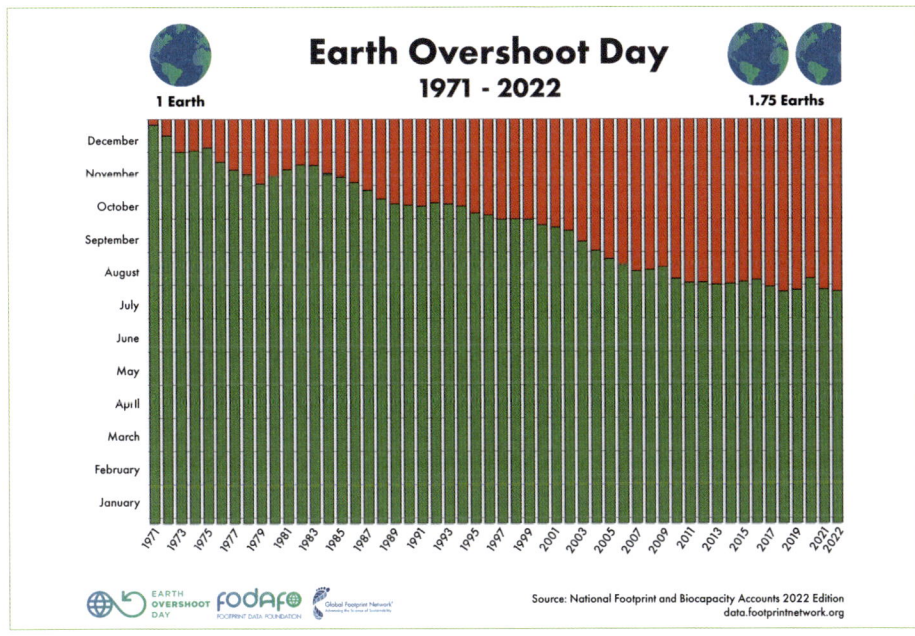

Figura 1.11 Día Mundial de la Deuda Ecológica desde 1971 hasta 2020.

1.2.2 La huella de carbono

Otra herramienta que valora el impacto negativo de las acciones humanas sobre el medioambiente es la denominada **huella de carbono**, que se expresa en toneladas equivalentes de dióxido de carbono (CO_2e), y mide la contribución al cambio climático de una determinada actividad cuantificando todos los gases de efecto invernadero que se han emitido a la atmósfera normalmente de forma anual. Su cálculo es tremendamente útil para cuantificar efectos, realizar análisis comparativos y poder adoptar decisiones en función de estos valores. Realmente forma también parte de la huella ecológica, pero se puede abordar con un análisis diferenciado.

Existen diferentes metodologías de estimación que se rigen por normas internacionales y que distinguen entre las siguientes huellas de carbono, cada una de ellas con una forma de cálculo diferenciada:

- **Huella de carbono personal.** Es la producida por un individuo en su vida cotidiana, en función de sus consumos, de su alimentación, de su forma de desplazarse, de sus posesiones, etc.

- **Huella de carbono de un producto o servicio.** Es la medida de los GEI producidos en la fabricación, la vida útil y el final de su ciclo de uso de un determinado producto o la realización de un determinado servicio.

- **Huella de carbono corporativa o de empresa.** Engloba todas las emisiones de gases de efecto invernadero que produce una organización en su actividad, tanto de manera directa como indirecta.

- **Huella de carbono de eventos.** Comprende todas las emisiones de GEI correspondientes a la organización de un evento, incluyendo el transporte, los consumibles, la energía necesaria, etc.

- **Huella de carbono territorial.** Es la referida a una determinada área geográfica.

- **Huella de carbono de un sector productivo.** Diferencia entre tipos de industria para realizar el cálculo de los GEI emitidos y poder establecer comparaciones.

CURIOSIDADES

Una aplicación práctica de la huella de carbono es el Régimen de Comercio de Derechos de Emisión de la Unión Europea (RCDE UE), a través de la Directiva 2003/87/CE, por el cual a cada una de las entidades participantes se le fija un límite de emisiones de GEI anuales. Si la entidad sobrepasa ese límite, debe comprar los derechos de emisión en el mercado a las entidades que han emitido menos de su máximo admisible y pagar por ello. En definitiva, quien más contamina paga más, y la reducción de emisiones tiene un estímulo económico. Además, el ministerio pone a disposición de las empresas una calculadora de su huella de carbono, que se encuentra en el siguiente enlace https://www.miteco.gob.es/es/cambio-climatico/temas/mitigacion-politicas-y-medidas/calculadoras.html

— PARA SABER MÁS —

Algunos enlaces a bases de datos de factores de emisión son:

MITECO: https://www.miteco.gob.es/content/dam/miteco/es/calidad-y-evaluacion-ambiental/temas/sistema-espanol-de-inventario-sei-/NIR_Anexo7_2024_v02.pdf

IPCC: https://www.ipcc-nggip.iges.or.jp/EFDB/main.php

DEFRA: https://www.gov.uk/government/collections/government-conversion-factors-for-company-reporting

EPA: https://www.epa.gov/climateleadership/ghg-emission-factors-hub

— CURIOSIDADES —

La huella hídrica se descompone en huella hídrica verde (agua de lluvia), huella hídrica azul (aguas superficiales y subterráneas) y huella hídrica gris (agua contaminada).

Para el cálculo de la huella de carbono es necesario disponer de los denominados **factores de emisión** o coeficientes que expresan la cantidad de GEI en toneladas o kilogramos de CO_2 equivalentes por cada unidad consumida del parámetro que se quiera cuantificar. Algunos ejemplos de unidades de factores de emisión pueden ser:

- kg CO_2e por litro de combustible consumido
- kg CO_2e por kWh de electricidad empleada
- kg CO_2e por tonelada de residuo generado

Ciertos organismos reconocidos publican tablas de factores de emisión para su uso en el cálculo de la huella de carbono, como por ejemplo el **IPCC** (Panel Intergubernamental sobre Cambio Climático), **EPA** (Agencia de Protección Ambiental de EE. UU.), **DEFRA** (*Department for Environment, Food and Rural Affairds* del Reino Unido) o el **MITECO** (Ministerio para la Transición Ecológica y el Reto Demográfico de España). Sus publicaciones constituyen bases de datos fiables.

Esta es la fórmula para obtener la huella de carbono:

huella de carbono = cantidad consumida x factor de emisión correspondiente

---

EJEMPLO 1

Se estima que el consumo de electricidad medio diario de una vivienda en España es de 9 kWh. Si la electricidad procede de centrales eléctricas con fuentes de energía convencionales, cuyo factor de emisión es de 0,34 kg CO_2e/kWh, ¿cuál será la huella de carbono anual media de una vivienda?

Solución:

Esta es la fórmula:

huella de carbono = consumo diario en kWh × n.º días año × factor de emisión

Sustituyendo:

huella de carbono = 9 × 365 × 0,34 = 1116,9 kg CO_2e

EJEMPLO 2

Según la base de datos de la DEFRA, el factor de emisión del motor diésel de un turismo es 0,266155 kg CO_2e por litro de combustible. Si un coche que emplea ese combustible consume como media 5,8 l por cada 100 km y recorre una distancia de 225 km, ¿cuál será la huella de carbono de ese trayecto?

Solución:

La cantidad de combustible gastada por cada kilómetro recorrido es:

$$\frac{5,8}{100} = 0,058 \; l/km$$

El volumen total de combustible consumido en esa distancia será:

volumen diésel = 0,058 × 225 = 13,05 l

Y la huella de carbono del trayecto:

huella de carbono = litros consumidos × factor emisión = 13,05 · 0,266155 = 3,47 kg CO_2e

Es decir, se habrán emitido 3,47 kg CO_2e a la atmósfera durante ese trayecto.

1.2.3 La huella hídrica

Otro parámetro de perjuicio medioambiental importante es la **huella hídrica** o volumen de agua dulce, expresada en litros o metros cúbicos, que se emplea o se contamina en toda la cadena de producción de un determinado bien de consumo o cualquier actividad humana. Al igual que los indicadores anteriores, permite evaluar procesos y aportar información para poder comparar y adoptar medidas de ahorro.

Hay que tener en cuenta que el agua es uno de los grandes bienes y que es imprescindible para la supervivencia de los seres vivos, y que resulta escasa en algunas regiones del planeta.

PARA SABER MÁS

Puede calcular su huella hídrica con ayuda de la página web https://www.waterfootprint.org/

CURIOSIDADES

Como promedio, el 70 % del consumo de agua dulce se produce en la agricultura y ganadería, el 19 % corresponde a las actividades industriales y el 11 % restante se gasta en los hogares.

EJERCICIOS

EJERCICIO 1.19

¿En qué unidades se expresa la huella ecológica? ¿Y la huella de carbono? ¿Y la huella hídrica? ¿Y la huella social?

EJERCICIO 1.20

Explique las diferencias entre la huella ecológica y la huella de carbono.

EJERCICIO 1.21

Verdadero o falso: la huella de carbono mide las toneladas de dióxido de carbono emitidas a la atmósfera.

EJERCICIO 1.22

¿En qué mes se produjo el Día de la Deuda Ecológica mundial 2023? Con ayuda de Internet, averigue qué día fue el de la deuda ecológica en España ese mismo año, en 2023, y compárelo con el valor medio mundial. ¿Estamos por encima o por debajo de la media?

EJERCICIO 1.23

Con la ayuda de la herramienta que encontrará en la página web www.footprintnetwork.org, calcule la huella ecológica correspondiente a su modo de vida. En ella obtendrá cuántos planetas serían necesarios para que toda la población mundial viviera como lo hace y en qué fecha se acabarían los recursos regenerables anualmente y a partir de la cual ya se estaría causando un daño permanente. Después, analice detalladamente qué puntuaciones tiene en los cinco bloques que se distinguen: comida, abrigo, movilidad, bienes y servicios. Pongan en común los resultados de toda la clase y, según ellos, valoren cuáles son los dos ítems que más contribuyen a la huella ecológica del conjunto. A continuación, hagan una tormenta de ideas de cómo pueden reducir estos dos ítems. En la propia página web tienen algunas sugerencias. Material adicional descargable.

EJERCICIO 1.24

Se tiene una oficina en la que trabajan ocho empleados. Se conocen los siguientes datos relativos sobre su funcionamiento:

Hábitos	Valor	Fuente o tipo
Consumo eléctrico	3.500 kWh anuales	Fuentes convencionales
Consumo de papel	80 kg anuales	Papel convencional
Desplazamiento de los empleados	Distancia media de 25 km en trayecto de ida y vuelta	Coche individual de gasolina con consumo de 6 litros cada 100 km
Climatización con aire acondicionado que emplea refrigerante del tipo HFC (R-401A)	3,5 kg de refrigerante y consumo anual de 1.500 kWh (incluidos en los 3.500 kWh anuales)	Refrigerante RA401-A con una tasa de pérdida anual del 1,5 %

Además, se conocen los siguientes factores de emisión (valores de MITECO y base de datos de DEFRA):

Concepto	Valor
Gasolina	2,34 kg CO_2e/l
Trayecto en autobús público	0,0217 kg CO_2e/km y persona
Desplazamiento en bicicleta o andando	0 kg CO_2e/km
kWh fuentes convencionales	0,34 kg CO_2e/kWh
kWh fuentes renovables	0 kg CO_2e/kWh
Emisiones fugitivas del refrigerante R401A	1182 kg CO_2e/kg
Papel convencional	0,829 kg CO_2e/kg
Papel reciclado	0,72 kg CO_2e/kg

El número de días laborales anuales es de 220.

Los refrigerantes son gases con alto potencial de calentamiento global, con contribución al efecto invernadero muy superior al del dióxido de carbono. En su uso normal se producen fugas que se expresan como un porcentaje anual. Así, la huella de carbono debido a las fugas o emisiones de refrigerante del aire acondicionado se calculan con la fórmula:

$$emisiones = cantidad\ refrigerante \cdot \frac{porcentaje\ pérdidas}{100}$$

Con todos estos datos, determine:

a) La huella de carbono actual de esa oficina por los conceptos expuestos.

b) Esta oficina decide mejorar su huella de carbono aplicando las siguientes medidas:

- Reducir el consumo de papel anual en 25 kg menos y emplear papel reciclado.

- Sustituir el aire acondicionado convencional por ventiladores en el techo, que requieren una energía anual de 30 kWh y no producen emisiones.

- Utilizar fuentes de energía renovables para el suministro eléctrico.

- Adoptar un plan de movilidad sostenible entre los empleados, de manera que dos compartan coche, tres acudan en autobús público y otros tres en bicicleta.

¿Cuál sería la nueva huella de carbono?

1.2.4 La huella social

Es un concepto que se aplica fundamentalmente en el ámbito empresarial. Consiste en el impacto, positivo o negativo, que tienen las actividades de una organización sobre la comunidad en la que opera.

Es más difícil de cuantificar que las huellas anteriores, ya que no tiene una unidad de medida definida. Tiene en cuenta aspectos como su contribución al bienestar social, con medidas que posibiliten la inclusión o la diversidad, combatan la pobreza, etc.; que contribuyan a la economía local con la creación de empleo, el pago de impuestos, el uso de materias primas de proximidad..., y que sus relaciones con el entorno sean equilibradas.

1.3 Las consecuencias del cambio climático sobre las personas

El cambio climático y todos los problemas ambientales expuestos no solo afectan al entorno natural, sino que también tienen consecuencias directas sobre las personas, la sociedad y nuestra calidad de vida.

- **Repercusiones sobre la salud y la integridad humanas.** El impacto sobre el bienestar humano ocasionado por el aumento de las temperaturas tiene múltiples repercusiones:

  - Golpes de calor y enfermedades agravadas. El exceso de calor resulta insalubre y mortífero. Los golpes de calor pueden provocar la muerte y agravar patologías como el asma, la diabetes, los trastornos mentales y las enfermedades cardiovasculares.

  - Expansión de las enfermedades tropicales. El aumento de las temperaturas amplia la franja geográfica de enfermedades tropicales como la malaria, el dengue, el cólera, etc.

  - Efectos de los desastres naturales. La creciente frecuencia e intensidad de huracanes, incendios e inundaciones afectan la salud y la vida de muchas personas.

- **Escasez y hambrunas.** La siembra de cereal es una de las principales fuentes de nutrientes para los humanos. El calentamiento de las regiones productoras es responsable de considerables pérdidas de productividad no solamente por la reducción de la humedad, sino también porque los cultivos han de luchar contra un mayor número de plagas. Con una población en crecimiento y una producción menguante, las hambrunas están garantizadas.

  Si a eso se le suma que nos enfrentamos a océanos moribundos, con un descenso de su capacidad para proporcionar suministro de alimentos en forma de pescados y mariscos, y de regular la temperatura planetaria, la situación se agrava considerablemente.

  Esta carestía también se extiende al agua dulce, cuyas reservas se están reduciendo paulatinamente. Un porcentaje elevado de la población mundial depende del deshielo estacional de nieve y hielo en cotas altas, reservas que se encuentran en riesgo por culpa del cambio climático. A eso hay que añadir que muchos lagos han empezado a secarse. Por último, los acuíferos o aguas subterráneas, a los que se recurre cada vez más, tardaron millones de años en generarse, por lo que no son recursos renovables.

- **Colapso económico.** El cambio climático y todas las cuestiones ambientales mencionadas tienen un impacto negativo sobre el producto interior bruto de los países. Los desastres naturales y las crisis de salud pública no solo causan tragedias, sino que también generan enormes costes económicos. Tras un huracán, un incendio o una inundación, hay que reparar infraestructuras. Además, las cadenas de producción y suministro pueden verse interrumpidas o, al menos, ralentizadas, lo que provoca un aumento de los costes y una bajada de la productividad.

  Las consecuencias económicas serán desiguales. Habrá incluso países que se verán beneficiados por temperaturas más altas, como Rusia, Canadá o Groenlandia. Pero, para las regiones productoras actuales como China, EE. UU. o la UE, las pérdidas serán notables. Los países que se encuentran en latitudes ecuatoriales podrían experimentar un colapso económico casi total.

- **Conflictos y e inestabilidad social.** La escasez de recursos esenciales incrementa la probabilidad de conflictos armados y revueltas sociales. Además, habrá más migraciones masivas a medida que las personas busquen lugares más seguros para vivir.

  Por otro lado, las altas temperaturas también pueden aumentar la violencia en la sociedad. Se ha observado una correlación entre el calor extremo y el incremento de la criminalidad, ya que las personas se vuelven más irritables y agresivas, lo que conlleva sociedades más inseguras.

 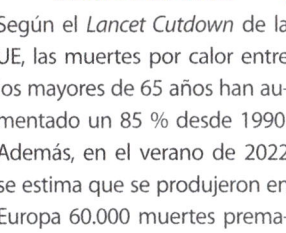

- **Reducción de la superficie habitable.** Este aspecto tiene que ver con:

  ○ El aumento del nivel del mar. El deshielo del Ártico está elevando el nivel del mar y pone en riesgo las regiones costeras densamente pobladas.

  ○ Inhabitabilidad de los trópicos. Las temperaturas extremas podrían hacer inviables muchas regiones ecuatoriales, lo cual forzaría a millones de personas a desplazarse.

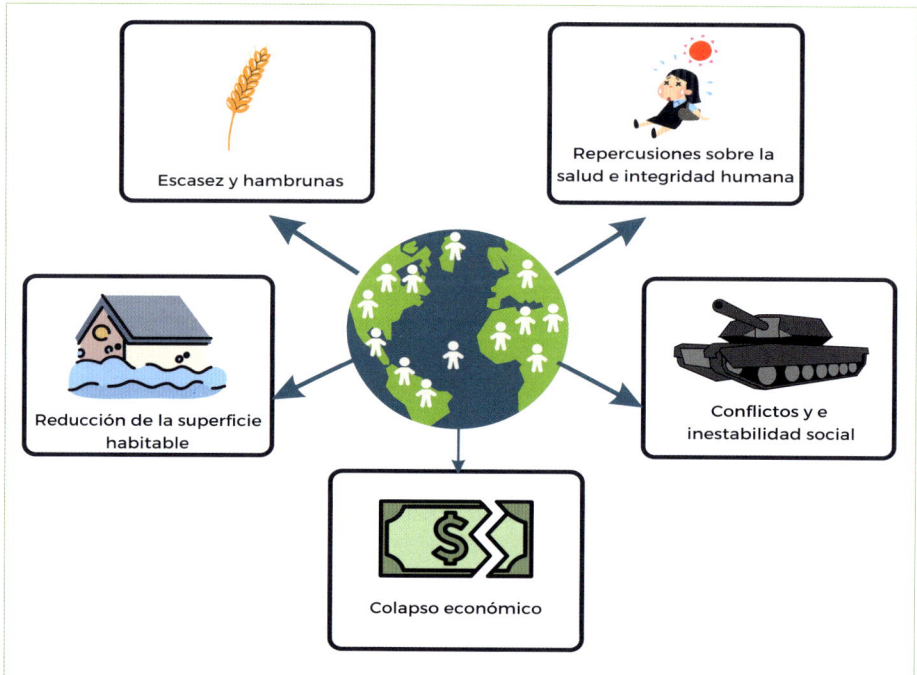

Figura 1.12 Riesgos sobre las personas debidos a los problemas mundiales actuales, especialmente el cambio climático.

EJERCICIOS

EJERCICIO 1.25

¿Por qué los problemas medioambientales pueden provocar migraciones forzosas? Ponga un ejemplo.

EJERCICIO 1.26

¿Cómo puede afectar el cambio climático a la salud de las personas?

1.4 El impacto sobre el planeta de las distintas actividades económicas

Las actividades humanas tienen un impacto significativo en el medio ambiente, especialmente en sectores como la producción de energía, el transporte, la agricultura y ganadería, la construcción, la industria y el tratamiento de residuos. Pero estos sectores no contribuyen de la misma manera, por lo que es fundamental analizarlos de forma diferenciada y establecer medidas específicas para reducir sus efectos nocivos.

Entre todos los problemas ambientales, el cambio climático requiere una acción más urgente. Si no se frena el aumento de las temperaturas, la supervivencia de muchas especies, incluida la humana, estará en peligro. Además, el cambio climático está estrechamente vinculado con otros problemas como la pérdida de biodiversidad, la deforestación y las desigualdades sociales. Por lo tanto, las medidas dirigidas a combatirlo también traerán beneficios en otros ámbitos.

Para mitigar el cambio climático es esencial analizar las emisiones de gases de efecto invernadero (GEI) en cada sector y diseñar estrategias específicas para cada uno de ellos. Además, si se conoce cuáles son las actividades económicas con mayor contribución, se pueden establecer criterios de prioridad. En España, en 2022, las emisiones por sectores fueron las siguientes (ver figura 1.13).

- **Transporte (terrestre, marítimo y aéreo).** Es la principal fuente de emisiones, genera casi un tercio del total. La combustión de gasolina y diésel libera dióxido de carbono y metano.

- **Industria.** Es el segundo sector que provoca mayor impacto, con una quinta parte de las emisiones. Muchas de sus actividades requieren combustión. Destaca la producción de materiales esenciales como:

  o Acero: cada tonelada producida genera 1,8 toneladas de CO_2.

  o Cemento: su fabricación emite aproximadamente una tonelada de CO_2 por cada tonelada producida.

- **Generación de energía eléctrica.** Las centrales térmicas de combustibles fósiles (petróleo, gas o carbón) han sido responsables de una parte importante de las emisiones de GEI. En 2022 contribuyeron en un 16 % a las emisiones de GEI. Las centrales de carbón ya han sido cerradas en España.

- **Agricultura y ganadería.** El sector agropecuario tiene un impacto significativo, sobre el 11 % del total, debido a, por ejemplo...

  o El uso de fertilizantes agrícolas industriales, que contienen nitrógeno (al no ser absorbido por las plantas, se libera en forma de óxido nitroso; además, su producción genera CO_2)

  o La ganadería (especialmente la cría de vacas, que emiten grandes cantidades de metano durante su digestión, a lo que se le llama fermentación entérica)

- **Hogares.** El consumo energético en viviendas contribuye en un 8 % a las emisiones, principalmente debido a:

  o Los sistemas de calefacción

  o El calentamiento de agua

  o La cocción de los alimentos

- **Tratamiento de residuos.** La descomposición de residuos genera metano, mientras que su incineración emite dióxido de carbono. En total, suponen un 5 % de las emisiones.

Emisiones de GEI en España por sectores en 2022

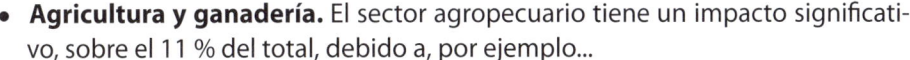

- Transporte
- Generación eléctrica
- Residencial, Comercial e Institucional (RCI)
- Maquinaria agrícola y pesquera
- Uso de gases fluorados
- Industria
- Agricultura
- Residuos
- Combustión de refinerías

Figura 1.13 Porcentaje de GEI emitidos en España en el 2022 por diferentes sectores productivos. Fuente: Ministerio de Industria.

EJERCICIOS

EJERCICIO 1.27

Explique cómo la ganadería industrial intensiva contribuye a la emisión de gases de efecto invernadero. Busque información y amplíe las causas más allá de lo mencionado en el texto.

EJERCICIO 1.28

¿Qué libera más CO_2 a la atmósfera en su fabricación, una tonelada de acero o una tonelada de cemento?

1.5 Las medidas para minimizar los impactos ambientales

Según los estudios científicos, para que la Tierra siga siendo habitable, el calentamiento global debe limitarse a un máximo de **1,5 °C** por encima de los niveles preindustriales, sin superar los **2 °C**. Los informes del IPCC (*Intergovernmental Panel on Climate Change*) prevén efectos en cascada y un punto de no retorno si se superan los 2 °C: fenómenos meteorológicos extremos cada vez más frecuentes y mortíferos, desaparición del hielo marino en el Ártico, deshielo del Antártico y de Groenlandia (con aumento del nivel del mar alrededor de 2 metros), extinción de especies mucho mayor, colapso de ecosistemas como los arrecifes de coral, etc.

Sin embargo, en 2024 la temperatura media global ya había aumentado 1,55 °C. Este ha sido calificado como el año más cálido de la historia por la Organización Meteorológica Mundial.

Figura 1.14 Diagrama de Hawkings (*National Centre for Athmosferic Science*) del aumento de la temperatura media en España hasta 2025 (https://showyourstripes.info/c/europe/spain/all).

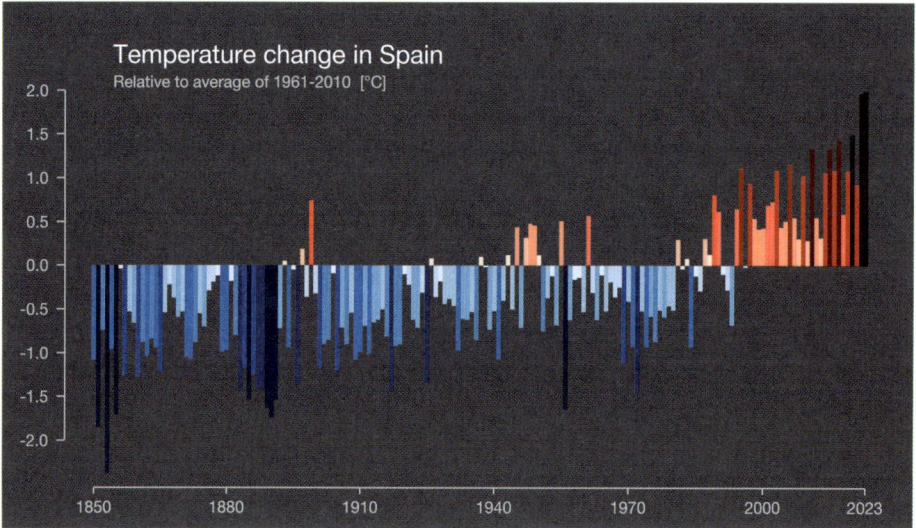

Para frenar este aumento, el objetivo global es lograr el balance neto de cero emisiones (Net Zero) en 2050. Esto significa que la cantidad de GEI emitidos a la atmósfera debe ser igual a la cantidad retirada, lo que compensaría las emisiones mediante la captura de carbono.

Dado que el cambio climático es un problema de alcance planetario, las soluciones deben adoptarse a nivel global; de poco sirve que un país reduzca drásticamente sus emisiones si otros siguen incrementándolas. Por ello, es fundamental establecer alianzas internacionales, regionales y sectoriales que involucren a entidades públicas y privadas, organizaciones no gubernamentales y organismos multilaterales.

Además, estas alianzas deben contar con la financiación adecuada. Los países más ricos, que históricamente han sido los mayores emisores, tienen la responsabilidad de apoyar económicamente a los países en desarrollo para que también puedan avanzar hacia la neutralidad en carbono.

Para alcanzar este objetivo, se requiere la implicación de todos los actores de la sociedad: Gobiernos, empresas y ciudadanos. Cada uno tiene un papel fundamental en su propio ámbito de acción. Algunas de las estrategias que deben seguirse son:

- **Acciones políticas.** Los Gobiernos tienen la capacidad de legislar para frenar la degradación ambiental, lo que implica, entre otras cosas:

○ Aprobar normativas más estrictas para reducir las emisiones de GEI.

○ Modificar las leyes vigentes que dificulten la transición ecológica.

○ Gestionar de manera eficiente subvenciones y ayudas destinadas a proyectos sostenibles.

○ Asignar recursos públicos a iniciativas que prioricen la lucha contra el cambio climático.

En algunos casos, sin embargo, las políticas han agravado la crisis climática en lugar de mitigarla, por lo que es fundamental garantizar que las decisiones gubernamentales se alineen con los compromisos ambientales.

- **Acciones empresariales.** Las empresas desempeñan un papel clave en la reducción de emisiones y en la implementación de prácticas sostenibles. Su responsabilidad incluye, por ejemplo:

○ Reducir su huella de carbono mediante el uso de energías renovables.

○ Optimizar procesos para minimizar el desperdicio de recursos.

○ Innovar en tecnologías limpias y modelos de economía circular.

Este asunto será analizado en detalle en los capítulos finales.

- **Acciones individuales.** Cada persona tiene un impacto en el medio ambiente, especialmente en los países desarrollados. Algunas acciones clave para reducir nuestra huella ecológica son:

○ Adoptar un consumo responsable, evitando el despilfarro de productos y recursos.

○ Priorizar la compra de productos locales y sostenibles.

○ Reducir el consumo de agua y electricidad, optando por hábitos más eficientes.

○ Fomentar la movilidad sostenible, como el transporte público, la bicicleta o los vehículos eléctricos.

○ Disminuir la generación de residuos y separar correctamente los desechos para que sean reciclados.

El camino hacia un futuro sostenible requiere un esfuerzo conjunto en todos los niveles de la sociedad. La cooperación internacional, las regulaciones adecuadas, el compromiso empresarial y la acción individual son piezas fundamentales para alcanzar el objetivo de cero emisiones netas y garantizar un planeta habitable para las generaciones futuras.

PARA SABER MÁS

Algunas Administraciones públicas publican guías de consumo responsable. Un ejemplo es la de la Fundación General de la Universidad de Castilla-La Mancha: https://fundaciongeneraluclm.es/wp-content/uploads/2024/10/Guia-Consumo-Responsable-2024.pdf

EJERCICIOS

EJERCICIO 1.29

Tras observar en el Diagrama de Hawkins el aumento de la temperatura media en España, ¿cómo calificaría la situación del país respecto al resto del mundo?

EJERCICIO 1.30

¿Conoce algún ejemplo de medida política que haya contribuido a agravar la situación medioambiental en lugar de mejorarla?

EJERCICIO 1.31

¿Qué entiende por consumo responsable?

1.5.1 La reducción de emisiones

Para combatir el cambio climático, es esencial reducir las emisiones de GEI y avanzar hacia una economía descarbonizada. Las intervenciones pueden agruparse por sectores. A continuación, se dan algunos ejemplos.

- **Transporte.** El vehículo eléctrico es una alternativa viable, siempre que la electricidad provenga de fuentes renovables. Otras opciones incluyen los biocombustibles y el hidrógeno verde, aunque el coste sigue siendo elevado. Además de estas soluciones tecnológicas, es fundamental promover la movilidad sostenible: el transporte público, el uso de la bicicleta y la reducción de desplazamientos innecesarios.

Figura 1.15 El vehículo eléctrico se presenta como una alternativa de movilidad que reduce las emisiones de GEI. Fuente: Vecteezy de Tanakorn Hinon.

- **Generación de electricidad.** La transición hacia energías renovables como la solar y la eólica es clave para eliminar las emisiones del sector eléctrico. El problema es que, al ser fuentes intermitentes de energía, requieren sistemas de almacenamiento eficientes y mejoras en las redes de distribución. La energía nuclear es otra alternativa para la descarbonización, aunque plantea desafíos en la gestión de los residuos y en cuanto a la seguridad.

Figura 1.16 La transición energética hacia una producción de electricidad a partir de energías renovables es una pieza clave en la reducción de emisiones. Fuente: Vecteezy de Graphicsstudio 5.

- **Eficiencia energética.** Reducir el consumo de energía disminuye el impacto ambiental. Medidas como el aislamiento térmico en edificios, el uso de electrodomésticos de bajo consumo, y el empleo de sistemas de calefacción y refrigeración eficientes, pueden marcar una diferencia significativa.

- **Electrificación de la demanda.** Tanto en los domicilios particulares como en la industria se utilizan elementos que funcionan mediante combustión, como pueden ser una caldera, un horno o una cocina de gas. Si estos se reemplazan por dispositivos análogos pero eléctricos y la electricidad procede de energías renovables, se reducen las emisiones de CO_2.

- **Industria.** La reducción de emisiones de GEI en esta actividad económica pasaría por la electrificación de todos los procesos, siempre que la generación procediera de centrales no emisoras de GEI, con lo que se eliminarían las combustiones. Por otro lado, habría que desarrollar tecnologías para producir cemento y acero que no emitieran CO_2.

- **Innovación industrial.** El sector industrial debe electrificar sus procesos y desarrollar tecnologías de producción de cemento y acero con menor huella de carbono. Además, la optimización del reciclaje y el uso de materiales sostenibles pueden contribuir a la reducción de emisiones.

- **Agricultura y ganadería.** En ese sector hay mucho margen para la mejora. Algunos ejemplos destacables son:

  - Reducir el desperdicio alimentario y fomentar dietas más sostenibles, ricas en productos vegetales, para disminuir la presión sobre los ecosistemas.

  - Apostar por productos locales, de temporada y de producción ecológica, es clave.

  - En la ganadería, la cría de razas de vacas que emitan menos metano y la mejora en la gestión de residuos orgánicos pueden reducir el impacto ambiental.

— CURIOSIDADES —

Según datos del Ministerio de Agricultura, Pesca y Alimentación, en 2023 se desperdiciaron el 3,9 % de los alimentos comprados dentro y fuera de los hogares, un 0,1 % más que en el año anterior. Esto supuso un total de 1183,42 millones de kg tirados a la basura. Solamente 3 de cada 7 hogares no desperdicia alimentos.

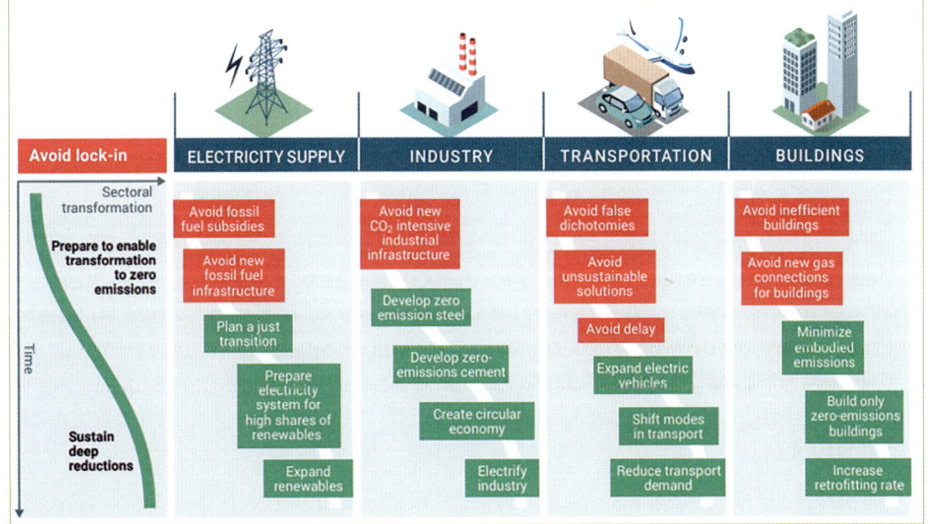

Figura 1.17 Algunas acciones que hay que evitar y las que hay que abordar para la descarbonización de la actividad humana. Fuente: *Emissions Gap Report 2022: The Closing Window*. Naciones Unidas.

1.5.2 La absorción de GEI de la atmósfera

Para lograr emisiones netas cero, no solo es necesario reducirlas, sino también eliminar GEI de la atmósfera. Existen dos estrategias diferentes pero complementarias:

Soluciones naturales

Los bosques, praderas y océanos absorben CO_2 mediante la fotosíntesis y el almacenamiento en el suelo. Proteger y restaurar estos ecosistemas es crucial para que mejoren su rendimiento. Hay dos grandes grupos de captadores, que son:

- **El carbono verde.** Los bosques y las selvas son fundamentalmente los grandes captadores de carbono; lo almacenan en los propios árboles, en sus raíces y en el suelo. Por ello, la conservación de estos ecosistemas, la reforestación y la recuperación de espacios naturales con criterios científicos son fundamentales para su supervivencia, no solo por su papel en el cambio climático, sino también en la pérdida de biodiversidad y la retención de agua dulce. Sin embargo, su impacto es a largo plazo, por lo que no es suficiente para la situación crítica actual.

- **Carbono azul:** Otro de los absorbentes naturales son los océanos. Las algas y otras especies vegetales presentes en los ecosistemas costeros como marismas, manglares y praderas marinas también realizan la fotosíntesis. Estos entornos son capaces de atrapar carbono con mayor rapidez que los bosques, de ahí la importancia de preservar y recuperar todos estos ecosistemas costeros. Por otro lado, son esenciales para proteger frente al aumento del nivel del mar, regular la calidad del agua, proteger la biodiversidad y reducir la erosión de la costa. Por el contrario, su degradación contribuye a la emisión de CO_2 a la atmósfera.

Soluciones tecnológicas (NET)

Las tecnologías de emisiones negativas (NET o *Negative Emissions Technologies*) están en fase experimental. Todavía resultan muy costosas, pero podrían ser clave en el futuro. Algunos ejemplos son:

- **Captura y almacenamiento de carbono (CAC).** Consiste en instalaciones que atrapan CO_2 antes de que se libere a la atmósfera y lo almacenan de forma permanente. Se incorporan a procesos industriales que queman combustibles fósiles que no necesitan cambiar su proceso productivo para reducir emisiones. El carbono capturado se almacena de forma permanente en depósitos geológicos. No es aplicable para otros GEI.

- ***Direct Air Capture* (DAC).** Esta tecnología extrae CO_2 directamente del aire, como una planta artificial. Emplea ventiladores gigantes y procesos químicos para atrapar el carbono, que puede ser almacenado o empleado en otros procesos industriales. Su alto coste limita su aplicación actual, además de que serían necesarias infinidad de plantas DAC para paliar el problema.

- **Mineralización de carbono.** Consiste en emplear minerales para que reaccionen con el carbono atmosférico y formar compuestos estables, los carbonatos. Estos son sólidos y se depositan en la superficie de la tierra o en el subsuelo. Este proceso ocurre de manera natural y cada año secuestra del orden de mil millones de toneladas de dióxido de carbono. Cuando este proceso se mejora mediante técnicas de ingeniería, su potencial de remoción se multiplica entre 5 y 10 veces.

- **Geoingeniería solar.** Abarca estrategias como la inyección de aerosoles en la atmósfera o la creación de escudos espaciales para reflejar la radiación solar. Aunque prometedores, estos enfoques generan incertidumbre sobre sus efectos colaterales.

1.5.3 La adaptación

El aumento de las temperaturas medias es un hecho constatado. Además de los esfuerzos para frenarlo, hay que adoptar estrategias de adaptación a un mundo más caluroso. Algunas pueden ser:

- **Seguridad alimentaria.** Una de las medidas de adaptación primordiales para la seguridad alimentaria es el cultivo de plantas más amoldadas a esta nueva situación climática, más resilientes y productivas. Lo mismo sucede con la ganadería, que debe decantarse por la cría de animales mejor preparados para el contexto actual y venidero. Pero no solo han de cambiarse las especies, sino también las técnicas. Por ejemplo, la agricultura requiere medidas de rotación

CURIOSIDADES

La planta de captura directa de aire más grande del mundo se llama Mammoth y está en Islandia. Su construcción comenzó en junio de 2022 y se inauguró en mayo de 2024. Está previsto que atrape hasta 36.000 toneladas de CO_2 anuales, lo que equivaldría a la actividad de un bosque de 36.000 hectáreas.

CURIOSIDADES

El CIGIAR (*Consultive Group for International Agricultural Research*) trabaja en la investigación sobre sistemas alimentarios, suelos y recursos hídricos sostenibles y climáticamente resilientes para combatir el hambre y la malnutrición en estas nuevas condiciones.

de cultivos y de estrategias ecológicas para fertilizar, combatir plagas y recuperar el suelo.

Los trabajadores del campo necesitan del apoyo público para hacer frente a los riesgos. La Administración debe respaldarlos con ayudas económicas y de formación, especialmente a los colectivos más vulnerables. Asimismo, los países más ricos deben proporcionar ayuda a los más pobres.

- **Ciudades resilientes.** Las ciudades son el hábitat de la mayor parte de la población mundial. Su trazado y urbanismo deben prepararse para el clima extremo. Los núcleos urbanos han de reducir el efecto de isla de calor con más zonas verdes, jardines verticales y techos reflectantes. También han de proveerse de las infraestructuras necesarias para una movilidad sostenible, como mayor número de carriles-bici o flotas de autobuses eléctricos. Por último, no hay que olvidar el riesgo de catástrofes naturales y dotarlas de instalaciones resistentes a inundaciones y al aumento del nivel del mar.

Figura 1.18 El urbanismo del futuro debe contemplar una mayor presencia de zonas verdes en las ciudades, para amortiguar la subida de las temperaturas y fomentar la biodiversidad.

Fuente: Vecteezy de Md. Kamrul Islam.

- **Gestión del agua.** La escasez de agua dulce es uno de los mayores desafíos del cambio climático. Algunas estrategias clave son estas:

  ○ Desalinizadoras y plantas de tratamiento de aguas residuales.

  ○ Políticas de eficiencia en el consumo de agua en la agricultura e industria.

  ○ Captación de agua de lluvia y gestión sostenible de acuíferos.

- **Sistemas de emergencia y prevención de desastres.** Es fundamental fortalecer la capacidad de respuesta ante eventos extremos. Algunas medidas que se pueden desarrollar son:

  ○ Protección de ecosistemas clave como humedales y manglares, que actúan como barreras naturales.

  ○ Creación de planes de evacuación y adaptación para comunidades en riesgo.

  ○ Inversión en infraestructuras que reduzcan el impacto de huracanes, incendios y olas de calor.

EJERCICIO 1.32

¿Qué significa la expresión descarbonizar la economía?

EJERCICIO 1.33

¿Cómo el uso de fuentes renovables de generación de energía eléctrica puede contribuir a reducir las emisiones en las industrias?

EJERCICIO 1.34

Piensen en su sector profesional y realicen una tormenta de ideas para reducir las emisiones de GEI en él. Escojan las 5 ideas que crean que pueden tener más impacto.

EJERCICIO 1.35

¿Qué son las soluciones NET?

EJERCICIO 1.36

Cite al menos dos medidas de adaptación al cambio climático.

Reto profesional

Estime la huella de carbono del centro educativo

actividad diferente. A partir de ahí, se recopilarán datos relativos a hábitos y cantidades consumidas, por ejemplo, de gas para la calefacción, de electricidad para la iluminación, etc. Finalmente, se convertirán esos valores a cantidad de dióxido de carbono equivalente.

Procedimiento

Los pasos a seguir son los siguientes:

1. Definir el alcance, es decir, establecer qué consumos y/o actividades se quieren analizar: el de gas, consumo eléctrico, transporte, etc.
2. Seleccionar las fuentes de datos: facturas de consumos, encuestas al alumnado y/o profesorado, hojas de recogidas de valores, etc.
3. Recopilar los datos de las actividades objeto de análisis.
4. Emplear factores de conversión para transformar los datos en toneladas de CO_2 equivalente.
5. Realizar los cálculos correspondientes.
6. Dar difusión de los resultados en la comunidad educativa.

Objetivo

Realizar un diagnóstico de las emisiones de CO_2 equivalentes que se producen en la actividad diaria del centro educativo, para así poder adoptar medidas para reducirlas.

Descripción

Trabajando por equipos, se seleccionarán actividades del centro que tienen un impacto ambiental y serán objeto de estudio. Cada grupo puede centrarse en una

Mapa conceptual

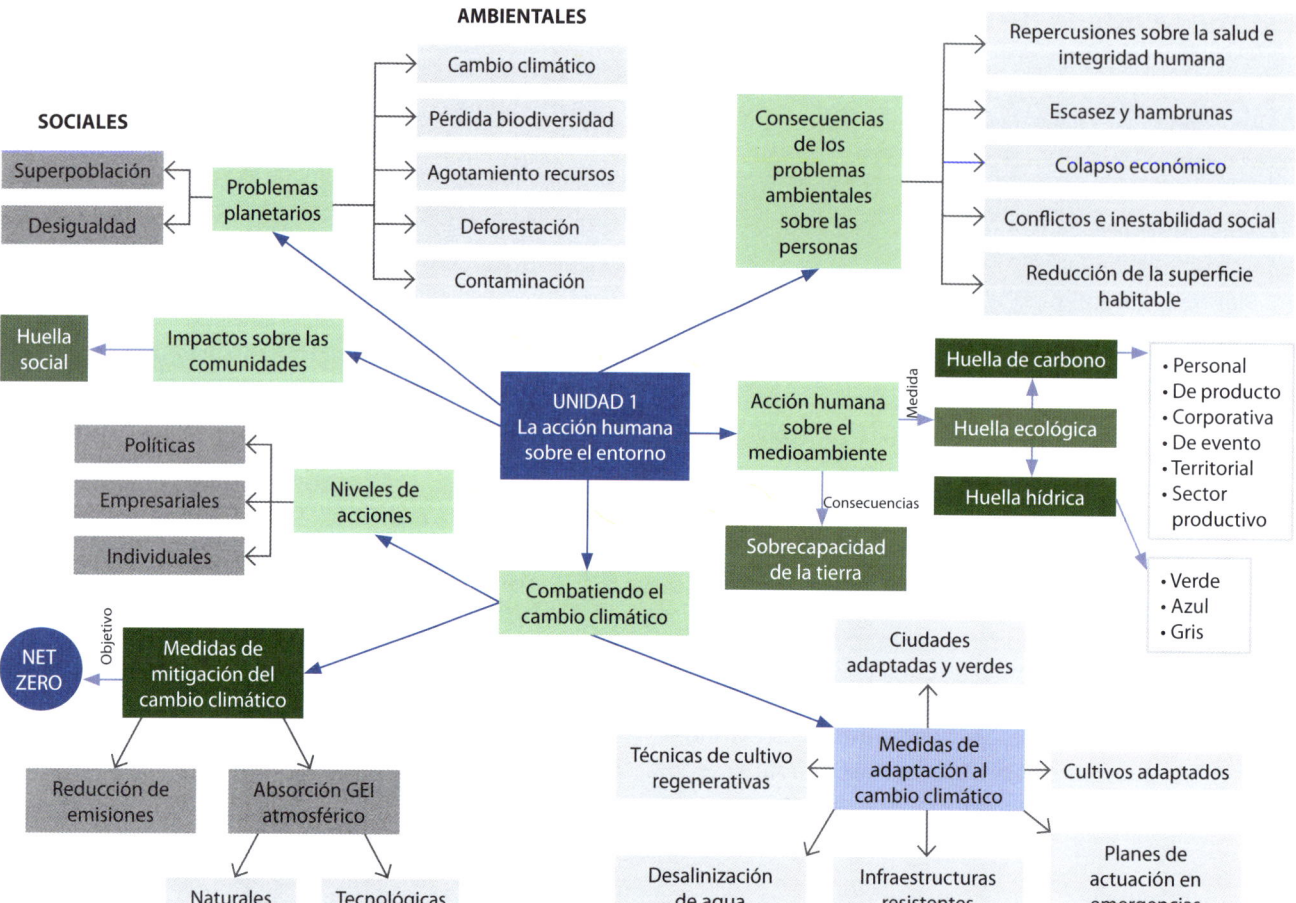

SOCIALES

AMBIENTALES

- Superpoblación
- Desigualdad
- Problemas planetarios
- Cambio climático
- Pérdida biodiversidad
- Agotamiento recursos
- Deforestación
- Contaminación

Consecuencias de los problemas ambientales sobre las personas
- Repercusiones sobre la salud e integridad humana
- Escasez y hambrunas
- Colapso económico
- Conflictos e inestabilidad social
- Reducción de la superficie habitable

Impactos sobre las comunidades

Huella social

UNIDAD 1
La acción humana sobre el entorno

Acción humana sobre el medioambiente

Medida → Huella de carbono, Huella ecológica
Consecuencias → Huella hídrica

- Personal
- De producto
- Corporativa
- De evento
- Territorial
- Sector productivo

- Verde
- Azul
- Gris

Sobrecapacidad de la tierra

- Políticas
- Empresariales
- Individuales
- Niveles de acciones

Combatiendo el cambio climático

NET ZERO

Objetivo

Medidas de mitigación del cambio climático

- Reducción de emisiones
- Absorción GEI atmosférico
  - Naturales
  - Tecnológicas

Ciudades adaptadas y verdes

Técnicas de cultivo regenerativas

Medidas de adaptación al cambio climático

Cultivos adaptados

Desalinización de agua

Infraestructuras resistentes

Planes de actuación en emergencias

Actividad de *role-playing*

Conflicto por el desarrollo de un proyecto industrial en un pequeño pueblo

Situación general:

Una gran empresa se ha propuesto construir una planta industrial en las afueras de un pueblo. El proyecto promete generar empleo y mejorar la economía local, pero también ha despertado preocupación por el posible impacto ambiental, como contaminación, deforestación y la posible afectación a los recursos naturales de la zona, incluida una reserva natural cercana. Además, existen preocupaciones sociales sobre el reparto desigual de los beneficios y la calidad de los empleos que se crearán. El ayuntamiento ha convocado un pleno para que todas las partes interesadas expresen sus puntos de vista antes de tomar una decisión.

Personajes representativos:

1. **Representante de la empresa industrial:** defiende la construcción de la planta industrial, argumentando que traerá empleos a la zona y dinamizará la economía local. Resalta que cumplirán con las normativas ambientales, pero también presiona para que la decisión se tome rápidamente para no perder la inversión.

2. **Alcalde o representante del ayuntamiento:** busca encontrar un equilibrio entre el desarrollo económico del pueblo y la preservación del medio ambiente. Sabe que el pueblo necesita inversión, pero también se enfrenta a la presión de la comunidad, que teme el impacto ambiental que puede provocar. Debe liderar el debate y, eventualmente, decidir si el proyecto sigue adelante o no.

3. **Líder de un grupo ecologista local:** se opone firmemente al proyecto, argumentando que la construcción de la planta causará daños irreversibles en el ecosistema local, especialmente en la reserva natural cercana. También denuncia que el pueblo podría quedar atrapado en una economía dependiente de una industria que podría no ser sostenible a largo plazo.

4. **Vecino desempleado o trabajador local:** defiende el proyecto industrial porque necesita un empleo. Argumenta que la falta de oportunidades laborales ha obligado a muchas personas a dejar el pueblo y que la planta ofrecería una oportunidad para revitalizar la comunidad. Reconoce los posibles riesgos ambientales, pero cree que el pueblo necesita priorizar el bienestar económico de sus residentes.

5. **Dueño de un negocio local:** un pequeño empresario local, dueño de un negocio turístico o agrícola que depende de los recursos naturales del pueblo, como el paisaje, el agua o la biodiversidad, está preocupado porque el proyecto industrial podría dañar el entorno y afectar negativamente a su negocio, pero también entiende la necesidad de crear empleo. Defiende un enfoque más sostenible para el desarrollo.

6. **Periodista local (moderador):** la persona que modera el debate es un periodista del pueblo. Su papel es guiar la discusión de manera imparcial, hacer preguntas a las diferentes partes y asegurarse de que todas las voces sean escuchadas.

Situación planteada:

El ayuntamiento ha convocado una reunión abierta en la que los representantes de diferentes grupos del pueblo debatirán sobre la construcción de la nueva planta industrial. El objetivo de la reunión es decidir si el pueblo acepta o rechaza el proyecto, considerando sus pros (creación de empleo y desarrollo económico) y contras (impacto ambiental, afectación a la vida local, etc.).

Material adicional descargable

RESUMEN

■ En el presente siglo, la población mundial tiene que hacer frente a una serie de problemas de carácter social y medioambiental, no solamente para avanzar hacia una sociedad más justa y en equilibrio con el medioambiente, sino también para garantizar la habitabilidad del planeta. Son ejemplo de estos problemas el cambio climático y la pérdida de biodiversidad.

■ Existen diferentes indicadores para medir el impacto de una acción, un colectivo o una región sobre el medioambiente. Uno es la huella ecológica, que evalúa la cantidad de recursos consumidos y que se mide en hectáreas globales. Otro es la huella de carbono, que indica la cantidad de GEI emitidos a la atmósfera y se mide en toneladas de CO_2e. Por último, se tiene la huella hídrica o volumen de agua dulce utilizado o contaminado en una actividad. Sus valores sirven para cuantificar daños y poder tomar decisiones de gran impacto.

■ Los problemas medioambientales tienen repercusiones negativas sobre la humanidad, como impactos sobre la salud e integridad humana, escasez y hambrunas, colapso económico, conflictos e inestabilidad social y reducción de la superficie habitable del planeta.

■ Las medidas más urgentes deben dirigirse a combatir el cambio climático. El objetivo es llegar al balance neto cero de emisiones de GEI. Esto implica la descarbonización de la economía y el abandono progresivo de los combustibles fósiles. Los actores responsables de ello son tanto los Gobiernos como las empresas y la ciudadanía en general.

■ Para alcanzar esta meta hay que adoptar medidas globales, nacionales, regionales e individuales, y crear alianzas.

■ Estas medidas suponen los cambios de hábitos, la sustitución de tecnologías actuales en diferentes sectores por unas más bajas en carbono y la racionalización en el uso de los recursos.

■ Por otro lado, se debe reducir las concentraciones de GEI en la atmósfera tanto de manera natural con la protección y recuperación de los bosques y otros ecosistemas captadores de carbono, como recurriendo a soluciones tecnológicas denominadas NET.

■ Finalmente, la adaptación a la nueva situación climática es imprescindible, especialmente en la producción de alimentos, la obtención de agua potable y el diseño de las ciudades. Todas estas estrategias han de contar con el apoyo y la financiación necesarios.

1. Respecto al efecto invernadero, señale la respuesta correcta:

a) Es causado exclusivamente por la actividad humana.

b) El vapor de agua es uno de los gases que contribuyen a él.

c) Todos los GEI pueden tener un origen natural.

d) El NH_4 es de origen antropogénico.

2. Señale la afirmación incorrecta:

a) El agotamiento de los recursos naturales y la superpoblación son problemas independientes.

b) Las previsiones indican que la población mundial seguirá creciendo, pero empezará a reducirse a medio plazo.

c) La reforestación combate la pérdida de biodiversidad.

d) La deforestación contribuye al calentamiento global.

3. Aun sabiendo que todos están relacionados entre sí, ¿cuál de los siguientes problemas consideraría como de tipo social?

a) El cambio climático.

b) La desertización.

c) La superpoblación.

d) La contaminación.

4. Señale qué indicador de impacto ambiental se mide en hectáreas globales:

a) La huella ecológica.

b) La huella de carbono.

c) La huella hídrica.

d) El nivel de contaminación.

5. ¿Qué es un plastiglomerado?

a) Un contaminante altamente tóxico.

b) La acumulación de plásticos, que forman islas flotantes en los océanos.

c) La sedimentación mixta de rocas y plásticos.

d) Plásticos de pequeño tamaño que han pasado a la cadena alimentaria.

6. El impacto de efecto invernadero que produce una empresa en su actividad se denomina:

a) Huella de carbono personal.

b) Huella de carbono corporativa.

c) Huella de carbono de producto.

d) Todas las opciones anteriores son correctas.

7. ¿Qué tipo de alianzas son necesarias para afrontar problemas globales como el cambio climático?

a) Internacionales.

b) Locales.

c) Público-privadas.

d) Todas las respuestas anteriores son correctas.

8. En España las mayores emisiones de GEI se producen en:

a) La agricultura y la ganadería

b) La industria

c) El transporte

d) La generación de energía eléctric.

9. Señale la respuesta correcta:

a) Los biocombustibles son más económicos que los combustibles fósiles.

b) La digestión de las vacas produce emisiones de dióxido de carbono considerables.

c) Por cada tonelada de acero fabricada se emiten casi dos toneladas de GEI.

d) Las centrales térmicas de gas no emiten GEI.

10. Indique cuál de las siguientes medidas contribuye a atrapar dióxido de carbono de la atmósfera:

a) Plantar árboles.

b) Utilizar vehículos eléctricos.

c) Generar electricidad con paneles fotovoltaicos.

d) Aumentar la eficiencia energética de los hogares.

ACTIVIDADES

Para realizar la actividad 1, acceda a www.marcombo.info y descargue gratis el contenido adicional, complemento imprescindible de este libro.

Código: **MARCOMBO33**

ACTIVIDAD 1

Se propone hacer un proyecto sobre el tema según la metodología ABP. Las indicaciones son:

- **Pregunta guía:** ¿Cuáles son los principales desafíos ambientales y sociales a los que nos enfrentamos actualmente?

- **Resultados de aprendizaje:** Caracterice los retos ambientales y sociales a los que se enfrenta la sociedad. Describa los impactos sobre las personas y los sectores productivos, y proponga acciones para minimizarlos.

- **Resultado final del proyecto:** Elabore una presentación oral por equipos o un mural (que podría ser digital), también por equipos. Contendrá una infografía de los problemas globales, una explicación detallada de uno de los problemas con alguna noticia relacionada con él y una propuesta de soluciones.

- **Recursos:** Ordenadores, conexión a Internet, uso de aplicaciones, bibliografía, webgrafía, etc.

- **Organización y agrupamientos:** Se estructura la clase por grupos de 3, 4 o 5 personas dependiendo del número total de integrantes. Cada uno de los equipos escoge uno de los problemas que se han mencionado en esta unidad, o algún otro que considere también preocupante. No tienen por qué estar reflejados todos los problemas globales expuestos, pero sí es importante que no se repitan entre los equipos, que cada uno desarrolle uno diferente. Se trata de que cada grupo profundice en el que ha escogido y traslade esa información a las presentaciones de la exposición oral o al mural, según cuál sea el producto final.

- **Tareas del proyecto.** Se puede estructurar en las siguientes tareas:

  - Planteamiento inicial. Cada grupo crea una infografía sobre los problemas globales. Esta puede imprimirse y colgarse en las paredes del aula/pasillos (salvo que el producto final sea el mural).

  - Búsqueda de información sobre el problema escogido: consulta de datos estadísticos, recopilación de imágenes, lectura de textos, etc.

  - Recopilación de noticias de prensa relacionadas con ese problema.

  - Búsqueda y propuesta de soluciones.

  - Elaboración de las presentaciones para la exposición o del mural.

  - Exposición oral o exposición del mural.

- **Instrumentos de evaluación.** Pueden ser:

  - Diana para la evaluación de la infografía y las diapositivas o el mural

  - Diario de aprendizaje del alumnado durante todo el proyecto

  - Rúbrica para la exposición oral o el mural

Material adicional descargable

ACTIVIDAD 2

De todos los problemas que se han tratado en este tema, busquen un ejemplo que se produzca en su entorno: la degradación de un entorno natural, la existencia de un colectivo marginado, etc. Analicen el problema y sus posibles causas, valoren sus consecuencias y propongan soluciones. Puede hacerse como un proyecto de aprendizaje-servicio y buscar el apoyo de entidades locales para ponerlo en práctica.

U 2

La apuesta global por la sostenibilidad

En esta unidad va a estudiar:

- El concepto de sostenibilidad.

- Las acciones y estrategias llevadas a cabo en España, Europa y el resto del mundo para combatir el cambio climático, evolucionar hacia un modelo económico sostenible y proteger la biodiversidad.

Con su estudio, va a ser capaz de:

- Identificar los gestos y los objetivos internacionales respecto al cambio climático y la biodiversidad.

- Analizar los objetivos de desarrollo sostenible recogidos en la Agenda 2030 y buscar aplicaciones en tu entorno.

- Conocer tanto los marcos regulatorios como los planes estratégicos que se plantean en España, Europa y el resto del mundo a nivel mundial en materia de cambio climático, sostenibilidad y biodiversidad.

- Comprender el concepto de sostenibilidad y su importancia para la supervivencia de las generaciones futuras.

TEXTO DE REFLEXIÓN

Estamos en un momento crítico de la historia de la Tierra, en el cual la humanidad debe elegir su futuro. A medida que el mundo se vuelve más interdependiente y frágil, el futuro depara, a la vez, grandes riesgos y grandes promesas. Para seguir adelante, debemos reconocer que, en medio de la magnífica diversidad de culturas y formas de vida, somos una sola familia humana y una sola comunidad terrestre con un destino común. Debemos unirnos para crear una sociedad global sostenible fundada en el respeto hacia la naturaleza, los derechos humanos universales, la justicia económica y una cultura de paz. En torno a este fin es imperativo que nosotros, los pueblos de la Tierra, declaremos nuestra responsabilidad unos hacia otros, hacia la gran comunidad de la vida y hacia las generaciones futuras.

La humanidad es parte de un vasto universo evolutivo. La Tierra, nuestro hogar, está viva con una comunidad singular de vida. Las fuerzas de la naturaleza promueven que la existencia sea una aventura exigente e incierta, pero la Tierra ha brindado las condiciones esenciales para la evolución de la vida. La capacidad de recuperación de la comunidad de vida y el bienestar de la humanidad dependen de la preservación de una biosfera saludable, con todos sus sistemas ecológicos, una rica variedad de plantas y animales, tierras fértiles, aguas puras y aire limpio. El medio ambiente global, con sus recursos finitos, es una preocupación común para todos los pueblos. La protección de la vitalidad, la diversidad y la belleza de la Tierra es un deber sagrado.

La Carta de la Tierra.
París, año 2000.

DINÁMICA COOPERATIVA

Se sugiere trabajar el texto con la dinámica «lápices al centro». Los alumnos se agruparán en 4 o 5 y dispondrán de 5 minutos para dialogar sobre las preguntas planteadas e intercambiar ideas, pero sin hacer anotaciones. Después, escribirán individualmente su respuesta a:

1. ¿Qué es La Carta de la Tierra y qué sabes sobre ella?

2. ¿Quién organizó su redacción?

3. Según el texto, ¿quiénes deben actuar y con qué fin?

4. ¿Qué iniciativas a nivel internacional, nacional o regional conoces que tengan objetivos similares?

Después, se leen las conclusiones en voz alta y se llega a una común de toda la clase.

Fuente: Vecteezy de Turan Israyilli.

2.1 Concepto de sostenibilidad

En la unidad anterior se vio que la situación actual es grave y que la causa es, fundamentalmente, de origen antropogénico. Consecuentemente, se requieren cambios en el sistema económico, social y personal para evitar el colapso.

Según la definición de la Unión Europea (UE), la **sostenibilidad** consiste en «satisfacer las necesidades de las generaciones actuales sin comprometer las necesidades de las generaciones futuras, al mismo tiempo que se garantiza un equilibrio entre el crecimiento económico, la cohesión social y la protección medioambiental». Por lo tanto, es necesario avanzar hacia un modelo de **desarrollo sostenible** que aborde los problemas mencionados y se enfoque tanto en mitigarlos como en prevenirlos.

EJERCICIOS

EJERCICIO 2.1

En el texto se habla de desarrollo sostenible. Busque, preferiblemente en su entorno productivo, un ejemplo de actividad que no sea sostenible, y proponga opciones diferentes con parámetros de sostenibilidad.

EJERCICIO 2.2

En la unidad anterior vimos que existe un Día de la Sobrecapacidad de la Tierra y se analizó este problema en los últimos años. ¿Cree que el modelo económico actual es sostenible? ¿Con el paso del tiempo esta situación empeorará o mejorará? Justifique sus respuestas.

2.2 Acciones en todo el mundo

Es evidente que se debe evolucionar a una sociedad en la que los criterios de sostenibilidad estén arraigados en todas las actividades globales, empresariales e individuales. Puesto que los problemas tienen un alcance planetario, ninguna nación, o grupo de naciones, puede resolverlos por sí sola. Es necesario adoptar medidas de alcance mundial, basadas en la cooperación y las alianzas internacionales.

Ya en 1968 se juntó en Roma un grupo de científicos, eruditos y políticos de diferentes nacionalidades para tratar la cuestión. Constituyeron el denominado **Club de Roma** y encargaron un estudio a científicos del MIT *(Massachusetts Institute of Technology)* que vio la luz en 1971 bajo el nombre de *Los límites del crecimiento*. La conclusión principal fue que, si el crecimiento económico y poblacional continuaba con el mismo ritmo, se alcanzarían los límites planetarios en los siguientes 100 años.

Desde entonces, científicos, intelectuales, líderes, políticos, grandes empresarios, movimientos ciudadanos, etc., han alzado su voz para reclamar acciones. Una impulsora de muchos de estos movimientos es la **Organización de las Naciones Unidas** (ONU), organismo que surgió en 1945, tras la Segunda Guerra Mundial, que vela por la paz y la seguridad internacional, y que promueve la mejora social y el respeto de los derechos humanos.

CURIOSIDADES

A finales del siglo XVIII, el clérigo inglés Thomas Malthus, en su obra *Ensayo sobre el principio de la población*, argumentó que la población crecía de manera exponencial, mientras que los recursos lo hacían de forma lineal, lo que conduciría a una crisis de sostenibilidad. Por ello, propuso estrategias para limitar el crecimiento demográfico.

2.2.1 La Agenda 2030

Después de la celebración de una serie de cumbres internacionales, promovidas por la ONU, que fueron preparando el terreno, en el año 2015 se produjeron grandes acuerdos en diferentes ámbitos, todos ellos englobados en la **Agenda 2030** para el desarrollo.

Figura 2.1 Componentes de la Agenda 2030.

Con el clima como telón de fondo, tuvo lugar en París la Conferencia de las Partes 21 (COP21) de la Convención Marco de Naciones Unidas, en la que 195 Estados más la Unión Europea firmaron un tratado jurídicamente vinculante para todo el mundo denominado **Acuerdo de París**. En él decidieron que habría que limitar el calentamiento global respecto a niveles preindustriales por debajo de 2 °C, aunque enfocando todos los esfuerzos posibles para lograr estar por debajo de 1,5 °C y así evitar los impactos más catastróficos. El medio para conseguirlo era reducir sustancialmente las emisiones de gases de efecto invernadero. De hecho, todos los países se comprometieron a presentar sus planes de reducción y a alcanzar el *Net Zero* a mitad del presente siglo (2050).

En ese mismo año, y dentro de las medidas de adaptación al cambio climático, se firmó el **Marco de Sendai** para la reducción del riesgo de desastres naturales 2015-2030. Se parte de que existe un riesgo cada vez mayor de fenómenos meteorológicos extremos. Hay que asumirlo y construir infraestructuras para minimizar los impactos, mejorar las gestiones de los Gobiernos en situaciones de catástrofe y las alianzas, y por último, estar preparados para reaccionar ante los daños producidos lo más rápida y eficazmente posible.

En el año 2000 y en la búsqueda de un mundo más inclusivo y equitativo, los países miembros de Naciones Unidas acordaron fijar 8 objetivos de desarrollo, que se denominaron **Objetivos de Desarrollo del Milenio** (ODM) o también llamados **Objetivos del Milenio**, cuyo límite de consecución era el 2015. Alcanzada esa fecha, y dentro del marco de la Agenda 2030, se ampliaron a 17 objetivos y 169 metas para erradicar la pobreza, avanzar hacia la igualdad y proteger el planeta. Se les denominó **Objetivos de Desarrollo Sostenible** (ODS), y, al igual que los otros acuerdos de la Agenda 2030, se pretende alcanzarlos en el 2030.

GLOSARIO

En inglés, los Objetivos de Desarrollo Sostenible se expresan como *Sustainable Development Goals* y responden a las siglas SDG.

Así, los Objetivos de Desarrollo Sostenible de la ONU son los siguientes:

 Actualmente, el 10 % de la población humana vive en la extrema pobreza, con dificultades para subsistir y acceder a los recursos básicos como el agua, la educación y la sanidad. Este objetivo pretende erradicar esta situación para el 2030.

 Las metas son poner fin al hambre, la malnutrición, duplicar la productividad agrícola sin dañar a los ecosistemas y adaptarse al cambio climático, manteniendo la diversidad genética de las semillas y corrigiendo las desviaciones de los mercados de alimentos.

 Las metas de este objetivo son muy diversas: reducir la tasa de muerte materna, erradicar las epidemias como la malaria y el SIDA, lograr una cobertura sanitaria universal, etc.

 En este cuarto objetivo lo que se persigue es que todos los niños y niñas del mundo acaben la enseñanza primaria y secundaria, con una educación gratuita, de calidad, igualitaria e inclusiva, y que muchos jóvenes adquieran una formación profesional.

 Este objetivo defiende que la igualdad de género es imprescindible para construir un mundo pacífico, próspero y sostenible. Pretende eliminar todo tipo de discriminación o violencia contra las mujeres.

 Busca el acceso universal y equitativo al agua potable a un precio asequible, a servicios de saneamiento e higiene, además de mejorar la calidad del agua y la eficiencia de su uso, y proteger los ecosistemas relacionados con el agua, entre otros.

 Pretende el acceso universal, asequible y fiable a la energía, con una gran proporción de renovables, la cooperación internacional en la investigación, la ampliación de las infraestructuras, la mayor eficiencia energética, etc.

 Son retos de este objetivo lograr empleos de calidad y sostenidos, alcanzar tasas de crecimiento económico en torno al 7 % en los países más desfavorecidos, tratar de desligar el crecimiento económico de la degradación del medioambiente, erradicar el trabajo forzoso y la sobrexplotación, proteger los derechos laborales, etc.

 El desarrollo de infraestructuras sostenibles y fiables, de una industria inclusiva, diversificada y también sostenible, facilitar la financiación y dar apoyo a la innovación tecnológica en los países menos desarrollados, son algunas de las aspiraciones del objetivo 9.

 Uno de los lemas de los ODS es «no dejar a nadie atrás». Por ello se persigue que aumenten los ingresos del 40 % más pobre, potenciando y promoviendo la inclusión social, económica y política, garantizando la igualdad de oportunidades, favoreciendo la migración ordenada, etc.

 Se pretende que las ciudades sean más inclusivas, eficientes y con más zonas verdes, se mejore el acceso a los servicios básicos y a las viviendas a un precio asequible, a los medios de transporte fiables, seguros y sostenibles, al mismo tiempo que se brinde apoyo económico, social y ambiental a los entornos rurales.

Algunas de las metas del ODS 12 son aplicar el Marco Decenal de Programas sobre Modalidades de Consumo y Producción Sostenibles, lograr un uso eficiente y sostenible de los recursos naturales, reducir el desperdicio alimentario, lograr la reducción y la gestión ecológica de desechos, reducir las subvenciones a los combustibles fósiles, etc.

Para frenar el cambio climático y adaptarse a las nuevas situaciones, este ODS comprende 5 metas importantes, de las que forma parte la sensibilización y educación en este ámbito, reforzar la resiliencia y capacidad de adaptación, incluir políticas dentro de nuestro país, etc.

Comprende la protección de los ecosistemas marinos, la reducción y prevención de todo tipo de contaminación marina, la regulación eficaz de la explotación pesquera, el apoyo a la investigación científica para trabajar por la mejora de la salud de los océanos, etc.

Se quiere poner fin a la deforestación y a la desertificación, recuperar los entornos degradados, abogar por una gestión sostenible de los ecosistemas terrestres y de agua dulce, adoptar medidas urgentes contra la pérdida de biodiversidad, etc.

Reducir la violencia, poner fin al maltrato, la explotación, la trata, promover los estados de derecho y el acceso universal a la justicia, combatir la corrupción y el soborno, frenar el tráfico de armas y las corrientes de capital ilícitos, etc. Estas son algunas de las líneas de actuación de este objetivo.

Este último objetivo se marca metas que tienen que ver con las finanzas, la tecnología, la creación de capacidad, el comercio y cuestiones sistemáticas que afectan a múltiples naciones y entidades para crear un camino para la consecución de los restantes objetivos. Es, por tanto, el ODS que marca las líneas de trabajo para lograr el resto.

PARA SABER MÁS

Puede entrar en la página web de la ONU https://www.un.org/sustainabledevelopment/es/objetivos-de-desarrollo-sostenible/ e indagar sobre cada uno de estos objetivos y sus correspondientes metas.

CURIOSIDADES

En el Instituto Nacional de Estadística se puede consultar el grado de cumplimiento de los ODS. El enlace es el siguiente: https://www.ine.es/dyngs/ODS/es/index.htm

Por último, no se entiende fijar una serie de metas de tan gran envergadura y ambición dentro de la Agenda 2030 sin proporcionar un marco para su financiación. Este viene de la mano de la **Agenda de Acción de Addis Abeba**, que contiene más de cien estrategias relativas a todas las posibles fuentes de financiación sostenibles, con medidas recaudatorias, lucha contra el fraude y los flujos financieros ilícitos, y a aspectos como la tecnología, la ciencia, la innovación y el comercio.

En el año 2020, los países firmantes del Acuerdo de París se vieron obligados a presentar objetivos más ambiciosos para la reducción de emisiones de GEI, debido a que con los anteriores se demostró que no se llegaría al objetivo de 1,5 °C máximo en 2030. Por este motivo, al periodo comprendido entre el 2020 y el 2030 se le denomina la **Década de la Acción**.

LA GESTIÓN DEL AGUA EN ENTORNO RURALES

En muchas aldeas agrícolas del sur de Europa, como algunas comunidades rurales de Andalucía o Galicia en España, o regiones aisladas del Alentejo en Portugal, el tratamiento de las aguas residuales es insuficiente. Esta deficiencia provoca que los vertidos contaminen ríos, suelos y acuíferos, lo cual afecta a la biodiversidad local y dificulta la sostenibilidad ambiental. Además, los procesos de depuración tradicionales demandan un elevado consumo de energía y no facilitan el aprovechamiento de los lodos generados.

Pequeña depuradora rural.
Fuente: Vecteezy de Hamim Thohari.

Paralelamente, el cambio climático agrava la escasez hídrica, que se prolonga cada vez más y afecta negativamente a la economía local. Por ejemplo, en las regiones del sur de Europa, la reducción en la disponibilidad de agua ha provocado pérdidas en el rendimiento de cultivos del 20% al 30%, y ha incrementado los costos de producción agrícola debido a la necesidad de sistemas de riego más intensivos. Por lo tanto, la gestión eficiente y la mejora de la calidad del agua se han convertido en cuestiones prioritarias.

En este contexto, han surgido diversas iniciativas destinadas a abordar esta problemática desde ámbitos locales y regionales, muchas de ellas financiadas con fondos de cohesión europeos. Por ejemplo, entre 2019 y 2021 se desarrolló el proyecto Interreg Sudoe CircRural4.0, que logró mejorar la eficiencia energética de plantas depuradoras de pequeña escala, extraer recursos valiosos de los residuos como biogás y nutrientes para la elaboración de fertilizantes agrícolas, y digitalizar los procesos para garantizar un mayor control y seguimiento. Este proyecto también tuvo un impacto directo en las comunidades rurales, al reducir los costos energéticos, generar recursos adicionales para los agricultores locales y mejorar la calidad ambiental de los entornos cercanos, promoviendo un desarrollo más sostenible. Otra iniciativa destacada es Gestatur, que se desarrolla entre 2021 y 2027, con el objetivo de ampliar el alcance y proponer soluciones innovadoras, digitalizadas y sostenibles para la gestión integral del agua en zonas rurales.

Por otro lado, el Ministerio para la Transición Ecológica y el Reto Demográfico (MITECO) promueve soluciones basadas en la naturaleza (SbN) para gestionar el ciclo del agua de manera respetuosa con el medio ambiente y sin generar daños a largo plazo. Un ejemplo exitoso es el sistema de fitodepuración implementado en la localidad de Carrícola, en Valencia. Este proyecto utiliza plantas acuáticas y humedales artificiales para tratar aguas residuales de manera natural, lo que logra una reducción significativa de contaminantes y proporciona agua limpia para riego. Además, ha fomentado la biodiversidad local y reducido los costos de operación en comparación con los sistemas tradicionales.

El sistema de depuración de aguas de Carrícola utiliza un humedal natural y otro artificial para tratar las aguas residuales. El humedal natural filtra el agua con grava y carrizo, y luego se vierte al río. El proyecto europeo Life Renaturwat está construyendo un humedal artificial de flujo vertical, que eliminará nutrientes como el fósforo y el nitrógeno sin usar electricidad, mejorando la calidad del agua y evitando la eutrofización en el ecosistema acuático. Este proceso también contribuye a la biodiversidad, creando hábitats para aves, anfibios y reptiles, y es una alternativa económica y sostenible para pequeñas poblaciones.

Actividades

En el texto se habla de tres proyectos concretos. Con la información expuesta, completa la siguiente tabla relativa a los ODS con los que se alinean:

Proyecto	ODS relevantes	Metas de esos ODS	Justificación

Para resolver la actividad se puede consultar esta página:

https://www.un.org/sustainabledevelopment/es/sustainable-development-goals/

Acceda a www.marcombo.info con el código MARCOMBO33 y descargue más casos prácticos.

EJERCICIOS

EJERCICIO 2.3

Defina, con sus propias palabras, qué es la Agenda 2030.

EJERCICIO 2.4

¿Qué significa que el Acuerdo de París sea jurídicamente vinculante?

EJERCICIO 2.5

De los 17 ODS, ¿cuáles consideraría que tienen que ver con el medioambiente, es decir, que están relacionados con la preservación de la vida, los ecosistemas, etc.? ¿Y cuáles de tipo social, o sea, que pretenden mejorar la vida de las personas? ¿Cuál o cuáles no englobaría en ninguno de esos dos grupos y por qué?

EJERCICIO 2.6

Dentro de la Agenda 2030, ¿qué acuerdo se ocupa de la financiación de todas las acciones?

EJERCICIO 2.7

¿Cuál es la finalidad del Marco de Sendai?

2.2.2 La protección de la biodiversidad

Figura 2.2 Imagen de la 15ª Conferencia de las Partes (COP15) del Convenio sobre la Diversidad Biológica, en la que se adoptó el acuerdo internacional Marco Mundial de Biodiversidad de Kunming-Montreal en diciembre de 2022. Fuente: IISD/ENB de Mike Muzurakis.

El cambio climático es una de las principales amenazas ambientales, pero la pérdida de biodiversidad es igualmente alarmante. Por ello, la Organización de las Naciones Unidas promovió, en 1992, el **Convenio sobre la Diversidad Biológica (CDB)**, ratificado por 196 países, entre ellos España. Su objetivo es «la conservación de la diversidad biológica, la utilización sostenible de sus componentes y la participación justa y equitativa en los beneficios que se deriven de la utilización de los recursos genéticos».

Actualmente está en vigor el **Marco Mundial de la Diversidad Biológica posterior a 2020**, también denominado de Kunming-Montreal, con la ambición de aplicar medidas de gran alcance para cambiar la relación de la sociedad con la diversidad biológica y avanzar hacia una convivencia en armonía con la naturaleza en 2050.

Sus hitos fundamentales son:

- 2030. Revertir la pérdida global de biodiversidad.

- 2050. Lograr que la biodiversidad se valore, restaure, conserve y utilice de forma racional, manteniendo los servicios ecosistémicos y la salud del planeta en beneficio de todos.

EJERCICIOS

EJERCICIO 2.8

¿Qué relación existe entre el CDB y la Agenda 2030?

2.3 Acciones a nivel europeo

2.3.1 La protección del clima

La Unión Europea aspira a ser líder mundial en la consecución de la neutralidad climática, por lo que ha impulsado la legislación y la adopción de medidas en esta materia. Como parte de la Agenda 2030, en 2019 se formuló el **Pacto Verde Europeo** (*The European Green Deal*), un conjunto de medidas destinadas a transformar la UE en una economía moderna, competitiva y eficiente en el uso de los recursos. Sus principales objetivos son alcanzar la neutralidad en emisiones de carbono para 2050, desvincular el crecimiento económico del consumo de recursos, proteger la naturaleza, mejorar la salud y la calidad de vida de los ciudadanos, y garantizar que nadie, ni persona ni territorio, quede atrás. Una característica fundamental de la estrategia europea para combatir el cambio climático es decantarse por medidas basadas en la naturaleza.

— PARA SABER MÁS —

Puede entrar en la página web de la UE https://www.consilium.europa.eu/es/policies/green-deal/fit-for-55-the-eu-plan-for-a-green-transition/ y profundizar en los contenidos del Paquete Objetivo 55.

Figura 2.3 Acciones dentro de la UE para cumplir la Agenda 2030.

Posteriormente, en junio de 2021, se aprobó la **Ley Europea del Clima** (*European Climate Law*), que establece el marco regulador para reducir, hasta al menos en un 55%, las emisiones netas de gases de efecto invernadero (GEI) en la UE para 2030, en comparación con los niveles de 1990. Esta normativa contempla tanto la reducción de emisiones como el aumento de su absorción. Como mecanismo de seguimiento, la Comisión Europea debe evaluar cada cinco años los avances hacia la neutralidad climática en todos los Estados miembros. Además, la ley designa al **Consejo Científico Consultivo Europeo sobre Cambio Climático** como órgano asesor, el cual deberá emitir informes periódicos. Finalmente, se exige a los Estados miembros la implementación de estrategias y planes de adaptación al cambio climático, promoviendo la recopilación e intercambio de datos, y el desarrollo de soluciones basadas en la naturaleza para fortalecer la resiliencia y proteger los ecosistemas.

Para alcanzar estos objetivos, la UE ha puesto en marcha el **Paquete Objetivo 55** (*Fit for 55*), un conjunto de medidas destinadas a actualizar la normativa comunitaria con el fin de lograr la reducción del 55% de emisiones para 2030. Este paquete incluye diversas líneas de acción, como el impulso de las energías renovables, la reforma del régimen de comercio de emisiones de la UE, la imposición de aranceles sobre las emisiones de GEI de productos importados y la promoción de combustibles más sostenibles para la aviación.

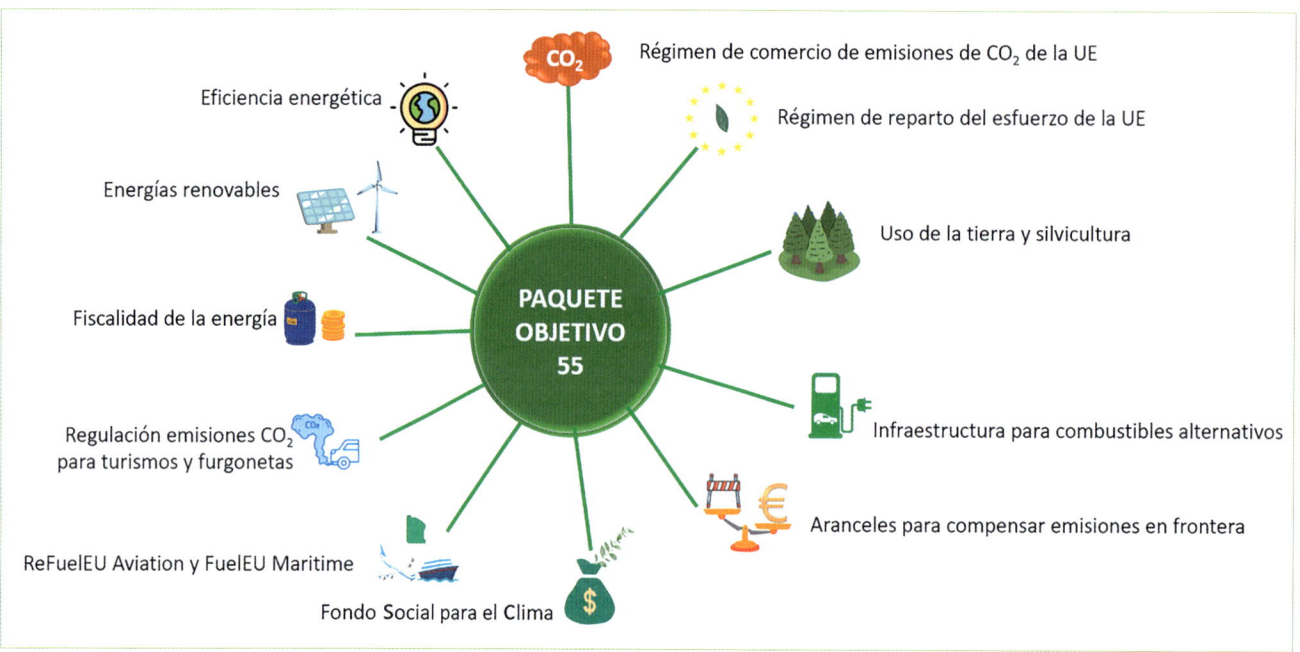

Figura 2.4 Líneas de acción del Paquete Objetivo de la Unión Europea.

2.3.2 La protección de la biodiversidad

La UE ha desarrollado múltiples programas de protección de la naturaleza y los ecosistemas. Actualmente está en vigor la **Estrategia de la UE sobre Biodiversidad 2030**, que, para evitar la desaparición de especies en peligro de extinción por la degradación del entorno, la contaminación, el cambio climático o la incursión en su hábitat de especies exóticas invasoras, apuesta por la protección jurídica del 30 % del territorio tanto marítimo como terrestre y crear corredores ecológicos dentro de la Red Transeuropea de Espacios Naturales.

En febrero de 2024 se aprobó la **Ley Europea de Restauración de la Naturaleza**, que prevé recuperar al menos el 20 % de los ecosistemas terrestres y marítimos dañados para el 2030 y todos los que necesiten restauración de aquí al 2050. Además, fija una serie de obligaciones por sectores que afectan a las actividades agrícolas, los insectos polinizadores, los ríos, los bosques y los espacios verdes de las zonas urbanas. No obstante, esta Ley ha sembrado polémica en el mundo rural y desencadenado importantes protestas de los agricultores y ganaderos, por lo que su entrada en vigor y su texto definitivo pueden sufrir alteraciones por esta causa.

EJERCICIOS

EJERCICIO 2.9

¿Cuáles son los objetivos del Pacto Verde Europeo?

EJERCICIO 2.10

¿Con qué periodicidad revisará la Comisión Europea el avance hacia el balance cero de emisiones GEI de los Estados miembros?

EJERCICIO 2.11

¿Qué relación existe entre la Ley Europea del Clima y el Paquete Objetivo 55?

EJERCICIO 2.12

¿Qué superficie mínima de espacios naturales de la EU se pretende proteger y frente a qué? ¿Cuál es la regulación que respalda esta acción?

2.4 Acciones en nuestro país

2.4.1 La protección del clima

España es uno de los países de la UE donde los impactos del cambio climático se prevén mayores. Actualmente, el aumento medio de las temperaturas es de 0,5 °C más que la media del resto de los países.

Para cumplir con el Acuerdo de París y a petición de la Comisión Europea, en el marco de la Ley Europea del Clima, el Ministerio para la Transición Ecológica y el Reto Demográfico publicó el **Plan Nacional Integrado de Energía y Clima 2021-2030** (PNIEC). En él se fijaron los objetivos de reducción de emisiones GFI para esta década, de aumento del uso de las energías renovables (con el beneficio de una menor dependencia energética del exterior) y de la mejora de la eficiencia energética.

Además, en el 2021 se publicó la **Ley de Cambio Climático y Transición Energética** para asegurar que nuestro país cumpla con los compromisos alcanzados en el Acuerdo de París, facilitar la descarbonización de la economía y su evolución a un modelo circular con un uso racional de los recursos, adoptar medidas de adaptación al cambio climático y evolucionar hacia un desarrollo sostenible que cree empleo decente y contribuya a la reducción de desigualdades.

PARA SABER MÁS

Se puede consultar el texto íntegro del PNIEC en https://www.boe.es/boe/dias/2021/03/31/pdfs/BOE-A-2021-5106.pdf

2.4.2 La protección de la biodiversidad

España cuenta con el **Plan estratégico estatal del patrimonio natural y de la biodiversidad a 2030** como instrumento para promover el uso sostenible de los recursos naturales, su conservación y restauración, teniendo en el horizonte los objetivos de la Agenda 2030. En él se apuesta por la mejora del conocimiento sobre la biodiversidad para que las estrategias adoptadas se basen en la ciencia.

Además, como soporte legislativo, cuenta con la **Ley del Patrimonio Natural y de la Biodiversidad**, que constituye el marco jurídico básico en esta materia. Esta ley proporciona los instrumentos jurídicos para declarar de utilidad pública y expropiar territorios que requieran esta actuación para su conservación. Además, le otorga al Estado las competencias para declarar protegida una determinada zona, no sin antes consultar a la comunidad autónoma afectada.

EJERCICIOS

EJERCICIO 2.13

¿Qué acción nacional pretende la reducción de los GEI?

EJERCICIO 2.14

¿Qué estrategia nacional se ha elaborado para cumplir con los objetivos de la Agenda 2030 en materia de biodiversidad?

Reto profesional

Aplicación de estrategias de descarbonización del centro educativo

reducción pueden ser muy simples, como por ejemplo, no encender las luces si no son necesarias, controlar que no queden encendidas cuando las aulas están vacías, ajustar grifos para evitar el despilfarro, realizar una campaña para promover la reducción de residuos o la alimentación saludable, etc. Existen muchas opciones que no requieren inversión económica, por lo que se aconseja que se opte por este tipo de iniciativas.

En cuanto a medidas de mitigación, pueden plantarse plantas en el patio o colocar macetas con plantas en las ventanas del edificio, etc.

Objetivo

Adoptar medidas para la reducción de emisiones de dióxido de carbono equivalente, o para la compensación de dichas emisiones y avanzar así hacia en objetivo de cero emisiones o *Net Zero* y relacionar esta acción con los ODS correspondientes.

Descripción

Tras la realización del cálculo de la huella de carbono del reto de la unidad 1, se adoptarán medidas para reducir esas emisiones o para mitigarlas. Las medidas de

Procedimiento

Los pasos a seguir son los siguientes:

1. Definir qué actividades se van a realizar.
2. Establecer si se va a trabajar en grupos reducidos o en un gran grupo.
3. Asignar responsabilidades de las tareas.
4. Implementar las medidas, analizando los ODS que se abordan.
5. Recopilar datos sobre el impacto.
6. Valorar los resultados.

Mapa conceptual

- Objetivos de Desarrollo Sostenible
- Acuerdo de París
- Agenda de Acción de Addis Abeba
- Marco de Sendai
- Marco Mundial de la Diversidad Biológica posterior a 2020

AGENDA 2030 ← General

Biodiversidad

Acciones a nivel internacional

UNIDAD 2 — La apuesta global por la sostenibilidad

Acciones a nivel europeo
- Cambio climático
  - Pacto Verde Europeo
  - Ley Europea del Clima
    - Paquete Objetivo 55
- Biodiversidad
  - Estrategia de la UE sobre Biodiversidad 2030
  - Ley Europea de restauración de la naturaleza

Sostenibilidad
- Satisfacer las necesidades de las generaciones actuales sin comprometer las necesidades de las generaciones futuras, al mismo tiempo que se garantiza un equilibrio entre el crecimiento económico, la cohesión social y la protección medioambiental

Acciones a nivel nacional
- Cambio climático
  - Plan Nacional Integrado de Energía y Clima 2021-2030 (PNIEC)
  - Ley de Cambio Climático y Transición Energética
- Biodiversidad
  - Plan estratégico estatal del Patrimonio Natural y de la Biodiversidad 2030
  - Ley del Patrimonio Natural y de la Biodiversidad

RESUMEN

■ La sostenibilidad se define como «satisfacer las necesidades de las generaciones actuales sin comprometer las necesidades de las generaciones futuras, al mismo tiempo que se garantiza un equilibrio entre el crecimiento económico, la cohesión social y la protección medioambiental».

■ A nivel planetario, y con el patrocinio de la Organización de las Naciones Unidas, en el año 2015 se creó la Agenda 2030 para alcanzar un mundo más justo, sostenible e inclusivo en el 2030. Esta comprende el Acuerdo de París en Materia Climática, el Marco de Sendai como medida de adaptación al cambio climático, la Agenda de Acción de Addis Abeba para obtener la financiación y los Objetivos de Desarrollo Sostenible. Además, exclusivamente para la protección contra la pérdida de biodiversidad, se cuenta con el Convenio sobre la Diversidad Biológica (CDB) y el Marco Mundial de la Diversidad Biológica posterior a 2020.

■ La UE, que pretende ser el primer continente verde del planeta y alcanzar la neutralidad climática en 2050, dentro del denominado Pacto Verde Europeo ha publicado la Ley Europea del Clima para proporcionar un marco jurídico. También ha adoptado un conjunto de medidas denominadas Paquete Objetivo 55 para conseguir que, en el año 2030, sus emisiones de GEI sean al menos un 55 % inferiores a las de 1990. Respecto a la protección de la biodiversidad, cuanta con medidas específicas, recogidas en la Estrategia de la UE sobre Biodiversidad 2030. Además, ha aprobado la Ley Europea de Restauración de la Naturaleza.

■ En nuestro país se ha puesto en marcha el Plan Nacional Integrado de Energía y Clima 2021-2030 y el Plan estratégico estatal del patrimonio natural y de la biodiversidad a 2030 para cumplir con los objetivos de la Agenda 2030 en materia climática y de biodiversidad, respectivamente. En cuanto a la normativa, cuenta con la Ley de Cambio Climático y Transición Energética y la Ley del Patrimonio Natural y de la Biodiversidad.

■ **Actividad de *role-playing***

Conferencia de las Partes de la ONU

Situación general:

Las Conferencias de las Partes (COP), que son las reuniones principales de los países firmantes de la Convención Marco de las Naciones Unidas sobre el Cambio Climático (CMNUCC), se celebran anualmente. Estas reuniones comenzaron en 1995 y reúnen a representantes de Gobiernos, organizaciones internacionales, científicos y grupos de la sociedad civil para abordar el cambio climático y negociar acuerdos globales.

Cada COP tiene el objetivo de evaluar el progreso en la implementación de la convención, además de desarrollar estrategias y tomar decisiones sobre acciones climáticas internacionales, como el Acuerdo de París adoptado en la COP21 en 2015.

Personajes representativos:

1. **Representante del sector energético tradicional (fósiles y gas).** Defiende una transición gradual hacia energías limpias, sin eliminar completamente los combustibles fósiles a corto plazo, ya que actualmente suponen el 80% del consumo energético global y emplea a 11 millones de personas en todo el mundo. Argumenta que muchas economías dependen de los combustibles fósiles, los cuales constituyen una fuente de energía barata y accesible, y una transición abrupta causaría crisis económicas, especialmente en los países productores. Además, comprometería millones de empleos.

2. **Representante del sector de las energías renovables.** Promueve una rápida transición hacia las energías limpias y renovables, con inversiones inmediatas en infraestructura y tecnología verde, ya que la quema de combustibles fósiles es responsable del 75% de las emisiones de gases de efecto invernadero. Defiende que las tecnologías de energías renovables, como la solar y la eólica, han reducido drásticamente sus costos en la última década y ahora son competitivas en muchos mercados (por ejemplo, los costes de los parques eólicos terrestres cayeron en un 69% desde 2010 a 2022, mientras que las plantas fotovoltaicas lo hicieron en un 89% en ese periodo). Además, las renovables podrían generar millones de empleos en nuevos sectores de la economía verde (13,7 millones en 2022 a 16,2 millones en 2023, según el informe Energía renovable y empleo [informe anual de 2024]).

3. **Representante de los países vulnerables (pequeños Estados insulares o países en desarrollo).** Exige acciones inmediatas y ambiciosas de mitigación y adaptación, ya que los países vulnerables son los más afectados por los impactos del cambio climático, a pesar de ser los menos responsables de

las emisiones globales. Alega que es una cuestión de justicia climática, ya que estos países han contribuido muy poco a las emisiones históricas de gases de efecto invernadero, pero sufren desproporcionadamente los efectos del cambio climático. El aumento del nivel del mar amenaza con sumergir Estados insulares, mientras que las sequías, inundaciones y tormentas afectan gravemente a los países en desarrollo (desde 1880, el nivel del mar global ha aumentado 20 cm de manera global, unos 80 cm en algunas islas del Pacífico). Necesitan apoyo financiero internacional para la adaptación climática y para reconstruir infraestructuras resilientes ante los desastres climáticos (la adaptación climática para los países en desarrollo podría superar los 300.000 millones de dólares anuales para 2030).

4. **Representante del sector privado innovador (tecnología y finanzas).** Apoya una transición a una economía baja en carbono, argumentando que la innovación tecnológica y las finanzas verdes pueden acelerar el cambio. Defiende que las inversiones en tecnología verde no solo mitigan el cambio climático, sino que también generan oportunidades de negocio rentables. (Las inversiones en tecnología verde y sostenibilidad alcanzaron 1,7 billones de dólares en 2022.) Las empresas están comprometidas con la neutralidad de carbono, y muchas de ellas han fijado metas de cero emisiones para 2030 o 2040. Por último, opina que las instituciones financieras pueden desempeñar un papel crucial al desincentivar la inversión en combustibles fósiles y canalizar recursos hacia proyectos sostenibles. (El mercado global de bonos verdes alcanzó los 500.000 millones de dólares en 2021, con un crecimiento anual del 40%.)

5. **Representante del sector reaccionario (negacionista o escéptico del cambio climático).** Minimiza la urgencia de tomar medidas contra el cambio climático, cuestionando la base científica y promoviendo políticas de continuidad. Afirma que el cambio climático ha ocurrido de manera natural en la historia de la Tierra y que las proyecciones actuales están basadas en modelos inexactos o sesgados. Por otro lado, opina que las políticas climáticas, especialmente las que buscan reducir drásticamente las emisiones, resultan costosas y perjudican a la economía, sin garantizar beneficios claros, con montantes de billones de euros. Por último, sostiene que algunas regiones podrían beneficiarse del cambio climático (por ejemplo, la agricultura en zonas frías), por lo que una respuesta global podría ser innecesaria.

6. **Representante de organizaciones científicas y ecologistas.** Exige acciones inmediatas y radicales para detener la crisis climática, basándose en el consenso científico que confirma la gravedad de la situación. Los informes científicos más recientes (como los del IPCC) muestran que el cambio climático ya está causando daños irreversibles, y que se requiere una acción urgente para limitar el calentamiento a 1,5 °C (las temperaturas globales han aumentado alrededor de 1,2 °C desde la era preindustrial, y los impactos climáticos están afectando a más del 85% de la población mundial). Si se mantiene la tendencia, las generaciones futuras vivirán en un mundo drásticamente peor (según informe de IPCC se deben reducir las emisiones globales en un 45% antes de 2030). Para cumplir con los objetivos del Acuerdo de París, se debe detener la exploración de nuevos yacimientos de combustibles fósiles y desinvertir en proyectos contaminantes.

7. **Facilitador de la conferencia (presidente de la COP30).** Dirige las sesiones de la conferencia, asegurando que todos los participantes tengan la oportunidad de expresar sus posiciones y que el debate se desarrolle de manera estructurada. Organiza el orden de las intervenciones y controla su duración, evitando monopolios e interrupciones. Además, interviene en los conflictos que se producen, manteniendo siempre una posición neutral.

Situación planteada:

La COP30 de la Convención Marco de las Naciones Unidas sobre el Cambio Climático se celebrará en Belém, capital del estado de Pará, en Brasil, del 10 al 21 de noviembre de 2025. Es la primera vez que tendrá lugar en una ciudad en plena Amazonia, un lugar clave para la lucha contra el cambio climático.

En esta actividad se propone simular una negociación internacional en el marco de la Conferencia de las Partes (COP30), con el fin de que los estudiantes comprendan las posiciones de diferentes sectores involucrados en la lucha contra el cambio climático, desarrollen habilidades de negociación y practiquen la argumentación basada en datos científicos y económicos.

El objetivo es que los estudiantes, tras las intervenciones y negociaciones, lleguen a un acuerdo consensuado que aborde al menos tres temas clave:

1. Reducción de emisiones: compromisos de los sectores para reducir las emisiones de gases de efecto invernadero.

2. Transición energética: estrategias para fomentar la transición hacia energías renovables.

3. Financiamiento climático: acordar mecanismos de financiación para apoyar la adaptación al cambio climático, especialmente en los países vulnerables.

Material adicional descargable

TEST DE EVALUACIÓN

1. **La sostenibilidad pretende, entre otras cosas:**

a) Que se consuma lo mínimo posible.

b) Que se limite el consumo por debajo del 10 % de los recursos disponibles.

c) Que no se comprometan los recursos de las generaciones futuras.

d) Que se mantenga el ritmo de consumo actual.

2. **Indique qué no forma parte de la Agenda 2030:**

a) Los Objetivos de Desarrollo del Milenio.

b) El Acuerdo de París.

c) La Agenda Addis Abeba.

d) El Marco de Sendai.

3. **Los ODS son de carácter:**

a) Social.

b) Ambiental.

c) Transversal.

d) Todas las opciones anteriores son correctas.

4. **¿Cuál es la medida legislativa propuesta por la UE para el cumplimiento de la Agenda 2030?**

a) El Pacto Verde Europeo.

b) La Ley Europea del Clima.

c) El Objetivo 55.

d) Todas las opciones anteriores son correctas.

5. **El objetivo fundamental de la Ley Europea del Clima es:**

a) Reformar el comercio de emisiones de GEI en la UE.

b) Mejorar la eficiencia de los combustibles de la aviación.

c) Reducir las emisiones de GEI para el 2050 en, al menos, un 55 % menos que en 1990.

d) Reducir las emisiones de GEI para el 2030 en, al menos, un 55 % menos que en 1990.

6. **Señale la respuesta correcta respecto al Plan Nacional Integrado de Energía y Clima 2021-2030 (PNIEC):**

a) Es un plan europeo.

b) Es una ley española.

c) Lo ha elaborado el Ministerio de Industria y Energía.

d) Fija los objetivos españoles de reducción de GEI en esta década.

7. **Uno de los beneficios económicos colaterales del Plan Nacional Integrado de Energía y Clima 2021-2030 (PNIEC) es:**

a) España reducirá la dependencia energética del exterior.

b) La sociedad española será más justa e inclusiva.

c) Se lograrán centrales de carbón más eficientes.

d) Todas las opciones anteriores son incorrectas.

8. **El Convenio sobre la Diversidad Biológica (CDB) tiene un alcance:**

a) Mundial.

b) Europeo.

c) Nacional.

d) Regional.

9. **Señale la respuesta correcta respecto a la Ley Europea de Restauración de la naturaleza:**

a) Entró en vigor en 2020.

b) Aún no ha sido publicada.

c) Pretende restaurar el 20 % de los ecosistemas dañados para el 2050.

d) Pretende restaurar el 20 % de los ecosistemas dañados para el 2030.

10. **En España, el marco legislativo básico en materia de biodiversidad es:**

a) El Plan estratégico estatal del patrimonio natural y de la biodiversidad a 2030.

b) La Ley de Cambio Climático y Transición Energética.

c) La Ley del Patrimonio Natural y de la Biodiversidad.

d) La Ley Europea de Restauración de la Naturaleza.

Para realizar la actividades 2 y 3, acceda a www.marcombo.info y descargue gratis el contenido adicional, complemento imprescindible de este libro.

Código: **MARCOMBO33**

ACTIVIDAD 1

Explicando los ODS. Se reparten los 17 ODS entre los componentes de la clase, de manera que cada estudiante o cada pareja de estudiantes se ocupen de uno de ellos. Se trata de desarrollar un vídeo explicativo breve del objetivo trabajado. El vídeo ha de durar como máximo 1 minuto y debe contener la siguiente información:

- Las razones del ODS, su importancia y la radiografía inicial.

- El resumen de las metas de ese ODS.

- El estado actual del ODS (se puede consultar, por ejemplo, en https://sdgs.un.org/goals).

- Alguna propuesta que un ciudadano normal puede hacer para contribuir a la consecución de ese ODS.

ACTIVIDAD 2

Análisis del entorno productivo. Partiendo del contexto particular del ciclo de formación profesional en el que se enmarca este módulo, por grupos elijan un modelo de empresa concreta (un restaurante, una peluquería, una agencia de viajes, una instaladora eléctrica, un taller mecánico, una escuela infantil, etc., según la familia profesional a la que pertenezca). Cada grupo deberá:

- Identificar los ODS más relevantes para ese tipo de empresa.

- Elaborar un DAFO (debilidades, amenazas, fortalezas y oportunidades) para la consecución de esos ODS dentro de la empresa elegida.

- Elaborar una lista de acciones necesarias para alcanzar estos ODS dentro de esa actividad empresarial.

Material adicional descargable

ACTIVIDAD 3

Actúa localmente. Identifique en su localidad, especialmente en el entorno de su centro, un problema social o ambiental que se pudiera abordar dentro de uno o varios de los 17 ODS. Atrévanse a desarrollar un proyecto de aprendizaje-servicio para afrontarlo.

Material adicional descargable

ACTIVIDAD 4

Busque información detallada sobre los objetivos y compromisos de la Estrategia de la UE sobre Biodiversidad 2030 y elabore una infografía.

ACTIVIDAD 5

Lea el artículo sobre las buenas noticias ambientales del 2023 de *National Geographic* que encontrarás en el siguiente enlace: https://www.nationalgeographic.com.es/medio-ambiente/buenas-noticias-medioambiente-2023_21333. A continuación, debatan en clase cuáles consideran más importantes de todas ellas y por qué.

La sostenibilidad de los productos y servicios

En esta unidad va a estudiar:

- El sistema macroeconómico imperante y las distintas alternativas.

- Las diferentes economías productivas: la lineal, la verde y la circular.

- La ecoeficiencia y los distintos tipos de reciclado de productos.

- Los principios del diseño sostenible.

- El análisis del ciclo de vida o ACV de productos y servicios.

- La contribución de la digitalización a la sostenibilidad de los productos.

- Algunas certificaciones y etiquetas que identifican a productos sostenibles.

Con su estudio, va a ser capaz de:

- Entender y diferenciar los dos modelos de producción existentes, el lineal y el circular, y conocer el significado de economía verde.

- Identificar el tipo de reciclado aplicado a un determinado producto.

- Profundizar en el diseño de la economía circular, la clasificación de los tipos de productos y los dos metabolismos independientes.

- Conocer estrategias para el diseño y fabricación de productos y servicios de manera sostenible y aplicarlas al entorno productivo.

- Analizar un sistema de certificación de productos, identificando los elementos que contribuyen a la obtención de este reconocimiento.

TEXTO DE REFLEXIÓN

Individualmente somos mucho más grandes que las hormigas, pero, colectivamente, su biomasa su-pera la nuestra. Así como no hay casi ningún rincón del mundo que no haya sido alcanzado por la pre-sencia humana, casi no hay hábitat terrestre, des-de el duro desierto hasta el centro de la ciudad, que no haya sido alcanzado por algunas especies de hormigas. Son un buen ejemplo de una población cuya densidad y productividad no son un problema para el resto del mundo, porque todo lo que fabrican y utilizan regresa a los ciclos de la naturaleza, de la cuna a la cuna. Todos sus materiales, incluso sus armas químicas más mortíferas, son biodegradables, y cuando regresan al suelo, suministran nutrientes, restaurando en el proceso algunos de los que se tomaron para sustentar la colonia. Las hormigas también reciclan los desechos de otras especies; las hormigas cortado-ras de hojas, por ejemplo, recolectan materia en descomposición de la superficie de la Tierra, la transportan a sus colonias y la utilizan para alimentar los jardines de hongos que cultivan bajo tierra como alimento. Durante sus movimientos o ac-tividades, transportan minerales a las capas superiores del suelo, donde las plantas y los hongos pueden utilizarlos como nutrientes. Re-vuelven y airean el suelo, y crean conductos para el drenaje del agua, desempeñando un papel vital en el mantenimiento de la fecundidad y la salud del suelo.

Cradle to cradle (De la cuna a la cuna).
William McDonough y Michael Braungart.

DINÁMICA COOPERATIVA

Tras leer el texto con atención, la clase se dividirá en grupos de 4 o 5 alumnos. Cada uno de ellos elegirá un producto o servicio propio de su sector productivo. Tras 10 o 15 minutos de debate en cada grupo, elaborarán una lista de los problemas medioam-bientales que puede causar ese producto o servicio, debido a las materias primas de que está hecho, al proceso de fabricación que se ha seguido, a cómo se ha transportado y a en qué momento se ha retirado del mercado tras su vida útil.

Con la lista presente, cada miembro del grupo escribirá en una hoja en blanco una idea para evitar alguno de los problemas encontrados e, incluso, aportar beneficios a la naturaleza como lo hacen las hormigas. Ninguna idea puede ser censurada por muy descabellada que parezca; además, cada uno la escribirá sin consultar a los demás. La hoja circulará de un miembro a otro y cada cual completará la idea del resto de compañeros escribiéndola en la hoja recibida. Se repetirá la operación hasta que todos los componentes del grupo hayan complementado todas las ideas.

Finalmente, cada uno de los grupos compartirán con el resto de la clase tanto los problemas del producto analizado como las ideas para anularlos o convertirlos en un impacto positivo.

Fuente: Vecteezy de Arthur Lomarainen.

3.1 Introducción

En las unidades anteriores se ha analizado cómo la gravedad de los problemas ambientales y sociales actuales ha movilizado a los Gobiernos de gran número de países y se han firmado pactos internacionales, materializados en la Agenda 2030, con el objetivo de revertir esta situación. Para lograrlo, se requieren transformaciones profundas en nuestra forma de actuar, las cuales deben producirse en distintos niveles, desde el individual al planetario.

Desde una perspectiva global, el sistema macroeconómico vigente en la mayoría de los países se basa en el crecimiento anual del producto interior bruto (PIB). Este es uno de los pilares fundamentales del capitalismo moderno. Así, las políticas gubernamentales suelen orientarse a fomentar este incremento, con el fin de mantener las tasas de empleo y el bienestar nacional. Sin embargo, resulta insostenible pretender un crecimiento ilimitado en un mundo con recursos finitos. Por ello, el paradigma del crecimiento desmedido ha sido objeto de críticas desde diversas corrientes de pensamiento, que destacan no solo la sobreexplotación y degradación del entorno natural y la incapacidad del sistema para prever crisis como la de 2007-2008, sino también la creciente desigualdad en la distribución de la riqueza.

Ante este escenario, han surgido diferentes propuestas de cambio de modelo. Una de ellas es el **decrecimiento** o **decrecimiento sostenible**, una corriente de pensamiento económico, político y social que busca reducir la producción y el consumo sin comprometer el bienestar humano, promoviendo, al mismo tiempo, la regeneración del medio ambiente, a cambio de un descenso del PIB. Otra corriente es el **postcrecimiento**, que propone prescindir de cualquier meta basada en el PIB y centrarse en políticas sociales y medioambientales.

Por otro lado, la denominada **economía rosquilla** (*doughnut economics*) defiende que la actividad económica debe situarse entre dos límites: un umbral mínimo de bienestar social que garantice la satisfacción de las necesidades básicas de todos los seres humanos y un techo ecológico que evite el colapso ambiental. Este enfoque deja de lado el PIB como indicador principal y aboga por un sistema económico que sea regenerativo con el medio ambiente y redistributivo en términos de riqueza.

A pesar de estas propuestas, la mayoría de los países continúan apostando por modelos económicos tradicionales.

EJERCICIOS

EJERCICIO 3.1

Busque información y defina el concepto de PIB.

EJERCICIO 3.2

¿Cuáles son las críticas que se realizan al modelo económico basado en el crecimiento anual del PIB?

EJERCICIO 3.3

¿Qué nuevas propuestas de modelos económicos alternativos abogan por no considerar el PIB como un indicador?

CURIOSIDADES

El concepto de **economía rosquilla** fue desarrollado por la economista Kate Raworth, quien diseñó una representación visual en forma de anillos concéntricos. El círculo interior simboliza el bienestar humano, mientras que el exterior representa los límites ambientales. El área intermedia, con forma de rosquilla, es el espacio en el que la actividad económica debe desarrollarse para garantizar tanto la equidad social como la sostenibilidad ecológica.

Fuente: Kate Raworth, autora del concepto de economía rosquilla.

Más allá de estos enfoques macroeconómicos, los sistemas productivos también requieren una transformación profunda. Es necesario redefinir la manera en que se conciben, fabrican, utilizan y desechan los productos, así como el diseño de los servicios, con el fin de evolucionar hacia prácticas sostenibles desde el punto de vista medioambiental, un aspecto que se analizará en este capítulo.

3.2 Formas de producción

3.2.1 Economía lineal

Desde los inicios de la Revolución Industrial, el sistema de fabricación se ha basado en un modelo de **economía lineal** de producción. Se extraen materias primas procedentes de la naturaleza, se procesan en las manufacturas para transformarlas en productos elaborados con el correspondiente consumo de energía, que en su mayoría procede de combustibles fósiles. Estos productos son adquiridos y utilizados por los usuarios y, finalmente, se desechan y gran parte acaba en vertederos, incinerados o enterrados. En otras palabras, es una economía de **tomar, hacer, usar y desechar**.

Figura 3.1 Representación de la economía lineal.

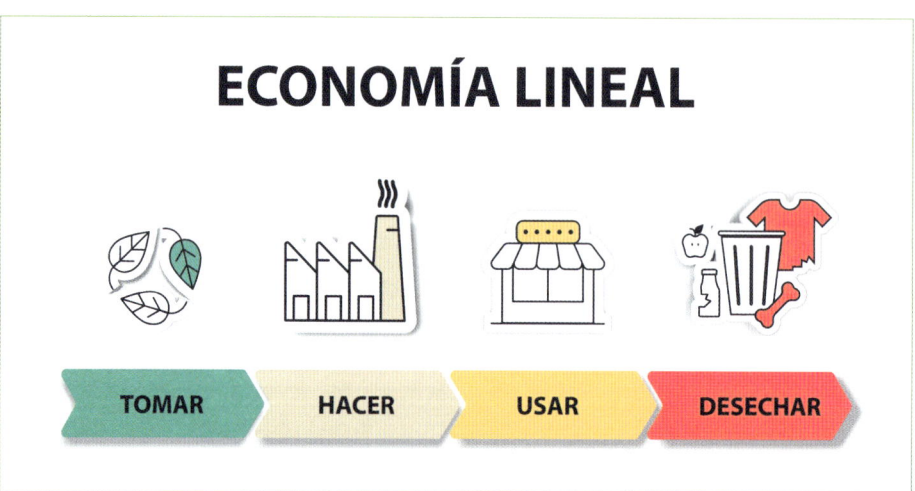

CURIOSIDADES

Una de las prácticas que se ha empleado en este sistema productivo, especialmente en el sector de los electrodomésticos, es la denominada **obsolescencia programada**. Consiste en fabricar productos para que, transcurrido un tiempo de uso determinado, se vuelvan inservibles, porque alguno de sus elementos falle y no existan repuestos para poder repararlos. Se trata de una práctica cuya finalidad es inducir a un mayor consumo y, por tanto, reportar mayores beneficios a los fabricantes. Aunque en España, en el área de aparatos eléctricos y electrónicos, existe una normativa que obliga a los fabricantes a diseñar y producir dispositivos para que se pueda prolongar al máximo su vida útil, actualmente la obsolescencia programada no está penalizada.

PARA SABER MÁS

Según un estudio realizado en 2021 por la *Judge Business School* de la Universidad de Cambridge, el 90 % de los materiales empleados en las fábricas europeas se convierten en desechos antes de abandonarlas, y tiramos el 80 % de los productos durante sus 6 primeros meses.

Esta forma de operación, centrada fundamentalmente en el aumento constante de las ganancias, ha producido beneficios ingentes a grandes y pequeñas empresas durante dos siglos. Ha posibilitado la mejora del nivel económico de mucha gente y un aumento del bienestar material de un sector de la población mundial, aunque su reparto ha sido desigual.

Sin embargo, ha llevado a los recursos naturales a prácticamente su agotamiento. Ha deforestado, contaminado, ha reducido la biodiversidad, ha contribuido al aumento de gases de efecto invernadero en la atmósfera, ha ocasionado la desertificación del suelo y la acidificación de los océanos, sin dar a cambio nada o casi nada al medio natural. Su diseño está en contra a los ciclos de la naturaleza, donde todos los elementos esenciales para la vida, como el carbono, el oxígeno, el nitrógeno, etc., se reciclan de forma continua y no existe la contaminación. Consecuentemente, este modelo de economía degenerativa es insostenible en el tiempo.

3.2.2 Economía verde

Este término se acuñó en la Conferencia de Naciones Unidas del 2012 en Brasil. Allí se estableció que la **economía verde** implicaba:

- Una baja emisión de gases de efecto invernadero y de residuos nocivos para el medioambiente, apostando por la protección de los ecosistemas.

- Un uso eficiente de los recursos naturales, extrayendo el mayor partido posible de cada uno de ellos, como lucha contra la sobrexplotación. Para ello, se debe fomentar la innovación y el reciclaje.

- La justicia y la inclusión social, sin dejar a nadie atrás, para que la actividad económica beneficie a todas las personas, incluyendo a los grupos más vulnerables.

La economía verde busca un equilibrio entre los tres aspectos esenciales de la sostenibilidad empresarial: los beneficios de la actividad económica, el cuidado y respeto al medioambiente, y la justicia social.

Realmente la economía verde no es un nuevo modelo de producción, sino que establece unos objetivos de mejora. Puede enmarcarse tanto en un sistema lineal como en uno circular, siempre que se cumplan con los pilares que la definen.

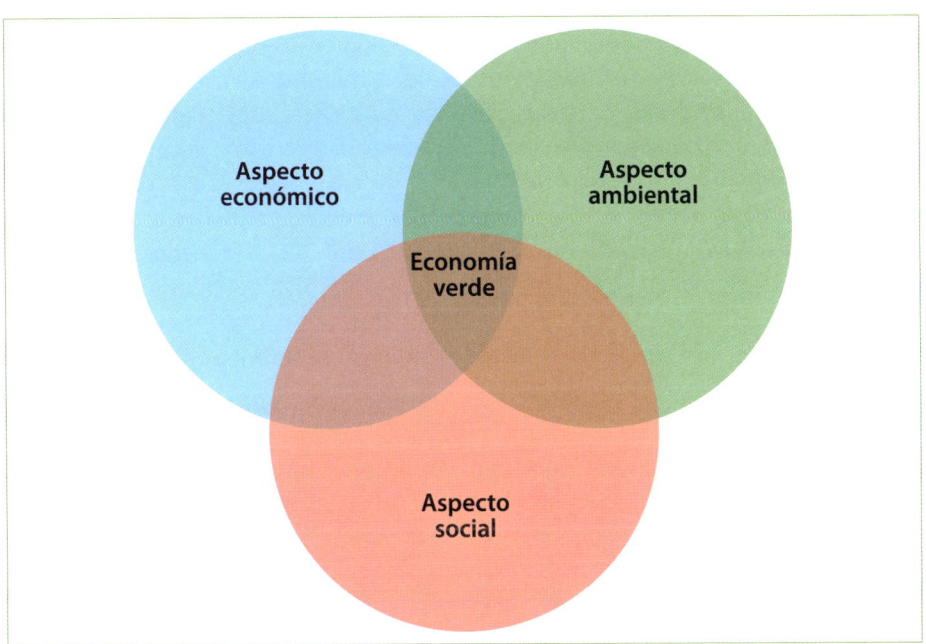

Figura 3.2 Los tres pilares de la economía verde.

3.2.3 Economía circular

La **economía circular** consiste, en esencia, en que todos los materiales que forman parte del ciclo productivo no se conviertan en desperdicios, sino que se recuperen y reutilicen, o se empleen para regenerar la naturaleza. Las materias primas se mantienen en circulación el máximo tiempo posible aplicando técnicas de mantenimiento, reutilización, extracción de materiales para otros procesos, reciclaje o, finalmente y si procede, de compostaje para que se conviertan en nutrientes de la naturaleza.

A diferencia de la economía lineal, la economía circular tiene un diseño regenerativo que imita los procesos biológicos de los ecosistemas, en los cuales el concepto de desperdicio carece de sentido. Consecuentemente, pretende eliminar los residuos y la contaminación, y regenerar la naturaleza.

Una de las claves de su sostenibilidad radica en que la explotación de las materias primas biológicas, como los alimentos y las maderas, respeten los ciclos vitales y no se extraigan más deprisa de lo que la naturaleza necesita para reponerlas. Otra es que se cree un sistema de recirculación para que los materiales sintéticos se mantengan en el proceso productivo sin que acaben en los vertederos. La tercera es que las fuentes de energía necesarias para realizar todas las transformaciones sean renovables. Y la cuarta consiste en apostar por la diversificación de los productos para lograr una economía más resiliente.

Este modelo de producción es clave no solamente para poner freno a la sobrexplotación de los recursos naturales, sino también como medida de protección de la biodiversidad. Por otro lado, al optar por las energías renovables también contribuye a mitigar el cambio climático. Dentro del marco de los ODS, apuesta fundamentalmente por el 12 (Producción y consumo responsables), especialmente en su meta 12.2 (de aquí al 2030, lograr la gestión sostenible y el uso eficiente de los recursos naturales) aunque también contribuye al ODS 9 (Industria, innovación e Infraestructuras), al ODS 13 (Acción por el clima), al ODS 14 (Vida submarina) y al ODS 15 (Vida de ecosistemas terrestres).

─ PARA SABER MÁS ─

Toda la información sobre España Circular 2030 se encuentra en la web del Ministerio para la Transición Ecológica y el Reto Demográfico.

https://www.miteco.gob.es/es/calidad-y-evaluacion-ambiental/temas/economia-circular/estrategia.html

La UE, como estrategia global de sostenibilidad y teniendo presente especialmente el ODS 12, dentro del Pacto Verde Europeo ha incluido el **Plan de Acción para la Economía Circular** (2020), que está apostando por este sistema productivo para desvincular la explotación de recursos naturales con el crecimiento económico, lograr un sistema competitivo y, a la vez, neutro en carbono, fenómeno denominado **desacoplamiento**. Se ha centrado en adoptar medidas dirigidas a los sectores más contaminantes y que más residuos producen para tratar de alargar la vida de muchos artículos, recuperar partes o materias primas de dispositivos electrónicos, automóviles, baterías, plásticos, embalajes, etc., cuando se vuelven inservibles, tratar los residuos textiles, los de la construcción y los que provienen de la cadena alimenticia. Todo esto buscando una circularidad mayor y la reducción de la presión sobre el medioambiente. Por tanto, sustenta la concepción macroeconómica clásica basada en el crecimiento del PIB para el buen funcionamiento de la economía y el mantenimiento de los niveles de empleo, pero lo aborda desde una nueva perspectiva. A este sistema en el que el aumento del PIB no implica mayor uso de recursos se le denomina **crecimiento verde**.

A nivel nacional se cuenta también con la **Estrategia Española de Economía Circular** (EEEC) o **España Circular 2030**, alineada con la de la UE, que trata de apoyar e impulsar este nuevo modelo de producción y consumo, y se estructurará en diferentes planes trienales, actualmente por desarrollar.

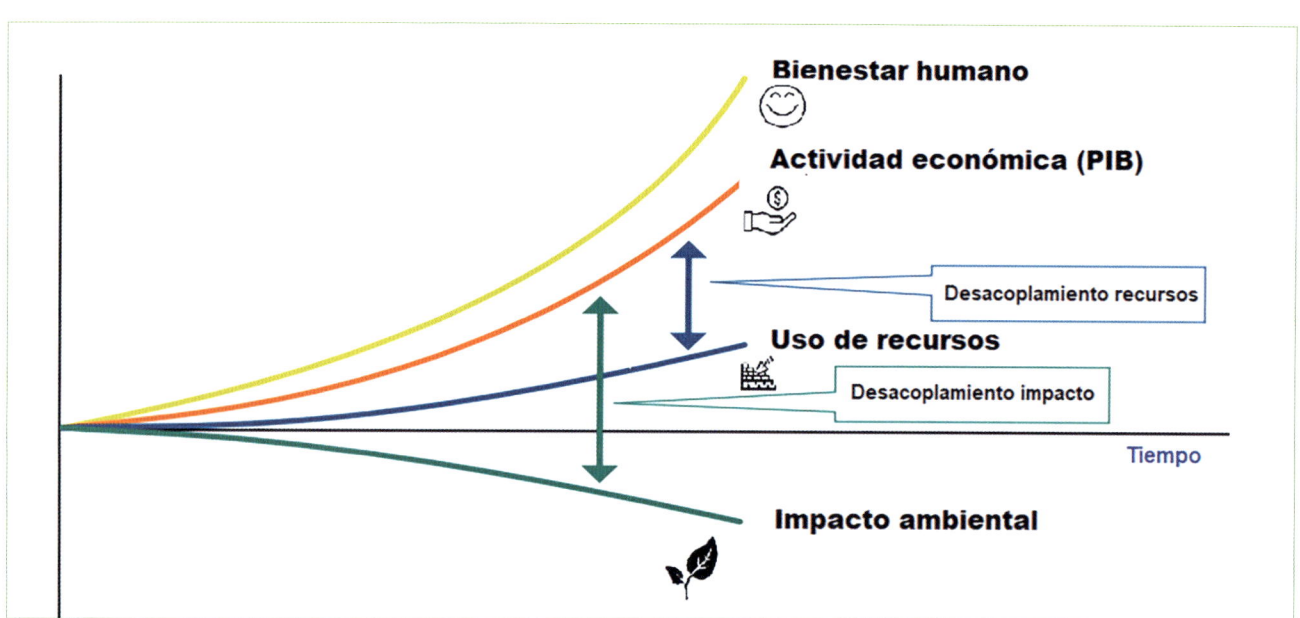

Figura 3.3 Representación del desacoplamiento del consumo de recursos y del impacto ambiental respecto de la actividad económica de PIB creciente y el bienestar humano (Crecimiento Verde). Fuente: Panel de Recursos, gráfico adaptado.

─ PARA SABER MÁS ─

En el siguiente vídeo del Panel de Recursos de Naciones Unidas se explica en qué consiste el desacoplamiento:

https://www.youtube.com/watch?v=9zYEpPjYmJw&t=14s

Estas iniciativas, que se llevan a cabo en España y en el resto de Europa, son imprescindibles, pues difícilmente se puede conseguir un sistema productivo regenerativo a través de iniciativas individuales de las empresas, sino que mantener la circularidad de los recursos precisa de una red global para que, una vez desechados, vuelvan al sistema productivo. Pero no solamente bastan las iniciativas gubernamentales, también las alianzas de todo tipo cobran valor.

─ CURIOSIDADES ─

Hay un movimiento a nivel mundial, denominado Economía Circular de Código Abierto (OSCE o *Open Source Circular Economy*) dedicado a compartir conocimientos e iniciativas sobre la materia. Defienden que los principios de este sistema son la modularidad de los productos para que sea fácil montarlos y desmontarlos, los estándares abiertos o diseños compartidos, el código abierto o la información de las composiciones y cómo fabricar esos productos de libre acceso, y, finalmente, los datos sobre la ubicación de los materiales abiertos para poder recuperarlos.

LOS COLCHONES Y LA ECONOMÍA CIRCULAR

En la Comunidad Valenciana se desechan anualmente más de 300.000 colchones. Esta cantidad es mayor aquí que en otras regiones del país, debido a la gran presencia del sector. Estos residuos representan un grave problema ambiental, debido a su alta densidad y a su volumen, ocupan gran espacio de los vertederos.

La Ley 5/2022, de 29 de noviembre, de residuos y suelos contaminados para el fomento de la economía circular en la Comunidad Valenciana establece unos objetivos ambiciosos respecto a este tipo de desechos: para el 2024 reducir en un 75% las unidades de colchones que acaban en los vertederos y para el 2025, un 90%, tomando como referencia las unidades que se depositaron en 2021. Para ello, según dicha ley, el Consell

Fuente: Vecteezy de Deepak Patel.

debe promover y colaborar en los procesos industriales de reciclaje y valorización material de los recursos que contienen los residuos de colchones.

Sin embargo, pese a estas ambiciones, actualmente, solo se logra recuperar entre el 20% y el 30% de los materiales de estos colchones.

Para hacer frente a esta problemática, la empresa valenciana Ecoaqua Colchones, en colaboración con Emtre y el Consorcio V5-COR, ha desarrollado una tecnología innovadora basada en el uso de agua a ultrapresión. Este sistema permite separar eficazmente todos los materiales de los colchones (muelles, espumas, látex, etc.) sin necesidad de triturarlos, eliminando riesgos asociados a los métodos tradicionales y maximizando el aprovechamiento de los componentes. Esta tecnología puede procesar hasta 250.000 colchones anuales en su planta de Ontinyent, lo que representa un avance significativo en la gestión de estos residuos. Todo este proceso se lleva a cabo sin emitir ningún gas contaminante a la atmósfera ni tampoco liberar residuos en polvo durante el proceso de reciclaje. Además, el 95% del agua utilizada para el proceso de separación y reciclaje de compuestos es reutilizable, reduciendo al máximo su consumo global.

Los materiales recuperados mediante esta tecnología son reutilizados completamente, otorgándoles una segunda vida y alineándose con los principios de la economía circular. De este modo, no solo se reduce el impacto ambiental de los vertederos, sino que también se promueve una gestión sostenible de los recursos. Los impulsores del proyecto destacan que esta iniciativa no solo cumple con las metas de reciclaje establecidas para 2024 y 2025, sino que posiciona a la Comunidad Valenciana como referente en la innovación ambiental.

Actividades

A. Tras leer el texto con atención, responda a las siguientes preguntas:

1. ¿Cuál es el principal problema ambiental relacionado con los colchones en la Comunidad Valenciana?

2. ¿Qué objetivos establece la Ley 5/2022 respecto al reciclaje de colchones?

3. ¿Qué innovaciones aporta la tecnología desarrollada por Ecoaqua Colchones?

4. ¿Cómo contribuye esta tecnología al modelo de economía circular?

5. ¿Qué desafíos podrían surgir para cumplir con los objetivos de la Ley 5/2022?

B. Quiere aplicar esta tecnología a su región de referencia. Redacta un breve texto argumentativo en el que se reflejen las siguientes ideas:

1. Dificultades para implementar esta tecnología en la región (físicas, legislativas, de financiación, etc.)

2. Beneficios económicos y ambientales esperados

Poner en común con el resto de la clase.

Acceda a www.marcombo.info con el código MARCOMBO33 y descargue más casos prácticos.

EJERCICIO 3.4

¿Cuál es la diferencia esencial entre la economía lineal y la circular?

EJERCICIO 3.5

¿La economía verde es lineal o circular? Razone la respuesta.

EJERCICIO 3.6

Verdadero o falso: «La economía verde se centra exclusivamente en los aspectos ambientales como la contaminación, el cambio climático y la sobrexplotación de recursos naturales». Justifique su respuesta.

EJERCICIO 3.7

¿Cuáles son las premisas para que la economía circular sea sostenible?

EJERCICIO 3.8

Describa cómo sería el proceso de producción y consumo de una mesa de madera según un modelo lineal y según un modelo circular. Indique, si las hubiera, las diferencias en diseño entre ambos casos.

EJERCICIO 3.9

¿Qué es la obsolescencia programada? ¿Sería compatible con un sistema de economía circular?

EJERCICIO 3.10

¿A qué se denomina desacoplamiento?

3.3 Hacia un nuevo sistema productivo

A principios del presente siglo se popularizó la consigna de las 3R (reducir, reutilizar y reciclar) como regla para disminuir el impacto sobre el medioambiente y fomentar nuevos hábitos de consumo. El significado de cada una de estas tres palabras es:

- **Reducir.** Desde el punto de vista de los procesos productivos, hay que tratar de utilizar lo mínimo posible tanto en materias primas como en consumo energético, evolucionar hacia un sistema más eficiente, que tiene como contrapartida una reducción de costes. Analizándolo por el lado de los usuarios finales, sugiere la moderación del consumo de productos, evitar todo aquello que es innecesario.

- **Reutilizar.** Con el objeto de mantener los bienes de consumo en uso el mayor tiempo posible, es una buena estrategia darle nuevos usos hasta que quede inservible. Desde el punto de vista industrial, consistiría en volver a utilizar piezas aprovechables de productos que han finalizado su vida útil.

- **Reciclar.** La tercera de las 3R consistiría en someter a diferentes transformaciones los productos ya retirados para convertirlos en unos nuevos que se pueden volver a utilizar.

Con el tiempo, esta regla de las erres ha ido aumentando en número y se ha convertido en una filosofía más completa y optimizada. Actualmente se llega a hablar de las 9 erres, que se sintetizan en la tabla de la página siguiente.

Cabe puntualizar que existen diferentes **tipos de reciclaje**, según la calidad del elemento resultante tras este proceso, que no tienen traducción a nuestro idioma:

Figura 3.4 Representación de la filosofía de las 3R.

- **Upcycling.** A partir de productos de desecho, se extraen las materias primas y se crea un producto nuevo, con una calidad superior al producto inicial. Por ejemplo, se puede confeccionar a partir de una prenda ya usada otro elemento que aproveche las partes no desgastadas como un bolso, una cartera, un muñeco, etc.

- **Recycling.** Hay materias primas que son susceptibles de ser recuperadas de manera indefinida sin una pérdida de calidad en cada transformación. Son ejemplos los objetos de oro, plata, cobre, aluminio, etc., que se pueden fundir una y otra vez para obtener el material original y darle una nueva aplicación.

- **Downcycling.** El producto resultante es el mismo que el de partida, pero con una calidad inferior al original. Tras su uso o quizás alguna transformación más, finalmente será desechado. Por ejemplo, el papel reciclado, el plástico reciclado, etc.

R	Término en inglés	Significado	Ejemplo
Rechazar	*Refuse*	No aceptar todo aquello que no necesitemos y evitar productos de un solo uso o con gran impacto ambiental.	Ofrecer regalos promocionales, publicidad en papel que nos entregan por la calle, etc.
Reducir	*Reduce*	Disminuir el consumo de recursos y la generación de residuos.	Reducir el consumo de agua en la fabricación de tejidos para la confección.
Reutilizar	*Reuse*	Dar una segunda vida a los productos en lugar de desecharlos.	Emplear repetidamente un vaso reutilizable en las máquinas expendedoras de café.
Reparar	*Repair*	Arreglar productos para alargar su vida en lugar de reemplazarlos.	Reparar un electrodoméstico cuando no funcione antes de desecharlo.
Restaurar	*Refurbish*	Mejorar o reacondicionar productos para prolongar su uso.	Pintar un armario para darle mejor aspecto, o los azulejos del baño.
Remanufacturar	*Remanufacture*	Desmontar productos usados para extraer componentes y emplearlos en la fabricación de otros objetos.	Deshacer un jersey y retejerlo con un nuevo diseño.
Reciclar	*Recycle*	Transformar materiales usados en materias primas de nuevos productos.	Extraer el aluminio de las latas para de bebidas para fabricar nuevas latas.
Recuperar	*Recover*	Aprovechar la energía o materiales de productos al final de su vida útil.	Obtener biogás a partir de residuos orgánicos.
Repensar	*Rethink*	Diseñar y consumir de manera más sostenible.	Rediseñar un envase de un producto para que este sea biodegradable.

Esta filosofía constituye la base de la economía circular.

Figura 3.5 Ejemplo de *downcycling*: el papel usado se transforma en virutas y, posteriormente, en papel higiénico.

Figura 3.6 Ejemplo de *upcycling*: a partir de palés se crean asientos.

Figura 3.7 Ejemplo de *upcycling*: se crea un material de construcción a partir de plásticos reciclados para fabricar mobiliario urbano.

La aplicación de esta filosofía de las 9R da lugar al concepto de **ecoeficiencia**, que consiste en crear más bienes y servicios con menos recursos, lo que produce menos residuos y menos contaminación.

Sin embargo, estos principios, que fueron fundamentales cuando se enunciaron, han demostrado ser insuficientes para lograr los ODS ambientales, no solo porque ofrecen una visión simplista, sino porque, en muchos casos, únicamente retrasan la llegada de desechos a los vertederos cuando son elementos nocivos, es decir, no son biodegradables ni inocuos para el medioambiente. Aunque más tarde que con la forma de operación anterior, acabarán contaminando igualmente.

Por otro lado, cuando el reciclaje es de tipo *downcycling*, también se está posponiendo el vertido final, algo también inevitable en este caso.

EJERCICIOS

EJERCICIO 3.11

Dividir la clase en grupos de 3 o 4 estudiantes. Cada grupo deberá escoger un objeto diferente, a ser posible relacionados con el sector productivo del grupo. Los equipos deben pasar por cada estación (cada erre), debatiendo cómo aplicar esa acción al objeto seleccionado. Finalmente, se debe poner en común.

EJERCICIOS

EJERCICIO 3.12

Piense o busque un ejemplo para los 3 tipos de reciclaje expuestos, a ser posible de productos relacionados con su entorno productivo.

EJERCICIO 3.13

¿Se le ocurre algún ejemplo de reutilización? Cítelo.

EJERCICIO 3.14

Busque en Internet información sobre la tecnología *texloop*. ¿En qué consiste? ¿Su aplicación cómo la consideraría, *recycling*, *upcycling* o *downcycling*? Justifique su respuesta.

Para lograr una economía realmente circular y neutra en carbono hay que ir más allá del planteamiento simple de la ecoeficiencia o las 9R. En los últimos años han surgido posturas más elaboradas y comprometidas que afrontan el reto de una manera sistémica. Todas ellas comparten el mismo referente para lograr modelos productivos sostenibles: la naturaleza y sus mecanismos de regulación cíclicos, su biodiversidad y la relación compleja entre diversos elementos.

Las dos corrientes que se muestran a continuación a modo de ejemplo no son excluyentes entre sí, ni siquiera conceptualmente son lo mismo. La primera, la biomímesis, es una ciencia y puede aplicarse en la otra. La segunda, *cradle-to-cradle,* es un modelo productivo, un análisis de cómo debemos fabricar para llegar a un patrón sostenible para el medioambiente, y profundiza y reelabora la estrategia de la economía circular.

3.3.1 Biomímesis *(biomimicry)*

La **biomímesis** (también denominada biomimética o boimimetismo, en inglés *biomimicry*) es la ciencia que reconoce la genialidad y sabiduría de la naturaleza, y trata de imitarla para innovar y crear procesos o productos semejantes a sus modos de operación, ya que, por haber funcionado durante 3800 millones de años, son eficientes y están optimizados. En otras palabras, se trata de, en lugar de recurrir a soluciones artificiales a una determinada necesidad humana, buscar cómo está resuelto ese mismo problema en el medio natural y aplicar esa solución que ya está perfeccionada y es compatible con los ecosistemas, y así preservar el equilibrio natural del planeta, además de garantizar su sostenibilidad a largo plazo. Tiene aplicación en muchos ámbitos como la robótica, la ingeniería, el diseño de bienes, la química, la arquitectura, la planificación urbana, la gestión empresarial, etc. De hecho, la propia economía circular es biomimética.

No es una idea nueva, el ser humano ha sido siempre un observador de la naturaleza y ha tratado de reproducir capacidades de otros seres vivos, como volar o bucear, para usarlas en su propio beneficio, aunque las soluciones a las que ha llegado no necesariamente han sido imitación de las naturales. Sin embargo, en estos momentos en que el equilibrio de la biosfera se está resquebrajando, cobra mucho más sentido aplicar esta ciencia para lograr opciones sostenibles a largo plazo.

La ciencia biomimética se sustenta en tres elementos esenciales, presentes en todas sus acciones:

- **Rasgos distintivos o valores *(ethos)*.** Significa que la naturaleza debe ser contemplada y valorada desde el respeto, la empatía y la admiración por sus mecanismos y formas de funcionamiento para crear diseños respetuosos con la vida. La ética debe estar presente en todos los procesos.

- **Emular.** Indagar e investigar con rigor científico las leyes, los patrones, las estructuras, las funciones, las soluciones que rigen en la naturaleza, para aplicarlos en los diseños, y poder sobrevivir y prosperar de una forma sostenible.

- **(Re)Conectar.** Los humanos formamos parte de la biosfera, de la red interconectada constituida por todos los seres vivos de la Tierra. Necesitamos pasar más tiempo en entornos naturales para alinearnos e integrarnos en ellos, reconocer su importancia y nuestra interdependencia, especialmente los habitantes de entornos urbanos. Es una forma también de crear conciencia.

La aplicación de la biomímesis al diseño de productos o servicios se hace de forma estructurada pasando ordenadamente por las siguientes fases:

- **Define.** Consiste en perfilar el dilema que se quiere resolver estableciendo su alcance, su aplicación. El resultado es un enunciado de un problema ni muy concreto ni muy generalista. Es muy importante que quede bien perfilado, porque este es el punto de partida para las siguientes etapas.

- **Biologiza.** Hace referencia a traducir el reto anterior en términos de funcionalidad y contextualizarlo, para que sirva de referencia en la búsqueda que tiene lugar en la siguiente etapa. Se formula con una pregunta del tipo: «¿Cómo resuelve la naturaleza el problema?».

- **Descubre.** Seguidamente se procede a investigar observando la naturaleza, consultando libros y personas especializadas en la materia, hasta encontrar una estrategia biológica que dé respuesta a la pregunta enunciada en la etapa anterior y, consecuentemente, al problema planteado inicialmente.

- **Abstrae.** A continuación, se estudian detenidamente los mecanismos esenciales de esa táctica biológica para comprender las razones de su éxito. Una vez asimilados, se expresan en términos físicoquímicos o biológicos para poder llevarlos al diseño.

- **Emula.** Es la aplicación de los mecanismos descubiertos anteriormente para llegar a un diseño coherente y amigable con la vida. Es en esta etapa donde empieza a emerger el prototipo del producto.

- **Evalúa.** Esta es la fase de perfeccionamiento, de realizar pruebas y modificaciones hasta llegar a una solución sostenible y viable que dé respuesta al problema planteado. En muchas ocasiones implica volver a etapas anteriores, para reformular algunos aspectos que no cumplen con las expectativas.

— CURIOSIDADES —

Una de las precursoras de esta ciencia en la actualidad es Janine M. Benyus, cofundadora del Instituto de Biomímesis (*Biomimicry Institute*, https://biomimicry.org/) y autora de varios libros de divulgación que dan a conocer esta estrategia. En la página web del instituto hay numerosos recursos.

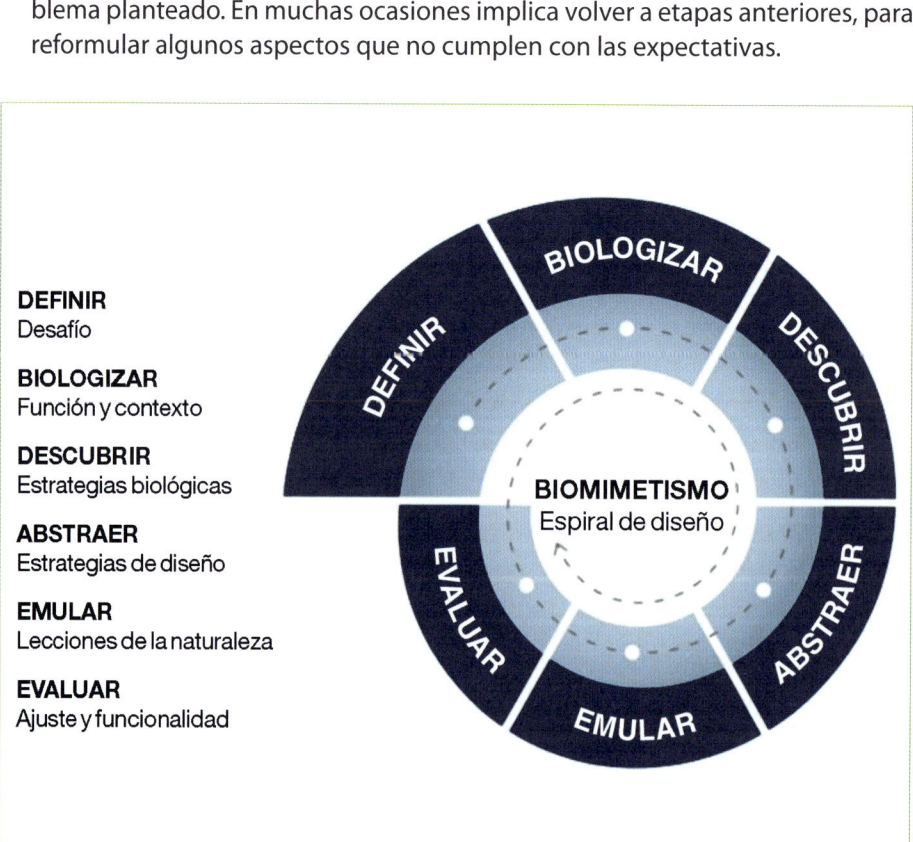

DEFINIR
Desafío

BIOLOGIZAR
Función y contexto

DESCUBRIR
Estrategias biológicas

ABSTRAER
Estrategias de diseño

EMULAR
Lecciones de la naturaleza

EVALUAR
Ajuste y funcionalidad

Figura 3.8 Representación de las fases del diseño biomimético. Tiene forma de espiral porque, por lo general, en el refinado se vuelve a pasar por las primeras etapas. Cortesía del *Biomimicry Institute* (https://biomimicry.org/).

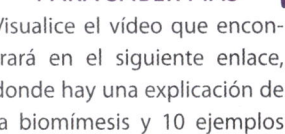

EJERCICIOS

EJERCICIO 3.15

¿Por qué es conveniente imitar a la naturaleza a la hora de buscar soluciones para desarrollar productos y buscar soluciones a un determinado problema?

EJERCICIO 3.16

Según la biomímesis, ¿en qué consiste biologizar un problema?

EJERCICIO 3.17

Busque al menos 3 ejemplos de productos basados en la biomímesis o imitación a la naturaleza. Puede inspirarse en la siguiente página web: https://asknature.org/, en el siguiente vídeo https://www.youtube.com/watch?v=C7GHimefyRg o en el canal de YouTube del Instituto de Biomímesis (https://www.youtube.com/@BiomimicryOrg)

3.3.2 De la cuna a la cuna (*cradle-to-cradle*) o ecoefectividad

Aparece por contraposición a la denominada **ecoeficiencia** o las 9R, con la que es bastante crítica, ya que, según los autores, hacer algo menos mal no es hacerlo bien (por ejemplo, contaminar menos no es suficiente, lo que hay que lograr es no contaminar y, a ser posible, recuperar y regenerar). Su concepción de los productos que fabricamos es holística, según la cual su diseño debe orientarse para que se puedan mantener continuamente en la circularidad. De acuerdo con este planteamiento, se diferencian entre distintos tipos de materiales:

- **Nutrientes biológicos.** Se trata de materiales totalmente biodegradables y exentos de cualquier compuesto químico que pueda dañar el medioambiente o la salud de los seres vivos. Estos productos, al final de su vida útil, acaban como compost para que sea la propia naturaleza quien los regenere, lo que contribuye a la recuperación y el enriquecimiento del suelo.

- **Nutrientes técnicos.** Se trata de elementos que son reciclables o *upcycling* una y otra vez. Una vez desechados por los usuarios, deben regresar a la cadena productiva para que sean reprocesados y reconvertidos en otros objetos, sin pérdida de calidad. Por ello, los productos originales deben ser fabricados de modo que se puedan separar sus componentes y recuperar íntegramente las materias primas con que se construyeron, especialmente aquellas que sean escasas o contaminantes. Esto implica desarrollar un sistema de monitorizado y recogida de este tipo de materiales para que puedan regresar a la industria y no acaben en los vertederos.

- **Monstruos híbridos.** Son materiales que en su composición interna albergan elementos biodegradables junto con otros que, o no lo son, o son tóxicos o nocivos con los ecosistemas, y que no deben ser compostados. Se debe evitar a toda costa este tipo de mezclas.

Por otro lado, defienden que los materiales que hoy día no son reprocesables o reciclables, y además son peligrosos, se han de ir retirando y almacenando de forma segura hasta que se desarrollen las tecnologías para tratarlos adecuadamente.

Al igual que sucede en la naturaleza, los dos tipos de nutrientes deben seguir sus propios procesos cíclicos de continua transformación, sin que se entremezclen ni confluyan unos con otros, constituyendo lo que se denomina un mundo con dos metabolismos: el técnico y el biológico.

— PARA SABER MÁS —

Visualice el vídeo que encontrará en el siguiente enlace, donde hay una explicación de la biomímesis y 10 ejemplos de aplicaciones:

https://www.youtube.com/watch?v=tSIN-zRpezU

GLOSARIO

En inglés, los productos de un solo uso o de usar y tirar se denominan *cradle-to-grave* (de la cuna a la tumba). En contraposición, surge el término *cradle-to-cradle* (de la cuna a la cuna), que trata de representar un producto que no se desecha nunca, que tiene una vida cíclica.

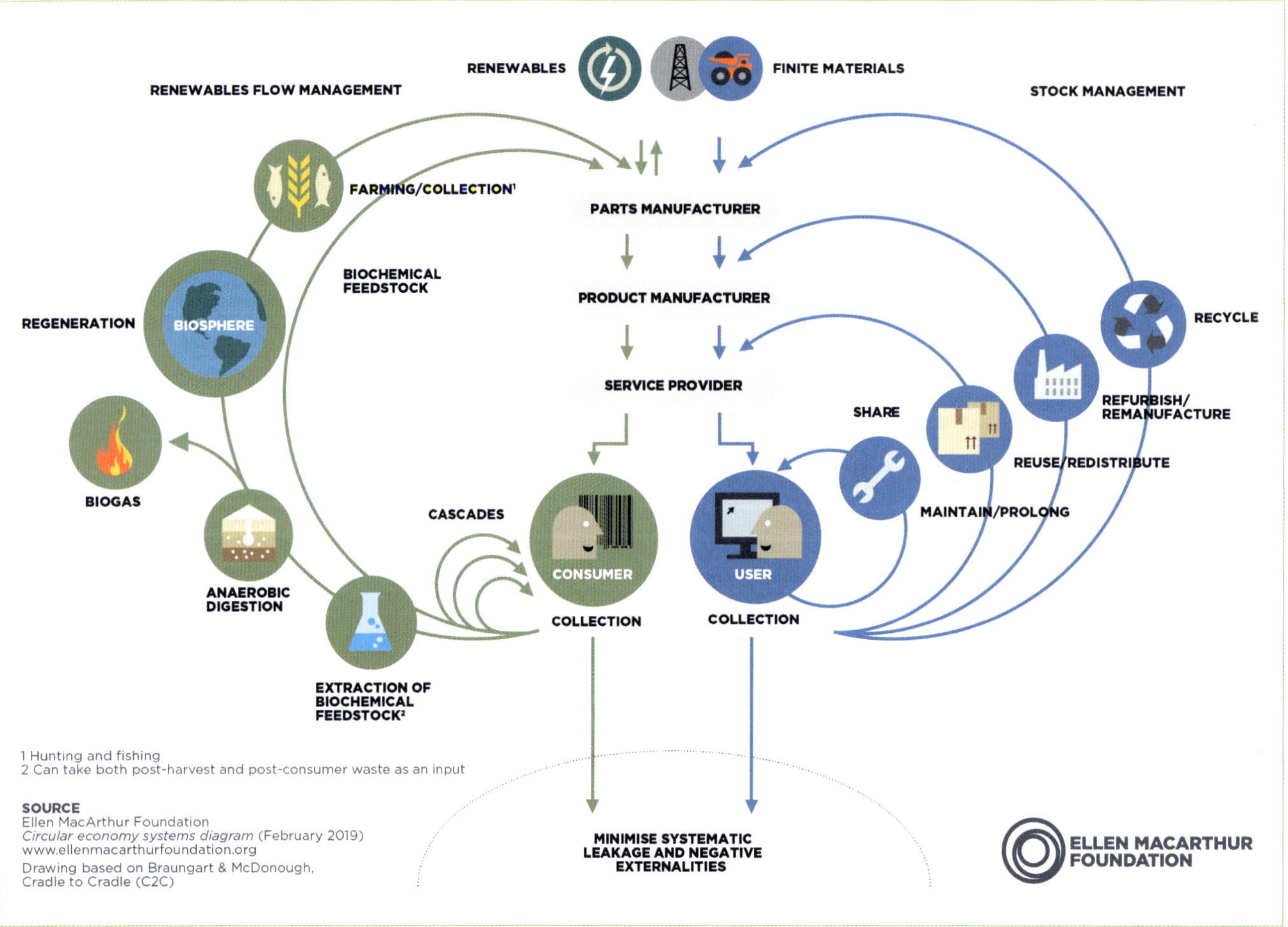

Figura 3.9 Los dos metabolismos de los nutrientes *cradle-to-cradle*, el biológico a la izquierda y el técnico a la derecha, y las formas en que los nutrientes regresan al ciclo productivo. Fuente: Ellen MacArthur Foundation (www.ellenmacarthurfoundation.org).

Por último, según este modo de proceder, los autores sugieren que su aplicación al mundo empresarial debe llevar aparejadas implicaciones de otra índole. Por ejemplo, defienden que la economía debe ser local, de tamaño asumible, diversa, adaptada al entorno, con consideración hacia los empleados, capaz de crear riqueza en las proximidades, basada en las energías renovables y, sobre todo, generosa con la naturaleza, que contribuya a que se regenere y se recupere. Sus objetivos tienen que ir más allá de conseguir la neutralidad en carbono, por ejemplo, absorbiendo más de lo que se emite para ir recuperando el equilibrio natural.

CURIOSIDADES

Los autores de la filosofía *cradle-to-cradle* son William McDonough, un arquitecto premiado y reconocido que apuesta por edificios sostenibles, adaptados al entorno y que integran en ellos a la naturaleza; y Michael Braungart, un químico que trabajó en Greenpeace, fundador de la *Environmental Protection Encouragement Agency* (EPEA). La difundieron en 2002 en un libro con este nombre que fue impreso en papel de plástico reciclado y reciclable, como ejemplo de nutriente técnico.

EJERCICIOS

EJERCICIO 3.18

Visualice el siguiente vídeo de la fundación Ellen MacArthur sobre economía circular: https://www.ellenmacarthurfoundation.org/topics/circular-economy-introduction/overview y realice un resumen sobre los dos ciclos de los que habla: el técnico y el biológico. ¿Qué es el diagrama mariposa?

EJERCICIO 3.19

Redibuje el diagrama mariposa traduciendo todos los términos a su lengua. Elabore asimismo una explicación de cada uno de los procesos que aparecen en él. El resultado podría ser un póster físico o digital (o simplemente lo puede realizar en la libreta).

EJERCICIO 3.20

Clasifique los siguientes productos en estas categorías: nutriente biológico, nutriente técnico, monstruo híbrido. Justifique su respuesta. Algunos de ellos no responden a una clasificación única:

- Un tejido de composición 50 % algodón y 50 % poliamida

- Una lata de conserva sin etiqueta

- Los travesaños de madera de la vía del tren

EJERCICIO 3.21

Fíjese en el metabolismo técnico, en el bucle más interno etiquetado como *share* (comparte). ¿Qué cree que significa? Ponga un ejemplo.

3.4 Diseño, fabricación y utilización de productos sostenibles

Cualquier producto en el mercado atraviesa diversas etapas a lo largo de su ciclo de vida, que incluyen la extracción de materias primas, la fabricación, el embalaje, el transporte, el uso y el desecho. Cada una de las fases tiene un impacto ambiental y social, y todas juntas engloban las huellas ecológica y social de ese producto. Para reducirla, desde el mismo diseño del producto y en la estrategia de fabricación, hay que tener presente toda la secuencia que sigue.

Existen dos tendencias diferentes para aplicar la sostenibilidad en todo el ciclo de vida del producto:

- El **intraemprendimiento verde** o **modelo incremental**. Consiste en aplicar estrategias de optimización de materiales, búsqueda de proveedores más próximos, reducción de consumo energético, supresión de todos o parte de los elementos nocivos, minimización de embalajes, etc., con una bajada de costes implícita, sobre un producto ya existente. Se trata de reducir la huella ecológica y/o mejorar el aspecto social. Desde el punto de vista medioambiental, es una estrategia que no puede sobrevivir a largo plazo porque se limita a retrasar o dosificar los impactos negativos, se sigue contaminando, sobrexplotando, emitiendo gases de efecto invernadero a la atmósfera, aunque a un ritmo más lento. Es bueno, pero es insuficiente y, sobre todo, no es sostenible en el tiempo.

- El **emprendimiento verde** o **modelo innovador**. En este caso se concibe un producto nuevo y novedoso, con un planteamiento totalmente diferente, poniendo el foco en el medioambiente, el bienestar social, pensando a largo plazo. Estos productos o servicios deben tener resueltos todos sus impactos desde el principio hasta el fin, sin causar ningún tipo de perjuicio a la naturaleza y respetando los aspectos sociales; es más, a ser posible, han de ser capaces de regenerar y de beneficiar a su entorno ecológico y local.

Figura 3.10 Pilares básicos para lograr un diseño de productos sostenibles.

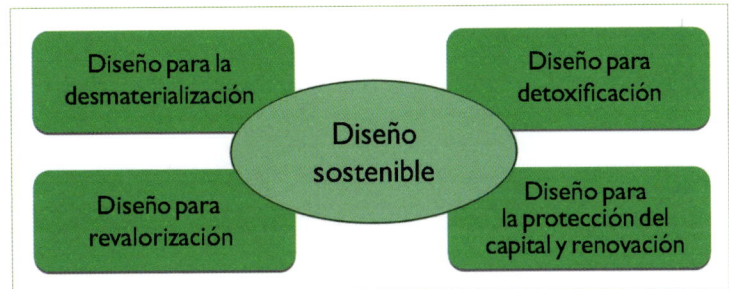

Si realmente se quieren conseguir los objetivos de desarrollo sostenible de la Agenda 2030, el modelo innovador es el que debe regir en las actividades empresariales, y extenderse a todos los sectores productivos. Este cambio de paradigma debe iniciarse desde la fase de diseño para lograr soluciones inéditas.

Aunque parecen sinónimos, los términos **ecodiseño** y **diseño sostenible** son diferentes. El primero hace referencia a concebir productos o servicios que no causen ningún tipo de perjuicio al medioambiente. Se trata de reducir al máximo posible su huella ecológica, pero también ha de contemplar el final de la vida del producto, su recuperación y reciclado. El segundo, que engloba el ecodiseño, además incorpora la sostenibilidad social y económica del producto. El diseño sostenible, además de todo eso, valora el impacto social, las condiciones de trabajo en que se fabrican los productos, las necesidades e inquietudes de los grupos de interés a los que se dirige y su capacidad económica. Por último, también contempla la rentabilidad del producto, ya que sin ella no sería ni viable ni sostenible en el tiempo.

Al tratarse de un planteamiento novedoso, no existen todavía unos principios consensuados, pero sí predominan una serie de aspectos que se repiten en el diseño de productos sostenibles. Estos son:

- **Diseño para la desmaterialización.** Consiste en minimizar u optimizar el consumo de energía y de materiales en todas las fases de la vida del producto. Persigue reducir desechos, pero también ampliar la vida del producto y concebirlo para que esté en uso el máximo tiempo posible. Por otro lado, como hay que contemplar todos los procesos desde que el producto se fabrica hasta que llega a los usuarios finales, siempre serán preferibles formas compactas y de menor tamaño para reducir el espacio que se necesita para transportarlo.

- **Diseño para la detoxificación.** Consiste en suprimir materiales dañinos para la salud y el medioambiente, además de emplear fuentes de energía renovables y tecnologías limpias en la fabricación. En este sentido, conviene disponer de una base de datos de todos los materiales que son tóxicos, insalubres y peligrosos, y evitar así su uso. Por otro lado, también es deseable una segunda base de datos, en la que se recojan los materiales que carecen de efectos dañinos, para aplicarlos siempre que se pueda a los diseños. Asimismo, al seleccionar una composición determinada hay que tener presente las posibilidades de reciclado, por lo que se recomienda, en la medida de lo posible, evitar mezclas en la composición química.

- **Diseño para revalorización.** En el contexto de la economía circular, en la etapa de diseño se debe considerar la reutilización, el reciclado y la recuperación del producto. Por ello se debe prever que su forma se pueda desmontar fácilmente y recuperar las materias primas que lo componen. Además, su diseño debe contemplar las posibilidades de que el producto sea multifuncional o útil para diferentes usos, sea reutilizable para otra aplicación con algunas modificaciones o sea reciclable y transformable en un producto diferente.

- **Diseño para la protección del capital y renovación.** Se centra en equilibrar los recursos empleados, y la generación y renovación de diferentes tipos de capital (humano, natural y económico) para una producción sostenible. Es en este cuarto pilar donde se abordan los aspectos sociales, las condiciones de trabajo seguras e inclusivas a cambio de salarios justos, por ejemplo, sin perder de vista que los productos deben reportar beneficios económicos para que puedan perdurar en el tiempo.

> **GLOSARIO**
>
> El diseño para la revalorización también se denomina *diseño para el final de la vida útil*, en inglés *end of life design*.

3.5 Análisis del ciclo de vida de productos y servicios

Aunque el diseño es un aspecto fundamental, no es el único factor que determina la sostenibilidad de un producto o servicio. Para lograr un enfoque integral, es necesario aplicar el análisis del ciclo de vida del producto (ACV), una metodología que evalúa su huella ambiental en cada una de las etapas de su ciclo de vida: desde la extracción de materias primas hasta su eliminación, pasando por la fabricación, la distribución y el uso. En cada fase, se analizan los impactos ambientales, considerando el consumo de recursos, la energía y el agua utilizadas (entradas), así como los residuos y emisiones generados (salidas). Este enfoque permite identificar oportunidades de mejora y desarrollar soluciones más sostenibles en todas las etapas del proceso.

El análisis del ciclo de vida se estructura en 4 etapas diferenciadas, que son:

- **Definición del alcance y objetivos.** Se define hasta dónde se pretende llegar con el análisis, así como las causas que los motivan.

- **Inventario del ciclo de cida (LCI).** Trata de realizar el balance de las materias primas necesarias y los consumos de energía y agua, es decir, las entradas, y de las emisiones y vertidos que se ocasionan, las salidas en cada una de las fases del ciclo de vida. Requiere recopilar datos para evaluar mejoras, un proceso que puede resultar complejo.

- **Evaluación del impacto.** Consiste en identificar y cuantificar todos los impactos ambientales o sobre la salud de las personas que puede causar el producto o servicio en cada una de las etapas de su ciclo de vida. Existe una clasificación de tipos de impactos y se valora individualmente si existe la probabilidad de que tenga lugar y cuál es la magnitud del daño que pueden causar.

- **Interpretación.** Tras los resultados cuantitativos de la evaluación del impacto y con los datos del inventario, se deben identificar y evaluar propuestas de mejora. Esta interpretación también permite localizar en qué fase del ciclo de vida se generan las principales cargas ambientales y, por tanto, cuáles son susceptibles de estudiar más detalladamente.

Este proceso estructurado es aplicable tanto al análisis del ciclo de vida de productos como al de actividades y servicios.

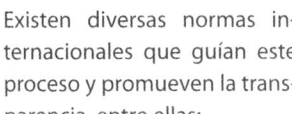

PARA SABER MÁS

Existen diversas normas internacionales que guían este proceso y promueven la transparencia, entre ellas:

- UNE-EN ISO 14040: gestión ambiental. Análisis del ciclo de vida. Principios y marco de referencia. Establece todo el marco metodológico.

- UNE-EN ISO 14044: orienta en la aplicación de las cuatro etapas que comprende la metodología ACV.

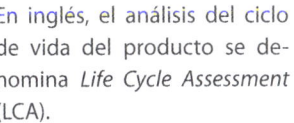

GLOSARIO

En inglés, el análisis del ciclo de vida del producto se denomina *Life Cycle Assessment* (LCA).

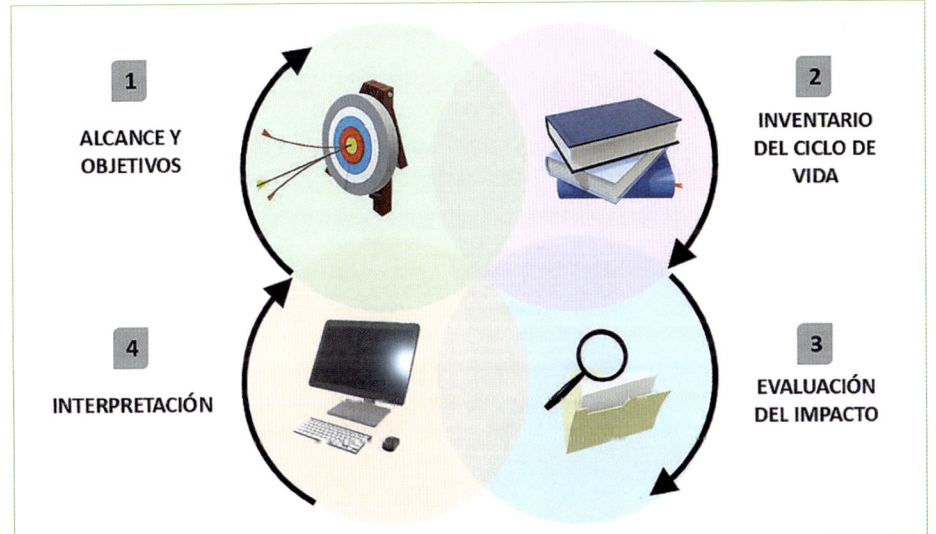

Figura 3.11 Etapas del análisis del ciclo de vida del producto.

3.5.1 ACV de productos

En lo que se refiere a productos terminados, cada una de las etapas del análisis de su ciclo de vida comprende diferentes acciones y puede causar determinados impactos:

- **Extracción de materias primas.** En un modelo de producción lineal, se obtienen de la naturaleza o de otros procesos productivos previos los materiales necesarios para concebir el producto. En un modelo de producción circular, pueden ser desechos de otros procesos o proceder del reciclaje, por ejemplo. En el primer caso, se trata de minerales, metales, petróleo (para plásticos), madera, fibras naturales, etc. obtenidos mediante técnicas como la minería, la perforación, la tala de bosques, los cultivos, etc. Sus impactos sobre el medio ambiente y la biodiversidad suelen ser fácilmente identificables. Si la sostenibilidad del producto es una prioridad, no solamente se deben escoger adecuadamente estas materias primas, sino que es muy importante valorar si su extracción está en armonía con los procesos naturales de los ecosistemas para que se puedan regenerar adecuadamente.

- **Fabricación y manufactura.** En esta etapa las materias primas sufren los procesos necesarios para llegar al producto terminado. Se trata de procesos como la fundición, el refino, el conformado, el ensamblaje y el empaquetado, por ejemplo. Estas transformaciones requieren consumo de energía y agua, y pueden producirse emisiones y residuos. Los impactos ambientales de esta fase pueden ser importantes, y su evaluación y reducción, fundamentales para mejorar la sostenibilidad del producto.

- **Transporte y distribución.** El producto es transportado desde las fábricas hasta los puntos de venta o a los usuarios finales. Los impactos ambientales de esta etapa estarán relacionados no solamente con el tipo de transporte empleado y su necesidad de combustibles fósiles o no, sino también de las distancias recorridas. Asimismo, será importante el volumen del empaquetado y su naturaleza. Su repercusión sobre el medio ambiente se cuantificará básicamente por las emisiones de gases de efecto invernadero, los contaminantes y los residuos producidos derivados del embalaje.

- **Uso.** En esta etapa el consumidor final adquiere el producto y lo utiliza hasta el final de su vida útil. Su impacto ambiental dependerá de la duración de su vida útil, que será mayor cuanto más fácil sea reparar y mantener ese bien, es decir, está relacionado con su mantenibilidad. Para mejorar la sostenibilidad del producto, es clave facilitar su reparación mediante servicio técnico, instrucciones claras y disponibilidad de piezas de recambio.

- **Fin de su vida útil.** En este momento el producto deja de cumplir con la finalidad para la que se concibió y es descartado. En esta etapa pueden generarse grandes cantidades de residuos sólidos, líquidos o gaseosos, que además pueden ser contaminantes. Para mejorar la sostenibilidad en esta fase, es fundamental evaluar estrategias de reutilización, reciclaje y ecodiseño, además de una correcta gestión de residuos.

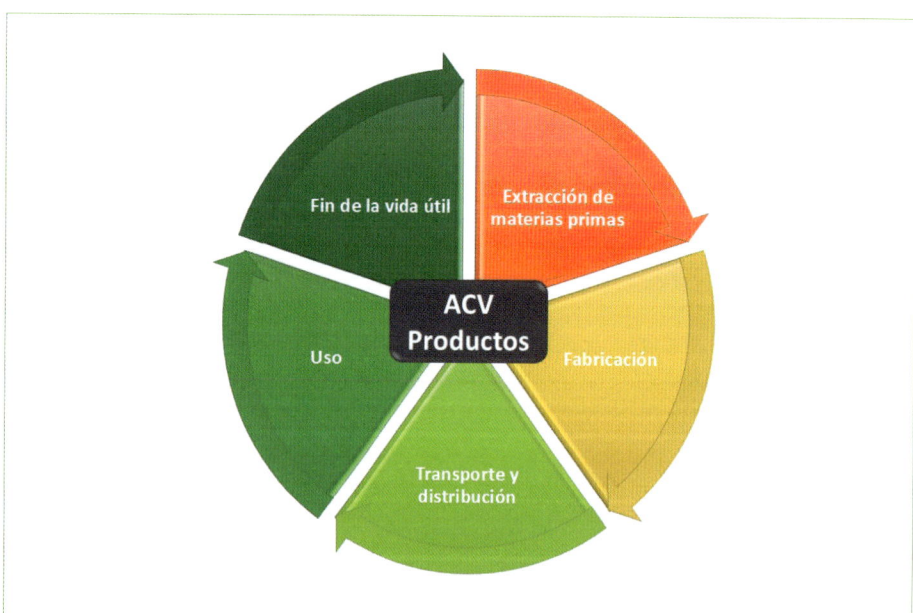

Figura 3.12 Etapas del ciclo de vida de un producto.

3.5.2 ACV de servicios

Cuando se trata de actividades y servicios, su análisis del ciclo de vida se aborda de una forma algo diferente al de los productos. Existen diferentes etapas, aunque no necesariamente son secuenciales, ya que algunas pueden coexistir o dividirse en distintos momentos. El estudio comprende los siguientes ítems:

- **Infraestructura y/o preparación.** Toda labor requiere de unos recursos físicos y logísticos para su puesta en marcha. Quizás se requiera construir instalaciones, adquirir equipos, contratar personal, etc. En el caso de que sea necesario edificar, habrá unos impactos ambientales que dependerán del tipo de materiales empleados y su cantidad, de los consumos energéticos y de agua, de los residuos generados, de la alteración del ecosistema con la construcción, etc. Los equipos también tendrán su huella ecológica según su procedencia geográfica, los materiales empleados y su proceso de fabricación. Todo este análisis deberá hacerse aplicando la metodología normalizada para el ACV.

- **Operación y prestación del servicio.** Es la fase en la que el servicio está en funcionamiento y se brinda al usuario. Para ello requiere insumos como papel, plásticos, detergentes y productos de limpieza, personal que lo sostenga y tecnología de apoyo, entre otras cosas. Los impactos ambientales estarán relacionados con los consumos de energía y agua, la generación de aguas residuales, emisiones de gases, desechos sólidos, etc.

- **Movilidad y transporte.** Incluye todos los desplazamientos que están relacionados con la prestación de servicios, tanto de los clientes como de los trabajadores, además de toda la logística de los materiales requeridos. Su impacto ambiental dependerá de los medios de transporte empleados y de las distancias recorridas. Es probable que se generen emisiones de GEI y otros gases contaminantes, además de contaminación acústica.

- **Consumo de bienes y recursos asociados.** Incluye todo lo que se usa y se gasta en la prestación del servicio. Puede abarcar alimentos, papel, electricidad, combustibles, productos de higiene, etc. Esto puede generar impactos negativos, como contaminación y sobreexplotación de recursos naturales.

- **Fin de la vida o renovación del servicio.** Sucede cuando un tipo de servicio llega a su fin definitivo o se produce su remodelación. Esto implica cambios en la dotación, demolición de infraestructuras, reconstrucción, etc. Generalmente implica la producción de desechos de diferente naturaleza: escombros de obras, residuos electrónicos, etc., con impacto ambiental muy diverso en función de la naturaleza de la renovación.

Figura 3.13 Etapas del ciclo de vida de un servicio.

La exploración de estos aspectos en la fase de interpretación permite introducir mejoras y optar por soluciones más sostenibles, como cambios en los hábitos de movilidad, la integración de la circularidad en los procesos, el uso de materiales biodegradables y reciclables, así como medidas de ahorro energético y de agua, entre otras estrategias para reducir el impacto ambiental.

EJERCICIOS

EJERCICIO 3.22

Una empresa que fabrica bolígrafos desechables de plástico, preocupada por la sostenibilidad, decide instalar paneles solares fotovoltaicos en los tejados de sus naves para que la mayoría de la energía que consumen sea renovable. Además, ha decidido suprimir un elemento químico de la composición de la carcasa del bolígrafo porque tenía un cierto grado de toxicidad. ¿Qué tipo de emprendimiento está llevando a cabo esta empresa? Justifique la respuesta.

EJERCICIO 3.23

Un fabricante de cables, preocupado por la circularidad de los cables que fabrica, ha ideado una cinta longitudinal que se coloca debajo del aislante, de manera que, cuando el cable alcanza el final de su vida útil, al estirarla actúa como un cuchillo y raja longitudinalmente el aislante, facilitando la separación del cobre conductor para que este sea recuperable. Por otro lado, han innovado en la composición del aislante, por lo que han logrado que sea totalmente reciclable sin una pérdida de calidad en el proceso, y se han suprimido elementos tóxicos y dañinos para la salud. El cobre, como metal que es, se puede fundir una y otra vez para obtener nuevos elementos. ¿Qué tipo de emprendimiento está llevando a cabo esta empresa? Justifique la respuesta.

EJERCICIO 3.24

Explique las diferencias entre diseño sostenible y diseño ecológico.

EJERCICIO 3.25

¿Qué pilar o pilares del diseño sostenible se centran en causar el mínimo perjuicio al medioambiente?

EJERCICIO 3.26

¿En qué consiste la sostenibilidad en el uso de un producto?

EJERCICIO 3.27

¿Qué diferencias existen entre el ACV de un producto y de un servicio? ¿Y qué similitudes?

EJERCICIO 3.28

Elija un producto que se emplee en el sector productivo al que pertenece el ciclo formativo que está cursando y realice el análisis de su ciclo de vida para conocer los impactos ambientales que puede producir, que se pueden desglosar entre los producidos sobre el suelo, el agua, la atmósfera y la biodiversidad. Para ello, deberá completar la siguiente tabla. De forma paralela, plantee posibles mejoras en cada una de las etapas para mejorar su sostenibilidad.

Etapa de la vida del producto	Consumo de recursos	Consumo de energía y agua	Residuos y vertidos generados	Impactos ambientales (agua, suelo, atmósfera y biodiversidad)	Posibilidades de mejora en su sostenibilidad
Extracción de materias primas					
Fabricación					
Distribución					
Uso					
Fin de vida					

EJERCICIO 3.29

Ahora escoja un servicio típico de su sector profesional y realice el análisis del ciclo de vida, evaluando los impactos ambientales y pensando propuestas de mejora. Para ello, complete la siguiente tabla.

Etapa de la vida del servicio	Consumo de recursos	Consumo de energía y agua	Residuos y vertidos generados	Impactos ambientales (agua, suelo, atmósfera y biodiversidad)	Posibilidades de mejora en su sostenibilidad
Infraestructuras					
Mantenimiento y operación					
Movilidad y transporte					
Materiales empleados					
Fin del servicio o remodelación					

EJERCICIO 3.30

Piense en un servicio que utilice con frecuencia, como un gimnasio, una tienda, un hospital o un restaurante, e identifique una práctica sostenible que ya implemente, como el uso de envases reciclables, la eficiencia energética o la accesibilidad. Luego, proponga al menos una mejora para hacerlo aún más sostenible.

3.6 La digitalización en el logro de productos sostenibles

En una sociedad tecnológica, la digitalización puede ser una herramienta útil para contribuir a la producción de bienes sostenibles. Dejando al margen la necesidad implícita de una digitalización más descarbonizada tanto en su consumo energético como en los propios elementos que la constituyen, en este apartado se ofrecen algunos ejemplos en los que acarrea un impacto positivo.

La técnica de análisis de datos tiene gran importancia en el ciclo de vida de productos sostenibles. En la fase de diseño es imprescindible, por la gran cantidad de información que se tiene que manejar, por ejemplo, en la decisión de la composición del producto, donde deben evitarse elementos nocivos, insalubres y peligrosos, entre otros, todos ellos recogidos en bases de datos. También en la fabricación y en la distribución de los productos la gestión de datos adquiere un volumen considerable.

Las tecnologías emergentes de inteligencia artificial (IA) y de realidad virtual resultan de gran utilidad en la fase de diseño de productos. Por ejemplo, el prototipado y la simulación de objetos en las primeras fases de diseño aplicando estas tecnologías acelera este proceso y reduce los costes. Además, la IA puede contribuir a la definición de modelos de negocio de economía circular y de logística inversa para lograr que los productos no acaben en los vertederos.

Alrededor del 80 % de las emisiones de GEI relacionadas con un producto se producen en la fase de fabricación, razón por la cual hay que enfocarse en ella para reducir su impacto ambiental. Precisamente en esta etapa la aplicación de nuevas tecnologías de la información y la comunicación, y de la filosofía Industria 4.0, contribuyen a esta meta. La automatización y el control automatizado de los procesos logran una mayor eficiencia en el uso de los recursos. Por otro lado, algunas tecnologías recientes, como la fabricación aditiva o impresión 3D, o el uso de gemelos digitales, reducen el peso de los productos, extienden su vida útil, mejoran su efectividad y permiten una mayor flexibilidad en la fabricación.

Para terminar, en un contexto de economía circular en el que los productos deben prolongar su vida útil y retornar al ciclo productivo al final de su vida útil, la aplicación del Internet de las cosas (IoT) para controlar el estado y la ubicación de los dispositivos puede ser crucial.

EJERCICIO 3.31

¿En qué fase de la vida del producto puede contribuir fundamentalmente la IA?

EJERCICIO 3.32

Busque información sobre la fabricación aditiva y la impresión 3D, y compárela con otros sistemas clásicos de fabricación. ¿Qué ventajas aporta?

3.7 La certificación y el etiquetado de los productos

Toda **certificación** implica la participación de una entidad ajena a la empresa y con competencia reconocida, solvente técnicamente e imparcial, para dar fe de que el producto, proceso o servicio cumple con una serie de especificaciones. Como en muchos otros ámbitos, la sostenibilidad también cuenta con certificados que avalan el cumplimiento de ciertas premisas relacionadas con ella. Tienen carácter voluntario para los fabricantes, pero su obtención genera confianza entre los consumidores, por lo que muchos recurren a estos procesos. Como ejemplo, los productos sostenibles pueden contar con algunas de las siguientes etiquetas.

Tabla 3.1 Componentes del plan director.

Etiqueta	Denominación	Descripción	Tipo
	Ecolabel	Se otorga a los productos que cumplen con una serie de requisitos ecológicos a lo largo de su vida útil, de manera que producen un impacto ambiental mucho menor que otros similares que carecen de este etiquetado. Fue creada por la UE en 1992 y está reconocida en todo el mundo. Se aplica a gran variedad de productos, excepto para la alimentación, bebidas y fármacos.	Público (UE)
	Hoja verde de la UE	Se emplea en el sector de la alimentación e identifica los productos obtenidos por la agricultura y ganadería ecológica, para lo cual deben cumplir con unas condiciones estrictas de producción, transformación, transporte y almacenaje.	Público (UE)
	Energy Star	Se emplea en aparatos eléctricos, especialmente en iluminación, ofimática, calefacción, ventilación, aire acondicionado y otros electrodomésticos, especialmente los destinados a las cocinas. Los productos que llevan esta etiqueta, respecto a otros de similares prestaciones sin ella, consumen menos agua y menos energía eléctrica, tienen una mayor vida útil y un menor impacto ambiental.	Público (Agencia de Protección Ambiental o EPA de Estados Unidos y la UE)
	Cradle-to-cradle (C2C)	Evalúa el potencial de circularidad (reutilización, recuperación de materiales, reciclado o compostaje), la seguridad para las personas y el medioambiente y la responsabilidad social de un producto tanto en su diseño como en su fabricación.	Privado (organización Cradle to Cradle)
	Productos y Gestión Forestal FSC	Se otorga a productos de origen forestal cuando sus materias primas proceden de bosques gestionados de forma sostenible y de acuerdo con una serie de normas preestablecidas.	Privado (procede de una organización no gubernamental denominada *Forest Stewardship Council*)

EJERCICIOS

EJERCICIO 3.33

¿Qué certificación mide la circularidad de un producto?

EJERCICIO 3.34

Un productor de arroz ecológico quiere someterse a un proceso de certificación para obtener la Ecolabel. ¿Sería posible? Razone la respuesta.

Reto profesional

Organización de un mercadillo de ropa usada como aplicación de economía circular

Objetivo

Organizar un mercadillo de intercambio y/o compra-venta de ropa usada entre la comunidad educativa.

Descripción

Una manera de reutilizar la ropa que ya no se usa es realizar un trueque entre los alumnos y alumnas, y también con el profesorado y el resto de personal del centro. Si no es posible el trueque, se pueden realizar compras y ventas.

Hay que tener presente que la industria textil es una de las más contaminantes del planeta, por lo que debemos apostar por la reutilización y el consumo responsable como estrategia de mitigación del impacto.

Procedimiento

Los pasos a seguir son los siguientes:

1. Buscar un espacio en el centro para realizarlo y consultar la disponibilidad.
2. Elegir una fecha adecuada.
3. Definir las tareas y asignar responsabilidades. Estas van desde la difusión de la iniciativa entre la comunidad educativa, la definición de las reglas de trueque, la adecuación del espacio, la asistencia y control de los puestos durante el evento, etc.
4. Ejecutar según la planificación.
5. Valorar los resultados, ya que, si son positivos, se puede repetir la iniciativa periódicamente.

Mapa conceptual

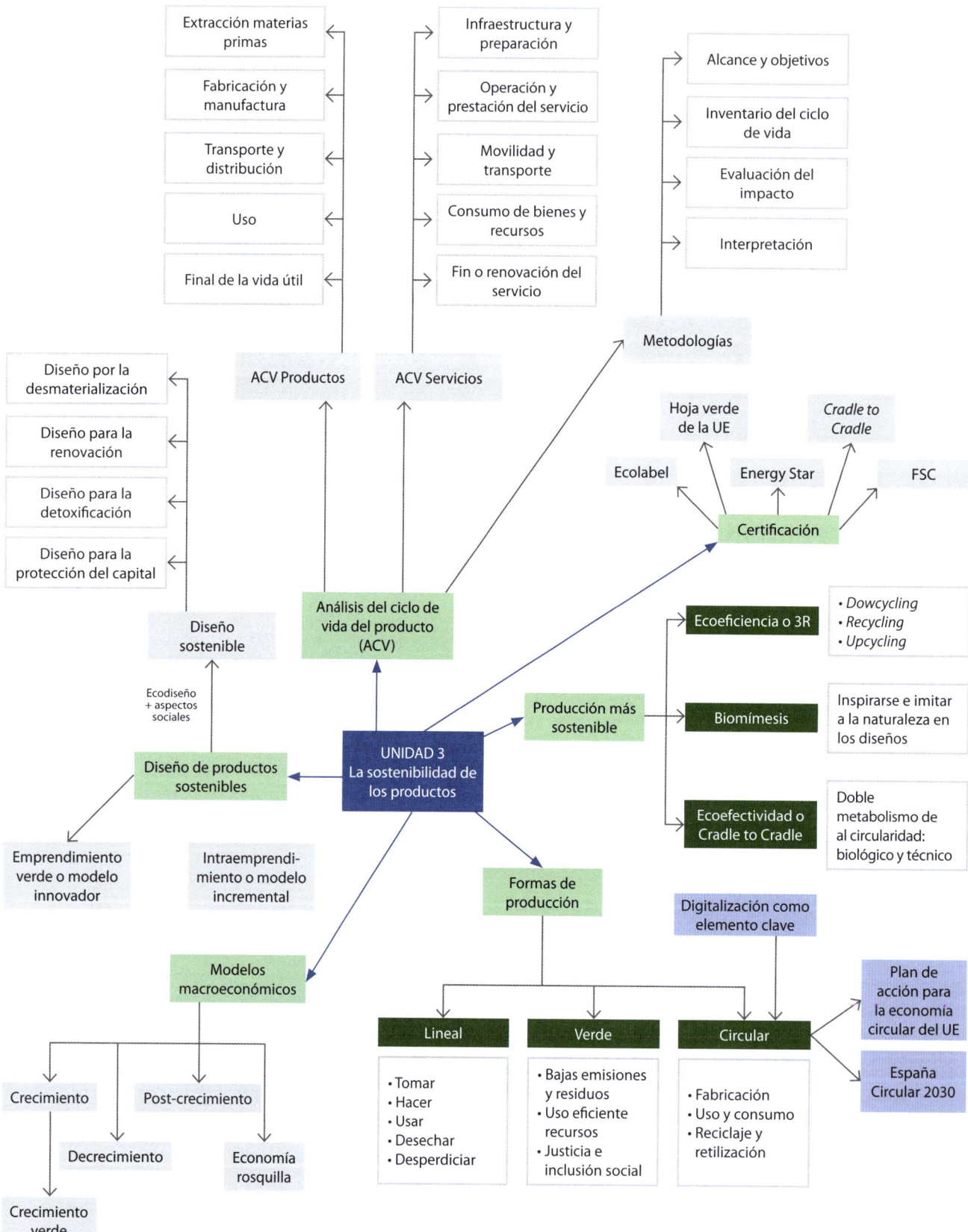

RESUMEN

■ Existen diferentes modelos productivos, en función de cómo se fabrican los productos y su impacto sobre el medioambiente. Se habla de economía lineal cuando se emplean recursos, se transforman en bienes de consumo, se usan y, finalmente, se desechan. La economía verde plantea la fabricación de objetos buscando un menor impacto medio ambiental mediante la optimización de recursos. Introduce el reciclaje y, además, tiene presente las consideraciones sociales, buscando la equidad y la inclusión, aunque realmente no es un modelo productivo, sino que establece unos objetivos que se lograrán con un modelo u otro. Por último, la economía circular persigue una forma de fabricar regenerativa por diseño, donde los desechos se convierten en materias primas de otros procesos.

■ Actualmente se buscan procesos productivos menos perjudiciales para los sistemas naturales. Por ello, aparecen conceptos como la ecoeficiencia o la regla de las 3R (reduce, reutiliza y recicla), que posteriormente fue ampliada a 9R (rechaza, reduce, reutiliza, repara, restaura, remanufactura, recicla, recupera y repiensa). Asimismo, se distinguen entre tres formas de reciclado, en función de la calidad del producto final respecto al inicial: el *upcycling*, el *recycling* y el *downcycling*. Explorando sistemas más regenerativos y amigables con la vida, surgen corrientes como la biomímesis, que imita a la naturaleza para encontrar soluciones a los problemas humanos. Por otro lado, el sistema *cradle-to-cradle* profundiza en la economía circular, distinguiendo entre dos metabolismos independientes y paralelos, el técnico y el biológico, alimentados respectivamente por nutrientes técnicos y nutrientes biológicos; para mantener la circularidad, una de las premisas es que no se pueden mezclar entre ellos.

■ El diseño sostenible integra al ecodiseño o desarrollo de productos no perjudiciales para los entornos naturales y concebidos para su recuperabilidad al final de su vida útil, con aspectos sociales y de rentabilidad económica. Este se basa en la desmaterialización u optimización de los recursos empleados, la renovación de todos los recursos y la protección del capital, la revalorización del producto al final de su vida útil mediante el recuperado, la reutilización y el reciclado, y la detoxificación o supresión de componentes perjudiciales para la salud o el medioambiente.

■ Para lograr una sostenibilidad completa de productos y servicios, hay que adoptar criterios de ecoeficiencia en toda su vida útil. Para ello se aplica la metodología de análisis del ciclo de vida (ACV), que sigue un procedimiento ordenado para identificar y evaluar los impactos ambientales que se producen en cada una de las fases, desde la extracción de materias primas para los productos y las infraestructuras para los servicios hasta el final de su vida.

■ La digitalización de todo el ciclo de vida útil de un producto, desde su diseño hasta su recuperación final, proporciona herramientas potentes y que mejoran la sostenibilidad de los productos. Son ejemplo de ellas el análisis de datos, la inteligencia artificial, el Internet de las cosas, los gemelos digitales, la realidad virtual y la impresión 3D.

■ Como instrumento para garantizar la sostenibilidad de un producto existe la posibilidad de obtener una certificación, pública o privada, que da el derecho a utilizar una etiqueta y que ofrece garantías al consumidor. Un ejemplo de estas son la Ecolabel, la hoja verde de la UE y la Energy Star, reconocidas por organismos públicos. También lo es la *Cradle to Cradle* y la FSC, promovidas por entidades privadas.

Actividad de *role-playing*

Economía circular con cáscaras de molusco

Situación general

Las cáscaras de molusco (como mejillones, ostras y almejas) son ricas en carbonato de cal-cio, un material valioso que puede usarse para:

1. Fabricación de fertilizantes agrícolas

2. Producción de materiales de construcción ecológicos, como cementos y ladrillos

3. Elaboración de suplementos alimenticios para animales

Una empresa promotora de sostenibilidad organiza una reunión entre representantes del sector de la hostelería y una empresa de recogida de residuos para desarrollar un sistema de economía circular que aproveche las cáscaras de moluscos.

Personajes representativos

1. Representante de Molusquito S. A.: convoca la reunión y actúa como moderador. Facilita la discusión y asegura que las ideas fluyan hacia acuerdos prácticos, además de tratar de involucrar a los distintos participantes. Por ejemplo, resalta los beneficios para los hosteleros en cuanto a imagen corporativa, los incentivos económicos, su contribución a la sostenibilidad y la mejora del medio ambiente, y la reducción de costes a largo plazo.

2. Representantes del sector de la hostelería (1 a 3 personas):

   o Propietarios o gerentes de restaurantes y bares que generan cáscaras de moluscos como residuo. Actualmente tiran las cáscaras mezcladas con otros residuos y les preocupa no disponer de tiempo y espacio para hacer esa separación. Además, tienen dudas sobre la continuidad del proyecto, que se desarrolle todo y al poco tiempo Molusquitos S.A. deje de operar.

   o Puntos clave que plantear:

     • Logística de la separación de residuos

     • Costos asociados

     • Beneficios tangibles para los negocios (por ejemplo: mejora de imagen corporativa, incentivos económicos

3. Representantes de la empresa de recogida de residuos (1 a 2 personas):

   o Encargados de diseñar y operar el sistema de recogida selectiva de cáscaras. Explica opciones para adaptar el sistema de recogida actual, por ejemplo, contenedores específicos para las cáscaras y frecuencias de recogida diferenciadas.

   o Puntos clave que plantear:

     • Factibilidad técnica y económica del sistema

     • Adaptaciones necesarias en el sistema de recogida actual

     • Integración con los puntos de procesamiento

4. Técnico municipal del área de medio ambiente:

   o Es especialista en el aprovechamiento de residuos.

   o Explica cómo las cáscaras pueden transformarse en productos valiosos (fertilizantes, materiales de construcción, etc.) y resuelve dudas técnicas.

Situación planteada

La empresa Molusquito S. A. se dedica al procesado y transformación de cáscaras de mo-lusco para extraer el carbonato cálcico. Esta materia prima se emplea para fabricar fertili-zantes agrícolas y producir materiales de construcción ecológicos, como cementos y ladri-llos o la elaboración de suplementos alimenticios para animales, entre otros. Pretende establecer un sistema de recogida de conchas de moluscos de diversos establecimientos hosteleros y en colaboración con la empresa municipal de recogida de residuos. Para ello convoca una reunión, a la que asistirán los personajes anteriores.

Fuente: Vecteezy de Andrey Starostin

Material adicional descargable

TEST DE EVALUACIÓN

1. La UE, como medio para cumplir con la Agenda 2030, apuesta por un sistema macroeconómico basado en:

a) La economía rosquilla.

b) El crecimiento verde.

c) El decrecimiento.

d) El postcrecimiento.

2. El sistema productivo según el cual se emplean recursos y energía para fabricar objetos que se usan y que al final de su vida útil se desechan se denomina:

a) Economía circular.

b) Economía lineal.

c) Economía verde.

d) Economía incremental.

3. ¿Cuál de las siguientes posturas no es una premisa para que la economía circular sea sostenible?

a) Que las fuentes de energía sean renovables.

b) Que se apliquen economías de gran escala para minimizar los costes.

c) Que la explotación de las materias primas biológicas respete los ciclos de regeneración naturales.

d) Que se cree un sistema de recirculación para que los materiales sintéticos se mantengan en el proceso productivo y no vayan a los vertederos.

4. Señale cuál de las siguientes acciones no es una de las 9R de la ecoeficiencia:

a) Regenerar.

b) Reutilizar.

c) Reducir.

d) Reciclar.

5. Señale cuál de todas estas posibilidades es un ejemplo de *downcycling*:

a) Utilizar botellas de refrescos para fabricar anoraks.

b) Producir bolsas de plástico reciclado.

c) Utilizar madera de palés para construir jardineras.

d) Fabricar papel con las piedras de deshecho de las canteras.

6. Sobre la biomímesis, señale la afirmación que no sea cierta:

a) La economía circular es un ejemplo de ella.

b) Tiene aplicaciones en la arquitectura y la ingeniería.

c) Reconoce que los procesos de la naturaleza están optimizados.

d) Es un modelo de negocio.

7. Según el modelo *cradle-to-cradle*, señale la afirmación que sea cierta:

a) Es conveniente mezclar materiales biodegradables con otros que no lo son.

b) Los monstruos híbridos son nutrientes del metabolismo técnico.

c) Los dos metabolismos, el biológico y el técnico, no se deben mezclar.

d) Emplea la digestión aeróbica para obtener biogás.

8. Dentro de la producción de electrodomésticos sostenibles, está el hecho de que haya piezas de recambio fácilmente adquiribles y que resulte fácil su reparación. ¿De qué tipo de sostenibilidad se trata?

a) De uso.

b) De fabricación.

c) De diseño.

d) De eliminación.

9. Señale cuál de las siguientes tecnologías de la información y la comunicación puede contribuir a la sostenibilidad de los productos:

a) La inteligencia artificial.

b) La impresión 3D.

c) El análisis de datos.

d) Todas las opciones anteriores son correctas.

10. La etiqueta que reconoce la procedencia de la agricultura ecológica de un alimento es:

a) Ecolabel.

b) Hoja verde de la UE.

c) Energy Star.

d) *Cradle-to-cradle*.

ACTIVIDADES

Para realizar la actividad 1, 2 y 3, acceda a www.marcombo.info y descargue gratis el contenido adicional, complemento imprescindible de este libro.

Código: **MARCOMBO33**

ACTIVIDAD 1

Rapea el cambio. El alumnado creará un rap sobre modelos económicos sostenibles, inspirándose en el texto del apartado 3.1. trabajado en clase. Se harán 4 grupos diferentes y cada uno de ellos trabajará cada uno de estos puntos:

- Crítica al modelo de crecimiento constante del PIB como modelo económico
- El decrecimiento
- El postcrecimiento
- La economía rosquilla

Escribirá un verso de 8 líneas, que debe contemplar las ideas de la degradación del medio ambiente y la redistribución desigual de la pobreza dentro del tema del verso correspondiente. Después se pondrán en común los versos y se practicarán la métrica y el ritmo, ajustando las rimas al compás. Si es posible, utilicen un beat instrumental (pueden buscar en plataformas gratuitas como YouTube o usar aplicaciones como GarageBand).

Entre todos, acordarán un estribillo en el que se haga una llamada a la acción. Un ejemplo puede ser:

¡Levanta la voz, sal y actúa!

El cambio está cerca, la lucha es tuya.

No es solo hablar, es revolucionar.

Si el sistema no cambia, ¡lo haremos cambiar!

¡Rompe las reglas, piensa diferente!

No somos cifras, somos la gente.

Construye el mañana, rompe el guion.

El futuro es nuestro, ¡acción, acción!

Después, se escenificará en clase todo el rap. También se puede grabar y compartir en las redes sociales.

ACTIVIDAD 2

Aplicación de criterios de sostenibilidad en el desempeño profesional. Teniendo en mente un proceso productivo de su familia profesional, caracterícelo según un modelo productivo. Después, analice sus impactos ambientales, económicos y sociales. Seguidamente, busque estrategias para integrar los ODS en esa actividad y diseñe una intervención y su correspondiente planificación.

Material adicional descargable

ACTIVIDAD 3

Aplicación de la biomímesis. Piense en un problema relacionado con su sector productivo y trate de buscar una solución aplicando las estrategias de diseño de la biomímesis. Para ello deberá emplear las herramientas proporcionadas por el Instituto de Biomímesis que encontrará en el siguiente enlace:

https://toolbox.biomimicry.org/es/introduccion/
Material adicional descargable

ACTIVIDAD 4

Aplicación de *cradle-to-cradle*. Entre en la web del Instituto de Innovación de Productos *Cradle-to-Cradle* (https://c2ccertified.org/) y averigüe los niveles de certificación que distingue. También, con ayuda de los documentos que encontrará en el apartado de recursos, haga una relación de los seis aspectos que se observan en el análisis de certificación, explicando brevemente qué significa cada uno de ellos. Finalmente, busque un producto certificado que pertenezca a su sector profesional y mire la puntuación que ha recibido en cada aspecto. Nota: la página está toda en inglés.

Material adicional descargable

ACTIVIDAD 5

Investigue sobre la normativa ambiental. Pensando en productos y residuos que se produzcan en su entorno productivo, recopile normativa de aplicación a ellos relativa a cuestiones medioambientales diferenciando entre normativa europea y nacional. Una fuente de información importante se encuentra en la página web del Ministerio para la Transición Ecológica y el Reto Demográfico (https://www.miteco.gob.es/es/calidad-y-evaluacion-ambiental/temas.html). También en la página del Parlamento Europeo, en inglés (https://www.europarl.europa.eu/factsheets/en/sheet/71/environment-policy-general-principles-and-basic-framework).

La sostenibilidad en las empresas

En esta unidad va a estudiar:

- Algunos conceptos relativos a la gestión empresarial y la sostenibilidad.

- Los criterios ASG o ESG ambientales, sociales y de gobernanza para lograr empresas sostenibles.

- El concepto de informe de sostenibilidad.

- Las inversiones en los mercados financieros con criterios de sostenibilidad.

- Algunos certificados que acreditan la aplicación de criterios ASG o ESG en las empresas.

- La normativa más destacable para las empresas en materia de sostenibilidad.

Con su estudio, va a ser capaz de:

- Manejar conceptos como grupos de interés, cadena de valor, nivel de impacto y principios rectores del pacto mundial.

- Definir estrategias ESG o ASG que pueden adoptar las empresas para ser sostenibles.

- Analizar los impactos producidos por una compañía a nivel social y ambiental de acuerdo con indicadores reconocidos.

- Entender la importancia de los informes de sostenibilidad, conocer los recursos para implementarlos y los marcos reconocidos.

- Reconocer la importancia de las finanzas para avanzar hacia una mayor sostenibilidad, e identificar las inversiones socialmente responsables gracias a los correspondientes índices bursátiles y otras herramientas.

TEXTO DE REFLEXIÓN

«En 1781, el barco de esclavos británico Zong zarpó de Ghana hacia Jamaica con más de 400 esclavos africanos a bordo, 17 tripulantes y un capitán inexperto. Incluso para los estándares de los barcos de esclavos, el Zong estaba abarrotado y tenía poca tripulación. Para empeorar las cosas, cuando el barco llegó a aguas del Caribe, se perdió y navegó más de 300 millas lejos de la costa de Jamaica. La terrible historia de este barco nos cuenta que en ese momento los marineros decidieron desechar parte de su carga y, en consecuencia, arrojaron a 132 esclavos por la borda. Más tarde, afirmaron que lo habían hecho porque no había suficiente agua potable para todos, pero este argumento es más que discutible porque, cuando finalmente llegaron a Jamaica, todavía disponían de un buen suministro de agua. En realidad, el verdadero motivo de esta brutal acción era que las aseguradoras pagaban la suma de 30 libras esterlinas por esclavo si, debido a alguna circunstancia extrema, el barco debía deshacerse de algunos de ellos para salvar el resto de la carga. Desafortunadamente para el capitán y la tripulación, las aseguradoras detectaron el fraude y se negaron a pagar.

[...]

En conclusión, esta terrible historia muestra cómo los seres humanos pueden ser concebidos y tratados como una mercancía por parte de otros seres humanos. Es extremadamente difícil comprender por qué se podía pensar así y cómo la conciencia de las personas permitía esta barbarie. Afortunadamente, la matanza de los esclavos fue también percibida por una parte relevante de la sociedad de la época como una inaceptable mancha en la conciencia de la nación. Muchas voces críticas señalaron que no podía tolerarse una sociedad ni una economía donde los beneficios económicos primaran por encima de la moral y los derechos humanos.

[...]

Este conflicto cuestionó los fundamentos básicos de un capitalismo salvaje y contribuyó también de manera significativa a un cambio en las actitudes de los Gobiernos, empresas y consumidores.

[...]

Finalmente, en 1807 el comercio de esclavos llegó a su fin gracias al creciente poder que alcanzó el movimiento abolicionista. Durante el periodo entre el caso Zong y la abolición de la esclavitud, empezaron a surgir un número destacado de empresas, que podríamos denominar con conciencia, que promovieron modelos de negocio responsables y respetuosos con los derechos humanos, y que además usaron su infraestructura para cambiar muchas de las prácticas que hoy en día consideramos intolerables, pero que en aquel momento eran socialmente aceptadas de forma mayoritaria.

[...]

Wedgwood y otros intentaron construir empresas capaces de ser rentables a la par que responsables, así que apelaron a una nueva clase de ciudadanos, éticamente conscientes, que querían demostrar su compromiso con la abolición de la esclavitud a través de sus hábitos de consumo. En esta línea, muchos ciudadanos-consumidores de clase media dejaron de comprar el azúcar producido por los dueños de esclavos de las Indias Occidentales en favor de otros proveedores. Ahora bien, el problema radicaba en que el azúcar que no era producido por esclavos era más caro y, por lo tanto, frenaba en parte el crecimiento de su consumo. Esto llevó a muchas empresas sin escrúpulos a dar gato por liebre, haciendo afirmaciones falsas sobre la procedencia y la forma de producción de su producto. Esto obligó a las verdaderas empresas con conciencia a reaccionar ante estas prácticas; como respuesta, promovieron la verificación de sus cadenas de suministro de azúcar, para así garantizar que no provenían de mano de obra esclava. De hecho, para evidenciar este compromiso desarrollaron un etiquetado que los diferenciaba de la competencia desleal».

Empresas con conciencia: más allá de la responsabilidad social corporativa.
Nicholas Ind y Oriol Iglesias.

DINÁMICA COOPERATIVA

El texto habla del papel desempeñado tanto por algunos consumidores como por algunas empresas en la abolición de la esclavitud. Las empresas que traficaban con esclavos y las que las empleaban como mano de obra tenían como objetivo obtener el máximo beneficio sin importar los medios. Vamos a construir una analogía en la actualidad, en la que hay empresas que persiguen obtener los máximos beneficios sin importar las condiciones laborales de sus empleados (se puede considerar que actualmente hay alrededor de 25 millones de personas que trabajan en condiciones similares a la esclavitud) ni el perjuicio ocasionado al medio ambiente. Y hay consumidores que buscan adquirir bienes al menor precio posible y sin cuestionarse las implicaciones de los productos que compran. Pero también hay empresas y consumidores que tienen otros modos de actuar. Vamos a llamarlos empresas y consumidores con conciencia.

Dividimos la clase en dos grupos: unos representarán el papel de las empresas y otros el de los consumidores. Dentro de esos dos grupos, haremos varios subgrupos cada uno de 4 alumnos, por ejemplo. El objetivo es construir una matriz DAFO (debilida-

ACTIVIDAD INICIAL (continuación)

des, amenazas, fortalezas, oportunidades) tanto de las empresas como de los consumidores con conciencia, usando la dinámica de aprendizaje cooperativo 1-2-4; es decir, cada alumno, durante 4 o 5 minutos, tratará de elaborarla individualmente, después la pondrá en común con uno de sus compañeros de grupo durante otros 4 o 5 minutos y consensuarán un nuevo DAFO, y finalmente, en una tercera puesta en común, consensuarán un DAFO del grupo de 4. Después, todos los grupos expondrán su DAFO al resto de la clase. Se tratará de consensuar dos DAFO globales: el de las empresas y el de los consumidores con conciencia.

El diagrama DAFO consta de dos análisis: el interno y el externo. El primero tienen que ver con costes, recursos, financiación, organización interna, etc., y está constituido por:

- *Debilidades*: limitaciones internas de la organización o de los consumidores.

- *Fortalezas*: puntos a favor de la organización o de los consumidores.

El análisis externo, relacionado con el contexto en que se encuentran (factores sociales, políticos, geográficos, tecnológicos, etc.), las tendencias del mercado, los precios de los competidores, etc., comprende:

- *Amenazas*: lo que impide o pone en peligro que se pueda alcanzar el fin.

- *Oportunidades*: los factores ajenos que favorecen el fin o que ofrecen posibilidades de mejora.

Para facilitar la confección del DAFO, se le puede dar a cada alumno la siguiente tabla:

Debilidades	Amenazas
Individual:	Individual:
Pareja:	Pareja:
Pequeño grupo:	Pequeño grupo:
Gran grupo:	Gran grupo:
Fortalezas	**Oportunidades**
Individual:	Individual:
Pareja:	Pareja:
Pequeño grupo:	Pequeño grupo:
Gran grupo:	Gran grupo:

Fuente: Vecteezy de Icon ade.

4.1 Introducción

En esta unidad se estudia la sostenibilidad desde el punto de vista empresarial. Para comprender lo que vamos a tratar, se requiere conocer algunos términos y conceptos empleados en este ámbito.

4.1.1 Los grupos de interés de una empresa

Hasta las últimas décadas, existía una tendencia generalizada a gestionar las empresas con dos fines principales: crear valor financiero, centrándose especialmente en responder a las demandas de accionistas e inversores (cuyo interés es obtener el mayor beneficio posible, preferentemente en el corto plazo); y cubrir las necesidades de los clientes, que requieren productos de calidad a precios competitivos, como espacio de negocio. Sin embargo, poco a poco, especialmente a partir del nuevo milenio, en el que la crisis social y ambiental ha puesto en entredicho la sostenibilidad en el tiempo de esta forma de actuar, algunas empresas han ampliado sus grupos de interés y dirigen sus acciones a satisfacer sus expectativas de manera equilibrada con miras a un horizonte temporal mayor.

Se define **grupos de interés** de una empresa como aquellos colectivos que se ven afectados por su actividad o que pueden influir en la empresa. Por tanto deben ser identificados y priorizados, y determinadas sus necesidades, para poder establecer los objetivos estratégicos de esta. Estos conjuntos se pueden clasificar en:

- **Grupos de interés internos:**

Designación	Concepto	Influencia del grupo de interés sobre la empresa	Influencia de la empresa sobre el grupo de interés
Accionistas	Son los propietarios de la empresa. Pueden ser individuales o institucionales.	Aportan el capital para que la empresa pueda funcionar.	Reciben beneficios (o pérdidas) por los resultados económicos de la empresa.
Empleados	Son el capital humano de la empresa.	Posibilitan que se realicen las tareas necesarias para funcionar.	Reciben una retribución por su actividad, una estabilidad laboral, unas condiciones de trabajo, posibilidades de promoción y reconocimiento, etc.
Directivos	Constituyen el equipo de toma de decisiones.	Definen las estrategias y los planes empresariales.	Son gratificados por unos salarios más o menos cuantiosos, un prestigio profesional, etc.

- **Grupos de interés externos:**

Designación	Concepto	Influencia del grupo de interés sobre la empresa	Influencia de la empresa sobre el grupo de interés
Clientes	Son los usuarios de los productos y/o servicios que ofrece la empresa.	Deciden si adquirir o no los productos y/o servicios que ofrece la empresa.	Debidas al precio, la calidad, la seguridad y otras características de los productos y/o servicios que ofrece la empresa. También se pueden adoptar estrategias de fidelización para que repita sus compras.

— CURIOSIDADES —

En el año 2002 se celebró la Cumbre de la Tierra en Johannesburgo. En ella, el entonces secretario de Naciones Unidas, Kofi Annan, pidió a las empresas responsabilizarse del desarrollo sostenible integrando este concepto dentro de sus sistemas de gestión.

— GLOSARIO —

Para referirse a los grupos de interés de una empresa es muy común emplear el término anglosajón *stakeholder*, en contraposición con el referido a los accionistas e inversores, que es *shareholder*.

— GLOSARIO —

El término **tercer sector** engloba todas aquellas entidades privadas sin ánimo de lucro, como fundaciones, asociaciones y otras formas jurídicas que puedan adoptar. Incluye también clubes deportivos, sindicatos, partidos políticos, comunidades de vecinos, iglesias, etc.

Designación	Concepto	Influencia del grupo de interés sobre la empresa	Influencia de la empresa sobre el grupo de interés
Proveedores	Proporcionan a la empresa todos los bienes y servicios que necesita para funcionar. Pueden ser nacionales o internacionales.	En la calidad, los plazos de entrega, los precios, etc. de los bienes y servicios que le suministra.	Por el volumen de negocio que mantienen con ella, la efectividad del pago, los precios, etc.
Competidores	Ofrecen productos y servicios similares que la empresa en cuestión en el mismo mercado.	La empresa se ve afectada por la cuota de mercado que alcanzan sus competidores debido a su imagen de marca, precios, etc.	Ejercen influencia por el tipo de competencia que practican: leal o desleal.
Entidades financieras	Son entidades cuyo objeto de negocio es, entre otros, ofrecer créditos a cambio de unos intereses.	Toman la decisión de conceder o no créditos para su funcionamiento a unos tipos de interés y plazos determinados.	Las características de la empresa como cliente son: fidelidad, volumen de negocio, solvencia, capacidad de pago, etc.
Comunidad o sociedad en general	Es el conjunto de la sociedad en la que opera la empresa.	Influyen con sus hábitos de consumo, las costumbres, etc.	Se ven afectadas por el impacto ambiental, social y económico de la empresa en la comunidad.
Administraciones y Gobiernos	Son aquellas entidades públicas que tienen capacidad de obrar en la comunidad en la que opera la empresa.	Como tienen capacidad regulatoria y sancionadora, influyen con sus normas.	Las empresas pueden influir en las políticas públicas mediante la creación de empleo, el pago de impuestos, la contaminación que producen, etc.
Tercer sector	Son entidades que tienen una finalidad social, ambiental, cultural, religiosa, deportiva, etc.	Ejercen presión social y ética sobre las actividades de la empresa, la capacidad regulatoria de las Administraciones, los hábitos de los ciudadanos, etc.	Pueden establecerse relaciones de colaboración entre estas entidades y la empresa.

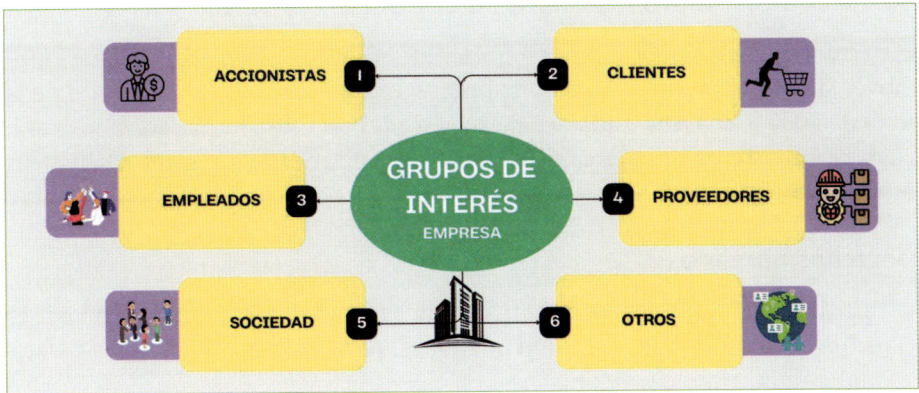

Figura 4.1 Representación esquemática de los grupos de interés de la empresa.

─ PARA SABER MÁS ─

Para más información puede visualizar el vídeo:

https://www.youtube.com/watch?v=W4JcplMyPH8

Las compañías que identifican y se centran en satisfacer los requerimientos de sus grupos de interés de manera ecuánime, son mejor percibidas y, consecuentemente, su competitividad, su reputación y su cotización son mayores. Esta manera de actuar conduce a la creación de un valor compartido entre la empresa y la sociedad.

4.1.2 La cadena de valor de una empresa

Uno de los conceptos clave en el ámbito empresarial, especialmente al hablar de sostenibilidad, es la **cadena de valor**. Se trata de la secuencia de actividades que una empresa lleva a cabo para generar valor en sus productos o servicios, desde su concepción hasta su comercialización. Su análisis permite evaluar el margen de beneficio y tomar decisiones estratégicas para optimizar costos y mejorar la eficiencia, lo que la convierte en un elemento fundamental en la gestión empresarial.

Las actividades dentro de la cadena de valor se dividen en dos categorías:

- **Actividades primarias o de línea:** están directamente relacionadas con la producción y comercialización del producto. Incluyen la logística de insumos, el proceso de transformación en el producto final, la distribución, el marketing y las ventas, así como el servicio posventa.

- **Actividades de apoyo o secundarias:** no participan directamente en la producción, pero contribuyen a mejorar el valor del producto. Entre ellas se encuentran la infraestructura de la empresa, la gestión de recursos humanos, el desarrollo tecnológico y la administración de compras o abastecimiento.

Figura 4.2 Representación esquemática de la cadena de valor de una empresa.

Cuando se evalúa el impacto social y ambiental de una empresa, es fundamental considerar toda su cadena de valor, incluyendo aquellas actividades subcontratadas, como la logística o el *marketing*, y el impacto de la obtención de materias primas. Por ello, cualquier diagnóstico o estrategia de mejora debe adoptar una visión integral que abarque tanto los procesos internos como los elementos externos que forman parte de la cadena de valor.

4.1.3 Los principios rectores del Pacto Mundial

El **Pacto Mundial** *(Global Compact)* es una iniciativa de Naciones Unidas para promover la sostenibilidad en el ámbito empresarial y lograr el cumplimiento de la Agenda 2030 y los ODS. Establece diez principios rectores, formulados en el año 2020, como sistema de valores para que las organizaciones alineen sus objetivos estratégicos. Estos son:

Derechos humanos

- **Principio 1.** Las empresas deben apoyar y respetar la protección de los Derechos Humanos (DD. HH.) fundamentales, reconocidos internacionalmente, dentro de su ámbito de influencia.

─ PARA SABER MÁS ─

Para más información puede visualizar el vídeo:

https://www.youtube.com/watch?v=itmxBugNb5I

- **Principio 2.** Las empresas deben asegurarse de que no son cómplices en la vulneración de los DD. HH.

Normas laborales

- **Principio 3.** Las empresas deben apoyar la libertad de afiliación y el reconocimiento efectivo del derecho a la negociación colectiva.
- **Principio 4.** Las empresas deben apoyar la eliminación de toda forma de trabajo forzoso o realizado bajo coacción.
- **Principio 5.** Las empresas deben apoyar la erradicación del trabajo infantil.
- **Principio 6.** Las empresas deben apoyar la abolición de las prácticas de discriminación en el empleo y la ocupación.

Medioambiente

- **Principio 7.** Las empresas deben mantener un enfoque preventivo que favorezca el medioambiente.
- **Principio 8.** Las empresas deben fomentar las iniciativas que promuevan una mayor responsabilidad ambiental.
- **Principio 9.** Las empresas deben favorecer el desarrollo y la difusión de las tecnologías respetuosas con el medioambiente.

Anticorrupción

- **Principio 10.** Las empresas deben trabajar contra la corrupción en todas sus formas, incluidas la extorsión y el soborno.

4.1.4 El alcance de la actividad empresarial

Al evaluar los impactos sociales y ambientales de una empresa, no solo deben considerarse aquellos directamente vinculados a sus operaciones internas, sino también los asociados a toda su cadena de suministro.

En un mundo globalizado, donde muchas empresas dependen de fabricación deslocalizada, es común que los bienes o servicios necesarios para su funcionamiento provengan de distintos países. Por ello, cualquier análisis debe incluir un mapeo detallado de los proveedores en distintos niveles:

- **Nivel 1:** proveedores que suministran directamente los materiales o bienes a la empresa.
- **Nivel 2:** empresas que abastecen a los proveedores de nivel 1.
- **Nivel 3:** proveedores de los suministradores de nivel 2.

El último nivel de la cadena siempre conduce a las fuentes de materias primas, es decir, a los recursos naturales. La cantidad de niveles varía según la naturaleza del negocio y la complejidad de los procesos productivos involucrados.

El análisis de la cadena de suministro permite identificar riesgos como la explotación laboral en proveedores remotos, el impacto ambiental de la extracción de recursos y la falta de transparencia en los procesos productivos. Entender estos factores es clave para garantizar una operación responsable y sostenible.

Por último, para realizar este estudio resulta de gran utilidad aplicar la metodología de análisis del ciclo de vida (ACV) del producto o servicio, vista en el capítulo anterior.

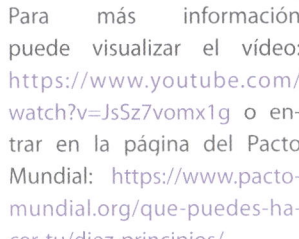

PARA SABER MÁS

Para más información puede visualizar el vídeo: https://www.youtube.com/watch?v=JsSz7vomx1g o entrar en la página del Pacto Mundial: https://www.pacto-mundial.org/que-puedes-hacer-tu/diez-principios/

PARA SABER MÁS

Sobre el concepto de cadena de suministro puede visualizar el vídeo:

https://www.youtube.com/watch?v=6XfM3beJ2N0

Figura 4.3 Mapeo de la cadena de suministro. Fuente: Pacto Mundial de la ONU.

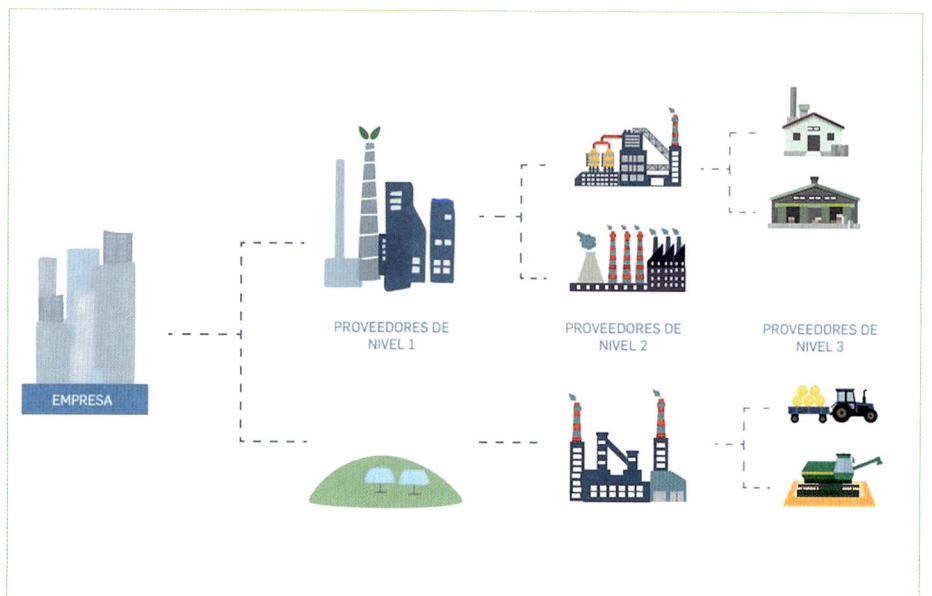

EJERCICIOS

EJERCICIO 4.1

¿A qué hace referencia el término anglosajón *stakeholder*?

EJERCICIO 4.2

Explique por qué la sociedad puede considerarse un grupo de interés de una empresa cualquiera.

EJERCICIO 4.3

¿Cuáles son los grupos de interés tradicionales de las empresas y por qué?

EJERCICIO 4.4

¿Qué es la cadena de valor de una empresa? ¿Por qué es importante conocerla al aplicar medidas de sostenibilidad?

EJERCICIO 4.5

¿Cómo una empresa puede ser cómplice de la vulneración de los DD. HH.? Cite un ejemplo.

EJERCICIO 4.6

Relacione al menos 3 principios rectores del pacto mundial con uno o varios ODS.

EJERCICIO 4.7

¿Cómo se puede definir cadena de suministro? ¿Qué relación tiene con la cadena de valor de una empresa?

EJERCICIO 4.8

Analice un objeto o servicio propio del sector profesional del ciclo formativo y trate de identificar cuantos niveles tiene la cadena de suministro para su fabricación.

4.2 Concepto de ASG o ESG

La sostenibilidad en el ámbito empresarial ha evolucionado significativamente desde mediados del siglo xx. En las décadas de 1950 y 1960 comenzó a surgir la idea de que los empresarios debían tomar decisiones alineadas con los valores de la sociedad, aunque solo una minoría adoptó esta postura. En los años 80 y 90, con la creciente conciencia sobre el desarrollo sostenible —impulsada por el informe Brundtland (1987)—, se amplió el concepto de grupos de interés más allá de clientes y accionistas.

Con la llegada del siglo xxi, surgió el término ***responsabilidad social corporativa*** (RSC), que incorporó la ética en la gestión empresarial y consideró el impacto social y ambiental dentro de las estrategias de negocio. Paralelamente, se desarrollaron marcos regulatorios, como el Pacto Mundial de la ONU y los Principios para la Inversión Responsable, que promovieron prácticas empresariales sostenibles.

A partir de 2020, en España y otros países el enfoque de **ASG** (ambiental, social y gobernanza) o ESG (*Environmental*, *Social*, and *Governance*) ganó relevancia como un marco más estructurado y medible para evaluar el desempeño de las empresas en materia de sostenibilidad. Aunque comparte principios con la RSC, el modelo ASG se basa en indicadores concretos y cuantificables, lo que facilita su integración en la toma de decisiones de inversores y reguladores.

Los **criterios ASG** sirven como referencia para medir el impacto de una empresa más allá de su rentabilidad económica, proporcionando información clave tanto para la sociedad como para los mercados financieros. Su adopción ha sido impulsada por normativas cada vez más estrictas.

Estos criterios están estrechamente relacionados con los Objetivos de Desarrollo Sostenible (ODS). Sin embargo, dado que una empresa no puede abordar los 17 ODS en su totalidad, suele priorizar aquellos alineados con su actividad. Por ejemplo, una empresa energética puede enfocarse en el ODS 7 (Energía Asequible y No Contaminante), mientras que una tecnológica puede centrarse en el ODS 9 (Industria, Innovación e Infraestructura).

La creciente importancia del modelo ASG está llevando a las empresas a rediseñar sus estrategias, integrando la sostenibilidad como un pilar central. Actualmente, los consumidores consideran estos aspectos al tomar decisiones de compra, los inversores los ven como un indicador de estabilidad y rentabilidad a largo plazo, y los Gobiernos imponen regulaciones cada vez más exigentes. En este contexto, la sostenibilidad corporativa se presenta no solo como una obligación, sino también como una oportunidad para generar valor compartido y asegurar la resiliencia empresarial en un mundo en constante transformación.

PARA SABER MÁS

«Nuestro futuro común», conocido también como «Informe Brundtland», en homenaje a la ex primera ministra Noruega, la cual lideró su redacción, es un documento publicado en 1987 por la Comisión Mundial sobre el Medio Ambiente y el Desarrollo de las Naciones Unidas. La mayor aportación del informe fue la introducción de la expresión ***desarrollo sostenible***. Este concepto ha sido fundamental para orientar políticas y acciones globales hacia un equilibrio entre el crecimiento económico, la protección del medio ambiente y el bienestar social.

PARA SABER MÁS

Los Principios para la Inversión Responsable de la ONU son seis principios voluntarios que orientan a los inversionistas para integrar criterios ASG o ESG en la toma de decisiones, con el objeto de fomentar inversiones responsables que generen valor sostenible a largo plazo. Estos han sido firmados por más de 4900 entidades financieras de todo el mundo.

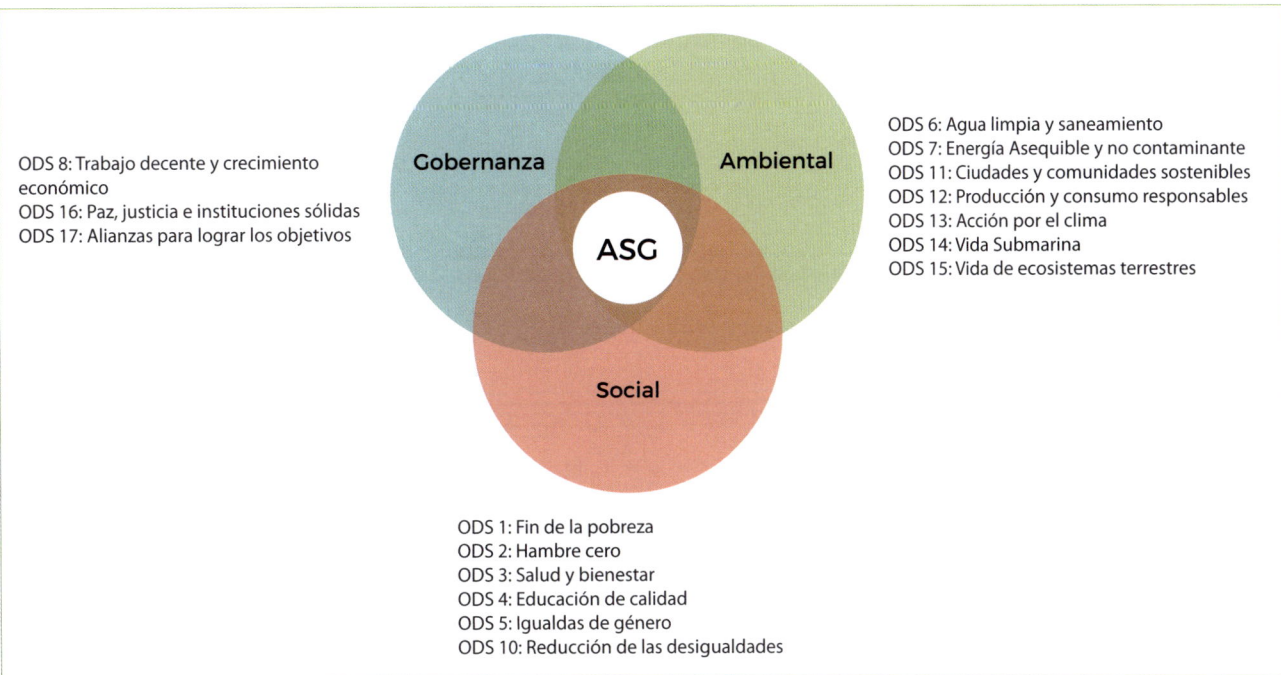

ODS 8: Trabajo decente y crecimiento económico
ODS 16: Paz, justicia e instituciones sólidas
ODS 17: Alianzas para lograr los objetivos

Gobernanza **Ambiental**

ASG

Social

ODS 6: Agua limpia y saneamiento
ODS 7: Energía Asequible y no contaminante
ODS 11: Ciudades y comunidades sostenibles
ODS 12: Producción y consumo responsables
ODS 13: Acción por el clima
ODS 14: Vida Submarina
ODS 15: Vida de ecosistemas terrestres

ODS 1: Fin de la pobreza
ODS 2: Hambre cero
ODS 3: Salud y bienestar
ODS 4: Educación de calidad
ODS 5: Igualdas de género
ODS 10: Reducción de las desigualdades

Figura 4.4 Relación entre los criterios ASG o ESG y los ODS.

Figura 4.5 El triple balance de la sostenibilidad o los aspectos ambiental, social y de gobernanza (ASG o ESG).

PARA SABER MÁS

Sobre los criterios ASG o ESG puede visualizar el siguiente vídeo:

https://www.youtube.com/watch?v=LbVzVMmRTsI

A continuación, veremos algunos ejemplos de cada una de las áreas en que se desglosan los criterios ASG o ESG.

EJERCICIOS

EJERCICIO 4.9

¿Qué diferencia hay entre responsabilidad social corporativa y criterios ASG o ESG?

EJERCICIO 4.10

¿Qué significa el triple balance?

CURIOSIDADES

La Fundación Biodiversidad, dependiente del Ministerio para la Transición Ecológica, concede ayudas y asesoramiento a las empresas para revertir la pérdida de biodiversidad (https://fundacion-biodiversidad.es/). Esta fundación comprende la Iniciativa Española Empresa y Biodiversidad (IEEB), que trata de integrar la biodiversidad en la gestión empresarial mediante la cooperación entre empresas, oenegés, asociaciones y la Administración.

4.3 Aspectos ambientales

La primera de las siglas del modelo de gestión sostenible es la A de ambiental (en inglés la E de *environmental*). Se centra en la política de respeto, protección y restauración del medioambiente por la que apuesta la empresa.

De los tres pilares del ASG o ESG, este es el más fácilmente cuantificable. Comprende diferentes parcelas que pueden incorporarse a la manera de operar corporativa, siempre, como mínimo, conociendo y respetando la normativa de aplicación. Ahora se analizan algunas de las más representativas.

4.3.1 Protección de la biodiversidad

La protección de la biodiversidad y la preservación de los hábitats son cruciales para la salud y resiliencia de los ecosistemas del planeta, ya que su pérdida y destrucción supone uno de los mayores riesgos para la vida en la Tierra. Sin embargo, salvo para aquellas actividades económicas con un impacto alto y directo sobre el entorno como la agricultura, la ganadería o la silvicultura, a la mayoría de las organizaciones les parece una cuestión más bien tangencial. No obstante, la protección y conservación de la naturaleza no es solo una cuestión ética, sino también una estrategia clave con un triple dividendo: adaptación y mitigación del cambio climático, además de generar riqueza económica.

Así, aunque lo perciban como un tema marginal, conviene que tomen cartas en el asunto y comiencen por asignar la responsabilidad sobre esta área a algún miembro de sus consejos de administración. Seguidamente, han de adoptar políticas de gestión sostenible de los recursos naturales que requieren para su funcionamiento, y de reducción de su impacto en los ecosistemas y hábitats naturales. En algunas ocasiones, esto implica invertir en innovación para concebir un nuevo producto aplicando estrategias de ecodiseño; en otras, buscar proveedores para adquirir materias primas gestionadas de forma sostenible. En definitiva, hay un sinfín de opciones para abordar este aspecto.

Además, y en paralelo con las medidas anteriores, las compañías también pueden optar por apoyar programas de conservación y recuperación como contribución positiva a la resolución de este grave problema. Pueden hacerlo de forma directa o, más comúnmente, generar alianzas con el tercer sector.

Las intervenciones de protección de la biodiversidad se realizan de una forma ordenada según la siguiente secuencia:

- **Evaluación del impacto.** La empresa cuantifica la influencia de su actividad sobre la biodiversidad. Para ello son necesarias métricas de carácter científico, que no resultan fáciles ni de establecer ni de registrar. Las alianzas con instituciones expertas como las universidades o los institutos de investigación pueden resultar muy útiles para acometer esta tarea.

- **Medidas de mitigación.** Conocidos los daños causados, se buscan alternativas que los eviten totalmente o, si no es posible, los reduzcan. El diseño de las actuaciones ha de basarse en evidencias científicas y contar con la participación de expertos en la materia.

- **Medidas de restauración.** Cuando no es posible eludir todos los daños y persisten impactos negativos residuales, se recurre a la restauración de los ecosistemas para suprimirlos o minimizarlos.

- **Medidas de compensación.** Si con todas las acciones anteriores aún así persiste un efecto negativo sobre ese entorno, está la opción de compensación en otros emplazamientos (por ejemplo, reforestar en otro lugar).

Solamente cuando con todas estas medidas no se causa perjuicio o, incluso, se está aportando beneficios, se habla de **naturaleza en positivo**.

En definitiva, la protección de la naturaleza no es solo una obligación ambiental, es una oportunidad de liderazgo y transformación con la que las empresas pueden contribuir a garantizar un futuro más sostenible, al mismo tiempo que mejoran su imagen de marca.

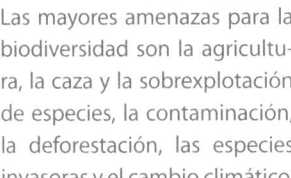

Figura 4.6 Secuencia de actuaciones para recuperar la pérdida de biodiversidad.

4.3.2 Emisiones de gases de efecto invernadero y cambio climático

El cambio climático es uno de los problemas más urgentes que requieren intervención. Como se mencionó anteriormente, el Acuerdo de París estableció el objetivo de alcanzar la neutralidad en la emisión de gases de efecto invernadero para 2050. Para lograrlo, es fundamental **descarbonizar la economía**, lo que implica que las empresas deben avanzar hacia la neutralidad en carbono no solo en sus propias operaciones, sino también involucrando a toda su cadena de suministro.

El plan de descarbonización de una empresa se realiza en 4 fases:

Cálculo de la huella de carbono

El primer paso hacia la reducción de emisiones GEI consiste en el cálculo de la huella de carbono para identificar las principales fuentes y establecer una línea base. Esto requiere un registro exhaustivo de datos sobre consumo energético, uso de combustibles, logística, etc.

Según el protocolo de gases de efecto invernadero o *GHG Protocol*, la huella de carbono empresarial se subdivide en tres alcances:

- **Alcance 1.** Emisiones directas provenientes de fuentes propias o controladas por la empresa (ej., combustión en calderas, vehículos de empresa).

- **Alcance 2.** Emisiones indirectas asociadas al consumo de energía adquirida (ej., electricidad, combustibles para la calefacción).

- **Alcance 3.** Otras emisiones indirectas generadas a lo largo de la cadena de suministro y del ciclo de vida de los productos y servicios de la empresa (ej., transporte de materias primas, uso y disposición del producto por parte del consumidor). Estas ni son propias ni la compañía tiene un control directo sobre ellas. Su cálculo es el más complejo y representan, como regla general, más del 70% de las emisiones imputables a su actividad productiva. Se descompone en dos tipos:

  - **Aguas arriba.** Proceden de todas las entradas o bienes y servicios adquiridos por la organización. Tiene que ver con el aprovisionamiento de materias primas, las emisiones de los proveedores, los viajes de negocios de los empleados, etc.

  - **Aguas abajo.** Se deben a las salidas y se producen en las siguientes etapas de la vida del producto como su logística, su uso y final de vida.

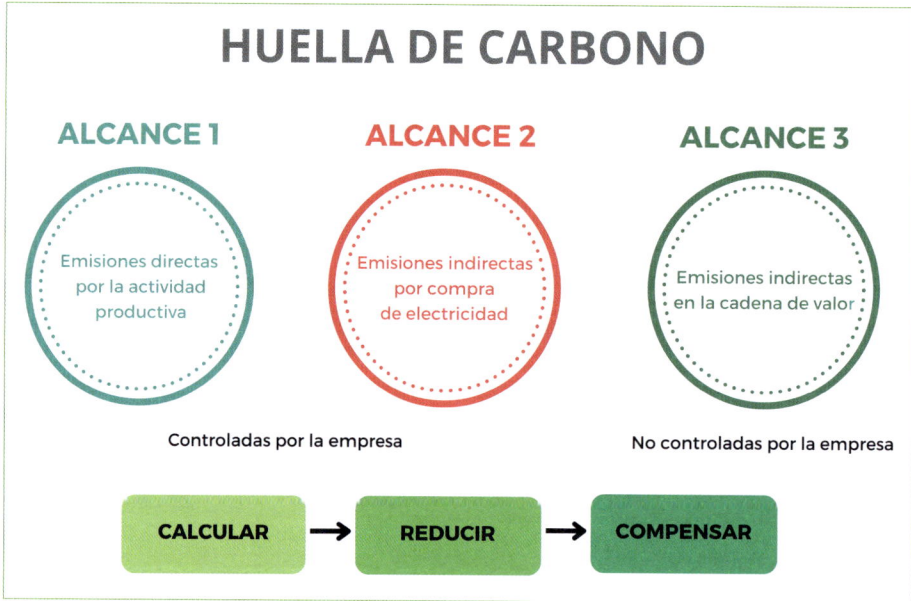

Figura 4.7 Adopción de medidas para descarbonizar la economía empresarial y lograr la neutralidad climática.

Escenarios de descarbonización

Los escenarios de descarbonización permiten proyectar diferentes trayectorias de reducción de emisiones, considerando tanto factores externos (normativa, disponibilidad de tecnologías, costos energéticos) como decisiones internas de la empresa (inversiones, innovación, cambio de procesos).

Algunos escenarios por los que la organización se puede decantar son:

- ***Business as Usual* (BAU):** sin cambios significativos, las emisiones continúan aumentando.

- **Reducción progresiva:** se implementan algunas medidas para reducir paulatinamente las emisiones.

- **Descarbonización acelerada:** se optimizan estrategias para conseguir una reducción significativa de las emisiones en un periodo de tiempo no muy largo.

- *Net Zero:* se apuesta por una estrategia para alcanzar la neutralidad climática como hito temporal máximo el 2050.

Análisis de medidas concretas de reducción de emisiones

En esta fase se formulan medidas específicas para reducir las emisiones, identificando alternativas al sistema de funcionamiento actual y cuantificando tanto las reducciones que implican como su coste de implementación.

Las estrategias que se pueden emplear son múltiples y afectan a los tres alcances. Como ejemplo, se puede recurrir al uso de energías renovables, la electrificación de la demanda, la innovación en los procesos y el transporte sostenible. Es esencial apostar por tecnologías limpias e invertir en I+D para desarrollar soluciones cada vez más respetuosas con el medio ambiente.

Como estrategia prioritaria, se debe impulsar el emprendimiento verde por encima del intraemprendimiento, promoviendo productos innovadores que incorporen principios de diseño sostenible y economía circular que, además de minimizar su impacto ambiental, puedan contribuir a la regeneración del entorno natural.

Plan de inversiones

El plan de inversiones define los recursos económicos y financieros necesarios para implementar las estrategias de descarbonización. Asimismo, debe priorizar las medidas concretas que se aplicarán, valorando su impacto ambiental y su coste económico.

Por último, si con el plan de descarbonización anterior no se alcanza la neutralidad, las empresas pueden adoptar medidas de compensación de las emisiones que no se hayan podido eliminar. Estas pueden ser de dos tipos:

- **Soluciones basadas en la naturaleza** (NBS, por sus siglas en inglés): incluyen la reforestación, la restauración de ecosistemas y la protección de sumideros naturales de carbono, como los manglares y los océanos. Son las opciones más sostenibles y con beneficios adicionales para la biodiversidad.

- **Soluciones de tipo tecnológico,** como la captura y almacenamiento de carbono. Aunque prometedoras, estas tecnologías aún presentan altos costos y desafíos de escalabilidad.

— CURIOSIDADES —

El estándar corporativo de *Net Zero STBI (Science Based Targets)* proporciona las orientaciones y criterios para que las organizaciones puedan alcanzar el objetivo de cero emisiones y cumplir con el Acuerdo de París mediante soluciones científicas (https://sciencebasedtargets.org/).

4.3.3 Energías renovables y eficiencia energética

El sector energético es uno de los principales emisores de gases de efecto invernadero, por lo que su transformación es clave en cualquier estrategia de descarbonización. Las empresas pueden abordar este desafío a través de dos líneas de actuación secuenciales y complementarias:

- **Medidas de ahorro y eficiencia energética.** Consiste en optimizar el consumo energético mediante la eliminación de desperdicios, la incorporación de equipos más eficientes y la adaptación de las instalaciones para reducir la demanda. La mejora de los procesos a través de la automatización, la digitalización y el análisis energético en tiempo real contribuye significativamente al ahorro. Asimismo, la mejora del aislamiento térmico en infraestructuras y la implementación de tecnologías de bajo consumo también favorecen la eficiencia energética.

- **Transición a fuentes de energía renovables.** En segundo lugar, es imprescindible sustituir las fuentes de energía fósiles por alternativas sostenibles. Son ejemplo de estas la solar fotovoltaica, la eólica o el hidrógeno verde.

La combinación de eficiencia energética y energías renovables no solo reduce el impacto ambiental, sino que también aporta ventajas competitivas, como el ahorro económico, la mejora reputacional, el cumplimiento de regulaciones cada vez más exigentes y la seguridad energética.

En definitiva, avanzar hacia un modelo energético más eficiente y renovable no es solo una cuestión ambiental, sino una estrategia clave para la sostenibilidad y competitividad empresarial a largo plazo.

Figura 4.8 La combinación de estrategias de descarbonización tienen por objetivo el conseguir ser neutros en carbono, es decir, alcanzar el *Net Zero*.

4.3.4 Gestión del agua y control de la contaminación

La gestión responsable del agua es esencial para reducir la huella hídrica de la empresa, especialmente en las regiones donde este recurso es escaso. Al igual que con la huella de carbono, es fundamental analizar y gestionar el impacto hídrico a lo largo de toda la cadena de suministro.

Las empresas pueden adoptar tecnologías eficientes que reduzcan el consumo de agua, así como sistemas de reciclaje y reutilización que maximicen su aprovechamiento. Además, es clave revisar y, cuando sea necesario, rediseñar los procesos y productos para reducir el consumo de agua y minimizar el desperdicio. Esta medida no solo disminuye el impacto ambiental, sino que también reduce los costos operativos, lo que supone una ventaja económica a largo plazo.

Por otro lado, cualquier tipo de contaminación generada por la actividad empresarial, ya sea por sustancias vertidas al aire, suelo o agua, o por radiaciones como la acústica, lumínica o radiactiva, debe ser rigurosamente monitoreada y controlada. Se debe realizar un análisis detallado de estas emisiones para reducirlas progresivamente hasta, si es posible, eliminarlas por completo. Este proceso debe alinearse con las políticas de sostenibilidad de la empresa, siempre cumpliendo con las normativas ambientales vigentes.

4.3.5 Gestión de residuos y programas de reciclaje

La gestión de residuos es otro componente esencial de la sostenibilidad ambiental empresarial. Con el enfoque creciente hacia la economía circular, respaldado por iniciativas europeas y españolas, muchas empresas están transformando sus residuos en materia prima para otros procesos productivos. Esto requiere una planificación exhaustiva de la logística asociada, desde la recolección y transporte hasta el tratamiento adecuado de los materiales.

Pero, además, la gestión de residuos comprende las siguientes medidas:

- Reducción de su volumen, apostando por el máximo aprovechamiento de los materiales.

- Su separación adecuada para garantizar que puedan ser procesados eficientemente.

- La recuperación de materias primas para su posterior reutilización, disminuyendo la dependencia de materias primas vírgenes.

- El establecimiento de políticas de reciclaje que aseguren que los productos de desecho se reincorporen al ciclo productivo.

Una posibilidad adicional que algunas empresas pueden explorar es la recuperación de materiales depositados en vertederos. Dado que estos depósitos son una fuente importante de gases de efecto invernadero, recuperar materiales allí presentes no solo disminuye la contaminación, sino que también permite la reincorporación de recursos valiosos en la cadena de valor. Además de los beneficios medioambientales, esta operación puede generar ventajas económicas para la empresa, al reducir su dependencia de materiales nuevos.

Figura 4.9 Dentro de la política de residuos, un aspecto importante es que se separen de modo pertinente para que sigan los procesos adecuados según su naturaleza.

EJERCICIOS

EJERCICIO 4.11

Cite un ejemplo, preferiblemente del sector profesional del ciclo formativo, gracias al cual una empresa puede contribuir a la protección de la biodiversidad.

EJERCICIO 4.12

¿Qué significa el término naturaleza en positivo?

EJERCICIO 4.13

¿Cuál es la medida fundamental que pueden adoptar las empresas para combatir el cambio climático?

EJERCICIO 4.14

Respecto al consumo de energía eléctrica, ¿qué es conveniente hacer primero, adoptar medidas de ahorro energético o apostar por las fuentes renovables? Justifique la respuesta.

EJERCICIOS

EJERCICIO 4.15

Imagine que trabaja en FreshNature S.A., una empresa de producción y distribución de zumos naturales envasados. La compañía está calculando su huella de carbono y ha identificado diferentes fuentes de emisiones. Clasifique cada ítem en alcance 1, 2 o 3. En el último caso indique si se trata aguas arriba o aguas abajo. Justifique la decisión. Puede emplear la siguiente tabla:

Ítem	Alcance	Justificación

Ítems que clasificar:

- Combustión de gas natural en las calderas utilizadas para la pasteurización del zumo.

- Electricidad utilizada para la refrigeración de los zumos en la fábrica.

- Uso de camiones propios para la distribución de los productos a supermercados.

- Transporte de las frutas desde los proveedores hasta la fábrica.

- Emisiones generadas por la fabricación de los envases de plástico o cartón utilizados en los zumos.

- Disposición final de los envases por parte del consumidor (reciclaje o basura).

- Viajes de negocios en avión de los gerentes de la empresa.

- Uso de los refrigeradores en supermercados para conservar los zumos antes de la venta.

EJERCICIO 4.16

La empresa Beauty & Spa es un centro de estética que ofrece tratamientos faciales, corporales, depilación, manicura, pedicura y masajes además de servicio de peluquería. La empresa quiere calcular su huella de carbono y ha identificado distintas fuentes de emisiones. Determine a qué alcance corresponden cada una de estas fuentes y justifique la decisión. Puede hacerse mediante la siguiente tabla.

Ítem	Alcance	Justificación

Ítems que clasificar:

- Traslados diarios de los empleados desde sus casas hasta el gabinete en sus vehículos particulares.

- Entrega de productos cosméticos a domicilio por parte de una empresa de mensajería externa.

- Uso de una furgoneta propia del gabinete para brindar servicios a domicilio.

- Fabricación de las toallas y batas utilizadas en el gabinete.

- Uso de secadores, planchas y otros equipos eléctricos en los tratamientos de belleza.

- Desperdicio de algodones, hisopos y guantes desechables usados en los tratamientos.

- Consumo de gas en el calentador de agua para los lavados de cabello y masajes con piedras calientes.

- Uso de productos de belleza vendidos por el gabinete cuando los clientes los aplican en casa.

EJERCICIO 4.17

La agencia de viajes Travel Adventures organiza paquetes turísticos nacionales e internacionales. A medida que crece la preocupación por el impacto ambiental de los viajes, la empresa quiere reducir su huella de carbono. Han evaluado distintas estrategias. Clasifíquelas según el escenario de descarbonización en el que encajarían y justifique su decisión.

Estrategias a clasificar:

- Seguir promocionando vuelos sin preocuparse por su impacto ambiental.

- Sustituir progresivamente los viajes en avión por opciones de tren en distancias cortas y medias.

- Compensar el 100% de las emisiones de CO_2 de los viajes organizados mediante proyectos de reforestación.

- Ofrecer a los clientes la opción de pagar un pequeño extra para compensar las emisiones de su desplazamiento.

- Diseñar paquetes turísticos con alojamientos certificados como sostenibles y con medidas ecológicas.

- Reducir la impresión de folletos físicos y fomentar el uso de documentos digitales para la información de los viajes.

- Crear un nuevo catálogo de viajes exclusivamente de turismo sostenible, eliminando los paquetes con alto impacto ambiental.

- Incluir recomendaciones para los clientes sobre prácticas responsables de viaje, como reducir residuos y apoyar economías locales.

Ítems que clasificar:

Estrategia	Escenario	Justificación

EJERCICIO 4.18

Un centro médico quiere reducir su consumo de agua y controlar la contaminación que produce en su actividad. Para ello ha hecho un estudio de operaciones en las que se produce consumo de agua y/o contaminación en las que quiere centrar su atención. Estas son:

- Uso de agua para los procedimientos quirúrgicos.

- Productos químicos de limpieza y desinfección.

- Riego de jardines y áreas verdes mediante manguera.

- Emisiones de gases generadas durante la anestesia.

- Lavado de manos frecuente en los consultorios y quirófanos.

- Residuos generados en los laboratorios (químicos, biológicos).

- Residuos de medicamentos caducados o no utilizados.

Clasifique estas áreas como de consumo de agua y/o fuente de contaminación, y proponga al menos una medida para reducir su impacto. Puede emplear la siguiente tabla:

Operación	Clasificación	Medida para reducir o eliminar

EJERCICIO 4.19

Una empresa dedicada al alquiler de bicicletas decide establecer un programa de gestión de residuos relacionado con su actividad. Ha identificado las siguientes fuentes de residuos:

Tipo de residuo	Lugar donde se produce
Neumáticos de bicicletas desgastados	Taller de mantenimiento (al reparar bicicletas)
Baterías de bicicletas eléctricas agotadas	Estación de alquiler (cuando las bicicletas se devuelven)
Plástico de embalaje de bicicletas y repuestos	Al recibir nuevos productos y bicicletas
Chatarra (metales y piezas rotas de bicicletas)	Taller de reparación (cuando las bicicletas se desmantelan)
Restos orgánicos (alimentos, café, etc.)	Tienda o área de descanso para los clientes
Cartón de embalaje de accesorios y piezas	Almacenamiento y área de recepción de los repuestos y accesorios

Determine la medida más adecuada para cada uno de ellos (recuperación, separación, reducción o reciclaje) y justifique su elección. Puede hacerlo completando la siguiente tabla:

Residuo	Medida	Justificación

4.4 Aspectos sociales

El segundo de los pilares de la sostenibilidad empresarial lo constituye la vertiente humana. En su funcionamiento normal, la empresa puede contribuir activamente a la reducción de la brecha social y las desigualdades, a combatir la pobreza y a crear una sociedad más justa, inclusiva e igualitaria en la que la prosperidad sea compartida. En este bloque entrarían todos los ODS de carácter social. Cada empresa debe apostar por los que mejor se alineen con sus objetivos estratégicos.

Por otro lado, las compañías también tienen obligaciones globales hacia las comunidades en las que operan y que deben estar presentes en su gestión empresarial. En el año 2011 se aprobaron los **principios rectores de las Naciones Unidas sobre las empresas y los DD. HH.**, en los que se introdujeron, como novedad, el reconocimiento de la responsabilidad de las empresas en materia de **DD. HH.**, como agentes que tienen un impacto sobre ellos y que se extiende a toda su cadena de suministro.

El objetivo de estos principios es proporcionar un marco mundial para prevenir y abordar los efectos negativos. Se basan en tres pilares:

- **Proteger.** Los Estados, en su territorio, tienen la obligación de proteger a las personas frente a cualquier vulneración de los DD. HH.

- **Respetar.** Las empresas tienen el deber de respetar los DD. HH. en todos los lugares donde operan y asumir sus responsabilidades cuando los vulneran. Para ello deben realizar la **diligencia debida en esta materia**.

- **Reparar.** En caso de violaciones de los DD. HH., no solamente los Estados deben garantizar medidas (judiciales, extrajudiciales, no estatales) que permitan la reparación de los daños causados, sino que los principios rectores instan a las empresas a establecer mecanismos eficaces a los que puedan acceder las víctimas.

La **diligencia debida en materia de DD. HH.** es un proceso por el cual las empresas identifican y evalúan el impacto real y potencial causado sobre los DD. HH. por sus actividades, tanto de manera directa como indirecta, y adoptan estrategias de prevención, realizan el seguimiento de estas medidas y establecen mecanismos para la compensación y reparación cuando el balance sea negativo.

PARA SABER MÁS

Puede visualizar el siguiente vídeo:

https://www.youtube.com/watch?v=gE84WRK7IsM

GLOSARIO

En inglés, los términos principios rectores de las Naciones Unidas sobre las empresas y los derechos humanos, y los derechos humanos y la diligencia debida se traducen como *United Nations Guiding Principles on Business and Human Rights*, *Human Rights* y *due diligence* respectivamente.

Figura 4.10 Aplicación de los principios rectores de las Naciones Unidas sobre las empresas y los DD. HH. Fuente: Pacto Mundial.

Además del respeto a los DD. HH., existen diferentes áreas en las que se descompone el aspecto social del sistema ESG, de las cuales se ofrecen algunos ejemplos.

4.4.1 Condiciones laborales y derechos humanos

El respeto a los derechos laborales y humanos no solo implica cumplir con la normativa internacional y nacional en materia de condiciones laborales, convenios colectivos, seguridad y salud en el trabajo, sino que también representa una oportunidad para crear un entorno de trabajo atractivo. Un ambiente laboral positivo contribuye a atraer y retener talento, mejorar la motivación y aumentar la implicación de los trabajadores.

Las empresas deben garantizar salarios dignos, es decir, aquellos que permitan a los empleados y sus familias mantener un nivel de vida adecuado, teniendo en cuenta el coste de vida y la composición familiar. Además, es fundamental erradicar la sobreexplotación laboral, así como el trabajo forzoso e infantil en toda la cadena de valor de la empresa. Para ello, se deben establecer mecanismos de control y auditoría que aseguren el cumplimiento de estos principios en proveedores y colaboradores.

Más allá de las retribuciones económicas, los siguientes ejemplos son medidas estimulantes para la plantilla:

- Facilidades para la conciliación de la vida laboral y familiar.

- Formación y desarrollo continuos para adaptarse a los cambios tecnológicos, sociales y de transformación del puesto de trabajo. En este sentido, es importante tener en cuenta que la transición a una economía descarbonizada requerirá una transformación del mercado laboral, con la desaparición de puestos de trabajo y la creación de nuevos, por lo que las compañías han de capacitar a sus empleados.

- Posibilidades de promoción y de reconocimiento.

- Medidas para preservar el bienestar físico y mental de los trabajadores.

Otra pieza fundamental en esta área es la existencia de canales de comunicación seguros a través de los cuales los empleados puedan denunciar irregularidades o la vulneración de sus derechos sin temor a represalias. Estos mecanismos deben ser accesibles, transparentes y contar con procedimientos claros de seguimiento y resolución.

Figura 4.11. Los entornos de trabajo adecuados contribuyen positivamente a retener el talento y a una mayor implicación de los empleados.
Fuente: Vecteezy de Benis Arapovic.

4.4.2 Participación en la comunidad y en su desarrollo

Las corporaciones tienen la oportunidad de contribuir positivamente al desarrollo y bienestar de las comunidades en las que operan, respetando los derechos humanos y estableciendo medidas alineadas con los principios rectores de sostenibilidad. Para lograr un impacto positivo y duradero, es clave que su contribución esté vinculada a su modelo de negocio y que fomente la implicación de toda la organización más allá de la alta dirección.

Aparte del beneficio colectivo que estas acciones generan en su entorno, las empresas también obtienen ventajas significativas: mejoran su relación con la comunidad, fortalecen su reputación e imagen de marca, favorecen la retención del talento y refuerzan su sostenibilidad económica a largo plazo. Por lo tanto, no se trata solo de un acto altruista, sino de una estrategia de beneficio mutuo.

Existen distintas iniciativas en las que pueden participar, como por ejemplo donaciones a obras sociales, colaboraciones con el tercer sector, contribuciones a la formación y a programas educativos, participación de los empleados en campañas benéficas, donaciones de material médico, etc. Lo fundamental en estas acciones es que estén en consonancia con los objetivos estratégicos de la empresa y respondan a necesidades reales de la comunidad, lo cual garantizan su impacto y continuidad en el tiempo.

4.4.3 Diversidad, equidad e inclusión

La diversidad, equidad e inclusión son pilares fundamentales de la sostenibilidad social de una empresa. Fomentar una cultura inclusiva no solo impacta positivamente en la plantilla, sino que debe extenderse a toda la cadena de valor, incluidos los proveedores, los clientes, la comunidad y otros grupos de interés.

Uno de los desafíos clave en el ámbito laboral es la reducción de la brecha salarial de género, una desigualdad persistente en el mercado laboral. Para acortarla, las empresas deben adoptar medidas como:

- Implementar políticas de transparencia salarial.
- Facilitar el acceso de mujeres a posiciones de responsabilidad.
- Fomentar la corresponsabilidad en el ámbito laboral y familiar para equilibrar la carga de cuidados.

— CURIOSIDADES —

Según la Encuesta de Población Activa de 2022, en España la diferencia salarial bruta entre hombres y mujeres era entonces del 15,7%.

— CURIOSIDADES —

En España, según el Texto Refundido de la Ley General de Derechos de Personas con Discapacidad, las personas con más de 50 empleados están obligados a que al menos un 2% de la plantilla sea de diversidad funcional.

Figura 4.12 Igualdad, diversidad e inclusión: algunos ejemplos.

Por otro lado, una organización no puede considerarse sostenible si discrimina a uno o varios colectivos por razón de género, origen étnico, religión, discapacidad, orientación sexual u otras condiciones. Para garantizar un entorno verdaderamente inclusivo, las empresas deben:

- Establecer programas de sensibilización y formación en diversidad.
- Adoptar criterios objetivos de selección y promoción que reduzcan los sesgos inconscientes.
- Desarrollar planes de accesibilidad y adaptación para las personas con diversidad funcional.

La diversidad no solo es una cuestión de equidad, sino también una ventaja competitiva: los equipos diversos generan innovación, son un reflejo de la sociedad y los clientes, y mejoran el clima laboral.

4.4.4 Seguridad del producto y protección de los consumidores

Para asegurar su sostenibilidad en el tiempo, la empresa debe proveer servicios y productos de calidad, seguros en su uso para los consumidores y desprovistos de agentes que puedan dañar su salud o el medioambiente. Obviamente deben cumplir con toda la regulación relativa a esos productos y servicios como aval básico. Pero además debe adoptar medidas de protección de los consumidores, para evitar que sean engañados, y tener políticas de sustitución y reparación como garantía frente a posibles fallos.

4.4.5 Compromisos con los proveedores

Los proveedores forman parte de la cadena de valor de la empresa. Por ello deben compartir sus mismos criterios ESG o ASG, ya que el impacto global de la actividad incluirá también el de los suministradores.

Tradicionalmente, para homologar proveedores se analizaban aspectos como su volumen de producción, su capacidad financiera y la calidad del material aportado. Sin embargo, ahora deben añadirse consideraciones de tipo social, ambiental y de gobernanza para establecer relaciones contractuales con ellos. Solamente si comparten objetivos podrán contribuir juntos a su logro. Esto implica la existencia de una política de compras responsable.

Al mismo tiempo, dado que constituyen un grupo de interés con unas expectativas, el comportamiento de la empresa hacia ellos se basará en la ética y responderá adecuadamente a las cláusulas establecidas.

EJERCICIOS

EJERCICIO 4.20
¿Qué son los principios rectores de las Naciones Unidas sobre las empresas y los DD. HH.? ¿Y la diligencia debida sobre los DD. HH.?

EJERCICIO 4.21
Una empresa textil internacional, Textiles Global, ha descubierto que en una de las fábricas de su cadena de suministro, ubicada en un país con legislación laboral débil, se están vulnerando los derechos laborales de los trabajadores. Se ha comprobado que los empleados están siendo obligados a trabajar en condiciones extremas, con jornadas laborales excesivas, sin el pago de horas extra, en un ambiente inseguro y con una remuneración por debajo del salario mínimo.

Textiles Global se ha comprometido a cumplir con los Principios Rectores de Naciones Unidas sobre Empresas y Derechos Humanos y, por lo tanto, debe actuar para abordar esta situación. Indica medidas.

A continuación, se presentan varias ideas para que Textiles Global respete y repare los derechos de los trabajadores afectados. Elija una de cada pilar y desarrolle un pequeño plan para que pueda aplicarla, respondiendo a las siguientes preguntas:

- ¿Qué pasos concretos debe seguir la empresa para implementar esta medida?
- ¿Cómo se puede hacer un seguimiento para asegurarse de que es efectiva?
- ¿Qué recursos se necesitan para llevarla a cabo?

Sugerencias para "Respetar":

- Establecer un código de conducta para la cadena de suministro en el cual se incluyan explícitamente los derechos laborales, las condiciones de trabajo seguras y una remuneración justa. Este código debe ser parte del contrato con los subcontratistas.
- Realizar auditorías periódicas en las fábricas de la cadena de suministro para verificar el cumplimiento de los derechos laborales. Si se encuentran violaciones, Textiles Global debe exigir correcciones inmediatas.
- Formar a los gerentes y supervisores de las empresas subcontratadas en derechos humanos y en el cumplimiento de las normativas laborales, para asegurar que comprendan su responsabilidad hacia los trabajadores.

Sugerencias para "Reparar":

- Obligar a la empresa subcontratada a compensar económicamente a los trabajadores afectados, cubriendo los salarios atrasados, las horas extras no remuneradas y cualquier otro derecho laboral que no se haya cumplido. Textiles Global debe asegurarse de que esto se haga de manera justa y transparente.
- Establecer un mecanismo de quejas y denuncias dentro de la empresa subcontratada, para que los trabajadores puedan reportar abusos sin temor a represalias. Textiles Global debe garantizar que este mecanismo esté en funcionamiento.
- Revisar las condiciones laborales y de seguridad en la planta de la empresa subcontratada, estableciendo un plan de acción para mejorar la infraestructura y las condiciones de trabajo, y asegurándose de que las medidas se implementen a corto plazo.

EJERCICIO 4.22

¿Qué se entiende por un salario digno? ¿De qué depende? ¿Coincide con los salarios mínimos de los convenios colectivos?

EJERCICIO 4.23

¿Qué es la brecha salarial de género?

EJERCICIO 4.24

El responsable de RR. HH. de una empresa quiere asegurarse de que la compañía cumpla con las mejores prácticas en cuanto a condiciones laborales, participación en la comunidad, diversidad, equidad e inclusión. Ha pensado en implantar las siguientes medidas:

- Realizar una encuesta anual entre los empleados para detectar problemas relacionados con la conciliación de la vida laboral y familiar. A partir de los resultados, implementar medidas concretas como horarios flexibles, teletrabajo o reducción de jornada en casos de cuidado familiar.
- Desarrollar un programa de mentoría interna en el que los empleados de mayor experiencia guíen y apoyen a los nuevos trabajadores, ayudando a su integración y desarrollo.
- Establecer una política de igualdad salarial que se revise anualmente, asegurando que no existan diferencias salariales entre hombres y mujeres en puestos de trabajo similares.
- Fomentar la participación de los empleados en actividades de voluntariado, organizando campañas para apoyar a organizaciones benéficas locales.
- Implementar un programa de salud mental en el lugar de trabajo, con acceso a apoyo psicológico y actividades que promuevan el bienestar emocional de los empleados, como talleres de gestión del estrés.
- Organizar cursos de sensibilización sobre diversidad cultural y género para todos los empleados, con el fin de fomentar un ambiente inclusivo y respetuoso.
- Clasifique estas medidas según correspondan a condiciones laborales, participación en la comunidad y/o diversidad, equidad e inclusión. Justifique su decisión. Puede ayudarse de la siguiente tabla:

Medida	Clasificación	Justificación

EJERCICIO 4.25

¿De qué manera garantiza una empresa la protección de los consumidores?

EJERCICIO 4.26

Un cliente compró una lavadora de la marca LavaMatic en una tienda de electrodomésticos. A los 6 meses de uso, la lavadora dejó de funcionar correctamente. El servicio técnico del fabricante la reparó, pues estaba en garantía, pero el problema se repitió al cabo de varios meses. Después de revisar más a fondo, se descubrió que había un fallo en el sistema de protección contra sobrecalentamientos del motor que no realizaba adecuadamente su función. Se observó que otros clientes también habían tenido problemas similares.

El fabricante está preocupado por la mala reputación que esto podría generar y la posibilidad de demandas. Escribe una lista de al menos tres medidas que podrían adoptar para mejorar la seguridad del producto y la protección de los consumidores que tengan que ver con la mejora de la seguridad de la lavadora, del servicio posventa y de recuperación de la confianza de los clientes afectados.

EJERCICIO 4.27

¿Qué se entiende por homologar proveedores?

4.5 Aspectos de gobernanza

El tercero de los aspectos que configuran la sostenibilidad empresarial es su gobernanza o su estructura de gestión y sus prácticas éticas. Se desglosa en diferentes apartados, que se ven a continuación.

4.5.1 Gobierno corporativo

El gobierno corporativo es esencial en la gestión eficiente y efectiva de una compañía. Es él quien establece las reglas y ejerce el control de su cumplimiento. Su buen hacer posibilita el desarrollo y el éxito del negocio. Como cualquier cambio que se introduce en una empresa, para que las estrategias ESG/ASG sean efectivas, deben contar con el compromiso de la alta dirección, cuyo desempeño determinará su éxito.

Una compañía con un gobierno corporativo fuerte, comprometido y capaz es más probable que tenga unos buenos resultados económicos, además de que actúe con responsabilidad en materia de medioambiente y en materia social. La buena gobernanza implica introducir la integridad y un comportamiento ético tratando de equilibrar adecuadamente la respuesta a las expectativas de sus grupos de interés.

Toda esta transformación apunta hacia un nuevo modelo de liderazgo más humanista, con directivos preocupados por los impactos sociales y medioambientales, e implicados en su mitigación y restauración, empáticos y cercanos con los demás, humildes y honestos en sus logros.

4.5.2 Transparencia y comunicación responsable

La transparencia y la comunicación responsable son ingredientes críticos de la buena gobernanza. Los grupos de interés, desde los clientes a los inversores, pasando por la sociedad en general, necesitan conocer los avances en materia de sostenibilidad logrados por la compañía. Los resultados no financieros deben hacerse públicos y la información proporcionada debe ser fiable, completa, actualizada, accesible y veraz para demostrar el cumplimiento de los objetivos sociales y ambientales. Algunas compañías están obligadas a reportar en materia de sostenibilidad a través de los preceptivos informes, mientras que aquellas sin esa obligación pueden hacerlo voluntariamente.

CURIOSIDADES

Según estudios recientes realizados en la UE, el 53 % de las empresas que se declaran sostenibles realmente no lo son.

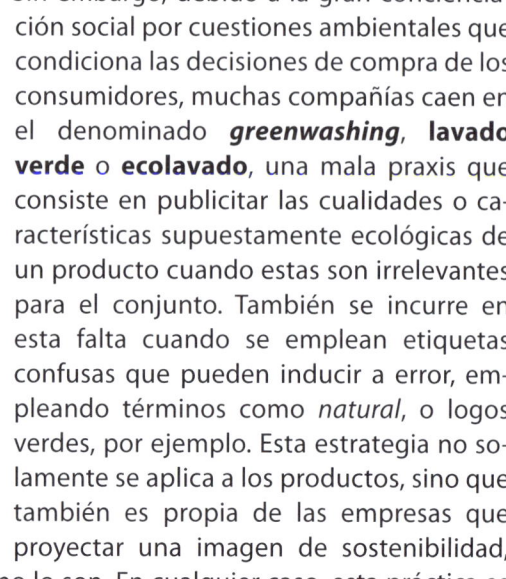

Figura 4.13 El *greenwashing* como enmascarado de la realidad ambiental con fines publicitarios.

Sin embargo, debido a la gran concienciación social por cuestiones ambientales que condiciona las decisiones de compra de los consumidores, muchas compañías caen en el denominado **greenwashing**, **lavado verde** o **ecolavado**, una mala praxis que consiste en publicitar las cualidades o características supuestamente ecológicas de un producto cuando estas son irrelevantes para el conjunto. También se incurre en esta falta cuando se emplean etiquetas confusas que pueden inducir a error, empleando términos como *natural*, o logos verdes, por ejemplo. Esta estrategia no solamente se aplica a los productos, sino que también es propia de las empresas que proyectar una imagen de sostenibilidad, cuando sus actividades realmente no lo son. En cualquier caso, esta práctica es competencia desleal.

Otra práctica empresarial contraria al *greenwashing* es el denominado **greenhushing** o **silencio verde**. Algunas empresas optan por no comunicar al público sus iniciativas en sostenibilidad, para evitar que sean consideradas insuficientes. Esta táctica suele ser utilizada por pequeñas empresas con recursos limitados, que no pueden implementar medidas a gran escala, o por aquellas que temen ser acusadas de *greenwashing*. También puede ser una estrategia para evitar que la competencia conozca sus avances en sostenibilidad. Aunque el greenhushing no es una práctica ilegal, va en contra del principio de transparencia.

Existe un término análogo en torno a los aspectos humanos que es el **social washing**. Se produce cuando la información relativa a la responsabilidad social de la empresa es engañosa y trata de confundir a los destinatarios haciéndoles creer que sus actuaciones son mejores de lo que en realidad son.

— PARA SABER MÁS —

Puede visualizar el siguiente vídeo:

https://www.youtube.com/watch?v=VyVDV_un-tU

— CURIOSIDADES —

La mayoría de las empresas utilizan sus páginas web para realizar sus comunicaciones de sostenibilidad mediante documentos detallados accesibles a los usuarios. También los publicitan en sus redes sociales o realizan vídeos de divulgación buscando conectar mejor con la gente.

4.5.3 Políticas anticorrupción y antisoborno

— PARA SABER MÁS —

Existe una norma internacional, la ISO 37001, que orienta y ayuda a las empresas a desarrollar un sistema de gestión antisoborno y anticorrupción. Asimismo, las compañías que lo implementan pueden optar a la correspondiente certificación.

La corrupción y el soborno son prácticas que tienen influencia en el mundo, causan pobreza, frenan el desarrollo (económico, científico, tecnológico), vulneran las instituciones del Estado, violan los DD. HH. y merman la convivencia social. Por ello, la buena gobernanza debe excluir cualquier forma de estos métodos.

Para luchar contra esta lacra, las compañías pueden implementar políticas anticorrupción y antisoborno, además de procedimientos que mitiguen estos riesgos. Incluso existen normas UNE que orientan sobre cómo implementar estas políticas. Un complemento importante a estas medidas es el ejercicio de la transparencia.

Figura 4.14. El soborno es una conducta que debe evitarse.
Fuente: Vecteezy de Wichayada suwanachun.

4.5.4 Respeto a la normativa y contribución a los impuestos

La sostenibilidad pasa por el cumplimiento riguroso de las leyes y reglamentos locales, nacionales e internacionales que les afectan. Una empresa que opera al margen de alguna regulación no cumple con los criterios ESG.

Además, como contribución al bienestar general, debe estar al corriente del pago de impuestos y evitar estrategias de evasión. Las tasas deben ser satisfechas en los lugares donde operan y obtienen sus beneficios, y no recurrir a registrarse en paraísos fiscales.

Una vez más, es deseable el ejercicio de la transparencia sobre las contribuciones impositivas realizadas para que los grupos de interés, especialmente los inversores y las entidades financieras, tengan garantías de que la empresa está cumpliendo con los criterios de sostenibilidad.

4.5.5 Evitar estrategias de presión política

Los *lobbies* o grupos de presión son un conjunto de personas o empresas con un interés común que se unen para ejercer influencia sobre los poderes públicos. Pretenden conseguir que se legisle o se tomen decisiones que les sean favorables. Las medidas de coerción no tienen por qué ser necesariamente ilegales, simplemente pueden retirar inversiones del país sobre el que pretenden influir, por ejemplo.

Una compañía que aspire a ser sostenible y se rija por criterios ASG o ESG no debe caer en esta dinámica. Por tanto, sus políticas corporativas incluirán directrices para que esto no suceda.

— CURIOSIDADES —

Un estudio del Banco Mundial reveló que la corrupción supone un coste a la economía mundial del orden de 2 billones de dólares anuales, cuantía superior al PIB de España.

EJERCICIOS

EJERCICIO 4.28

¿El *greenwashing* se puede considerar una estrategia de comunicación responsable?

EJERCICIOS

EJERCICIO 4.29

El taller de reparación de automóviles AutoVerde ha implementado diversas acciones en su estrategia de comunicación y sostenibilidad. A continuación, se presenta una lista de las que ha llevado a cabo:

1. Publicitan que ofrecen igualdad salarial entre hombres y mujeres, pero en realidad no contratan mujeres.

2. Han incorporado un servicio de atención al cliente más rápido y eficiente, con más personal y menos tiempos de espera.

3. Afirman que su nuevo sistema de filtros reduce las emisiones de los vehículos, pero no han realizado pruebas técnicas que lo verifiquen.

4. En su publicidad, afirman que sus aceites y lubricantes son 100% ecológicos, aunque no tienen certificación ni pruebas que lo respalden.

5. Han implementado un programa de reciclaje de residuos peligrosos, pero han decidido no comunicarlo, por temor a críticas sobre la cantidad de residuos que generan.

Clasifica estas medidas, si procede, en *greenwashing*, *greenhushing* o *social washing*.

EJERCICIO 4.30

Según los datos aportados por el texto, ¿considera que la corrupción tiene un efecto poco significativo o, por el contrario, que su impacto es considerable? Justifique la respuesta.

EJERCICIO 4.31

¿Qué diferencia hay entre el soborno a políticos para lograr una actuación favorable a una empresa y la actuación de un grupo de presión? Ponga un ejemplo.

EJERCICIO 4.32

La multinacional TechGlobal, dedicada a la fabricación y venta de productos informáticos, ha implementado diversas estrategias en su gestión empresarial. Algunas de ellas pueden considerarse prácticas cuestionables en términos de ética y sostenibilidad. Estas son:

1. La compañía registra su sede en una determinada nación en la que apenas tiene volumen de negocio para pagar menos impuestos, aunque sus principales operaciones se desarrollan en otros países.

2. Un directivo presiona a legisladores para modificar una ley sobre el reciclaje de productos electrónicos y evitar normativas más estrictas en su sector.

3. Para asegurarse de ganar un contrato con un Gobierno extranjero, la empresa entrega regalos y dinero a funcionarios públicos encargados de la adjudicación.

4. La empresa invierte en un programa de capacitación tecnológica para jóvenes en comunidades desfavorecidas.

5. Amenaza con reducir su producción en un país si el Gobierno no rebaja los impuestos aplicados a las empresas tecnológicas.

6. Un alto ejecutivo de la compañía recibe pagos secretos de un proveedor a cambio de garantizarle contratos a largo plazo.

Clasifica estas acciones, si procede, según se traten de medidas de corrupción, soborno, incumplimiento normativo o evasión fiscal.

REPSOL Y LAS ACUSACIONES DE *GREENWASHING* (2023-2024)

En 2023, Repsol, una de las principales compañías energéticas de España, se vio envuelta en una controversia sobre *greenwashing* debido a sus anuncios sobre combustibles «renovables». La compañía promovía una gama de combustibles fabricados con materias primas renovables como aceites vegetales y residuos agrícolas. Sin embargo, estos combustibles estaban mezclados con fósiles, lo que limitaba su verdadera sostenibilidad. El impacto ambiental real de estos productos no cumplía con las expectativas de reducción de emisiones de CO_2 exigidas para ser considerados completamente renovables.

La polémica aumentó en 2024 cuando la Autoridad de Normas de Publicidad del Reino Unido (ASA) dictó un fallo en contra de Repsol, considerando que sus anuncios sobre combustibles

Fuente: Vecteezy de Ahasanara Akter.

renovables eran engañosos, por no proporcionar suficiente evidencia sobre su sostenibilidad. Esto obligó a la compañía a retirar sus campañas publicitarias en el Reino Unido. Sin embargo, en España, la Autoridad Española de Regulación de la Publicidad (AEAP) adoptó una postura diferente y no encontró motivos para intervenir, lo que destacó las discrepancias regulatorias entre un país de la UE (España) y otro fuera de la UE (Reino Unido).

La diferencia en el enfoque regulatorio pone de manifiesto la falta de armonización en las normativas sobre *greenwashing* en Europa. Mientras que el Reino Unido, fuera de la UE, tiene una regulación más estricta en cuanto a la veracidad de las afirmaciones medioambientales, en España las autoridades no han considerado necesario intervenir. Este contraste genera incertidumbre sobre la eficacia de las normativas para garantizar la transparencia de las empresas en cuanto a sostenibilidad.

Las consecuencias de este caso para Repsol incluyen daños a su reputación, especialmente en mercados como el Reino Unido, donde el fallo ha obligado a la empresa a ajustar sus prácticas publicitarias. En España, aunque no se ha producido una sentencia en su contra, la controversia sigue afectando la imagen de la marca. Las acusaciones de *greenwashing* pueden erosionar la confianza de los consumidores, lo que impactaría negativamente en las ventas de productos que se promocionan como más ecológicos de lo que realmente son.

Este caso resalta la necesidad de una regulación más coherente y estricta sobre *greenwashing*, tanto en la UE como a nivel global, para evitar que las empresas se beneficien de prácticas de *marketing* engañosas. Las empresas deben ser transparentes y proporcionar pruebas verificables sobre el impacto ambiental de sus productos para mantener la confianza del consumidor.

Actividades

1. ¿Cómo influye la discrepancia en las normativas entre España y el Reino Unido en el caso de Repsol?

2. ¿Qué consecuencias tuvo para Repsol el fallo en el Reino Unido?

3. ¿Qué pasos debería tomar Repsol para evitar acusaciones de *greenwashing* en el futuro?

4. ¿Cómo afectaría la armonización de las normativas sobre *greenwashing* en la UE a la industria energética?

5. Analiza la publicidad que da Repsol en su página web:

https://www.repsol.com/es/combustibles-renovables/que-son-los-combustibles-renovables/index.cshtml

Trata de identificar en ella, conocidos los datos que da el texto, elementos engañosos o ausencia de información relevante que constituyan indicio de *greenwashing*.

Acceda a www.marcombo.info con el código MARCOMBO33 y descargue más casos prácticos.

4.6 Medida y evaluación de las estrategias ESG o ASG

4.6.1 Medición del impacto

Para evaluar el éxito de las iniciativas sociales, ambientales y de gobernanza de una empresa, es fundamental medir su impacto mediante indicadores adecuados. Esto permite analizar la eficacia y eficiencia de las estrategias aplicadas a lo largo del tiempo, rendir cuentas a los grupos de interés e identificar áreas de mejora.

A diferencia de los indicadores ambientales, que suelen ser más tangibles (por ejemplo, reducción de emisiones de CO_2), los impactos sociales y de gobernanza pueden ser más difíciles de cuantificar. Sin embargo, existen diversas metodologías diseñadas para medir estos aspectos, en función del propósito y los destinatarios de la información. Estas métricas no solo ayudan a la empresa a evaluar su desempeño, sino que también resultan clave para inversores y entidades financieras interesadas en su sostenibilidad.

Algunos de los indicadores más empleados para evaluar la sostenibiliad empresarial son:

- **IRIS** *(impact reporting and investment standard)*. Se podría traducir como estándar de informes de impacto en inversiones y ha sido desarrollado por el *Global Impact Investing Network* (GIIN). Proporciona un catálogo de métricas o indicadores que sirven a los inversores para conocer el impacto social y ambiental de una actividad.

- **SROI** *(social return of investment)*. Se traduce como retorno social de la inversión. Consiste en identificar los impactos de una organización, proyecto o iniciativa y asignarles un valor económico equivalente a cada uno de ellos en función de aspectos determinados, como la mejora del bienestar o la minimización de los daños ambientales.

- **SDG Compass.** Es la guía para las empresas en materia de sostenibilidad, elaborada por el Consejo Empresarial Mundial para el Desarrollo Sostenible, en colaboración con el Pacto Mundial de las Naciones Unidas. Proporciona instrucciones para que las empresas puedan alinear sus objetivos con los ODS y sus metas, y evaluar los impactos. Se conoce también como «la brújula de los ODS».

Existen programas informáticos, gratuitos y de pago, que permiten realizar estas mediciones, muchos de los cuales incorporan tecnologías de inteligencia artificial. En cualquier caso, todo el proceso relacionado con el impacto sigue una secuencia ordenada de tareas, como se muestra en la figura 4.13.

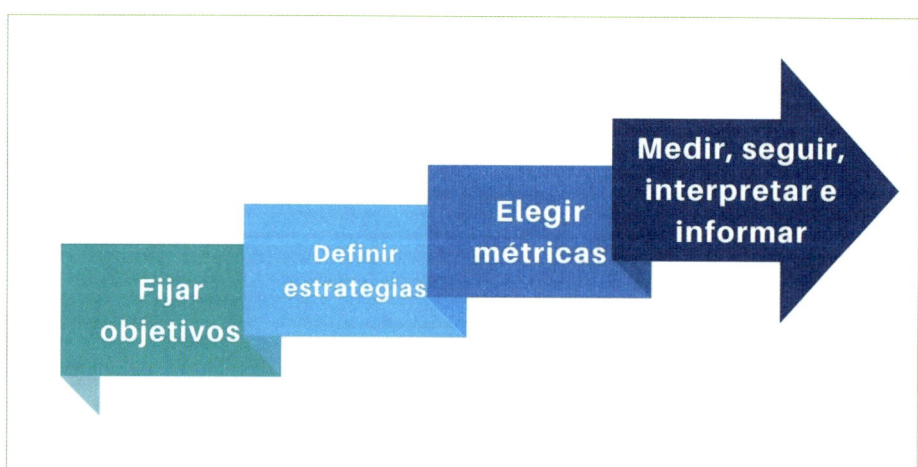

Figura 4.15 Procedimiento de la medida y la gestión del impacto ASG o ESG.

EJERCICIOS

EJERCICIO 4.33

¿Cómo se puede definir el impacto social y ambiental? ¿Puede existir un impacto social negativo? ¿El impacto puede ser no intencionado? Razone las respuestas.

EJERCICIO 4.34

¿Qué indicador de sostenibilidad es considerado la brújula de los ODS?

EJERCICIO 4.35

Una empresa multinacional dedicada a la fabricación de teléfonos móviles quiere mejorar su impacto ambiental y avanzar hacia la economía circular. Para ello, plantea tres estrategias diferentes. La empresa ha calculado el impacto de cada opción con tres indicadores de sostenibilidad:

- IRIS: mide la reducción de residuos y reciclaje.
- SROI: evalúa el beneficio social y económico generado.
- SDG Compass: muestra qué opción contribuye mejor a los ODS.

Las opciones de la empresa y sus indicadores son:

Opción	Descripción	Impacto IRIS (reducción de residuos)	Impacto SROI (beneficio social/económico)	Alineación con ODS (SDG Compass)
A	Crear un sistema de recogida de dispositivos usados y reacondicionarlos para su reventa.	50% reducción de residuos electrónicos.	Ahorro del 30% para consumidores al comprar productos reacondicionados.	Contribuye a ODS 12 (Producción y Consumo Responsables).
B	Fabricar productos modulares, fáciles de reparar, y vender piezas de repuesto para extender su vida útil.	70% reducción de residuos electrónicos.	Ahorro del 50% en reparaciones y menos desechos, mayor coste inicial del dispositivo.	Contribuye a ODS 9 (Industria, Innovación e Infraestructura) y ODS 12.
C	Invertir en materiales 100% reciclables para nuevos productos.	100% de reducción de residuos electrónicos.	Beneficios a largo plazo, pero coste inicial alto. No hay ahorro inmediato para el consumidor.	Contribuye a ODS 9 (Industria, Innovación e Infraestructura) y ODS 13 (Acción por el Clima).

Con estos datos, completa la siguiente tabla comparativa y, después, valora cuál es la solución que crees más conveniente.

	Opción A: recogida y reacondicionamiento de dispositivos	Opción B: productos modulares y reparación	Opción C: materiales 100% reciclables
Impacto ambiental			
Impacto económico sobre los consumidores			
Coste inicial para la empresa			
Beneficios para el consumidor			
Alineación con los ODS			
SROI (retorno social de la inversión)			

4.6.2 Informe de sostenibilidad

El **informe de sostenibilidad**, también conocido como reporte no financiero, es un documento público donde la empresa comunica su estrategia de sostenibilidad, los resultados e impactos en los ámbitos social, ambiental y de gobernanza, así como la gestión de riesgos y oportunidades durante un período determinado.

Por otro lado, la realización de estos informes ayuda a las empresas a identificar los riesgos y oportunidades a los que se enfrenta, tanto a nivel social como ambiental. Finalmente, al implicar una revisión detallada de las prácticas empresariales, las compañías se sumergen en un proceso de mejora continua.

Algunas empresas están legalmente obligadas a presentar informes de sostenibilidad y hacerlos públicos. Dependiendo de la normativa aplicable, los informes pueden presentarse ante organismos como la Comisión Nacional del

Mercado de Valores (CNMV) en España, la red del Pacto Mundial o cualquier otra entidad que se determine en función de la regulación. Las demás empresas pueden optar por realizar estos informes de manera voluntaria y publicarlos en su sitio web o en otros canales de comunicación.

Los pasos para elaborar un informe de sostenibilidad pueden ser:

- Definir el alcance y los objetivos del informe, es decir, establecer en qué aspectos ambientales, sociales o de gobernanza se va a centrar el documento.

- Recopilar datos relativos al desempeño de la empresa en materia social, ambiental y de gobernanza teniendo en cuenta el alcance y los objetivos definidos en el apartado anterior.

- Localizar y priorizar los asuntos más relevantes para la empresa y sus grupos de interés, para que estos queden debidamente reflejados en el informe, y realizar el correspondiente análisis de riesgos y oportunidades. Hay que seleccionar la información para que el documento sea efectivo, además de no excesivamente largo.

- Definir indicadores de desempeño o KPI *(Key Performance Indicator)*. Estos serán específicos para cada empresa, según su entorno productivo, su estrategia y sus objetivos. Son ejemplo de estos indicadores:

  ○ **Ambientales.** La huella de carbono, la huella hídrica, la cantidad de materiales usados, reutilizados, reciclados o desechados, etc.

  ○ **Sociales.** La diversidad de los empleados, las acciones de voluntariado realizadas, los programas de apoyo a la comunidad, los puestos de trabajo creados, etc.

- Elegir un marco reconocido de informes de sostenibilidad y redactar el documento según sus indicaciones.

- Hacer público y accesible ese informe de sostenibilidad como ejercicio de comunicación clara, responsable y efectiva.

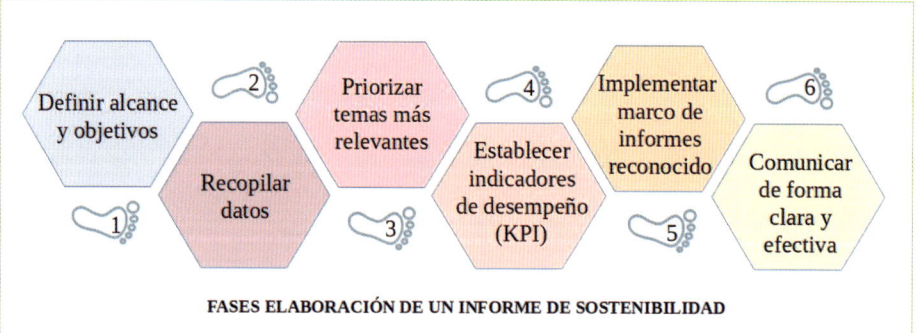

Figura 4.16 Secuencia de tareas para confeccionar el informe de sostenibilidad de una empresa.

Los estándares de informes de sostenibilidad constituyen guías útiles que facilitan a las organizaciones la realización de los reportes y permiten homogenizar la información que se ofrece en esas comunicaciones, además de que esta sea comparable y útil para los inversores y otros grupos de interés. Se pueden clasificar en dos tipos:

Jurídicos o de obligado cumplimiento. Son aquellos que han sido respaldados por organismos con capacidad jurídica. Por tanto, son de obligado cumplimiento para algunas compañías.

- **ESRS *(European Sustainability Reporting Standards)*** o normas europeas de información en materia de sostenibilidad, adoptadas por la UE en julio de 2023. Estas normas se elaboran por el Grupo Consultivo Europeo en materia de Información Financiera (EFRAG o *European Financial Reporting Advisory Group*) y son de obligada aplicación para las empresas que deben informar (ver apartado de normativa).

- **Normas de la SEC** *(Securities and Exchange Commission)* o de la Comisión del Mercado de Valores de EE. UU., que es el órgano que regula los mercados de valores y protege a los inversores en ese país. Recientemente está incorporando la obligación de divulgar datos climáticos a compañías que operan en sus mercados.

No jurídicos o de cumplimiento voluntario. Son promulgados por organismos internacionales de reconocido prestigio y pretenden mejorar la calidad y cantidad de la información de los informes ofreciendo orientaciones y plantillas para realizar esta tarea. Por ejemplo, los que emanan de los siguientes organismos internacionales:

- **GRI** *(Global Reporting Iniciative)*. Es una de las organizaciones internacionales con mayor reconocimiento en el ámbito de la sostenibilidad. Ha definido directrices pormenorizadas de los tres pilares que facilitan a las empresas la redacción de los informes de sostenibilidad.

- **ISSB** *(International Sustainability Standard Board)*. La fundación IFRS *(International Financial Reporting Standards)*, de la que depende el ISSB, está desarrollando estándares de informes de sostenibilidad para que las empresas puedan proporcionar una información comprensible para los mercados de capital, y que sea útil a los inversores y otros grupos de interés, basándose en los principios de claridad, relevancia, fiabilidad y comparabilidad. Se apoya también en las indicaciones de la GRI para que los estándares sean compatibles. Sus normas derivan de las anteriores **SASB** *(Sustainability Accounting Standards Board)*, **TCFD** *(Task Force on Climate-related Financial Disclosures)*, **CDSB** *(Climate Disclosure Standard Boards)*, logrando así unificar y simplificar. Actualmente ha publicado dos estándares de aplicación a partir del 1 de enero de 2024, el IFRS S1 o NIIF S1 (información que revelar sobre sostenibilidad), y el IFRS S2 o NIIF S2 (información que revelar relacionada con el clima).

- **CDP** *(Carbon Disclosure Project)*. Esta organización proporciona una guía a las empresas (y también a ciudades) para calcular y comunicar sus emisiones de gases de efecto invernadero, estructurada en forma de diferentes cuestionarios.

> **CURIOSIDADES**
>
> A finales de 2021, tras la COP26 de Glasgow, se anunció la creación del **International Sustainability Standards Board** (ISSB) o Consejo de Normas Internacionales sobre Sostenibilidad. Su objetivo es desarrollar un sistema de divulgación homogéneo de la sostenibilidad empresarial que proporcione información fiable a los inversores y mercados financieros.

Figura 4.17 Integración a partir del 2023 de los estándares anteriores, el TCFD, el SASB y el CDSB, en la Fundación IFRS, a la que pertenece el ISSB, responsable actualmente de crear un marco de referencia internacional de divulgación en materia de sostenibilidad. Las normas publicadas por el ISSB y que se aplican a partir del 2024 son la IFRS S1 o NIIF S1 (NIIF: Normas Internacionales de Información Financiera) y la IFRS S2 o NIIF S2.

──────────── PARA SABER MÁS ────────────

Puede consultar en Internet las distintas organizaciones que establecen estándares de informes:

- ESRS: https://www.efrag.org/
- ISSB: https://www.ifrs.org/sustainability/tcfd/
- GRI: https://www.globalreporting.org/
- CDP: https://www.cdp.net/es

EJERCICIOS

EJERCICIO 4.36

¿Cuáles son los beneficios que obtienen las empresas al realizar informes de sostenibilidad?

EJERCICIO 4.37

¿Qué son los KPI de un informe de sostenibilidad y para qué se emplean? Cite algún ejemplo.

EJERCICIO 4.38

¿Qué es un estándar de informe de sostenibilidad?

EJERCICIO 4.39

¿Sería adecuado actualmente elegir el estándar TCFD para realizar un informe de sostenibilidad? Justifique la respuesta.

EJERCICIO 4.40

¿Qué significan las siglas de la Fundación IFRS? ¿Qué relación tiene con el ISSB?

EJERCICIO 4.41

La plataforma EcoVadis contiene información sobre la sostenibilidad de gran número de empresas de todo el mundo. Además, dispone de una herramienta para construir gráficos comparativos entre distintos países o distintas empresas. Acceda a la página web https://index.ecovadis.com/?lang=es, entre en el apartado "Compare países" y obtenga los gráficos comparativos de España respecto a la Unión Europea para empresas de todo tamaño en todos los ítems disponibles (medioambiente, trabajo y derechos humanos, ética, adquisiciones sostenibles y general). Después, interprete los resultados.

4.7 Certificados ESG o AGS

Una empresa realmente comprometida con la sostenibilidad ambiental, social y de gobernanza (ASG o ESG), y que no recurre al *greenwashing* o *social washing*, puede demostrarlo obteniendo una certificación externa. Esto implica que una entidad especializada evalúe su forma de trabajar y, si cumple ciertos requisitos, le conceda un certificado ASG/ESG. En otras palabras, este certificado confirma que la empresa sigue criterios de sostenibilidad, ha pasado un proceso de verificación y lo ha superado. Como resultado, puede exhibir el sello correspondiente en su publicidad y sus documentos.

Los certificados que mayor reconocimiento otorgan a las empresas son los de cumplimiento de normas reconocidas, como las normas UNE (Una Norma Española), las EN (normas europeas) y las ISO *(International Standarization Organization)*. En materia relativa a la sostenibilidad, cabe destacar:

- **ISO 26000: Guía de Responsabilidad Social.** Esta norma proporciona recomendaciones a las empresas que quieren seguir prácticas responsables en su gestión con relación a los aspectos ambientales, sociales y de gobernanza. Sin embargo, esta norma <u>no es certificable</u>.

- **UNE-EN-ISO 14001: Gestión Medioambiental.** Establece las directrices y los requisitos para que una organización implante un sistema de gestión ambiental. Estas empresas pueden someterse a un proceso de acreditación por una entidad de certificación; si lo superan, obtienen el correspondiente sello.

Además de estas, existen otras normas relacionadas con la gestión ASG o ESG con reconocimiento cuyo cumplimiento da derecho a usar el correspondiente sello. Algunos ejemplos:

Tabla 4.1 Algunas normas relacionadas con la gestión ASG o ESG.

Norma	Entidad emisora de la norma	Certificado obtenido	Ejemplo de sello
UNE-EN-ISO 14001	Aenor, CEN, ISO	Sistema de Gestión Ambiental	
SGE 21	Forética	Integración de los aspectos ambientales, sociales y de buen gobierno en su estrategia y gestión	
Estándares de B Corp	B Corp y certificador B Lab	Empresa con Propósito	
Requisitos especificados por la Comisión Europea	Comisión Europea	Registro Voluntario del Sistema Comunitario de Gestión y Auditoría Medioambientales (EMAS)	
IQNet SR 10	IQNet	Sistema de Gestión de la Responsabilidad Social	

Forética es una organización española que promociona y ayuda a las empresas a integrar criterios ambientales, sociales y de buena gobernanza en su forma de operar. En su web se pueden encontrar múltiples recursos relacionados con la sostenibilidad: https://foretica.org/

EJERCICIOS

EJERCICIO 4.42

¿Qué tratan de combatir los certificados relativos al ESG o ASG?

EJERCICIO 4.43

¿Qué certificado obtienen las empresas que cumplen la ISO 26000?

EJERCICIO 4.44

¿Cuál es la norma de Forética mediante la cual se certifica que las empresas integran aspectos sociales, ambientales y de buen gobierno en su gestión?

EJERCICIO 4.45

Conservas del Mar S. L. es una pequeña empresa familiar, con 25 empleados, dedicada a la producción de conservas de pescado en Galicia. Su actividad tiene impacto ambiental por el uso de agua y generación de residuos. Además, compra materia prima a pescadores locales y busca mejorar su relación con la comunidad. No tiene un sistema formal de Como asesor, ¿qué certificación recomendaría a Conservas del Mar S.L.? Explique por qué debería certificarse, a qué riesgos se enfrenta si no lo hace y cómo puede beneficiarse de la certificación elegida.

4.8 El ESG/AGS y los inversores

La creciente preocupación por los retos sociales y ambientales del presente siglo ha trascendido también al mundo de las finanzas. Las empresas que no están apostando por la sostenibilidad con la aplicación del ASG o ESG tienen muchas menos probabilidades de perdurar en el tiempo y de ser económicamente viables a largo plazo que las que han adoptado esta nueva tendencia.

Algunos grupos de capital, denominados **capitales socialmente responsables**, son sabedores de este hecho, por lo que, a la hora de tomar decisiones sobre dónde invertir su dinero, valoran estos aspectos. Así, han surgido nuevos conceptos e índices bursátiles que se aplican en el mundo financiero.

4.8.1 Concepto de ISR

Tradicionalmente los inversionistas se han guiado por criterios económicos de rentabilidad, riesgo y liquidez. Sin embargo, en las últimas décadas ha aparecido un concepto denominado **inversión socialmente responsable** (ISR), que, además de los planteamientos anteriores, incorpora criterios éticos, sociales y ambientales para tomar decisiones. Su crecimiento en los últimos años ha sido realmente significativo.

Figura 4.18 Los inversores, sin olvidar los criterios de rentabilidad, cada vez más se decantan por ISR como garantía de que las empresas en las que depositan su capital sobrevivirán a largo plazo.

Asimismo, existen fondos de **inversión socialmente responsable** (ISR) que incluyen bonos gubernamentales y carteras de valores alineadas con criterios sociales y ambientales. Al mismo tiempo, excluyen empresas contaminantes, fabricantes de productos nocivos o aquellas con prácticas laborales inaceptables, como el trabajo infantil. Estos fondos buscan impulsar una transformación social y ambiental hacia un mundo más justo e inclusivo, en línea con los ODS y el Acuerdo de París dentro de la Agenda 2030. Además, han demostrado ofrecer una rentabilidad financiera igual o incluso superior a la de los fondos tradicionales.

4.8.2 Índices bursátiles relacionados con el ESG

Los índices bursátiles son herramientas que reflejan la evolución de los precios de cotización en los mercados financieros y sirven como referencia para los inversores. En los últimos años, han surgido índices especializados en criterios ESG o ASG, debido a la creciente percepción de que las empresas sostenibles tienen más probabilidades de ser rentables y menos riesgos a largo plazo. Algunos de los más conocidos son:

- *Dow Jones Soustainability Index* **(DJSI).** Evalúa el desempeño sostenible de las empresas, midiendo su capacidad para integrar rentabilidad con buenas prácticas ambientales, sociales y de gobernanza.

- *FTSE4 Good Index*. Es un conjunto de índices bursátiles de la Bolsa de Londres que seleccionan empresas en función de su cumplimiento de criterios ESG.

- *MSCI ESG Index.* Creado por la empresa MSCI (Morgan Stanley Capital International), identifica los riesgos y oportunidades ESG en distintas carteras de inversión mediante un grupo de indicadores específicos.

Además de los índices bursátiles, existen otros mecanismos que guían las inversiones sostenibles. Por ejemplo, la Unión Europea, en su afán de combatir el cambio climático y cumplir con los ODS de la Agenda 2030, ha creado los siguientes instrumentos:

- **Taxonomía europea de finanzas sostenibles o taxonomía cerde.** Es un sistema de clasificación para identificar actividades económicas que contribuyen significativamente a una economía baja en carbono y respetuosa con el medio ambiente. Define seis áreas clave: mitigación y adaptación al cambio climático, protección del agua y los recursos marinos, economía circular, control de la contaminación, biodiversidad y ecosistemas, y eficiencia energética. Su objetivo es proporcionar criterios homogéneos y objetivos para orientar las inversiones hacia una economía más sostenible.

- **Bono verde europeo.** Es un instrumento de financiación para apoyar proyectos climáticos y ambientales. Los fondos recaudados deben destinarse principalmente a actividades alineadas con la taxonomía europea, lo que asegura transparencia y rendición de cuentas en su uso.

Por otro lado, actualmente se encuentra en desarrollo la denominada **taxonomía social de la Unión Europea**. Pretende crear un sistema de clasificación de actividades económicas sostenibles desde el punto de vista social. De una manera análoga a la taxonomía verde, persigue dirigir las inversiones de capital hacia las empresas que contribuyan a una Europa más justa e inclusiva, poniendo el foco en la protección de los derechos humanos y en el impacto social.

EJERCICIOS

EJERCICIO 4.46

¿Cuándo se considera que una inversión es socialmente responsable?

EJERCICIO 4.47

¿A qué sigla del ASG o ESG corresponderían las actividades recogidas en la Taxonomía Europea?

EJERCICIO 4.48

Si se quiere invertir en actividades económicas que sigan criterios tanto ambientales como sociales y de buena gobernanza, ¿sería adecuado invertir en bonos verdes europeos?

EJERCICIO 4.49

Imagina que trabajas en una empresa de energías renovables y te han pedido asesorar a la dirección sobre cómo atraer más inversores preocupados por la sostenibilidad. Para ello, la empresa quiere aparecer en un índice ESG. Reflexione sobre qué índice bursátil elegiría para esta compañía y explique con sus palabras cómo este índice puede servir para atraer a más inversores.

EJERCICIO 4.50

A continuación se ofrece una lista de actividades empresariales:

- Fabricación de vehículos eléctricos.
- Instalación de paneles solares fotovoltaicos.
- Construcción de casas pasivas o Passive House con materiales sostenibles.
- Instalación de sistemas de riego eficientes que reducen el consumo de agua.
- Fabricación de envases biodegradables y compostables para reducir los residuos plásticos.
- Fabricación de camisetas deportivas a partir de fibras recicladas.
- Minería de extracción de carbón con técnicas convencionales.
- Barco pesquero que emplea técnicas sostenibles que evitan la captura de especies protegidas.
- Agencia de ocio que organiza campañas de reforestación y de recogida de basuraleza dentro de su catálogo de actividades.

Identifique en qué área o áreas de la taxonomía verde se pueden enmarcar estas actividades, si procede.

4.9 El papel de los Gobiernos y la normativa

Para cumplir con el Acuerdo de París y los Objetivos de Desarrollo Sostenible, la implicación de los Gobiernos es más importante. que nunca. Son ellos quienes deben impulsar políticas, tomar decisiones de financiación y establecer regulaciones que transformen la sociedad hacia un modelo sostenible y en armonía con la naturaleza. En este proceso, las organizaciones también desempeñan un papel fundamental en la construcción del cambio.

La urgencia por atajar los problemas ha conducido a la proliferación de normativa relacionada con el ESG o ASG, que el entorno regulatorio sea cambiante y a veces incierto. Sin embargo, es crucial que las empresas, pequeñas, medianas y grandes, lo conozcan y estén al día de las nuevas normas aparecidas.

A continuación se exponen las regulaciones más relevantes en la actualidad.

4.9.1 Normas europeas

Entre las que están en vigor, cabe destacar:

- **Directiva de información sobre sostenibilidad corporativa** (CSRD o *Corporate Sustainability Reporting Directive*). Forma parte del Pacto Verde Europeo. Entró en vigor a principios del 2024 sustituyendo a la anterior Directiva de información no financiera NFRD (*Non-Financial Reporting Directive*). Proporciona todo el entramado legal necesario para apoyar las buenas prácticas ESG o ASG en las empresas que operan en la Unión Europea (incluye empresas extranjeras con filiales en la UE). Es una guía para implementar negocios sostenibles y asegurar su competitividad y supervivencia a largo plazo. Además, establece unos modelos preceptivos de informes de sostenibilidad, las normas ESRS, que tendrán que presentar periódicamente las empresas afectadas por esta norma.

- **Normas Europeas de Información sobre Sostenibilidad o NEIS o ESRS** (*European Sustainability Reporting Standards*). Son un conjunto de normas que constituyen modelos para realizar informes de sostenibilidad. Las empresas sujetas a la directiva CSRD deben emplear obligatoriamente estas guías. En total hay 12 documentos ESRS, que se agrupan en:
  - Ámbito transversal: ESRS 1 y ESRS 2.
  - Ámbito medioambiental: de ESRS E1 a ESRS E5.
  - Ámbito social: de ESRS S1 a ESRS S4.
  - Ámbito de gobernanza: ESRS G1.

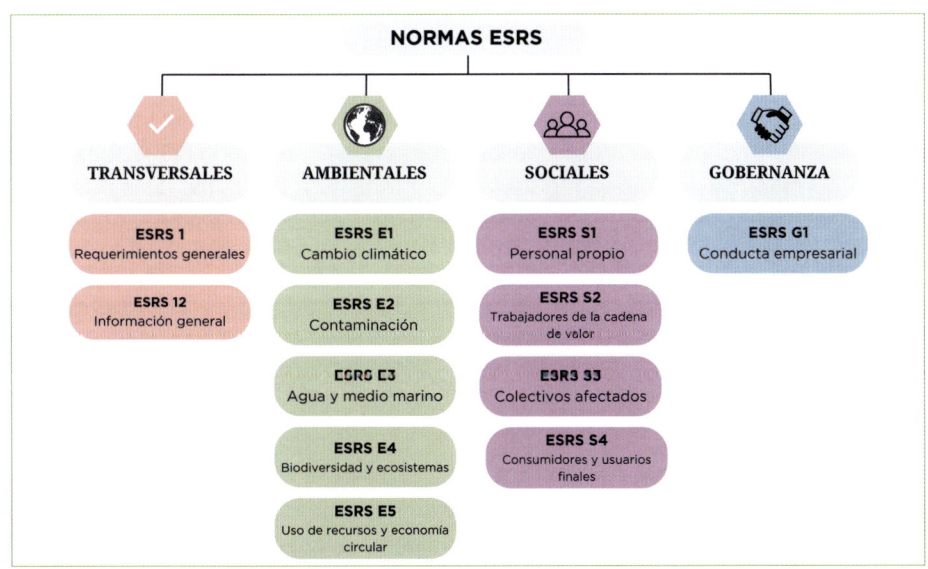

Figura 4.19 Los diferentes estándares ESRS o NEIS agrupados por categoría y con mención de su propósito concreto.

- **Directiva sobre diligencia debida de las empresas en materia de sostenibilidad** (CSD-DD o *Corporate Sustainability Due Diligence Directive*). Pone en relieve la conducta responsable de las empresas. Se basa en los diez Principios Rectores de Naciones Unidas sobre empresas y DD. HH., las recomendaciones de la OCDE para multinacionales. Está en consonancia con los DD. HH. y las normas laborales. Su objetivo es obligar a las compañías a informar mediante una **diligencia debida** sobre los impactos adversos reales y potenciales tanto en materia de DD. HH. como de medioambiente.

No obstante, a principios del 2025 la Unión Europea dio luz verde a la redacción del denominado **Paquete Ómnibus**, que impondrá importantes cambios en la regulación de la sostenibilidad. Su objetivo principal es reducir la carga administrativa de las empresas y mejorar su competitividad. Cuando la redacción de todas estas medidas legislativas concluya, se enviarán al Parlamento Europeo y al Consejo para su consideración y adopción. Su entrada en vigor se producirá tras su publicación en el Diario Oficial de la Unión Europea.

En esencia, los cambios que se esperan con esta nueva normativa son:

- Respecto a la CSRD: se reducirá significativamente el número de empresas afectadas por esta norma, de la que se excluirá a las pymes. Se pospondrá su calendario de aplicación y se revisarán los estándares de reportes de sostenibilidad empresarial (ESRE)

- Respecto a la CSD-DD: se amplia el calendario de aplicación y el proceso de diligencia debida solo tendrá que actualizarse cada 5 años. En general, se relajan bastante las exigencias.

- Respecto a la taxonomía de la UE: al igual que en los casos anteriores, se relajan y se simplifican las obligaciones.

4.9.2 Normas españolas

La ley que está ahora en vigor en España es la **Ley 11/2018, de 28 de diciembre, en materia de información no financiera y diversidad**, que desde el 2021 obliga a las compañías a incluir en el informe de gestión consolidado el estado de información no financiera (EINF) o informe de sostenibilidad, siempre que tengan más de 250 empleados y que sean consideradas como entidades de interés público, o si no tienen esa consideración y durante dos ejercicios consecutivos cumplen con los siguientes requisitos:

- Que el total de las partidas del activo consolidado sea superior a 20 millones de euros.

- Que el importe neto de la cifra anual de negocios consolidada supere los 40 millones de euros.

Sin embargo, esta ley es el resultado de la transposición al ordenamiento jurídico español de la anterior directiva europea de Información no financiera NFRD. Actualmente hay un borrador de una nueva regulación conforme a los requisitos de la nueva directiva CSRD aunque, con la aparición del Paquete Ómnibus, no se sabe qué pasará.

Además, de manera tangencial, cabe mencionar la **Ley 18/2022, de creación y crecimiento de empresas**, en la que aparece la figura de las **sociedades de beneficio e interés común**, las cuales tendrán que recoger en sus estatutos:

- Su compromiso con la generación explícita de impacto positivo a nivel social y medioambiental a través de su actividad.

- Su sometimiento a mayores niveles de transparencia y rendición de cuentas en el desempeño de los mencionados objetivos sociales y medioambientales, y la toma en consideración de los grupos de interés relevantes en sus decisiones.

- Mediante el desarrollo reglamentario se contemplarán los criterios y la metodología de validación de esta nueva figura empresarial, que incluirá una verificación del desempeño de la sociedad, por lo que quedan sujetos tanto los criterios como la metodología para estándares de máxima exigencia.

El marco jurídico nacional general en materia de problemas ambientales es la **Ley 7/2021, de Cambio Climático y Transición Energética**. Esta norma establece los objetivos mínimos nacionales para la reducción de emisiones de gases de efecto invernadero, el impulso de las energías renovables y la mejora de la eficiencia energética de la economía española, con metas fijadas para los años 2030 y 2050. Asimismo, declara que los esfuerzos hacia la descarbonización deben ser compartidos.

De esta Ley emana el **Real Decreto 214/2025**, por el que se crea el **Registro de huella de carbono, compensación y proyectos de absorción de dióxido de**

carbono, y se establece la obligación de calcular la huella de carbono, así como de elaborar y publicar planes de reducción de emisiones de gases de efecto invernadero. Conforme a este marco jurídico, dichas obligaciones no solo afectan a las grandes empresas, sino también a los departamentos ministeriales de la Administración General del Estado, sus organismos autónomos, las entidades gestoras y los servicios comunes de la Seguridad Social, así como a otras entidades del sector público administrativo estatal.

Según esta reglamentación, las empresas y entidades afectadas no están obligadas a inscribirse en el registro creado, pero sí deben dar publicidad a los resultados del cálculo de su huella de carbono organizacional (alcance 1 y 2, de manera obligatoria, y alcance 3, de forma voluntaria) y/o de eventos (directas e indirectas), así como a sus planes de reducción de emisiones. También pueden registrarse los proyectos de compensación y absorción de dióxido de carbono.

EJERCICIOS

EJERCICIO 4.51

¿Por qué con la nueva directiva CSRD es más difícil caer en malas prácticas como el *greenwashing* o el *social washing*?

EJERCICIO 4.52

¿Se puede considerar que la Ley 11/2018, de 28 de diciembre, en materia de información no financiera y diversidad es una norma obsoleta? Justifique la respuesta.

EJERCICIO 4.53

¿Qué convierte a las sociedades de beneficio e interés común en más sostenibles que otros tipos de sociedades?

EJERCICIO 4.54

El Paquete Ómnibus propone reducir las exigencias de sostenibilidad para las empresas. ¿Es una buena idea para favorecer la competitividad, o puede hacer que las empresas sean menos sostenibles? Escriba 4 o 5 líneas con su reflexión. Poner en común con el resto del grupo.

Reto profesional

Identificación de los grupos de interés del centro educativo y definición de sus expectativas

Objetivo

Identificar los grupos de interés del centro educativo, así como los intereses y expectativas que tienen respecto al instituto.

Descripción

Al igual que cualquier empresa, los centros docentes también tienen grupos de interés que se ven afectados por su actividad o que las acciones y decisiones de esos colectivos pueden afectar al centro. Identificarlos es todo un desafío, pero mucho más es conocer sus intereses. Por ello, se deben diseñar instrumentos específicos para detectar las expectativas de cada agrupación, que pueden ser encuestas, preguntas para entrevistas, etc.

Procedimiento

Los pasos a seguir son los siguientes:

1. Elaborar una lista de posibles grupos de interés del centro. No existe un listado genérico, pero sí hay algunos criterios que pueden ayudar a identificarlos:

   - Por cercanía: son los que están próximos al centro e incluye los grupos internos.
     - Por influencia: son los que afectan o pueden afectar a la actividad del centro.
   - Por responsabilidad: son aquellos que tienen responsabilidad sobre el centro.
   - Por dependencia: los que dependen o se ven afectados por las actividades del centro.

2. Priorizar los grupos de interés de la lista anterior para realizar el análisis de sus expectativas.

3. Decidir que instrumentos se van a emplear para identificar las necesidades y expectativas de los grupos de interés escogidos. Estos instrumentos tienen que ser capaces detectar:
   • Qué piensan
   • Qué esperan del centro
   • Qué influencia tienen

4. Diseñar los instrumentos de recogida de información: formularios, cuestionarios, preguntas para entrevistas, etc.

5. Aplicar esos instrumentos y recabar información.

6. Confeccionar una tabla en la que se recojan los grupos de interés, sus expectativas, su forma de influencia y su importancia relativa para el centro docente.

7. Valorar resultados y extraer conclusiones.

Mapa conceptual

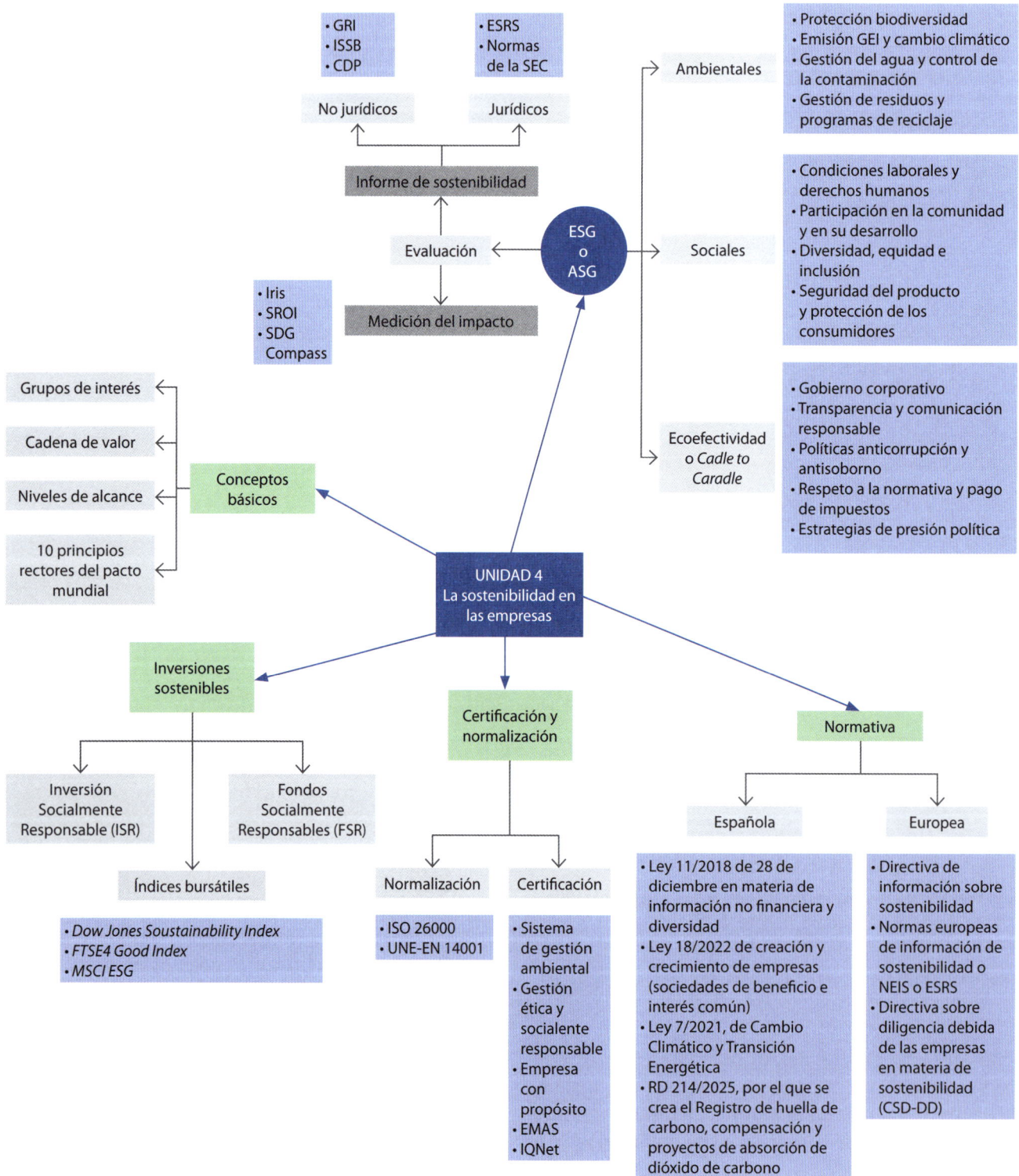

- Para entender los contenidos de esta unidad hay que conocer los conceptos grupos de interés de una empresa (todas las personas que se pueden ver afectadas o influyen sobre ella), cadena de valor (análisis de las actividades que le aportan valor al producto), los diferentes niveles de impacto de la empresa que implican a toda su cadena de suministro y los diez principios rectores del Pacto Mundial sobre las empresas y los DD. HH.

- Los criterios ESG o ASG comprenden el desempeño de una empresa más allá de los criterios económicos. Se descompone en tres áreas diferentes: ambiental, social y de gobernanza. Su utilidad es que permiten dar a conocer tanto a la sociedad como a los inversores el desempeño en materia de sostenibilidad de una compañía.

- Los impactos que produce una empresa tanto a nivel social como ambiental deben evaluarse para poder establecer estrategias de mejora y tomar decisiones adecuadas. Para ello se definen diferentes índices. Constituyen ejemplos de estos: el IRIS o *Impact Reporting and Investment Standart*, el SROI o *Social Return of Investment* y el SDG Compass.

- Los informes de sostenibilidad son documentos públicos que permiten a las compañías hacer uso de la transparencia y comunicar a través de ellos su desempeño en cuestiones materiales (medioambiente, social y gobernanza) a sus grupos de interés. Su redacción implica un proceso ordenado en el que se definen sus objetivos, se recopila información sobre su actuación, se seleccionan los temas de mayor calado, se escogen indicadores de desempeño y se elige un marco normalizado de informes de sostenibilidad para redactar el documento y hacerlo público. Son ejemplos de estos modelos de informe los ESRS *(European Sustainability Reporting Standards)* y las normas de las SEC *(Securities and Exchange Commission)*, ambos preceptivos en su ámbito de aplicación; también están los GRI *(Global Reporting Iniciative)*, los ISSB *(International Sustainability Standard Board)* y los CDP *(Carbon Disclosure Project)*, que tienen carácter voluntario.

- Los certificados ASG o ESG son reconocimientos que obtienen las empresas tras someterse a un proceso de verificación por parte de una entidad acreditada en el que se comprueba que cumple con alguna norma relativa a los aspectos ambientales, sociales o de gobernanza. Esta práctica es deseable para evitar el *greenwashing* o ecolavado y el *social washing* o lavado social. Existen distintos certificados según quién los define y cuáles son sus objetivos.

- Una inversión socialmente responsable (ISR) es aquella que, además de evaluar la rentabilidad, también tiene en cuenta criterios ASG o ESG. El capital que se emplea en ella se denomina capital socialmente responsable. Para poder identificar los fondos socialmente responsables, se han creado índices bursátiles que tienen en cuenta estas prácticas, como el *Dow Jones Soustainability Index*, el *FTSE4 Good Index* y el *MSCI ESG*. Otra herramienta para detectar inversiones responsables por las que apostar es la Taxonomía Europea de Finanzas Sostenibles, o catálogo de actividades respetuosas con el medioambiente.

- La normativa juega un papel fundamental en el camino hacia la sostenibilidad empresarial. Destacan, en Europa, la Directiva de Información sobre Sostenibilidad Corporativa (CSRD o *Corporate Sustainability Reporting Directive*), que obliga a implementar informes de sostenibilidad a ciertas compañías de acuerdo con los formatos establecidos en las normas europeas de información sobre sostenibilidad o NEIS o ESRS *(European Sustainability Reporting Standards)*. También la directiva sobre diligencia debida de las empresas en materia de sostenibilidad (CSD-DD o *Corporate Sustainability Due Diligence Directive*), que todavía está pendiente de recibir el respaldo de los Estados miembros. En el territorio nacional cabe reseñar la Ley 11/2018, de 28 de diciembre, en materia de información no financiera y diversidad, que debe ser actualizada a la directiva europea CSRD, la Ley 18/2022, de creación y crecimiento de empresas, en la que se crea la nueva figura de las sociedades de beneficio e interés común, la Ley 7/2021, de Cambio Climático y Transición Energética como marco legislativo español para la consecución del Acuerdo de París y, por último, el RD 214/2025, por el que se crea el Registro de huella de carbono, compensación y proyectos de absorción de dióxido de carbono por el que obliga a ciertas empresas y administraciones a calcular su huella de carbono y establecer planes de reducción y proyectos de compensación y absorción, dar publicidad de los resultados.

A Actividad de *role-playing*

Intervención del comité de ética

Situación general

La empresa ficticia GreenBeauty fabrica cosméticos naturales y promueve prácticas sostenibles. Un empleado ha enviado una denuncia anónima a través del canal ético, en la que informa de irregularidades graves en la gestión de un contrato con un proveedor clave. En esta actividad se pretende explorar cómo un canal ético maneja una denuncia interna, fomentando el análisis crítico y la toma de decisiones éticas según los criterios ASG.

Personajes representativos

1. Miembro del Comité de Ética: coordina la investigación, asegura la imparcialidad y presenta un informe final.

2. Gerente de compras (denunciado): defiende su posición y da explicaciones sobre las decisiones tomadas.

3. Auditor interno: investiga los registros de la licitación y contratos.

4. Director general: toma la decisión final apartir de la evidencia y las recomendaciones.

Situación planteada

1. Se ha producido una denuncia anónima a través del canal de denuncias que tiene implementada la empresa, en la que:

   ○ Se acusa al gerente de compras de haber favorecido a un proveedor sin pasar por el proceso de licitación establecido.

   ○ Señala que el proveedor seleccionado entregó materiales de baja calidad, lo que provocó incidentes en la producción y la obtención de cosméticos fuera de los estándares de la empresa. Esto ha tenido un coste para la empresa.

   ○ Sugiere que el gerente de compras podría haber recibido beneficios personales del proveedor. Se sospecha que el proveedor le ha pagado un viaje al gerente de compras y acompañante a Suramérica.

2. Versión del denunciado (gerente de compras):

   ○ Niega haber recibido beneficios personales y afirma que eligió al proveedor por urgencias operativas.

   ○ Reconoce problemas de calidad en los materiales, pero alega que se trata de un problema puntual, no de un fallo en el proceso; que adoptó esta medida para poder cumplir con los pedidos más urgentes.

Objetivo final

Determinar si la actuación del gerente de compras fue o no fue corrupta y adoptar medidas para que no se repita este tipo de situaciones (despedir al gerente, suspender al proveedor, reformar el proceso de compras, etc.).

Material adicional descargable

1. Señale la afirmación verdadera relativa a los grupos de interés de una empresa:

a) Son aquellos que tienen un vínculo directo con la empresa, por trabajar en ella o invertir su dinero en ella.

b) La empresa necesita conocer las expectativas de sus grupos de interés y priorizarlas.

c) En inglés se designan con el término *shareholder*.

d) El tercer sector no forma parte de los grupos de interés de una empresa.

2. El significado de las siglas ASG es:

a) A = Ambiental, S = Social, G = Gobernanza.

b) A = Ambiente, S = Sostenible, G = Gobernanza.

c) A = Ambiental, S = Sostenible, G = Gobierno corporativo.

d) A = Ambiente, S = Social, G = Gobernanza.

3. La protección a la biodiversidad suele quedar lejos de los objetivos empresariales. Sin embargo, esta estrategia tiene un triple beneficio. ¿Cuál de los siguientes ítems no forma parte de su utilidad?

a) Adaptación al cambio climático.

b) Beneficios económicos.

c) Lucha contra la brecha social.

d) Mitigación del cambio climático.

4. Cuando se evalúa la huella ecológica de la cadena de valor de una empresa, ¿hasta qué alcance se debe llevar la evaluación de su cadena de suministro?

a) Nivel 1.

b) Nivel 2.

c) Nivel 3.

d) Todos los niveles presentes.

5. Señale la respuesta correcta relativa a la diligencia debida en materia de DD. HH. de una empresa:

a) Todas las respuestas son correctas.

b) La obligación de realizarla emana de los principios rectores de las Naciones Unidas sobre las empresas y los DD. HH.

c) Implica la determinación de los impactos en los DD. HH. causados por una empresa tanto de forma directa como indirecta.

d) Incluye mecanismos de reparación y compensación cuando los efectos sean negativos.

6. Señale la afirmación cierta respecto a los empleados si se siguen criterios ASG o ESG en su gestión:

a) Se debe pagar como máximo el salario mínimo marcado por el convenio colectivo.

b) Se debe potenciar la igualdad, la diversidad y la inclusión entre la plantilla.

c) El criterio exclusivo para conseguir cumplir con los criterios ESG o ASG es que perciban un salario digno.

d) El único instrumento para motivar a los trabajadores y retener el talento es el salario que perciben.

7. Indique qué certificado acredita exclusivamente que la empresa dispone de un sistema de gestión medioambiental:

a) B Corp.

b) SG 21.

c) EMAS.

d) IQNet.

8. De las siguientes opciones, indique cuál de ellas corresponde a un índice bursátil que evalúa criterios ESG o ASG:

a) *FTSE4 Good Index*.

b) ISSB.

c) B Corp.

d) ESRS.

9. De las siguientes normas ESRS, señale cuál correspondería a una cuestión medioambiental:

a) ESRS G1.

b) ESRS A1.

c) ESRS E1.

d) ESRS S1.

10. ¿Qué norma obliga a presentar un informe de sostenibilidad a las empresas que, además de otros requisitos, tienen un volumen de negocio superior a los 40 millones de euros en la UE?

a) Normas NEIS.

b) Ley 11/2018.

c) La CSD-DD.

d) La CSRD.

Para realizar la actividad 1, acceda a www.marcombo.info y descargue gratis el contenido adicional, complemento imprescindible de este libro.

Código: **MARCOMBO33**

ACTIVIDAD 1

Analice algún informe de sostenibilidad, preferiblemente del sector productivo del ciclo formativo, identificando en él todos los elementos correspondientes, como sus objetivos y ODS tratados, la información más relevante, los KPI escogidos y el medio para hacerlo público.

Material adicional descargable

ACTIVIDAD 2

Trate de identificar empresas relacionadas con el área profesional del ciclo formativo que tengan algún certificado ASG o ESG y elabore una lista. Ponga en común ese listado con el resto del grupo y haga una lista general compartida.

ACTIVIDAD 3

A la búsqueda de un nuevo modelo de empresa. Mediante la metodología ABP, cada grupo definirá un nuevo modelo de empresa sostenible para el futuro que expondrá al resto de la clase al final. Se puede escoger como producto del proyecto una presentación de diapositivas o también la realización de un vídeo donde se expongan las características. Como actividad inicial para abordar el proyecto visualice el vídeo https://www.youtube.com/watch?v=67UeWbEDzIg. También se puede recabar información en las webs de B-Corp, Forética, Ashoka, etc.

El plan de sostenibilidad

En esta unidad va a estudiar:

- El concepto de plan de sostenibilidad y sus fases de realización.

- El proceso para llevar a cabo un análisis de doble materialidad.

- Los componentes del plan director y el plan de comunicación.

- Los distintos indicadores de desempeño para realizar el seguimiento de un plan de sostenibilidad.

Con su estudio, va a ser capaz de:

- Conocer las estrategias para elaborar un plan de sostenibilidad y aplicarlas.

- Realizar un análisis de doble materialidad.

- Redactar un plan director y un plan de comunicación.

- Definir estrategias para realizar el seguimiento del plan y adoptar medidas de mejora y correctoras.

ACTIVIDAD INICIAL

TEXTO DE REFLEXIÓN

El 5 de octubre de 1868, en Baltimore, durante una reunión extraordinaria del Gun Club, presidida por el presidente Barbicane, se abordó el proyecto más ambicioso que la humanidad haya concebido jamás: el lanzamiento de un proyectil a la Luna. Los miembros del Gun Club, todos ellos hombres eminentes en su campo, habían estado discutiendo la idea durante meses, y finalmente decidieron ponerla en marcha.

Los detalles del proyecto fueron discutidos y elaborados meticulosamente. Se planificó la construcción de un gigantesco cañón en la península de Florida, que sería capaz de lanzar el proyectil a la Luna con la suficiente velocidad para superar la gravedad terrestre. Se convocó a los mejores científicos e ingenieros del mundo para trabajar en el proyecto, y se establecieron planes para la financiación y la logística del lanzamiento.

El presidente Barbicane dirigió personalmente todos los aspectos del proyecto, desde la selección del lugar para el cañón hasta el diseño del proyectil y la planificación de la misión. Con determinación y visión, el Gun Club se embarcó en la tarea titánica de llevar al hombre a la Luna, en lo que sería el mayor logro de la historia de la humanidad.

Viaje a la Luna.
Julio Verne.

DINÁMICA COOPERATIVA

La clase se dividirá en pequeños grupos para analizar la planificación del viaje a la Luna, preferiblemente de 4 personas. A cada uno de sus miembros de los grupos se les asignará un número. Por ejemplo, si se hacen 5 grupos de 4 componentes, en cada uno de estos 5 agrupamientos habrá alguien con el número 1, con el número 2, etc.

A continuación, cada equipo completará todo lo posible la siguiente tabla con la información que se menciona en el texto, que no necesariamente es suficiente para rellenarla por completo:

Descripción de la tarea	¿Quién o quiénes la ejecutan?	¿Quién o quiénes la ordenan/ supervisan?	¿Cuándo está previsto realizarla?	¿Cuánto dura?	¿Dónde se ejecuta?	¿Qué tareas deben estar contempladas previamente para poder iniciarla?

Después de este análisis, cada grupo responderá de forma conjunta y consensuada a las siguientes preguntas:

1. ¿Qué información es necesaria para hacer una planificación y por qué?

2. En una empresa, ¿quién o quiénes deberían asumir la responsabilidad de la planificación y por qué?

3. ¿Cómo se puede saber si la planificación ha sido efectiva o no lo ha sido? Justifica la respuesta.

4. ¿Quién o quiénes pueden ser los destinatarios de una planificación?

Una vez transcurrido el tiempo para responder las preguntas, el docente dirá un número al azar y serán los miembros de todos los grupos con ese número los que responderán verbalmente (sin leer la respuesta escrita). Seguidamente se acordará una respuesta consensuada para esa cuestión. Esta técnica se repetirá hasta completar las cuatro cuestiones planteadas.

Fuente: Vecteezy de Titiwoot Weerawong.

5.1 Introducción

El **plan de sostenibilidad** o **plan estratégico de sostenibilidad** es un documento que actúa como guía para las empresas. Su principal propósito es integrar la sostenibilidad en la estrategia de negocio y alinear sus metas con las de la Agenda 2030. Su importancia es clave, ya que con él se gestionan los activos tangibles o financieros y los intangibles, además de la reputación o la imagen de marca.

Entre otra información, recoge los objetivos a corto, medio y largo plazo, de acuerdo con el triple balance de la sostenibilidad (ambiental, social y de gobernanza), sin perder de vista la viabilidad económica. Estos objetivos pueden ser más o menos ambiciosos, pero siempre realistas y concretos. Además, el plan incluye las acciones previstas, los responsables de su ejecución y la correspondiente hoja de ruta.

Un aspecto importante del plan de sostenibilidad consiste en determinar la correlación entre aquellos Objetivos de Desarrollo Sostenible (ODS) y sus metas que casan con las actuaciones de la empresa, la cual se recoge en él. Esto permite cuantificar y mostrar cómo la empresa contribuye a la consecución de algunos de los ODS.

En esta unidad se expone la forma de confeccionar este documento.

5.2 Fases para la definición de un plan de sostenibilidad

La elaboración del plan de sostenibilidad sigue una secuencia ordenada de etapas (figura 5.1) en las que, una vez alcanzada la última y en virtud de un proceso de mejora continua, se regresa a la fase de análisis para corregir desviaciones, replantear acciones e, incluso, fijar nuevos objetivos.

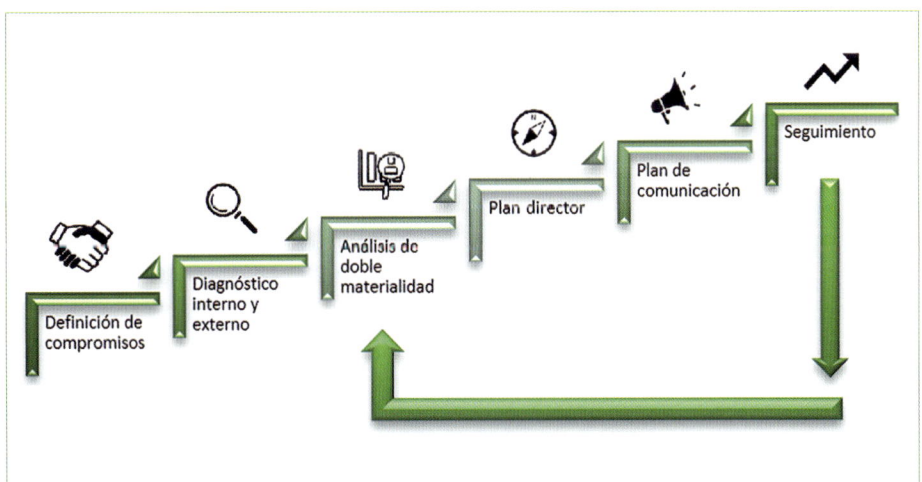

Figura 5.1 Fases para la elaboración de un plan de sostenibilidad.

A continuación se estudian cada una de estas fases por separado.

5.2.1 Compromiso corporativo

Constituye la primera fase en la elaboración del plan de sostenibilidad. Ha de contar con la determinación y el compromiso de la compañía, especialmente de los cuadros de mando, y es la pieza fundamental para la transformación de una cultura empresarial tradicional hacia otra que integre la sostenibilidad en su ADN. Esta apuesta debe partir del máximo órgano de gobierno de la empresa, el consejo de administración, para que cuente con el debido respaldo y se extienda a toda la organización.

Para establecer las bases de gestión sostenible de la empresa, se debe empezar por definir o redefinir su o sus:

- **Misión** o esencia de la compañía.

- **Visión** u objetivos a medio y largo plazo, es decir, dónde quiere estar la empresa en un futuro. Debe apoyarse en los resultados del diagnóstico de la situación actual.

- **Valores** o principios que dirigen su actuación.

- **Propósito**, que integra los tres puntos anteriores y le proporciona su identidad particular. Comprende las tres dimensiones de la sostenibilidad: ambiental, social y gobernanza.

A continuación, se deben definir las **políticas corporativas** o criterios, principios y objetivos que explican los compromisos de organización en materia de sostenibilidad. Abarcan aspectos muy variados, como el código ético de la empresa y sus políticas medioambientales, de recursos humanos, etc., que pueden estar recogidas en dosieres independientes agrupados por temáticas. Asimismo, la empresa fija en esta etapa, y lo refleja en el documento, las normas y procedimientos que deben regir en su actuación.

Un aspecto muy importante es precisar el nivel de ambición y compromiso de la corporación en el área de la sostenibilidad. Se pueden distinguir tres grados diferentes:

- **Nivel bajo.** La organización se limita al cumplimiento de los mínimos marcados por la normativa, con el objeto de proteger su valor y su reputación en el mercado, y garantizándose poder operar en él.

- **Nivel medio**. Los objetivos de la compañía se alinean con los criterios ESG o ASG. Se crean nuevas oportunidades y se logra una mayor eficiencia en el uso de los recursos. Con ello se genera valor.

- **Nivel alto**. La medida de la integración de la sostenibilidad en el funcionamiento de la empresa es tal que se producen cambios importantes tanto en ella como en su cadena de suministro, lo que aumenta el valor.

Cuando una organización comienza a integrar los criterios ESG o ASG en su funcionamiento, puede empezar con un nivel de ambición moderado e ir aumentando progresivamente. Es fundamental que los objetivos sean alcanzables.

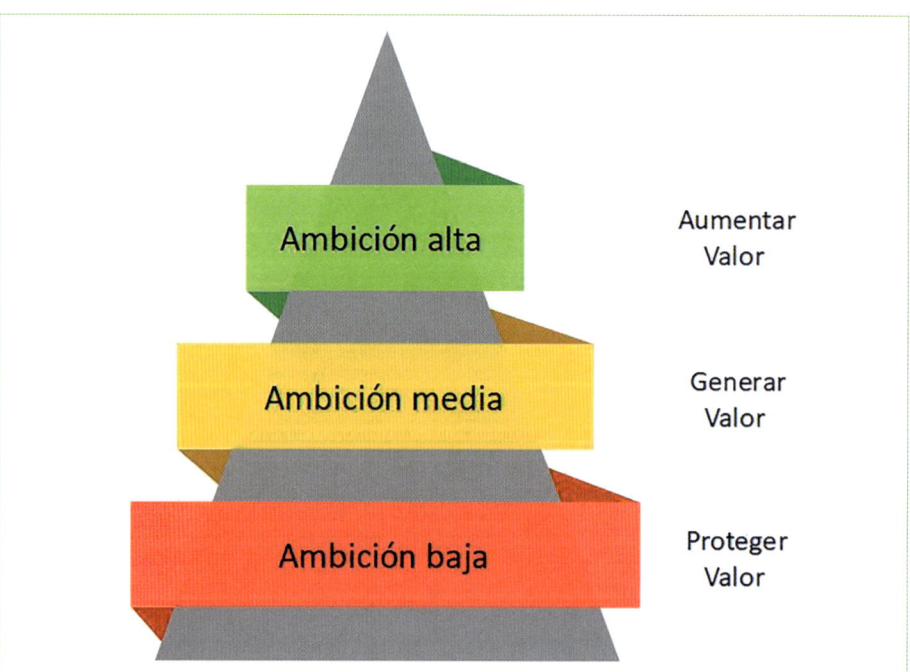

Figura 5.2 Nivel de ambición de una compañía respecto a sus objetivos de sostenibilidad y las consecuencias para su valor.

EJERCICIO 5.1

¿Qué relación existe entre los ODS y el plan de sostenibilidad?

EJERCICIO 5.2

¿Qué son las políticas corporativas de sostenibilidad?

EJERCICIO 5.3

¿En qué consiste un nivel de ambición bajo en la sostenibilidad de una empresa?

EJERCICIO 5.4

Espar S.A. es un pequeño taller de origen familiar ubicado en un pueblo del Levante español. Se dedica a la producción artesanal de zapatillas de esparto biodegradables utilizando materiales naturales como el yute, el algodón orgánico y los tintes vegetales.

La empresa cuenta con 12 empleados, de los cuales 3 tienen algún tipo de discapacidad. Todos trabajan en condiciones laborales seguras, con jornada intensiva y salarios por encima del convenio.

La producción es de pequeña escala, pero con alta calidad y venta directa en mercados locales y *online*. Además, apuestan por la personalización de productos para los clientes que así lo solicitan. Espar S. A. quiere ahora definir su plan de sostenibilidad e integrar estos valores en su estrategia a medio plazo.

Defina la misión (¿cuál es la razón de ser de Espar S. A.?, la visión (¿dónde quiere estar dentro de 5-10 años?, los valores (¿qué principios definen cómo actúa?) y el propósito (una frase que resuma su identidad e integre sostenibilidad, personas y producto) de la empresa. Según su parecer, ¿a qué nivel de ambición debería aspirar Espar S. A. y por qué?

5.2.2 Diagnóstico

El diagnóstico es el punto de partida obligado para identificar la situación en que se encuentra la empresa respecto a los criterios ESG o ASG. No es tarea fácil, pues implica recopilar gran cantidad de datos, identificando previamente las posibles fuentes de información. Además, esos datos deben ser analizados y clasificados para que resulten útiles.

Esta valoración inicial tiene dos enfoques diferentes, que son:

- **Diagnóstico interno.** Es el estudio de su situación actual en materia de sostenibilidad, qué cuestiones ya tiene en cuenta y cómo las está gestionando. Este proceso debe ser estructurado y realizarse de forma diferenciada para las tres dimensiones, la medioambiental y social (ambas considerando tanto los procesos para implementar los productos y servicios objeto de negocio de la compañía, como los relativos a las cadenas de suministro y distribución, y otras operaciones realizadas) y la de gobierno corporativo (la ética, la transparencia, la rendición de cuentas y la independencia, entre otras).

- **Diagnóstico externo.** Consiste en analizar el contexto en que se desarrolla la actividad de la organización para así localizar las iniciativas sostenibles presentes en él. Para ello, conviene identificar buenas prácticas de otras empresas similares que ya estén aplicando criterios ESG o ASG y, especialmente, buscar las que destacan en este aspecto (por ejemplo, consultar los correspondientes índices bursátiles relativos a la sostenibilidad, como los índices *Dow Jones Soustainability*, *FTSE4 Good* o *MSCI ESG*). También es fundamental conocer todo el marco regulatorio de aplicación tanto a nivel internacional, europeo como nacional. Finalmente, mapear sus grupos de interés y realizar un estudio de sus expectativas y su influencia.

— **PARA SABER MÁS** —

La Cámara de Comercio de España ofrece a las PYME una prueba *online* para el diagnóstico interno en materia de sostenibilidad. Se puede consultar en:

https://diagnosticosostenibilidad.camara.es/

EJERCICIO 5.5

¿El diagnóstico sobre la situación actual en materia de sostenibilidad de la cadena de suministro es interno o externo? Razone la respuesta.

EJERCICIO 5.6

Para realizar un diagnóstico externo, se recomienda buscar empresas similares que destaquen en gestión ESG o ASG. ¿Por qué?

EJERCICIO 5.7

El responsable de un restaurante está redactando su plan de sostenibilidad. Su modelo de negocio se basa en una cocina saludable, para lo cual utiliza productos de temporada y de kilómetro cero, y siempre que resulte posible, ingredientes ecológicos. Además, aplica estrategias para el máximo aprovechamiento de los recursos y la reducción de desperdicios. Ya ha definido su propósito, que es «cuidar de las personas y del planeta a través de la cocina, alimentando de forma saludable, trabajando con conciencia ética y creando un impacto positivo en la comunidad». Actualmente, se encuentra en la fase de diagnóstico y solicita tu ayuda para:

- Elaborar una lista de posibles datos y fuentes para llevar a cabo el diagnóstico interno.

- Buscar en internet referencias de restaurantes con un propósito similar como parte del diagnóstico externo.

— CURIOSIDADES —

El análisis de doble materialidad es obligatorio en los informes de sostenibilidad conforme a las normas ESRS (*European Sustainability Reporting Standards*), derivadas de la Directiva Europea CSRD. Dado que estos informes reflejan el grado de aplicación de los planes de sostenibilidad, es necesario que dicho análisis también se incluya en el plan.

— PARA SABER MÁS —

Sobre la materialidad y el análisis de doble materialidad, puede visualizar el siguiente vídeo:

https://www.youtube.com/watch?v=0348lVZmjW4

5.2.3 Análisis de doble materialidad

Las **cuestiones materiales** en sostenibilidad son aquellas que afectan de forma significativa —positiva o negativamente— al funcionamiento de la empresa o a sus grupos de interés, y en las que debe centrarse para alcanzar sus objetivos ESG o ASG. Para determinar qué cuestiones son materiales o no, las compañías realizan un análisis de **impacto, riesgos y oportunidades** (IRO). El significado de cada elemento es:

- **Impacto.** Es la capacidad que tiene una cuestión material de afectar o incidir positiva o negativamente a la empresa, a su cadena de valor, a sus grupos de interés o a su entorno.

- **Riesgos.** Son las situaciones que pueden impedir a la empresa lograr sus objetivos.

- **Oportunidades.** Lo constituyen todas las repercusiones beneficiosas asociadas a una cierta cuestión material.

Por otro lado, se distinguen entre dos tipos de cuestiones materiales:

- **Materialidad financiera.** Pertenecen a este grupo los riesgos y oportunidades, tanto internos como externos, que pueden tener efectos financieros sobre la empresa como fluctuaciones en los ingresos, acceso a la financiación, variaciones en los costes de producción, etc. Dicho de otro modo, es cómo el valor económico de la empresa se ve afectado por el entorno. El grupo de interés fundamental de la materialidad financiera son los inversores y accionistas de la empresa.

- **Materialidad de impacto.** Son aquellas cuestiones susceptibles de causar un impacto real o potencial, positivo o negativo, sobre las personas o el medioambiente a corto, medio o largo plazo; o sea, es una medida de cómo la empresa afecta a su entorno social y medioambiental. Comprenden las actividades desarrolladas por la propia empresa y las procedentes de su cadena de valor, tanto anteriores como posteriores.

En muchas ocasiones, una misma cuestión puede ser a la vez de impacto y financiera, ya que las acciones para mitigar o generar impactos suelen implicar costes o inversiones.

La **evaluación de la materialidad** permite identificar y priorizar las cuestiones más relevantes para el funcionamiento de la empresa y sus grupos de interés.

Desde siempre, las empresas han centrado sus análisis en la materialidad de impacto; el enfoque de **doble materialidad** amplía esta visión al incorporar también la dimensión financiera, es decir, no solo analiza cómo la empresa afecta a su entorno (personas, medio ambiente, sociedad), sino también cómo los cambios en ese entorno pueden afectar a la propia empresa en términos económicos. Este enfoque integral se concreta a través del análisis IRO (impactos, riesgos y oportunidades), que es clave para alinear la sostenibilidad con la estrategia empresarial.

En todo estudio de doble materialidad, además de la perspectiva IRO, hay que considerar las obligaciones y requisitos desprendidos de las políticas públicas nacionales, europeas e internacionales en este campo. Por tanto, es imprescindible investigar todo el contexto regulatorio relativo a la sostenibilidad que afecta a la empresa y tenerlo presente en la planificación.

Se trata de un estudio estructurado, por lo que se lleva a cabo mediante un proceso ordenado y secuencial. A continuación se expone un ejemplo de una posible secuencia de tareas.

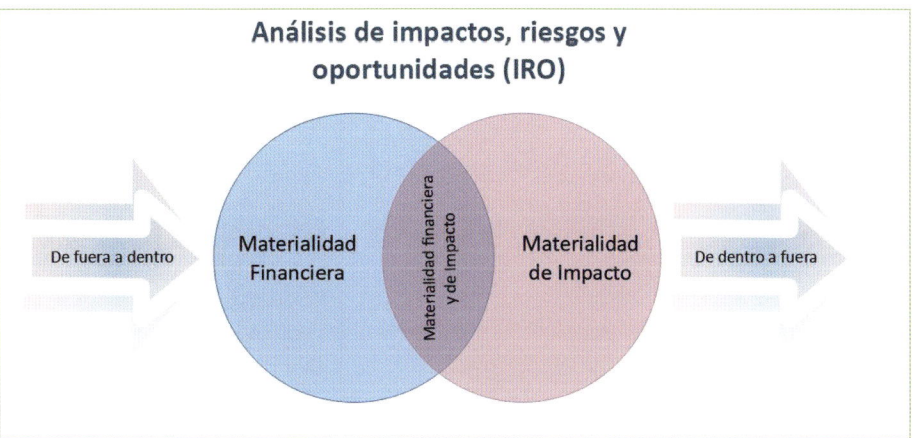

Figura 5.3 Representación de los dos tipos de materialidades y su relación con el entorno.

Determinación de los grupos de interés

El primer paso para el análisis de doble materialidad consiste en identificar los grupos de interés de la empresa. Desde el punto de vista de las cuestiones ESG, se pueden distinguir dos tipos que no son excluyentes entre sí, ya que puede haber superposición entre ambos grupos:

- **Grupos de interés afectados.** Son aquellos cuyos intereses se ven influidos, positiva o negativamente, por las actividades de las empresas en toda su cadena de valor, ya sea de forma directa o indirecta.

- **Usuarios de informes de sostenibilidad.** Las entidades financieras, los inversores potenciales, los acreedores, por ejemplo, son los que hacen uso de la información que se refleja en estos documentos y toman decisiones acordes a ella.

──PARA SABER MÁS─

Puede consultar el documento *Implementation guidance for materiality assessment* de la EFRAG, donde se explica el proceso del análisis de doble materialidad.

Estudio de su capacidad de influencia e impacto y definición de la estrategia de participación de cada uno de ellos

Una vez identificados los grupos de interés, la siguiente tarea, no exenta de complejidad, consiste en escrutar cómo se ven afectados los distintos grupos de interés por la organización y recabar información sobre cómo perciben el impacto. Este análisis ha de extenderse a toda la cadena de valor, tanto antes del inicio del proceso de transformación del producto o servicio (ascendente) como tras la obtención del producto terminado (descendente).

Las vías de comunicación deben adaptarse a cada grupo de interés, teniendo en cuenta sus características particulares. Existen instrumentos útiles para este cometido como los cuestionarios, las encuestas, las entrevistas u otras formas de comunicación. También es posible recabar datos estadísticos relativos a proveedores y clientes para obtener información. En definitiva, la información recopilada será tanto cualitativa como cuantitativa.

En este apartado, y con los datos ya disponibles, resulta interesante realizar una matriz de los grupos de interés en función de su nivel de influencia (aquellos que pueden afectar a las actividades de la empresa) y su impacto (los que se ven afectados por las actividades de la empresa). Se obtienen así cuatro colectivos característicos, con los que se establecerán relaciones diferenciadas. Estos son:

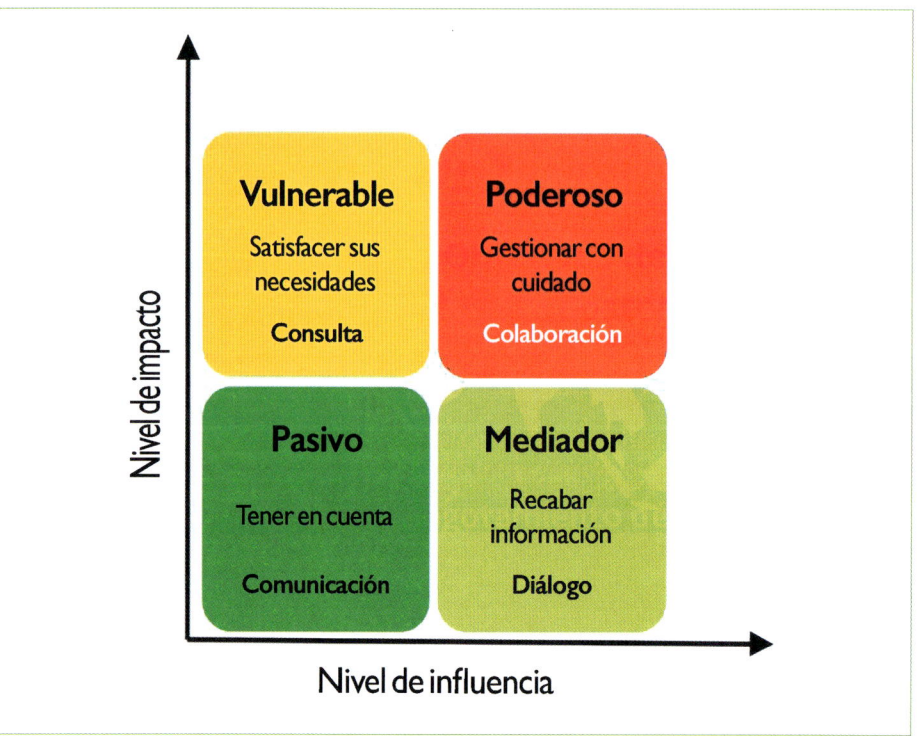

Figura 5.4 Matriz de clasificación de los grupos de interés.

- **Vulnerable**. Su efecto sobre la empresa es reducido, pero, por contra, las actividades de ese negocio le repercuten considerablemente. Por consiguiente, sus necesidades deben contemplarse en el plan de sostenibilidad y es una prioridad satisfacerlas. Con estos grupos, una buena estrategia de comunicación es el diálogo.

- **Poderoso.** La relación con la organización es de gran peso por ambas partes. Influye y es influenciado considerablemente, así que su gestión requiere de gran cuidado y atención. Conviene entablar relaciones de colaboración con ellos.

- **Pasivo.** Sus acciones tienen poca repercusión sobre la empresa y viceversa. Es un grupo que tener en cuenta, pero no es prioritario. Una buena opción es mantener con ellos una comunicación, que puede ser mediante encuestas, formularios, etc.

- **Mediador.** Tienen gran influencia sobre la organización, pero no se ve afectado por ella en gran medida. Es un grupo que proporciona información, por lo que el contacto mediante el diálogo es lo más conveniente.

A partir de realizar esta clasificación e identificar las formas de comunicación, se diseñan las herramientas necesarias para la **recopilación de datos** y se ponen en práctica para recolectar toda la información imprescindible para los siguientes pasos del proceso.

Identificación, numeración y clasificación de las cuestiones materiales

En este apartado, cada organización realiza la identificación y el listado de las cuestiones materiales que le afectan. Lo hará a partir de los resultados de las consultas a los grupos de interés, el conocimiento de la reglamentación aplicable, los riesgos y oportunidades derivados de los diagnósticos internos y externos, etc.

La norma ESRS o NEIS 1, aplicable en los informes de sostenibilidad, es una herramienta útil para hacer esta identificación de las cuestiones materiales. Esta guía, en su AR 16, establece que las NEIS o ESRS temáticas, centradas cada una de ellas en un área de sostenibilidad concreta, se estructuran en temas, subtemas y, si es necesario, en subsubtemas, y aparecen detallados. Así, se puede estudiar cada uno de esos ítems de forma independiente y deducir si es o no relevante para la compañía.

Esta táctica es también aplicable en el plan de sostenibilidad, de manera que, partiendo de todo el listado de la AR 16, se identifican cuáles de las cuestiones son materiales para la empresa y cuáles no lo son, evaluando el impacto, los riesgos y oportunidades de cada uno de los puntos. No obstante, este procedimiento no es obligatorio y cada empresa decide si analizar los puntos reflejados en la norma y seguir su procedimiento o hacerlo de otra manera.

Por otro lado, además de los temas, subtemas y subsubtemas reflejados en la ESRS o NEIS 1, hay que consultar las normas sectoriales y contemplar los asuntos específicos de la propia compañía.

Para identificar las cuestiones materiales mediante el análisis IRO y cuantificarlas en función de su importancia, hay que hacer un estudio diferenciado para cada tipo de materialidad:

- **Evaluación de la materialidad de impacto.** Se distingue entre dos posibilidades:

  ○ **Impactos reales** (positivos y negativos). Hay que valorarlos según su escala (cómo de grave es), su alcance (su magnitud, el número de afectados) y, cuando se traten de impactos negativos, de su irremediabilidad (la facilidad con que puede ser remediado mediante una compensación o restitución).

  ○ **Impactos potenciales** (positivos y negativos). Se estudian desde la perspectiva de su probabilidad (cómo de fácil es que suceda) y la severidad de su impacto (la magnitud del daño).

Para ambos tipos de impactos se pueden usar indicadores cuantitativos o cualitativos. En el segundo supuesto se puede recurrir a escalas de valoración (como las que se muestran en las tablas 5.1 y 5.2) que los convierten en numéricos, o se pueden emplear colores.

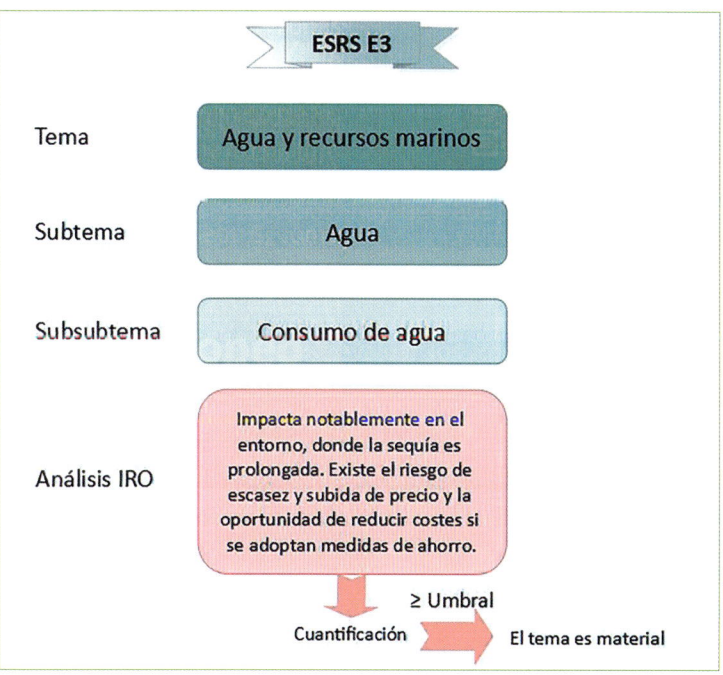

Figura 5.5 Ejemplo de cómo se determina si un tema es material o no. Se parte de la estructura de la ESRS o NEIS E3 de agua y recursos marinos. Se elige un subtema y se estudia si causa impacto o supone riesgos u oportunidades. Se cuantifican esos IRO y, si superan un umbral, se consideran materiales.

— PARA SABER MÁS —

Se puede consultar la norma NEIS 1, publicada en el BOE, cuyo enlace es:

https://www.boe.es/doue/2023/2772/L00001-00284.pdf

Tabla 5.1 Criterios de clasificación cualitativos aplicables a la materialidad de impacto respecto a los impactos reales.

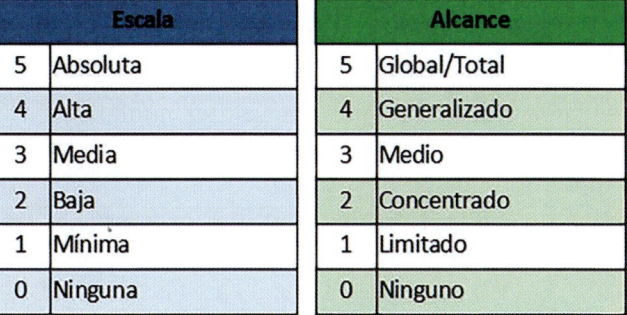

Escala		Alcance		Irremediabilidad	
5	Absoluta	5	Global/Total	5	Irremediable
4	Alta	4	Generalizado	4	Muy difícil de remediar o con remediación a largo plazo
3	Media	3	Medio	3	Difícil de remediar o con remediación a medio plazo
2	Baja	2	Concentrado	2	Su remediación es factible pero trabajosa
1	Mínima	1	Limitado	1	Fácilmente remediable y a corto plazo
0	Ninguna	0	Ninguno	0	Muy fácil de remediar

Tabla 5.2 Criterios de clasificación cualitativos aplicables a la materialidad de impacto respecto a los impactos probables.

Probabilidad	
5	Muy probable
4	Bastante probable
3	Probable
2	Poco probable
1	Muy poco probable
0	Improbable

Severidad	
5	Muy severo
4	Bastante severo
3	Severo
2	Poco severo
1	Muy poco severo
0	Nada severo

- **Evaluación de la materialidad financiera.** En este caso, para determinar la materialidad o no de un determinado tema, se recurre a indicadores cuantitativos o cualitativos relacionados con los efectos financieros que producen, como flujos de efectivo, repercusión sobre los costes, etc. Las métricas porcentuales respecto al volumen total de negocio, por ejemplo, son una opción válida. En cualquier caso, los asuntos de materialidad financiera se valoran según su probabilidad de ocurrencia y la magnitud de los efectos financieros que puede producir a corto, medio y largo plazo, así como el grado de control de la empresa para gestionar o mitigar esa cuestión.

A partir de ahí se hace la cuantificación, se fijan unos umbrales (cada empresa estima los suyos propios), y aquellas cuestiones cuyas valoraciones superen el umbral se seleccionan y se emplean en el siguiente análisis de doble materialidad.

Tabla 5.3 Ejemplo de determinación de las cuestiones materiales de impactos reales. Se han aplicado las escalas de la tabla 5.1 y se ha establecido un umbral de 8 para el resultado de la suma de los tres ítems, valor a partir del cual se considera que la cuestión es material.

Impactos negativos reales	Escala	Alcance	Irremediabilidad	Total	¿Es material?
Impacto 1	2	3	1	6	No
Impacto 2	4	4	3	11	Si
Impacto 3	3	1	2	6	No
Impacto 4	2	5	3	10	Si

Construcción de la matriz de doble materialidad

Para esta representación únicamente se escogerán las cuestiones materiales determinadas en el apartado anterior, es decir, las que han superado el umbral, ya sea desde el punto de vista del impacto, ya sea desde el punto de vista financiero. De la aplicación de las escalas o los parámetros cuantitativos, a cada elemento material se le habrá asociado dos valores numéricos, uno correspondiente a la apreciación del impacto y otro al efecto financiero. Este par de cifras constituyen las coordenadas que se representan gráficamente, de manera que un eje coordenado sea la materialidad financiera y el otro sea la materialidad de impacto. Este gráfico es la denominada **matriz de doble materialidad.**

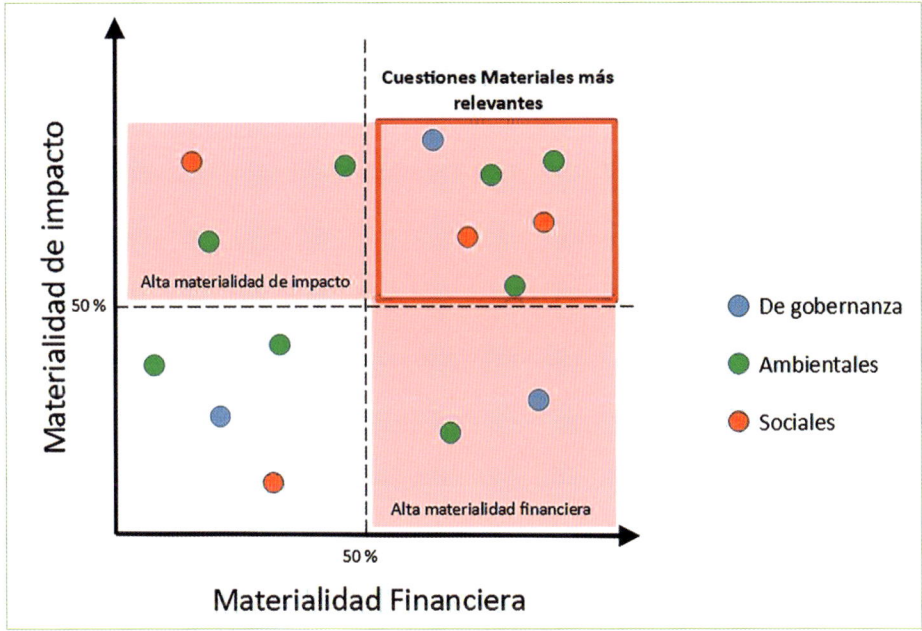

Figura 5.6 Matriz de doble materialidad. Las cuestiones materiales más relevantes son las que aparecen en el recuadro rojo. El resto de las cuestiones materiales son las que aparecen en el área sombreada.

Gracias a la representación de la matriz de doble materialidad, se identifican las cuestiones materiales más relevantes, que son las que aparecen en el área sombreada de la figura 5.6. Las más importantes de todas ellas son las que aparecen en el cuadrante superior derecho de esa matriz (dentro del recuadro rojo), que definirán el plan estratégico de sostenibilidad.

Por último, conviene recordar que todo este estudio debe revisarse periódicamente.

EJERCICIOS

EJERCICIO 5.8

¿Qué es el análisis IRO?

EJERCICIO 5.9

¿Qué diferencias existen entre la materialidad financiera y la de impacto, tanto desde el punto de vista de los grupos de interés como desde el conceptual?

EJERCICIO 5.10

¿Con qué grupos de interés conviene establecer una relación de diálogo? Justifique la respuesta.

EJERCICIO 5.11

¿El medioambiente podría considerarse un grupo de interés? Justifique la respuesta.

EJERCICIO 5.12

Se supone una empresa de productos químicos dedicados mayormente a la exportación que pueden ser potencialmente contaminantes. Para esta empresa, y teniendo en cuenta el impacto y la influencia, ¿qué calificación dentro de los grupos de interés recibirá la comunidad que habita en las inmediaciones? ¿Y sus proveedores de materias primas? Razone la respuesta.

EJERCICIO 5.13

¿El ministerio con competencias en medioambiente y, por tanto, con capacidad reguladora en todo el territorio del Estado, qué tipo de grupo de interés dará para una fábrica de calzado situada en una provincia limítrofe? Razone la respuesta.

EJERCICIO 5.14

¿Qué factores se tienen en cuenta para cuantificar la materialidad de impacto?

EJERCICIO 5.15

¿Qué se representa en la matriz de doble materialidad?

EJERCICIO 5.16

Sea una empresa de logística con una flota de 10 camiones diésel dedicada al transporte de mercancías dentro del territorio nacional. Cuenta con una plantilla fija de 20 personas, dos mujeres en la administración y el resto son hombres. Suele recurrir con bastante frecuencia a empleados temporales en las épocas de mayor trabajo, en las que los fijos hacen también turnos muy largos y en horario nocturno. El dueño, hijo del fundador, recientemente se ha interesado por implantar criterios ESG o ASG en la empresa, porque así se lo requieren sus principales clientes. Como su padre, es un hombre hecho a sí mismo, autoritario y con poca formación específica, que trata de obtener los máximos beneficios reduciendo los costes tanto a nivel laboral como de materiales. De hecho, muchos trabajadores, en cuanto pueden, cambian de compañía, por las condiciones tan poco atractivas que ofrece, no solo porque paga el mínimo del convenio, sino por las pocas medidas de formación, promoción y conciliación familiar que ofrece. Además, los conductores se quejan del estado mejorable de los camiones, algunos con demasiados kilómetros de uso.

Para hacer el análisis de doble materialidad, trate de identificar las cuestiones materiales respecto a la materialidad de impacto utilizando la estructura temática de las normas ESRS, especialmente E1 (Cambio climático), E2 (Contaminación), E3 (Agua y recursos marinos), E5 (Uso de recursos y economía circular) y S1 (Condiciones laborales). Valore qué cuestiones son materiales tanto con los impactos reales y potenciales, aplicando las escalas de las tablas 5.1 y 5.2. En el material adicional se dispone de una tabla con todas las cuestiones materiales de las normas ESRS.

Material adicional descargable

5.2.4 Plan director

Una vez identificadas las cuestiones materiales más significativas para la sostenibilidad de la empresa, se procede a definir las iniciativas que permitirán reducir sus impactos negativos, mitigar los riesgos asociados o aprovechar las oportunidades que surgen. Estas iniciativas, junto con la información complementaria, constituirán el **plan director** de sostenibilidad.

El proceso de selección de las iniciativas comienza con la recopilación de propuestas derivadas del análisis realizado en fases anteriores, tales como:

- El diagnóstico interno y externo de la empresa.

- El análisis de doble materialidad.

- La evaluación de iniciativas previas, incluidas aquellas adoptadas en planes de sostenibilidad anteriores, así como sus resultados y posibles desviaciones.

Figura 5.7 Gráfica de priorización de actividades para definir el plan director.

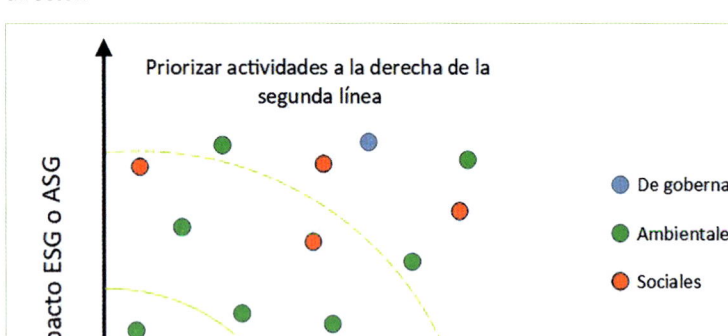

A continuación, se realiza un proceso de priorización de las iniciativas. Para ello, se utiliza una gráfica que evalúa dos variables: el impacto de la actividad y su facilidad de implementación. La evaluación del impacto se realiza con el mismo sistema de valoración utilizado en el análisis de doble materialidad, mientras que la facilidad de implementación se mide mediante una escala que varía desde «muy difícil» a «muy fácil», análoga a las de la valoración del impacto, pero con idéntico valor máximo que este ítem, para que resulte una matriz cuadrada; es decir, si el máximo del impacto son 15 puntos, las medidas que tengan la valoración de «muy fácil» también tendrán recibirán un valor numérico de 15.

En la gráfica, además de los pares de puntos resultantes de la anterior valoración, se representan dos círculos concéntricos con el origen de la gráfica como punto de referencia. Los radios de estos círculos corresponden a dos umbrales establecidos por la empresa. Por ejemplo, el radio inferior podría ser el 50% de la escala máxima tanto para impactos reales como su facilidad de implementación. En el supuesto de un valor máximo 15, el radio sería 7,5. El radio superior podría llegar al 75 u 80% del máximo, según decida la empresa. Las iniciativas que se sitúan por encima del arco superior se priorizan y se incluirán en el plan director, ya que son las más fáciles de implementar y las que mayor impacto producen. Las que se encuentran entre los dos círculos se consideran potencialmente priorizables. Aquellas debajo del arco inferior se descartan por tener bajo impacto y ser difíciles de llevar a cabo.

Una vez priorizadas las iniciativas, se establece la temporalización para su implementación, que puede ser a corto, medio o largo plazo.

El plan director se redacta siguiendo una estructura clara y detallada. La tabla 5.4 presenta un resumen de los elementos que debe incluir dicho plan, con orientaciones para definir cada uno de ellos:

Tabla 5.4 Componentes del plan director.

Elementos	Definición de los elementos
Visión a corto, medio y largo plazo	Es la definida por el gobierno corporativo (ver apartado 5.2.1)
Plan de acción e iniciativas	Para cada iniciativa, se debe proporcionar: • Nombre de la iniciativa • Objetivos (SMART: específicos, medibles, alcanzables, relevantes y limitados en el tiempo) • Alcance de la iniciativa • Temporalización • Responsables asociados • Recursos técnicos, tecnológicos y económicos necesarios • Indicadores para la medida neta de desempeño y de la consecución de los objetivos propuestos • Alineación con los ODS especificando la meta concreta

Figura 5.8 Significado de los objetivos SMART.

5.2.5 **Plan de comunicación**

Otro de los documentos que forman parte del plan de sostenibilidad es el **plan de comunicación**. En él se detallan las estrategias para divulgar el plan director y su seguimiento. La difusión de la información contribuye a la transparencia, a fortalecer las relaciones con los grupos de interés, y a mejorar la posición de marca y la reputación de la organización.

El plan de comunicación puede ser:

- **Interno.** Cuando se dirige a los miembros de la empresa (directivos, empleados, etc.)
- **Externo.** Sus acciones se dirigen a colectivos no vinculados a la organización (accionistas, sociedad, clientes, etc.).

Lo más habitual es que se combinen ambas posturas.

En este documento, la empresa planifica qué comunicaciones va a realizar, con qué frecuencia y a qué grupo de interés se dirige cada una de ellas. Estas decisiones tendrán en cuenta todos los análisis realizados anteriormente, los compromisos adquiridos y la regulación aplicable. Las compañías que estén obligadas legalmente a presentar informes de sostenibilidad además aplicarán los estándares correspondientes.

Cada estrategia de comunicación debe incluir los siguientes aspectos:

- Designación.
- Grupo de interés al que se dirige.
- Objetivo general que se quiere conseguir con la comunicación.
- Objetivos específicos o qué se quiere comunicar.
- Detalles de la actividad.
- Mensajes principales.
- Responsables de comunicar y de realizar el seguimiento.
- Medio o canal empleado.
- Lugar de comunicación, físico o virtual.
- Duración de la comunicación.
- Si es puntual o periódica (en este último caso se indica la frecuencia).
- Recursos económicos y materiales para ejecutarla.

EJERCICIOS

EJERCICIO 5.17

Enumere la información que contiene el plan director.

EJERCICIO 5.18

¿Qué recurso gráfico se emplea para priorizar las actividades diseñadas para lograr las cuestiones materiales más relevantes? Explique qué representa y cómo se usa.

EJERCICIO 5.19

Ponga cinco ejemplos de posibles formas de comunicación de planes o resultados de sostenibilidad de una empresa.

EJERCICIO 5.20

Una empresa mayorista de material de papelería, con sede en un polígono industrial en las afueras de una ciudad de tamaño medio, ha realizado su análisis de doble materialidad y ha determinado que el cambio climático es una de sus cuestiones materiales más relevantes. La empresa cuenta con:

- Una plantilla de 40 personas (30 en almacén y logística y 10 en administración).
- Vehículos propios para el reparto a clientes dentro de un radio de 100 km.
- Un almacén de 1.500 m² con cubierta disponible para posibles mejoras energéticas.
- Una clientela diversa (papelerías, centros educativos y oficinas), con creciente sensibilidad por la sostenibilidad.

Se han propuesto una serie de medidas para esta cuestión material, que se reflejan en la siguiente tabla:

Nº	Medida propuesta	Descripción y datos clave
1	Fomentar el coche compartido entre empleados.	Campaña de sensibilización interna para que los empleados compartan vehículo en sus desplazamientos al trabajo. Coste: nulo Facilidad de implementación: muy alta Alcance: 30 empleados vienen en coche particular Reducción estimada de emisiones: hasta 10% emisiones de alcance 3 si el número de vehículos se reduce a la tercera parte
2	Instalar paneles solares en la cubierta del almacén.	Inversión inicial de 40.000 €. Amortización estimada: 8 años. Cubriría el 60% del consumo eléctrico actual. Facilidad de implementación: media-baja (necesita obra, permisos, inversión) Impacto directo y duradero en emisiones
3	Contratar energía 100% renovable a través de una comercializadora verde.	Cambio de proveedor energético sin necesidad de inversión Coste adicional: 5% mensual. Es bastante fácil de implementar. Reducción emisiones alcance 2: 100% inmediata
4	Incluir productos de menor huella de carbono en el catálogo (ej. papel de piedra).	Productos con baja huella de carbono, pero más caros y menos conocidos. Requiere campaña de *marketing*. No es fácil, pues habría que buscar nuevos proveedores y clientes para esos materiales. Impacto potencial: con incertidumbre sobre su acogida en el mercado.
5	Sustituir vehículos de reparto por vehículos eléctricos o híbridos.	Coste por vehículo: 35.000 € La empresa tiene 5 furgonetas, 3 de las cuales podrían renovarse en 2 años. Impacto en emisiones alcance 1: alto Facilidad de implementación: media-alta por la inversión, pero con apoyo público disponible
6	Optimizar rutas de reparto mediante software de planificación.	Coste del *software*: 2.000 € iniciales + 500 €/año mantenimiento Facilidad de implementación: más bien alta Reducción de emisiones de transporte: entre 10% y 20% de alcance 1. Retorno de la inversión: rápido
7	Reformar integralmente el almacén para mejorar su eficiencia energética.	Incluir aislamiento térmico en paredes y cubierta, cambio completo del sistema de climatización y ventilación por uno de alta eficiencia, instalación de sensores de presencia y luz natural, sustitución de luminarias por leds de última generación, etc. Coste estimado: entre 120.000 y 150.000 €. Tiempo de ejecución: 6 a 9 meses (implicaría posibles interrupciones de actividad parcial) Impacto esperado: reducción de hasta un 40% en el consumo energético total del edificio. Facilidad de implementación: muy difícil (requiere obra, financiación externa, planificación operativa y permisos)
8	Trasladar parte del almacén a una zona más alejada y menos costosa, aunque en un edificio de mayor eficiencia energética.	Reubicar parte de las operaciones logísticas a las afueras del municipio, en un área industrial con menor coste del suelo, pero a mayor distancia de la residencia de los trabajadores y de los clientes. Se produciría un ahorro en el consumo energético de un 35%, con mucha menos inversión que la remodelación del edificio.

Puntúe cada una de estas medidas por sus impactos (reales y probables) aplicando las escalas de las tablas 5.1 y 5.2., y su facilidad de implementación. Construya la gráfica de priorización de actividades y determine cuáles son las escogidas para incluirse en el plan director.

5.3 Estrategias de seguimiento y mejora continua

Los planes de sostenibilidad, integrados por el plan director y el plan de comunicación, deben someterse a un seguimiento continuo que permita evaluar los logros alcanzados y las desviaciones observadas, con el fin de aplicar medidas correctoras y promover la mejora continua.

Del mismo modo que el plan de sostenibilidad es propio de cada empresa, también lo es la estrategia de seguimiento que se adapta a sus características. A continuación, se hace un boceto de los elementos necesarios para hacer el seguimiento.

5.3.1 Indicadores de desempeño

La forma de medir el éxito de un plan es establecer unos indicadores de desempeño adecuados o KPI *(key performance indicator)* o métricas que permitan conocer el grado de consecución de un objetivo. La base para esta selección la constituyen los objetivos asociados a las distintas actividades definidas en el plan director. A partir de estas metas, se deben identificar los factores clave de éxito y buscar parámetros que permitan medirlos.

Asimismo, el valor de los indicadores de desempeño debe estar referido a una línea base determinada, por ejemplo, los mismos valores en el año anterior o del que se tome como referencia, para así apreciar su evolución.

Por ejemplo, si el objetivo es reducir el gasto de agua, un indicador de desempeño puede ser el volumen de agua consumido mensualmente, o el volumen de agua ahorrado respecto a una referencia (mismo mes en el año anterior, anual, etc,). O si la meta es acortar la brecha salarial de género entre los empleados y empleadas de la empresa, un indicador de desempeño puede ser el salario promedio por géneros y su diferencia porcentual en cada año para seguir su evolución.

Los KPI se pueden clasificar en tres grupos:

- **Indicadores estratégicos.** Permiten evaluar si se está cumpliendo con la misión y la visión del plan director. Deben ser definidos por el propio gobierno corporativo. Por tanto, ayudan a tomar decisiones en el negocio y suelen estar relacionados con el largo plazo.

- **Indicadores tácticos.** Se relacionan con los procesos. Deben medir si están cumpliendo con sus objetivos. Normalmente se asocian al medio plazo.

- **Indicadores operativos.** Orientan en las decisiones a nivel de operación o tareas concretas y suelen apuntar al corto plazo. Son los más numerosos, ya que están en la base del nivel de desagregación.

Según el nivel de ambición que haya establecido la compañía, se definirán más o menos indicadores de desempeño. Las empresas que han optado por aumentar su valor trabajarán con bastantes más indicadores operativos que las que solamente persiguen proteger su valor, que se centrarán más en indicadores tácticos y estratégicos.

En el plan de sostenibilidad, los indicadores de desempeño se deben detallar de la siguiente manera:

- Nombre del indicador

- Descripción y su fórmula de cálculo

- Responsable/es de registrarlo

- Periodicidad de registro o cálculo

- Fuente de obtención de los datos

- Relación con el o los ODS pertinentes

En ocasiones, como sucede también en otras fases del plan de sostenibilidad, la recogida de datos es la tarea más compleja para realizar el seguimiento.

PARA SABER MÁS

En el Anexo I del Reglamento Delegado (UE) 2022/1288 hay diversos cuadros con posibles indicadores de sostenibilidad. Se puede consultar en el siguiente enlace:

https://eur-lex.europa.eu/legal-content/ES/TXT/?uri=CELEX%3A32022R1288

5.3.2 Análisis y conclusiones

Todo el registro y la obtención de datos con relación a los diferentes KPI no tienen sentido si después no se procede al análisis de los resultados para extraer conclusiones y tomar decisiones. En consecuencia, la siguiente fase consiste en la **evaluación del desempeño**, proceso mediante el cual se identifica el progreso o las desviaciones respecto a lo planificado y sus causas.

Las razones que conducen a discrepancia pueden ser diversas:

- Las actividades definidas en el plan director no han producido los efectos esperados.

- Los recursos, humanos, materiales y económicos no han sido suficientes o adecuados para lograr las metas.

- Se han producido cambios en el contexto, ajenos a la empresa, como una nueva normativa, la aparición de nuevas tecnologías, el cambio de las expectativas de los grupos de interés, etc.

A raíz de toda esta información, y contando con el respaldo de la alta dirección, la revisión del plan de sostenibilidad es útil y oportuna, y empieza por una nueva confección de la matriz de doble materialidad para, si procede, rehacer después el plan director y el plan de comunicación. Además, se debe evaluar si la estrategia de seguimiento del plan de sostenibilidad es efectiva.

En definitiva, el plan de sostenibilidad debe estar sujeto a un proceso de mejora continua, que se ciñe bastante bien al ciclo de Deming o PHVA: se hace una planificación definiendo las actividades y objetivos (planificar), se ejecutan las actividades de acuerdo con el plan establecido (hacer), se comparan los resultados obtenidos con los esperados (verificar) y, finalmente, se establecen acciones para corregir desviaciones o mejorar el proceso (hacer) para volver a comenzar desde el primer paso.

> **GLOSARIO**
>
> El ciclo de Deming o PHVA se denomina también PDCA, las siglas en inglés de: *plan* (planificar), *do* (hacer), *check* (verificar) y *act* (actuar).

Figura 5.9 Representación del ciclo de Deming y sus cuatro fases.

EJERCICIOS

EJERCICIO 5.21

¿Qué es un KPI y qué importancia tiene en el seguimiento de un plan director?

EJERCICIO 5.22

¿Qué diferencias existen entre un indicador operativo y uno estratégico?

EJERCICIO 5.23

¿En qué consiste el ciclo de Deming y qué utilidad tiene en el contexto de un plan de sostenibilidad?

CASO PRÁCTICO

Unilever, una de las mayores multinacionales de bienes de consumo, opera en más de 190 países y es responsable de marcas globales como Dove, Knorr, Lipton y Rexona, en sectores que van desde la alimentación y el cuidado personal hasta la limpieza del hogar. Bajo el liderazgo de Paul Polman desde 2010, la empresa lanzó el plan de vida sostenible (*Unilever Sustainable Living Plan* - USLP), con el objetivo de desvincular su crecimiento del impacto ambiental y mejorar su contribución social. La planificación se estructuró en evaluación inicial, definición de objetivos, implementación y monitoreo, con KPI centrados en la reducción de huella ambiental, el abastecimiento sostenible y el impacto social. Se establecieron metas ambiciosas, como reducir a la mitad la huella de carbono de sus productos para 2030, obtener el 100% de sus materias primas agrícolas de fuentes sostenibles y mejorar la salud de 1.000 millones de personas. A través del análisis de doble materialidad, identificaron riesgos y oportunidades para priorizar acciones estratégicas, asegurando que la sostenibilidad fuera viable tanto económica como operativamente.

Lo curioso del proceso fue que, lejos de encarecer la operación, la sostenibilidad mejoró la rentabilidad. Los productos, diseñados con menor impacto, como los detergentes de bajo consumo de agua o los jabones antibacterianos, generaron un crecimiento significativo. Sin embargo, la visión a largo plazo no siempre convenció a los inversores y hubo enfrentamientos entre el directivo y los accionistas. En 2017, Unilever resistió un intento de compra hostil de Kraft Heinz, lo que reafirmó su compromiso con la sostenibilidad como pilar de negocio.

Tras esta trayectoria, en el año 2020 Unilever consiguió que todas sus operaciones en fábricas, oficinas, centros de investigación y centros de distribución usaran electricidad renovable certificada. También empezó a sustituir fuentes fósiles por alternativas como biomasa sostenible y energía solar térmica. Asimismo, aplicaron medidas de eficiencia energética, como la mejora de los aislamientos térmicos, la instalación de recuperadores de calor y la apuesta por la iluminación led. Con esto y otras medidas lograron una reducción de la huella de carbono por tonelada de producción del 65% respecto al 2008.

El legado de este enfoque se consolidó en 2020 con nuevos compromisos, como cero emisiones netas en toda la cadena de suministro para 2039, garantizar un salario digno a todos sus trabajadores directos e indirectos, y eliminar por completo los plásticos de un solo uso en sus envases. Además, la empresa continúa reforzando su transparencia mediante informes detallados y estrategias de comunicación centradas en consumidores y *stakeholders*.

Unilever ha demostrado que una multinacional puede ser rentable y sostenible al mismo tiempo, estableciendo un modelo para otras grandes empresas que buscan transformar su impacto sin comprometer su crecimiento.

Actividades

1. Según los objetivos que se marcó Unilever en el año 2010, ¿cómo se podría clasificar su nivel de ambición? ¿Y los de 2039? Justifique su respuesta.

2. ¿Qué grupos de interés de Unilever se mencionan en el texto? Clasifíquelos según el nivel de influencia y el nivel de impacto.

3. Según la norma ESRS E1 del cambio climático, las empresas deben divulgar sus acciones relativas al cambio climático. Estas deben clasificarse en los siguientes ítems: mitigación, adaptación, eficiencia energética, desarrollo de renovables y otros. Analice las medidas que se mencionan en el texto que se puedan clasificar en esta temática y clasifíquelas según estos ítems.

4. Centrándose en los objetivos que se marcó Unilever en el 2010, elabore una lista de posibles KPI para controlar su desarrollo y clasifíquelos en estratégicos, tácticos y operativos.

Acceda a www.marcombo.info con el código MARCOMBO33 y descargue más casos prácticos.

Reto profesional

Diseño de la estrategia de comunicación del centro docente con cada grupo de interés

Objetivo

Decidir la forma de comunicación con cada uno de los grupos de interés identificados en el reto de la unidad 4, en función de sus niveles de influencia y de impacto.

Descripción

Este reto es una continuación del reto correspondiente a la unidad 4, por lo que se parte de que se han identificado los grupos de interés del centro docente y se conocen sus expectativas. Se trata de ir un paso más allá y realizar la clasificación de estos colectivos como vulnerables, poderosos, pasivos o mediadores, dependiendo de los niveles de impacto e influencia detectados.

Para ello, se debe construir una matriz como la de la figura 5.4. Esto implica realizar un análisis previo tanto del impacto que el centro ejerce sobre cada grupo, como la influencia que los grupos tienen sobre el propio centro educativo. Ambos parámetros se pueden estimar mediante una escala como, por ejemplo: muy poco, poco, medio, bastante y mucho, o similar. También se puede emplear una clasificación numérica del 1 al 5.

Una vez construida la matriz, se decide el medio de comunicación con cada grupo en función del resultado y según lo estudiado en el apartado 5.2.3.

Procedimiento

Los pasos a seguir son los siguientes:

1. Decidir la escala de valoración para la influencia y el impacto de los grupos de interés.
2. Determinar los niveles de impacto y de influencia de cada uno de ellos, analizando las causas y motivos de estos niveles. Se puede construir una tabla similar a la siguiente:.

Grupo de interés	Nivel de impacto	Justificación del impacto	Nivel de influencia	Justificación de la influencia

3. Construir la correspondiente matriz.
4. Clasificar los grupos de interés en función de la matriz y decidir una estrategia de comunicación adecuada a cada uno de ellos.
5. Valorar resultados y extraer conclusiones.

Mapa conceptual

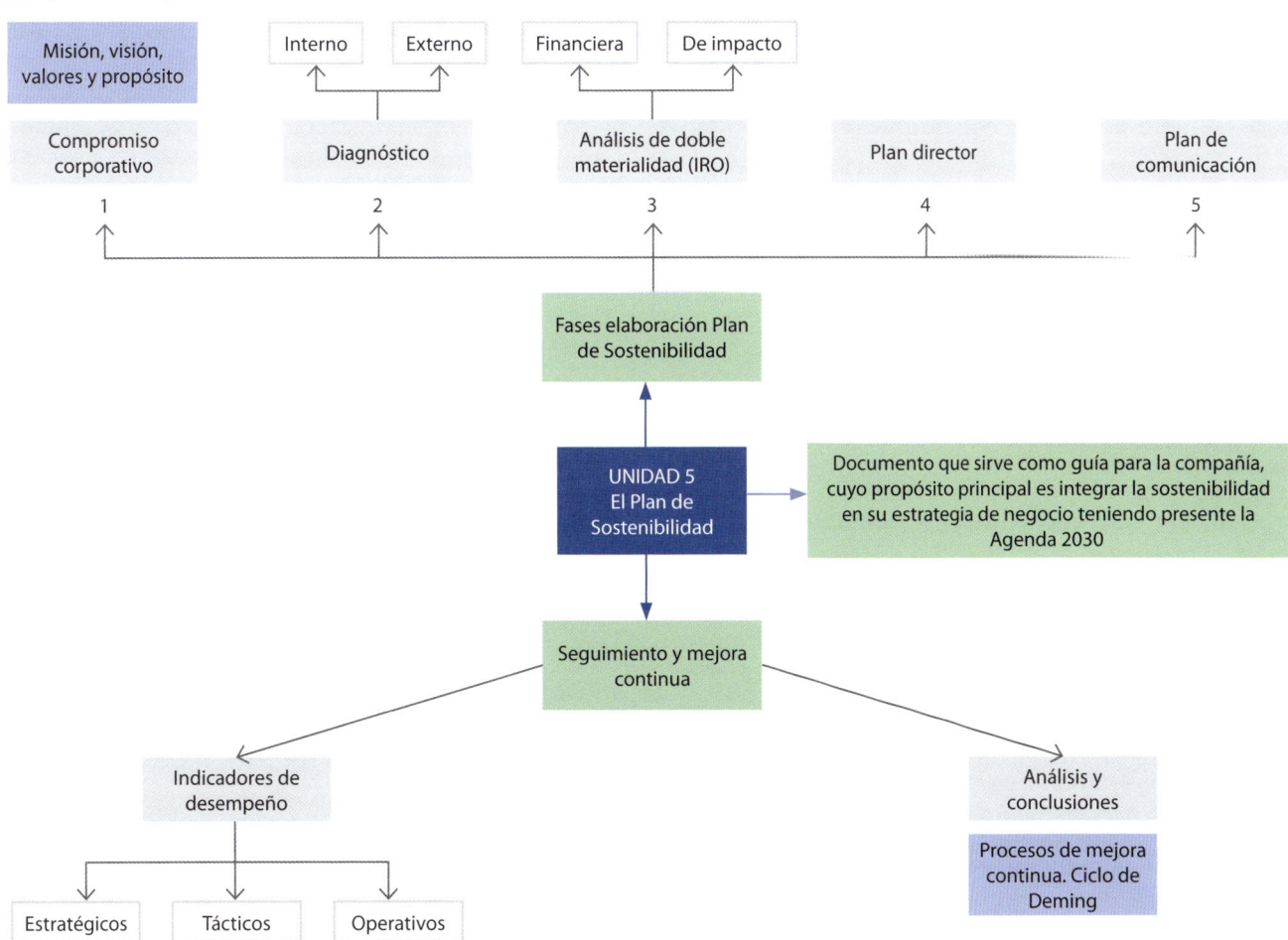

- El plan de sostenibilidad es un proceso ordenado por el cual una empresa define su estrategia de sostenibilidad y comprende todo un estudio de diagnóstico, identificación de cuestiones materiales y priorización, así como las actividades que se van a llevar a cabo para lograr sus objetivos.

- La confección del plan parte del compromiso del gobierno corporativo, quien establece la misión, la visión, los valores, el propósito y el nivel de ambición.

- El segundo paso consiste en realizar un diagnóstico de la situación actual respecto a los criterios ESG o ASG, tanto desde el punto de vista interno como externo.

- La confección del plan continúa con el análisis de doble materialidad, es decir, desde el punto de vista de la materialidad de impacto y de la materialidad financiera. En él se identifican los tipos de grupos de interés para definir su forma de gestión y las cuestiones materiales relevantes que se abordarán en el documento.

- A continuación, se redactan el plan director (que contiene las actividades programadas para abordar las cuestiones materiales relevantes) y el plan de comunicación (en el que se reflejan las distintas formas de divulgación a las que se va a recurrir).

- Finalmente, hay que definir una táctica de seguimiento basada fundamentalmente en indicadores de desempeño (estratégicos, tácticos u operativos) y adoptar medidas para corregir desviaciones o perfeccionar las estrategias dentro de una filosofía de mejora continua.

Actividad de *role-playing*

Comunicando la sostenibilidad en la construcción

Situación general:

La empresa Puentes S. A., que se dedica a la construcción de puentes y carreteras, está redactando su plan de sostenibilidad para 2025-2030. Parte clave del plan es definir cómo comunicar sus avances ambientales y sociales, pero dentro del equipo hay posturas enfrentadas.

El CEO ha convocado una reunión para debatir sobre este asunto antes de incluir la estrategia en el documento final.

Personajes representativos:

1. **CEO de Puentes S. A.** (tomador de decisiones). Es una persona neutral. Escucha a todos, hace preguntas y al final debe tomar una decisión. Quiere mejorar la imagen de la empresa sin comprometer su reputación. Le preocupa el *greenwashing* y las críticas de la industria.

2. **Mando intermedio senior.** Es escéptico con las redes sociales, ya que cree que son poco serias para una empresa de obra civil. Prefiere comunicados oficiales y presentaciones en ferias del sector. Piensa que hablar de sostenibilidad atraerá críticas sobre las huellas ambientales de la empresa. Quizás la divulgación deba ceñirse a lo preceptivo y ser discreta.

3. **Mando intermedio joven.** Es un entusiasta de las redes sociales y opina que son clave para llegar a nuevos clientes y mejorar la reputación. Propone un canal de TikTok y vídeos de obras en proceso con explicaciones sobre sostenibilidad. Está convencido de que la empresa necesita actualizarse o se quedará atrás.

4. **Consultor externo en sostenibilidad.** Es un especialista contratado para ayudar a definir la estrategia. Propone una comunicación moderada y equilibrada, con informes detallados y una presencia digital selectiva. Presenta datos sobre cómo otras empresas del sector han gestionado su comunicación.

5. **Recepcionista influencer.** Es una empleada no vinculada a la dirección, pero la ha invitado a la reunión el mando intermedio joven porque tiene una comunidad en Instagram y TikTok sobre consejos de belleza con más de 100.000 seguidores. Ve potencial en aplicar estrategias similares a la empresa: mostrar detalles de la construcción sostenible, materiales reciclados, impacto positivo en comunidades. Quiere demostrar que el sector construcción puede ser atractivo y generar *engagement*.

Situación planteada:

Simular una reunión estratégica para definir la comunicación de los avances en sostenibilidad en una empresa de obra civil, considerando distintos puntos de vista y buscando consenso. Al final, oídas todas las partes, el CEO tomará la decisión sobre las estrategias de comunicación que se aplicarán.

Material adicional descargable

TEST DE EVALUACIÓN

1. **¿Qué relación existe entre el plan de sostenibilidad y los ODS?**

a) En el plan de sostenibilidad se reflejan todos los ODS y las acciones para lograrlos a las que contribuye la empresa.

b) Ninguna.

c) En el plan de sostenibilidad se vinculan algunos ODS y sus metas y la estrategia de la empresa.

d) Ninguna de las respuestas anteriores es correcta.

2. **Indique qué tareas no corresponden a la fase de compromiso corporativo:**

a) Definir el nivel de ambición.

b) Establecer las políticas corporativas en materia de sostenibilidad.

c) Establecer la misión y los valores de la empresa.

d) Analizar los grupos de interés.

3. **Respecto a la fase de diagnóstico en la elaboración de un plan de sostenibilidad, señale la afirmación que no sea cierta:**

a) En el diagnóstico interno se identifican las empresas del sector que destacan en materia de sostenibilidad.

b) El diagnóstico interno debe hacerse de forma diferenciada para los tres pilares de la sostenibilidad: ambiental, social y de gobernanza.

c) Los índices bursátiles de sostenibilidad pueden ser útiles para identificar empresas con buenas prácticas.

d) El estudio de los grupos de interés y sus expectativas forma parte del diagnóstico externo.

4. **¿Qué es el análisis IRO?**

a) El que tiene en cuenta los impactos, los riesgos y las oportunidades.

b) El que tiene en cuenta los inconvenientes, los riesgos y las oportunidades.

c) El que tiene en cuenta los impactos, los residuos y las oportunidades.

d) El que tiene en cuenta los ingresos, los resultados y las oportunidades.

5. **¿Cómo se denomina el grupo de interés cuya influencia e impacto son bajos?**

a) Vulnerable.

b) Poderoso.

c) Mediador.

d) Pasivo.

6. **Respecto a la materialidad de impacto, señale la respuesta que sea correcta:**

a) Implica un análisis de dentro a fuera de la empresa.

b) Determina los riesgos y oportunidades de las cuestiones ASG o ESG.

c) Sus grupos de interés coinciden con los usuarios de los informes de sostenibilidad.

d) Únicamente tiene en cuenta los impactos a largo plazo.

7. **Indique qué fuentes no se emplean para definir las iniciativas que comprenden el plan director:**

a) Los resultados del análisis de doble materialidad.

b) Las metas de los ODS.

c) La información del diagnóstico interno y externo.

d) Las iniciativas que ya están en marcha y su evolución.

8. **Señale la información que no sea cierta respecto al plan de comunicación de la empresa:**

a) En él figura la frecuencia con la que se realizan las comunicaciones.

b) Los medios en los que se va a realizar cada comunicación deben estar reflejados.

c) Se hace para comunicar exclusivamente el plan director.

d) Para cada comunicación, debe indicar quién asume la responsabilidad.

9. **De los siguientes indicadores de desempeño o KPI del plan de sostenibilidad, indique cuál se centra sobre todo en el largo plazo:**

a) Operativos.

b) Estratégicos.

c) Económicos.

d) Tácticos.

10. **Respecto al seguimiento de un plan de sostenibilidad, señale la afirmación que no sea cierta:**

a) Se establecen indicadores de desempeño para seguir la evolución del plan director.

b) Las causas de las desviaciones respecto a los resultados esperados pueden ser ajenas a la empresa.

c) Todo indicador de desempeño debe estar referido a una línea base respecto a la que valorar su evolución.

d) Los KPI se definen exclusivamente con su fórmula de cálculo.

ACTIVIDAD 1

Análisis de planes de sostenibilidad. Busque en Internet el plan de sostenibilidad de una empresa del sector productivo del ciclo formativo. Identifique en él las distintas partes que se han enumerado en la unidad y determine si están todas presentes. Localice también los KPI utilizados en su estrategia de seguimiento. Como resultado, realice un informe.

ACTIVIDAD 2

Confección de un plan de sostenibilidad. A partir del modelo de empresa definido en la actividad 3 de la unidad 4, también con una metodología ABP, confeccione su plan de sostenibilidad aplicando la estrategia descrita en esta unidad.